ケンブリッジ・プラトニストの哲学的霊性

スミス、ウィチカット、カドワースの
説教・講話に通底する特質

三上 章
AKIRA MIKAMI

John Smith　Benjamin Whichcote　Ralph Cudworth

LITHON

序

野 町 　啓

　ケンブリッジ・プラトニスト（以下、CP と略記）に関する研究なり、断片的であるにせよ翻訳・アンソロジーは、わが国においてもこれまで存在している。しかし三上章君の新著『ケンブリッジ・プラトニストの哲学的霊性』は、ギリシャ哲学原典をふまえた始めての本格的研究といえるものである。本書は、CP に属すると目される、17 世紀ケンブリッジ・エマニュエル学寮出身の神学者達のうち、ベンジャミン・ウィチカット、レイフ・カドワース、ジョン・スミス三人の思想をとりあげ、これら三者に共通する発想を著者がとらえる「哲学的霊性」の問題を中心に分析したものである。

　本書の特色は、徹底的な Quellenforschung に示されている。対象とされている三者共、その著書、講話の中で、いわゆるネオプラトニズムの始祖、プロティノスの『エンネアデス』からの引用もしくは言及と思われるものが、ことに J. スミスの『講話選集』（1660）に収録されている「神知に至るための真の道・方法に関する講話」の中に多々みられる。プロティノスの CP に対する影響は、クリスト教と共に、本書の主題である「哲学的霊性」の問題と深くかかわっていると思われる。その場合、CP は、『エンネアデス』への言及また引用にあたって、書名は無論、Stelle を明記しているわけではない。周知のように、『エンネアデス』は全 6 巻 54 篇の論文から成るが（この構成と問題点については、拙稿「διάταξις ―ポルフュリオス『プロティノス伝』の一考察」『ギリシャ哲

学セミナー』Vol. II, 2005 参照）、著者はどのような方法・手段を用いたかは明らかにしてはいないが、引用もしくは言及の典拠と Stelle を徹底的に追求し、『エンネアデス』のどの巻、どの論文からのものか、さらには章までをも解明しているのである。これによって、CP に属するこれらの人びとが、何故「プラトニスト」と呼ばれるに至ったのか、その所以の一端が解明されたといってよく、ないしは、プロティノスの思想の 17 世紀ケンブリッジに対する影響史の重要な局面が示されたといってよい。これが本書の重要な特色の一つである。

　「プラトニスト」と「ネオプラトニスト」とはしばしば区別される。その歴史的理由の詳細については立ち入らないが、両者は本来同義であるといってよい。例えば、プロティノス自身『エンネアデス』において、自分の論稿は尊敬する神のごときプラトンの思想の解釈（ἐξήγησις）にすぎないことを強調しており（cf. *Enn*. V.1.8; V.8.4）、さらに少し後のアウグスティヌスも、回心直後の著作の中で、「プラトンが再び生まれ変わったのがプロティノスである」（cf. *c. Acad*. III.18.41）と述べている。両者をことさらに区別しようとする傾向は、16 世紀宗教改革以降、ルター派の教会史家が、哲学史研究にも手をのばし、プロティノスのプラトン解釈が、プラトンとは本来異質のアリストテレスか、ストアを採用していることを根拠に、プラトンの思想の純粋さを汚したとみなし、両者を区別したことに由来する。したがって CP の場合、プロティノスの影響が多大ではあっても、彼らをプラトニストと呼んでも当を失したことにはならない。たしかにプロティノス以降のプラトニズムの展開において、反クリスト教的傾向がみうけられる。しかしプラトンにせよプロティノスにせよ、後代のクリスト教教父が両者から多大の影響を受け援用したことは、否定できない事実である。両者共その思想において、anima naturaliter christiana の面が存在し、そこに CP が両者に共感した要因を求めることができよう。

三上君の原典追求の徹底ぶりは、プラトン、プロティノスにとどまらず、エピクロス、プルタルコス、さらにキケロ、ルクレティウス等にまで及んでいる。本書によって、読者は広くギリシャ・ラテンの思想とCPとの深いつながりが示されたことになり、実に貴重な研究が公刊されたということができよう。

ケンブリッジ・プラトニストの哲学的霊性

目　次

序　（野町　啓）——1

序　　論——11
　　1．解題——11
　　　　a.「ケンブリッジ・プラトニスト」の「哲学的霊性」——11
　　　　b.　筆者とプラトン研究——18
　　　　c.　筆者とケンブリッジ・プラトニスト研究——22
　　2．問題設定——25
　　　　a.　既存研究——25
　　　　b.　問題設定と研究方法——28
　　　　c.　論述の順序——30

第1章　ベンジャミン・ウィチカットの哲学的霊性
　　　　　　　　　　　　——キリストの意味の掘下げ——33
　　1．ベンジャミン・ウィチカット——33
　　　　a.　ウィチカットの生涯——33
　　　　b.　ウィチカットと説教——36
　　2．私たちの内なるキリスト——42
　　　　a.　霊としてのキリスト——42
　　　　b.　ピューリタン・カルヴィニズムとウィチカット——45
　　3．キリストの人性と人間の「神化」——47
　　　　a.　キリストの人性——47
　　　　b.　神に似ること——48
　　　　c.　人間の「神化」——53

4．「和解」における神と人間の協働——56

　　　　a．ピューリタン・カルヴィニズムの和解論——56

　　　　b．神と人間の相互性——60

　　　5．明るいキリスト理解——67

　　　　a．一体としての救済——67

　　　　b．内なる十字架のキリスト——71

　　　6．まとめ——75

第2章　レイフ・カドワースの哲学的霊性
　　　　——『庶民院での説教— 1647 年 3 月 31 日』：
　　　　　同時代人として「キリストのいのち」を生きる——79

　　　1．レイフ・カドワース——79

　　　　a．カドワースの生涯——79

　　　　b．『庶民院での説教— 1647 年 3 月 31 日』——89

　　　2．説教の序文——89

　　　　a．序文の内容——89

　　　　b．当時の社会情勢——94

　　　　c．ギリシャ語原典からの引用——98

　　　　d．カドワースにおける哲学的姿勢と同時代的姿勢——103

　　　　e．千年王国論の猛威と庶民院での説教——111

　　　3．説教の中に生きている哲学的霊性——118

　　　　a．説教の導入部——118

　　　　b．聖書から導き出される所見——123

　　　　c．所見の一般的適用——137

　　　4．まとめ——152

第3章　ジョン・スミスの哲学的霊性　その1
　　　　──『神知に至るための真の道・方法に関する講話』：
　　　　　　宗教とプラトニズムの協働─155

　　1．ジョン・スミス──155
　　2．『講話選集』と『神知に至るための真の道・方法に関する講話』
　　──162
　　3．講話のためのテクスト──168
　　4．スミスの思索とプラトニズム──170
　　　a．先取観念──170
　　　b．神の生・神の学としての神学──175
　　　c．神知の在処──180
　　　d．魂の内なる知性の感覚──182
　　　e．魂の汚れ──191
　　　f．魂の浄化──198
　　　g．性急・短絡な宗教観の抑制──208
　　　h．魂の善性──212
　　　i．アレテー・善性と知性の感覚──215
　　　j．神知への上昇──226
　　5．まとめ──246

第4章　ジョン・スミスの哲学的霊性　その2
　　　　──『無神論に関する短い講話』：
　　　　　　エピクロス哲学との対峙──249
　　1．『無神論に関する短い講話』の序論的考察──250
　　　a．『迷信に関する短い講話』と『無神論に関する短い講話』──250
　　　b．エピクロスの著作──256

c．イングランドにおけるエピクロス哲学の影響──257

2．講話のためのテクスト──260

3．エピクロスの神観──262

　　a．神々は存在する──263

　　b．神々は「至福」かつ「不死」である──263

　　c．神々の至福は不断の平静の内に成立している──263

　　d．神々は自然現象に関与しない──264

　　e．神々は物理的合成体である──266

　　f．神々の至福──266

4．無神論の起源──268

　　a．迷信と無神論──268

　　b．キケロ『善と悪の究極について』とルクレティウス『事物の本性
　　について』──275

5．エピクロス哲学の批判──282

　　a．エピクロスの主要思想の吟味──282

　　b．無神論は似非自然学知であるということ──290

　　c．無神論よりは迷信のほうが我慢できるということ──293

　　d．エピクロスの快楽観に対する批判──295

　　e．エピクロスの幸福観に対する批判──299

　　f．スミスの神観──301

6．まとめ──303

付論　エピクロスの倫理教説──305

　　a．正義──305

　　b．友愛──307

　　c．親しみを覚えるかもしれない文言──309

第5章　ジョン・スミスの哲学的霊性　その3
　　　　――『真の宗教の卓越性・高貴性に関する講話』：
　　　　宗教のアレテーの追求――313

　　1．『真の宗教の卓越性・高貴性に関する講話』――313
　　2．講話のためのテクスト――316
　　3．『講話』の序文――319
　　4．宗教の高貴性の本質――326
　　　a．この世を超出する生――327
　　　b．自己の理性との交わり――333
　　　c．自己否定及び神を喜ぶこと――347
　　5．真の宗教の特性・働き――359
　　　a．神への同化・神に似る者となること――361
　　　b．「神の栄光」の本義――370
　　6．まとめ――379

結　　論――387

補遺――399

主要文献リスト――449
索引――457
あとがき――487

序　論

　本書は、ケンブリッジ・プラトニスト（the Cambridge Platonists）の説教・講話の中に遍在する哲学的霊性の特質を、ベンジャミン・ウィチカット、レイフ・カドワース、ジョン・スミスの三名にかぎって、解明することを目的とする。解明の作業に入る前に、本書の題目と成立事情について解題を述べておきたい。

1.　解題

a.　「ケンブリッジ・プラトニスト」の「哲学的霊性」

　17世紀イングランドにおける内戦とそれに直結する時代（1642-1665）[1] は、政治紛争と神学論争が激しく錯綜する時代であった。その激動の時代と重なる1633年から1688年にかけて[2]、激動の渦から一定

---

[1]　政治の出来事に関しては、第1次イングランド内戦開始（1642-1646）、第2次イングランド内戦（1648-1649）、チャールズ1世の処刑と共和政の成立（1649）、第3次イングランド内戦（1649-1651）、第1次英蘭戦争（1652-1654）、クロムウェル、護国卿に就任（1653）、王政復古、チャールズ2世即位（1660-1685）、第2次英蘭戦争（1665-1667）、第3次英蘭戦争（1672-1674）、名誉革命勃発（1688）。宗教の出来事に関しては、ウェストミンスター神学者会議（1642-1643）、非国教徒の統制のための一連の条例（クラレンドン法典）の制定開始（1661-1665）。1642年の第1次イングランド内戦開始から1665年のクラレンドン法典の制定完了までの時期を、「イングランドにおける内戦とそれに直結する時期」として設定する。

[2]　1633年は、ケンブリッジ・プラトニストの祖、ベンジャミン・ウィチカットが

の距離を保ち、哲学をこよなく愛した一連のキリスト者たちがいた。彼らの多くは、若き日にケンブリッジのエマニュエル学寮（Emmanuel College）においてプラトン及びその流れをくむ哲学者たちの思想を学んだ。その後もケンブリッジに留まり、クライスツ学寮（Christ's College）やエマニュエル学寮を中心に研究・教育を続け、学寮チャペルや学外の教会で深みのある説教・講話を行った。それにより"The Cambridge Platonists"と呼ばれる。日本語では「ケンブリッジ・プラトン学派」という訳もあるが[3]、「学派」といっても、必ずしも彼らがそのように意識したということではなく、むしろ後の人たちが便宜上そのように名づけたということである。それゆえ本書では、客観性の保持のためケンブリッジ・プラトニスト（以下 CP と略する）という表現を用いる。

　ポーヴィック（F. J. Powicke）[4] によると、CP に属すると見なされる学徒たちは、ベンジャミン・ウィチカット（Benjamin Whichcote, 1609-1683）、ジョン・スミス（John Smith, 1616-1652）[5]、レイフ・カドワース（Ralph Cudworth, 1617-1685）[6]、ナサニエル・カルヴァウェル（Nathaniel Culverwell, 1618?-1651）[7]、ヘンリー・モア（Henry

---

　　エマニュエル学寮のフェローに選ばれた時期である。その前後に、レイフ・カドワースとジョン・スミスがエマニュエル学寮に入寮している。1688 年は、彼らの中で一番長生きしたヘンリー・モアの没年である。

3)　　新井明・鎌井敏和共編『信仰と理性　ケンブリッジ・プラトニスト研究序説』（御茶ノ水書房、1988 年）。

4)　　F. J. Powicke, *The Cambridge Platonists: A Study* (J. M. Dent & Sons LTD., 1926).

5)　　正確には 1618-1652 と見るべきであろう。Cf. *Cambridge Platonist Spirituality*, Edited and Introduced by C. Taliaferro and A. J. Teply, Preface by J. Pelikan (Paulist Press, 2004) 29.

6)　　正確には 1618-1652 と見るべきであろう。Cf. *Cambridge Platonist Spirituality*, 29.

7)　　正確には 1617-1688 と見るべきであろう。Cf. *Cambridge Platonist Spirituality*, 19.

序　　論 | 13

More, 1614-1687)、ピーター・ステリー (Peter Sterry, 1613-1672)[8]
ら6名である。彼らに共通する精神として、ポーヴィックは以下の諸点
を挙げる[9]。①いわゆるキリスト教プラトニストである。プラトンやプロ
ティノスをこよなく愛すると共に、聖書をこよなく尊重した。②プラトン
に従い、理性の重要性を強調した。彼らにとって理性は「主の灯火」(『箴
言』20:27) であった。③理性重視の立場から、宗教の真理が他の領域の
真理と一致することを信じた。したがって、「自然の光」は聖書の啓示と
一致するものであり、神の恵みは善き行いと一致するものであった。それ
ゆえ、自由意志を否定し予定説を主張するカルヴィニズムに反対した。彼
らはその理性強調の立場のゆえに、カルヴィニストたちから「広すぎる人
たち」(Latitudinarians) として批判されはしたが、実際のところ、他者
の宗教や思想に理解と寛容をもつことができる人たちであった。理性と
「内なる光」を畏敬するゆえに、心の内なる改革とそこから生まれる善き
行いの大切さを説くキリスト者たちであった。

　クラッグ (G. R. Cragg) によると、CP の多くはピューリタンの牙城
であるエマニュエル学寮で学び、プラトン、アリストテレス、プロティノ
ス、オリゲネス、デカルト、ホッブスらの哲学を研究した。その中で、自
らを育んだ宗教的土壌であるカルヴィニズムを批判的に吟味するようにな
り、その中枢ともいうべき予定説を否定するに至った[10]。クラッグの見る
ところでは、CP の基本的教説は以下のとおりである。①理性と信仰が一
致するものと考えた。②理性は心の内面を照らすものであるから、理性の
探求は必然的に善き行いにつながるものであった。③その信仰と理性の統

---

8)　　正確には 1613-1672 と見るべきであろう。Cf. *Cambridge Platonist Spirituali-
　　　ty*, 32.

9)　　Powicke, 18-49.

10)　G. R. Cragg, ed., *The Cambridge Platonists* (University Press of America,
　　　1968) 7-16.

合、神学と倫理学の統合を重視する考えは、良心の自由及び宗教的寛容の立場に連結した。④ホッブスが唱えた物質主義的世界観及び決定論に反対し、霊的なものの実在と意志の自由を論証しようと努めた。⑤神学論争の紛糾する当時にあって、不毛な神学論争を避け、宗教の根底にある真実で普遍的なものを追求し、キリストのいのちを生きることに専心した[11]。

ターリアフェロー（C. Taliaferro）とテプリー（A. J. Teply）は、CPの精神について四つの特色を挙げる[12]。①善、真、美の主権。彼らはプラトンに従い、善、真、美を根本的に重要なものと考え、それらの統合と調和を理想とした。②探求することは善いことであること。当時、反知性主義的傾向が諸セクトのなかで猛威を振るったが、CPは、理性は神から与えられた機能であり、啓示と調和して働くものであると考えた。③神のいのちにあずかること。彼らは、神と人間の精神との関係を大いに親密なものととらえ、人間の精神が、神との親密な交わりの中で、いやましに神のいのちにあずかることを求めた。④被造物が善であること。彼らは、内戦の悲惨な現実にもかかわらず、被造物は善であり、神の賜物であるとみなした。⑤一貫性と統合性。総じて、彼らは、知性と神秘、神の主権と人間の自由、肉体と魂、神の超越と内在、善き行いと神の恵み、内なるいのちと社会的責任、との間の統一を追求した。

パトリデス（C. A. Patrides）によると、CPは、プラトン哲学を独自な仕方で展開したプロティノス、ポルピュリオス、イアンブリコスら新プラトン主義者の系譜に連なる。その点では、マルシリオ・フィチーノやピーコ・デッラ・ミランドラたちのフィレンツェの新プラトン主義者に類似している。しかし、プラトンよりも頻繁にプロティノスを引用し、プロティノスよりも頻繁に副次的な新プラトン主義者たちを引用する点に、彼

---

11)　G. R. Cragg, ed., 16-31.

12)　C. Taliaferro and A. J. Teply, eds., *Cambridge Platonist Spirituality* (Paulist Press, 2004) 6-12.

らの独自性がある。彼らは新プラトン主義を歓迎しはしたが、それは無批
判な受容ではなかった。神学の面では、一方においてオリゲネスを筆頭と
するギリシャ教父たちを重用し、他方において西方教父たちをあまり使用
しない傾向がある。だが、アンセルムスとトマス・アクィナスは尊重され
た[13]。

　カッシーラー（E. Cassirer）の達観によると、CP のプラトニズムは、
プラトン思想の直接的継承でもなく単なる再受容でもない。それはマルシ
リオ・フィチーノとフィレンツェ・アカデミアによって描かれたプラトン
思想の画像と重なり合っている[14]。彼らにとってプラトンは、真の哲学と
真のキリスト教との協働を示す証人であった。そのプラトニズムは自説を
権威づけるための装飾品ではなく、真理探究そのものであった。17 世紀
イングランドは、政治・宗教・哲学において経験論哲学とピューリタニズ
ム宗教運動という二大勢力が大きな影響を及ぼした時代であった。それら
の狭間にあって、CP は小さな存在であった。一方において、啓蒙の唱道
者たちからは宗教への反動とみなされ、他方において、ピューリタニズム
の論客たちからは宗教に無関心な者であると批判された。しかし、カッ
シーラーが正しく指摘するように、両者はともに、CP の信仰の広さに
よって開かれるはずの、新たな深さ、別の次元を見きわめそこなった[15]。
　クラッグは、CP にとっては神学論争よりもキリスト者のいのちが肝心
であったとして、ジョン・スミスの言葉を引用する。

It is to be feared that our nice speculations about what concerns
us in theology have tended more to exercise men's wits than to

---

13)　C. A. Patrides, ed., *The Cambridge Platonists* (Edward Arnold, 1969) 1-8.

14)　エルンスト・カッシーラー、花田圭介監修・三井礼子訳『英国のプラトン・ルネ
　　　サンス　ケンブリッジ学派の思想潮流』（工作舎、1993 年）30。

15)　エルンスト・カッシーラー『英国のプラトン・ルネサンス』53、61。

reform their lives.

神学上の問題に関するわれわれの洗練された思弁は、どちらかといえば人々の生を改革することより人々の頭を使うことのほうに傾いたのではないかと、危惧しなければなりません[16]。

　キリスト者のいのちとは、霊の正しい性向、心の適切な態度、生の正しい姿勢を保持する生なのである。クラッグはベンジャミン・ウィチカットの言葉も引用する。

Nothing is the true improvement of our rational faculties but the exercise of the several virtues of sobriety, modesty, gentleness, humility, obedience to God, and charity to men.

われわれの理性的諸機能の真の改善とは、節制、謙虚、柔和、謙卑、神への従順、人々への愛といったいくつかの徳の行使に他なりません[17]。

　さらにクラッグはレイフ・カドワースの言葉を引用する。真のキリスト者とは「自己の内にキリストの霊をもつ者」(he that hath the spirit of Christ within him) である。「福音とは……われわれの内にある生かす霊である」(the Gosple ... is a quickening spirit within us)。カドワースは「神のいのち、新しい本性、われわれの心の内に形成されるキリストという秘密の奥義」(the secret mysteries of a divine life, of a new nature, of Christ formed in our hearts) について語った。しかし、彼も

---

16)　J. Smith, *Select Discouses* (Cambridge, England, 1859) 456. Cf. G. R. Cragg, ed., 31.

17)　B. Whichcote, *Moral and Religious Aphorisms* (London, 1753) No. 541. Cf. G. R. Cragg, ed., 31.

その同志たちも、神秘主義に埋没することはなかった。彼らが目指した生は、歴史の現実に向き合って生きる生であった。クラッグが引用するウィチカットの次の言葉は、それを明瞭に示している。

I give much to the Spirit of God breathing in good men with whom I converse in the present world ... and think that, if I may learn much by the writings of good men in former ages ... I may learn more by the actings of the Divine Spirit in the minds of good men now alive; and I must not shut eyes against any manifestations of God in the times in which I live. The times wherein I live are more to me than any else; the works of God in them which I am to discern, direct in me both principle, affection and action; and I dare not blaspheme free and noble spirits in religion who seek after truth with indifference and ingenuity.

私は、現在の世界のなかで交際する善き人々のなかに息づいている神の霊を大事にいたします。……思うに、もし私が過去の時代における善き人々の著作から多くのことを学びうるにしても、……現在生きている善き人々の心の内にある神の霊の働きからもっと多くのことを学ぶことができます。そして私は自分が生きている時代における神のいかなる顕現に対しても、目を閉ざすべきではありません。他の時代よりも私が生きている時代のほうが、私にとって重要であります。私が識別しなければならないこの時代における神の働きが、私の内に原理、愛そして行動を指示してくれます。愚直と純真をもって真理を探究する宗教における自由で高貴な霊たちを、私は断じて冒瀆いたしません[18]。

「愚直と純真をもって真理を探究する宗教における自由で高貴な霊たち」
という表現は、哲学と宗教の協働をこよなく大事にして生きた CP のあり
さまを的確に言い当てているように思われる。以上において概観した CP
に共通して見られる哲学的・宗教的精神を、本書では、作業仮説として
「哲学的霊性」と呼ぶことにしたい。宗教と政治が複雑に錯綜したイング
ランド内戦の時代において、宗教は極めて重要な位置を占めていた。特に
ピューリタン・カルヴィニズムは、CP にとって当事者として直面せざる
をえない課題であった。「宗教」と呼ばず「霊性」と呼ぶのは、彼らの宗
教は外面よりも内面を、現象よりも本質を、ドグマよりもいのちを重視し
ており、既成の宗教概念の中に収まりきらない次元をもつからである。彼
らを特徴づけるこの宗教性を指し示すものとして、霊性という語を使用す
るのである。この語に「哲学的」という形容語を冠する理由は、彼らの霊
性において哲学の主導性が顕著であるからである。霊性は霊性として尊
重されるとはいえ、勝手気ままな彷徨は許されず、常に哲学が霊性に同伴
し、その歩みを導いている。その意味で「哲学的」という形容語を冠する
のである。

b. 筆者とプラトン研究

本書の成立事情については、筆者とプラトン研究との関わりの説明から
始めなければならない。話は大学時代にさかのぼる。筆者は大学 1 年の
時、「福音派」と称する原理主義プロテスタンティズムの立場に身を置い
た。併せて哲学を学びはじめており、キリスト教と哲学は学究生活の両輪
となった。哲学概論の授業と当時読んでいた波多野精一の著作がきっかけ
で、加来彰俊先生に出会い、プラトンとギリシャ哲学の学習に導かれた。

---

18)　B. Whichcote, Letters to Tuckney, in *Moral and Religious Aphorisms*, 115.

また、ギリシャ語文法や初期キリスト教教父の授業がきっかけで、野町啓先生に出会い、キリスト教と初期ギリシャ教父の学習に導かれた。これらの学習機会を十分に活用すべきであったが、多くの時間を宗教活動に費やした。教会で語られる「哲学は人を救わない」式の説教には違和感を覚えつつ、野町先生から紹介していただいたキリスト教関連の文献を買い込み、およばずながら学問としてキリスト教学習に励んだ。大学4年の時、牧師になる決心を固めた。プラトン哲学をさらに学び続けたい希望もあったが、牧師になることを優先し、卒業後ただちに神学校に入学した。ギリシャ哲学の恩師は、「君は40歳を過ぎればまた哲学に戻るかもしれない」といって、送り出してくださった。

　入学した神学校は、北米の原理主義プロテスタンティズムの系譜に連なる牧師養成所であり、キリスト教を客観的に学問する場ではなかった。強固なカルヴィニズムを標榜し、特にギリシャ哲学を敵視していた。プラトンを愛好するキリスト者である自分にとって、神学校生活は針のむしろであった。週に一度、加来先生のもとへ通い、大学院におけるプラトンの演習を傍聴することがせめてもの救いであった。演習後、先生にはギリシャ語新約聖書講読の相手もしていただいた。自分の中にあるプラトン哲学の火種が絶えることはなかったが、福音主義神学の枠組みの中で、窮屈な生き方を続けることに妥協していたわけである。卒業論文は、編集史の手法によるヨハネ福音書研究に関するものであった。それが卒論諮問会で教師たちに物議をかもし、「神学校の方針に反する」と絞られたが、かろうじて卒業することができた。

　神学校卒業後、26歳で牧師見習いとなり、宗教活動に没頭した。そのため加来先生のもとでのプラトン講読とギリシャ語聖書講読は中断した。数年が過ぎ29歳になった時、キリスト教神学の贖罪論とヨハネ福音書をさらに学ぶため、メルボルンのリドリー・コレッジ（Ridley College）というアングリカン教会低教会派の神学校に留学した。上記の分野の研究に

関して、福音派の世界では定評のある先生の指導の下で、オーストラリア神学学位授与機構（Australian College of Theology）神学修士研究コースの学びを行い、神学修士論文を書くことが目的であった。なぜ贖罪論かというと、イエスの死を贖罪として意味づける教義にいまだ執着し、それから脱却できないでいたからである。なぜヨハネ福音書かというと、この福音書が漂わせているギリシャ哲学的風味に惹かれたからである。福音派のさなかにあっても、プラトン哲学を捨てるわけにはいかなかった。正統派キリスト教神学の教理・教義にとらわれず、自分の理性で自由に福音書を読解してみたかった。論文の題目は、『第4福音書における十字架』(*The Cross in the Fourth Gospel*) であった。研究は、ヨハネ福音書の中には贖罪としてのイエスの死という理解はないという方向に進んだが、それは福音派の指導者である先生の好むところではなかった。結局、指導教員の変更をよぎなくされた。新しい指導教員は、伝統的なキリスト教神学を尊重しつつも、既成の枠にとらわれない研究を認めることができる、バランスのとれた学者であった。おかげで気持ちよく修士論文を完成することができた。神学修士号取得にあしかけ4年を費やし、つくづく自らの力不足を思い知らされた。その間、貴重な経験として、研究のかたわらオーストラリア人教会の牧師を務める機会にあずかった。この経験が、その後の牧師活動とプラトン哲学研究の二本立てという生き方を方向づけた。同時に、そろそろ日本でのキリスト教布教と教会形成のため帰国しなければならない、という思いを加速した。

　33歳で帰国し、伝道と牧会に専念する生活に入ったが、その中で、7年間ごぶさたしていたプラトンの演習に再び参加したい、という思いが湧き起こった。かつてのように加来先生のもとへ行き、大学院におけるプラトン『国家』の演習の傍聴とギリシャ語新約聖書講読の恩恵にあずかった。牧会活動のかたわらプラトンに触れる生活を5年、10年と続ける中で、自分の心の中でもやもやしていたものが、次第に明らかになってき

た。既成のキリスト教神学の枠を抜けようと願いながら、抜けきれずにいるあいまいな自分である。これまで善きものと信じ、執着してきた宗教的ドグマを、そろそろ一度白紙に戻し、根本から見直すべき時が来たのである。押さえつけていたプラトンへの情熱がついに再燃したと言うほうが、正直かもしれない。43歳の時、牧師の奉仕を続けたまま、西洋古典学の広がりの中で、プラトン哲学とキリスト教学を学びたいという思いから、東京大学大学院の西洋古典専攻修士課程を受験し、入学を許可された。20年前に加来先生から聞いた「予言」の言葉が実現したのである。修士論文『プラトンと呪術』では、自分がドップリと浸りきっているキリスト教を、客観的に見なおすよすがにしたいという思いから、『国家』と『法律』においてプラトンは同時代の呪術的民間宗教とどのように関わったのか、という問題を考察した。福音派という民間宗教的たこつぼ状態の中であがいていた自分にとって、それは切実な問題であった。プラトン哲学を愛好する者として、福音主義神学の枠内で説教することは困難であり、苦痛となっていた。しかしそれをすることなしには福音派の中で生きていくことはできず、その枠を超えることは破門を意味していた。

　窮屈な状況の中で助けとなったのは、賛美歌である。具体的には、ゴスペルソングあるいはワーシップソングと呼ばれるものである。喜んで歌った。教会の仲間も喜んで歌った。利用できるかぎり動員した楽器の伴奏により、心を込めて歌った。バンドを結成し、自分はヴォーカルをつとめた。音楽中心の礼拝では、子どもは邪魔者ではなく歓迎され、大人と一緒に喜んで歌った。そのうち外国の人たちもたくさん教会に来るようになった。南米の人、アフリカの人、アジアの人、ヨーロッパの人が一緒になって催したクリスマス・ページェントの楽しさを、今でも忘れることができない。説教はなかなか心に伝わらなくても、音楽は人々の心に届くということを実感する日々であった。なぜ音楽はかくも人の心を打つのだろうか。そもそも音楽とは何か。もちろん音楽は万能薬ではない。限界もあ

る。その限界は何か。こういった問題を哲学的に解明してみたいという思いから、博士論文の準備のために、プラトン『国家』におけるムゥシケーに関する研究に着手した。プラトンのムゥシケー哲学の特質を解明することが目的であった。そのためには、まず初めに背景研究として、古典期アテナイにおけるムゥシケー事情を理解することが当面の必須課題であると考え、その研究を始めた。すでに45歳であり、世間の仕事として牧師と神学校教師に加え、大学専任教員職も担当しはじめていた。研究は蝸牛の歩みであり、一応完成した時には、60歳近くになっていた。博士論文申請は困難に直面した。指導教官の山本巍先生をはじめ、審査に当たってくださる可能性のある諸先生が、すでに全員定年退官していた。その後、論文は長年にわたり審査担当者を求めて彷徨したが、65歳の時、幸いなことに、秋山学先生がその任を引き受けてくださり、ご指導により67歳になった春に博士学位授与の恵みに与ることができた。同年秋には、研究成果として『プラトン『国家』におけるムゥシケー　古典期アテナイにおけるポリス社会とムゥシケーの相互影響史を踏まえて』（リトン、2016年10月）を上梓することができた。まことに感謝にたえない。

　研究完成に長い年月を要したのには、仕事の忙しさだけではなく、学問研究上の理由がある。それは50歳を過ぎた頃から、プラトン研究と並行してCPの研究に手を染めたことである。外面上の契機は、キリスト教主義大学のキリスト教学担当教員及びチャプレンとして、キリスト教関連科目・チャペル活動を担当することになったことであるが、それだけではない。

c.　筆者とケンブリッジ・プラトニスト研究

　CPの研究を始めた真の理由は、彼らの説教・講話における「哲学的霊性」に魅了されたからである。話は、修士課程を修了し、博士課程に進

学した 45 歳頃にさかのぼる。説教者としては、キリスト教正統主義の教理・教義の複製・伝達に満足できなくなっていた。むしろ、どうすれば語る者も聞く者も共に聖霊の力に与ることができるか、ということが優先課題となっていた。当時、聖霊を重視する福音主義の神学校で教鞭をとっていたのも、そういう思いからであった。おりしもこの神学校との関わりが、聖霊派を天敵と見なす福音派の指導層に見とがめられ、福音派を離脱してもっと適した教団に移籍するように、との忠言を受けた。大学 1 年からお世話になってきた古巣には愛着があったが、そろそろ潮時であると思い、自由を求めて日本基督教団に教師移籍をした。今や牧会を担当する教会においても、大学のチャペル及びキリスト教学関連の授業においても、自由に語る環境が提供されたわけである。問題は、キリスト教正統主義の固定概念にとらわれず、自由に語るとは何であるのかということであった。それを考える上での出発点は、自分自身の根底にあるピューリタン・カルヴィニズムである。その眺望をどこまで広げることができるかという課題が、これまで手がけてきたプラトンの哲学的ムゥシケーの研究と並んで、50 歳頃から学究の対象となった。以前よりプラトン哲学の展開という関心から、初期ギリシャ教父の著作には少しばかり触れていたが、17 世紀イングランドの CP の著作までは読むことがなかった。しかし実は彼らこそ、プラトニズムとピューリタン・カルヴィニズムとの確執・対話の中で、いかにして同時代の人たちに適切な説教・講話を語ることができるかという課題を探求しづけた学徒たちであった。

　遅まきながら、CP に真剣に向き合う時が訪れた。これには留学先であったメルボルンのリドリー・コレッジでの経験も関係している。この学寮名は、英国の殉教者ニコラス・リドリー（Nicholas Ridley）に由来する。彼は自由なプロテスタント精神に基づく教会改革活動を行ったゆえに、教会支配体制の反感を買い処刑された。英国国教会低教会派の流れを引くこの学寮に居住し、チャペルの日曜礼拝と平日の朝夕の祈りに

出席しつづける中で、低教会派のあり方に少しく触れる機会を得た。また、牧会を担当した同市のコーバーク・バプテスト教会（Coburg Baptist Church）での経験も影響している。この教会はプリマス兄弟団の系統を引く教会であり、太平洋戦争時は「敵国」であった日本から来た私を、「兄弟」として暖かく受け入れてくれた。とはいえ言語も文化も感受性も異なる人たちに、どれくらい私の説教が理解してもらえたかどうかは、非常に心もとない。ともあれ、学寮生活と教会生活を通して、どうしたら聴く人にわかる言葉で心に通じる説教をすることができるかという課題が、改めて重要なものとして浮上した。こうした経験も相まって、最初に読んだのが、CP の代表的神学者と評される、レイフ・カドワース（Ralph Cudworth）の著作および説教・講話である。カドワースは、古代ギリシャの哲学者や初期キリスト教教父の著作を愛読し、精神の糧とした。特に、そこから生み出される説教・講話は、ピューリタン・カルヴィニズムの呪縛から自由であり、躍動するいのちにあふれていた。次に読んだのが、ケンブリッジ・プラトニストの祖と評される、ベンジャミン・ウィチカット（Benjamin Whichcote）であった。ウィチカットの説教・講話も、プラトン的パイデイアの精神に満ちており、陰鬱なピューリタン・カルヴィニズムを超出した明るさと希望に輝いていた。それは一朝一夕の所産ではなく、ピューリタン・カルヴィニズムとの根気強い対話から生まれたものであった。カドワースとウィチカットに共通するのは、哲学と宗教の協働ということである。すなわちプラトニズムとピューリタン・カルヴィニズムとが互いを尊重し対話を続ける中で、より真なるものに共に近づいていくことを喜びとする姿勢である。それは熱狂に流されるタイプの宗教とは一線を画し、理性による抑制・指導を歓迎するものである。それが筆者の霊的琴線に触れ、この姿勢をもっと学びたいという意欲を増進した。

　そこでさらに読み進んだのが、CP の中で最も哲学的であると評される、

ジョン・スミス（John Smith）であった。スミスは、肺結核のため34歳
で病没するまで、西洋古典、特にプラトニズム関連の文献を熟読しつつ思
索を練り、それを学寮チャペルでの説教・講話として開花させた。かつて
筆者は、形骸化した説教に疑問を抱く知人から、「鉱脈から掘り出された
ダイヤモンド鉱石を精錬して、美しく輝く宝石を提供してくれるような説
教を聴きたい」と言われたことがある。そのような説教は至難の業ではあ
るが、スミスの説教・講話の中にそのヒントが秘められているように思わ
れた。よどんだ水のような説教ではなく、湧き水からくみ上げた新鮮な水
のような説教を提供することができるためには、どうしたらいいのであろ
うか。スミス、ウィチカット、カドワースの説教・講話に通底する特質を
解明する作業を通して、いのちある説教に少しでも近づくことができれば
と願う次第である。

　以上述べたように、筆者の学究生活において、プラトン研究とケンブ
リッジ・プラトニスト研究は、継続的発展の関係にある。本書が考察する
主な内容は、CP の中の上記三人が説教・講話の中で展開する哲学的霊性
論である。それゆえ本書の題目は、「ケンブリッジ・プラトニストの哲学
的霊性」なのである。

2.　問題設定

a.　既存研究

　CP の哲学的霊性に関しては、上記した三人の説教・講話において各人
のプラトニズムがどのように働いているか、ということが着眼すべき点で
ある。それゆえ頻繁に行われるギリシャ語・ラテン語文献の引用に着目
し、それらが講話の中でどのように機能しているかを吟味することが、基
本的な作業となる。つまりプラトニズムに親和性をもつ話者たちが語る

講話を、同じくプラトニズムに親和性をもつ筆者も彼らの聴衆の一人として、提示される古典文献に周到な注意を払いながら、傾聴することにしたい。したがって考察の作業は、上記の期待をもって、筆者自身が講話のテクストを直接に分析することが中心となる。本書に直結し、比較検討の対象となる既存研究は、筆者の浅い知識の及ぶところでは、見いだされ得ないからである。しかし間接的にはさまざまな研究から恩恵を受けたことは言うまでもない。筆者が特に裨益した研究書は二つある。

　一つは、John Tulloch, *Rational Theology and Christian Philosophy in England in the Seventeenth Century*, vol. 2. *The Cambridge Platonists* (Edingburgh and London: William Blackwood and Sons, 1874) である。その構成は、第1章　ケンブリッジ学派の歴史的位置——哲学とキリスト教、第2章　ベンジャミン・ウィチカット——理性と宗教、第3章　ジョン・スミス——キリスト教哲学の基礎、第4章　レイフ・カドワース——キリスト教哲学と物質主義との抗争、第5章　ヘンリ・モア——キリスト教神智学と神秘主義、第6章　ケンブリッジ学派の副次的成員たち、第7章　総合的評価——宗教哲学、という内容であり、この著作によってCPの思想に関する鳥瞰図的知見に与ることができた。

　もう一つは、Ernst Cassirer, *Die platonische Renaissance in England und die Schule von Cambridge* (Leipzig und Berlin: B. G. Teubner, 1932) の英訳、*The Platonic Renaissance in England*, translated by J. P. Pettegrove (New York: Gordian Press, 1970) 及びその邦訳、エルンスト・カッシーラー、花田圭介監修・三井礼子訳『英国のプラトン・ルネサンス』（工作社、1993年）である。構成は、第1章　フィレンツェのプラトン・アカデミア、イギリス人文主義への影響、第2章　ケンブリッジ学派の宗教思想、第3章　イギリス精神史におけるケンブリッジ学派の位置、第4章　宗教史におけるケンブリッジ学派の重要性、第5章　ケンブリッジ学派の自然哲学、第6章　ケンブリッジ学派の終焉と影響、シャ

フッベリー、という内容であり、この著作の随所に示された CP の思想の特質に関する洞察から、多くの示唆を与えられた。

　CP の哲学的霊性の考察における基本資料となる、説教・講話に関しては、次の二つの著作が参考になった。一つは、John F. Wilson, *Pulpit in Parliament Puritanism during the English Civil Wars, 1640-1648* (Princeton University Press, 1969) である。もう一つは、Paul S. Seaver, *The Puritan Lectureships the Politics of Religious Dissent, 1560-1662* (Stanford University Press, 1970) である。両著作共に、イングランド内戦時代において、教会やチャペルで語られる説教・講話がいかに社会の動向に大きな影響を及ぼしたかということを、綿密に考証した研究書であり、CP が説教・講話を語った歴史背景を知る上で参考になった。彼らの説教・講話に関する概説書としては、次の二つの著作が参考になった。一つは、Gerald R. Cragg, ed., *The Cambridge Platonists* (University Press of America, 1968) であり、CP の思想の特徴に従って説教・講話の抜粋を編集したものである。残念なことに、西洋古典からの引用は省略されている。もう一つは、C. A. Patrides, ed., *The Cambridge Platonists* (Edward Arnold, 1969) であり、上記した 3 人及びヘンリ・モアの代表的な説教・講話の全文を、編集の手を加えて紹介したものである。西洋古典からの引用文はそのまま掲載されており、随所に有益な脚注が付せられている。

　邦語の参考文献としては、新井明・鎌井敏和共編『信仰と理性　ケンブリッジ・プラトン学派研究序説』（御茶の水書房、1988 年）がある。CP の思想の大要がわかるように、上記した 4 人に加えてナサニエル・カルヴァウェル及びピーター・ステリーの 6 人の説教・講話その他を選択・抜粋して、簡単な解説を加えたものである。筆者の知るかぎり、CP に特化した邦語よる唯一の単著は、原田健二朗『ケンブリッジ・プラトン主義　神学と政治の関連』（創文社、2014 年）である。この著作は、ウィチカッ

ト、モア、カドワース、スミスの４人を取りあげ、CP における神学から
政治への思考の連関を解明することを目指している。内容は２部に大別さ
れ、「第１部　神学から道徳へ」は、神的理性と「神への参与」——哲学
的神学の基礎、自由意志と倫理——神への自由と完成、神愛の概念——
善・参与・愛の法といった問題を扱い、「第２部　道徳から国家・教会へ」
は、神学的主知主義の自然法的道徳、包容教会理念、黙示的解釈と千年王
国論——アングリカン国制の擁護と革新、政治世界像——善・参与・主知
的システムといった問題を扱っている。これら広範で多岐にわたる問題
を、多くの二次文献を参照しつつ考察した研究書である。しかし CP に関
する一次文献を著者自身がどのように読解したかが、あまり見えないよう
に思われる。CP の一次文献の多くは、特定の時に特定の聴衆に向けて語
られた説教・講話である。それらの中で頻出する西洋古典からの引用は、
彼らの思索を培ってきた書物から選び抜かれたものである。それゆえ CP
の思想に言及する場合、説教・講話はどのような文脈で語られているの
か、引用はどの著者のどの作品からなされているのか、そしてその引用に
基づいてどのような考え方が展開されているのか、ということを吟味しな
ければならない。実際のところ、一つのギリシャ語文献からの引用をとっ
てみても、それを分析し吟味するにはかなりの労力を要する場合が少なか
らずある。こういった点に関する読解上の作業の形跡が、残念ながらこの
著作にはあまり現れていないように見える。

b.　問題設定と研究方法

　ウィチカット、カドワース、スミスは、それぞれが置かれた場において
三者三様に説教・講話を生涯にわたり語り続けた。説教とは聴衆に言葉で
何かを伝えることであるならば、その内容は善きものでなければならな
い。しかるに善きものを伝えることができるためには、自分自身の中に

善きものをもっていなければならない。しかも自分自身の中に善きものが
ないことを、彼らは深く自覚していた。それゆえ善きものを少しでももつ
ことができるために、彼らは聖書と西洋古典を熱心に読み、自己の魂の浄
化・向上に励んだ。そして学究生活の中で得た善きものを、説教・講話を
通して人びとと分かち合ったのである。キリスト教正統主義の教理・教条
を振りかざすことは、彼らのあずかり知らないことであった。本書が解明
を目指す問題は、三者の各人における哲学的霊性の特質は何かということ
である。

　研究方法としては、説教・講話を、その文脈に沿って、西洋古典の引用
に注意を払いながら、できるだけ綿密に分析する。具体的には以下の通り
である。

　①ウィチカットの説教集である *The Works of the Learned Benjamin
Whichcote, D. D. Rector of St. Lawrence Jewry, London*, 4 vols (Aber-
deen, 1751) と、説教のための覚え書きである *Moral and Religious
Aphorisms. Collected from the Manuscript Papers of the Reverend
and Learned Doctor Whichcote* (London, 1730) を主な資料として、彼
がキリストの意味をどれくらい掘下げているかという視点から、関連する
箇所の分析を行う。分析にあたり、どのような西洋古典文献が引用されて
おり、それらがどのように解釈され適用されたかという点に、十分な注意
を払う。

　②カドワースの『庶民院での説教──1647年3月31日』(*A SERMON
Preached before the Honourable House of Commons, At Westminster,
March 31. 1647*) を取りあげ、彼は同時代人として「キリストのいの
ち」を生きるということを、どのように理解したのかという視点から、講
話の分析を行う。分析にあたり、どのような西洋古典文献が引用されてお
り、それらがどのように解釈され適用されたかという点に、十分な注意を
払う。

③スミスの『神知に至るための真の道・方法に関する講話』(*A Discourse Concerning the True Way or Method of Attaining to Divine Knowledge*) を取りあげ、彼の思索において、宗教とプラトニズムはどのように協働したのかという観点から、講話の分析を行う。分析にあたり、どのような西洋古典文献が引用されており、それらがどのように解釈され適用されたかという点に、十分な注意を払う。

④スミスの『無神論に関する講話』(*A Short Discourse of Atheism*) を取りあげ、彼はエピクロス哲学をどのように理解したのかという観点から、講話の分析を行う。分析にあたり、どのような西洋古典文献が引用されており、それらがどのように解釈され適用されたかという点に、十分な注意を払う。

⑤スミスの『真の宗教の卓越性・高貴性』(*The Excellency and Nobleness of True Religion*) に関する講話を取りあげ、彼は宗教の高貴性と卓越性、すなわち宗教のアレテーをどのように理解したのかという観点から、講話の分析を行う。分析にあたり、どのような西洋古典文献が引用されており、それらがどのように解釈され適用されたかという点に、十分な注意を払う。

c.　論述の順序

第1章「ベンジャミン・ウィチカットの哲学的霊性」では、ウィチカットはキリストの意味をどれくらい掘り下げたかという観点から、第2章「レイフ・カドワースの哲学的霊性——『庶民院での説教——1647年3月31日』」では、カドワースは同時代人として「キリストのいのち」を生きるということをどのように理解したのかという観点から、各自の哲学的霊性の特質を解明する。第3章「ジョン・スミスの哲学的霊性　その1——『神知に至るための真の道・方法に関する講話』」では、スミスにお

いて宗教とプラトニズムはどのように協働したのかという観点から、第4章「ジョン・スミスの哲学的霊性　その2──『無神論に関する短い講話』」では、彼はエピクロス哲学をどのように理解したのかという観点から、第5章「ジョン・スミスの哲学的霊性　その3──『真の宗教の卓越性・高貴性に関する講話』」では、彼は宗教の高貴性と卓越性、すなわち宗教のアレテーの追求をどのように理解したのかという観点から、その哲学的霊性の特質を解明する。

第1章

ベンジャミン・ウィチカットの哲学的霊性
──キリストの意味の掘下げ──

　本章は、通常ケンブリッジ・プラトニスト（以下 CP と略す）運動の草分け的人物と見なされるベンジャミン・ウィチカット（Benjamin Whichcote, 1609-1683）を取り上げ、その哲学的霊性の特質を解明することを目的とする。この作業にあたり、彼はどれくらいキリストの意味を掘下げたであろうかという問題を中心に考察を行うことにしたい。キリスト者であり哲学の徒であるウィチカットにとって、キリストの意味に関する哲学的探求はいのちに関わる重大なことがらであった。この作業にあたり、彼の説教集である *The Works of the Learned Benjamin Whichcote, D. D. Rector of St. Lawrence Jewry, London*, 4 vols (Aberdeen, 1751) と説教のための覚え書きである *Moral and Religious Aphorisms. Collected from the Manuscript Papers of the Reverend and Learned Doctor Whichcote* (London, 1730) を主な資料として使用し、問題の考察を行うことにしたい。

1．ベンジャミン・ウィチカット

a．ウィチカットの生涯

　ウィチカットは、通常、CP の創始者と見なされ、「その運動のソクラテス」（the Socrates of the movement）とも呼ばれた[1]。CP の祖と見なされる理由は、この一団に属する学徒のほとんどが彼の下で学び、霊性上

34

の感化を受けたからである。その中にはスミスやステーリーが、そしてお
そらくカドワースやカルヴァウェルも含まれる[2]。ウィチカットは、1609
年、イングランド西部にあるシュロップ州の地方地主、ウィチカット邸の
クリストファー・ウィチカット（Christopher Whichcote of Whichcote-
Hall）の六番目の息子として生まれた。少年時代のことは何も知られて
いない[3]。彼は、1626 年、17 歳でピューリタンの牙城であるエマニュ
エル学寮に入学した。指導教員の一人は、ピューリタン・カルヴィニズ
ム（Puritan Calvinism, 以下 PC と略す）を堅持するアンソニー・タッ
クニー（Anthony Tuckney, 1599-1670）であった。しかしその教育は、
ウィチカットには同調よりむしろ反動として働いた[4]。彼は文学士と文学
修士を取得し、その後、同学寮のフェローに選ばれた。1634 年、25 歳
で学寮のテューターに就任し、1636 年、執事職と司祭職に同時に叙任さ
れた。1643 年、ケンブリッジ大学からサマセット州ノース・カドベリー
に聖職者録を与えられたが、彼がロンドンの富裕な商人クラドックの未亡
人レベッカと結婚したのは、この年であると考えられる。1645 年、彼は
ケンブリッジに呼び戻され、キングズ学寮長に就任し、そこで 8 年間奉職
した。ウィチカットはクロムウェルの教条的な PC に与することはなかっ
たが、クロムウェルの体制とは良好な関係を保った。1649 年からは、ケ

---

1)　　J. B. Mullinger, *The University of Cambridge*, vol. III (Cambridge University
　　　Press, 1911) 589.

2)　　C. Taliaferro and A. J. Teply, eds., *Cambridge Platonist Spirituality*, 12, 19.

3)　　ウィチカットの生涯については、J. Tulloch, *Rational Theology and Christian
　　　Philosophy in England in the Seventeenth Century*, vol. II (Elibron Classics,
　　　2005) 45-116; F. J. Powicke, *The Cambridge Platonists*, 50-67; 新井明・鎌
　　　井敏和共編『信仰と理性　ケンブリッジ・プラトン学派研究序説』25-30 を参
　　　照。彼が生まれたのは「昔からの高貴な家」とあるが、これはジェントリー階
　　　級を示唆する。彼の父は、地方地主（squire）であったらしい。Cf. J. Tulloch,
　　　Rational Theology and Christian Philosophy, vol. II, 47.

4)　　C. Taliaferro and A. J. Teply, eds., *Cambridge Platonist Spirituality*, 12-13.

ンブリッジ大学の副総長を兼務した。1655 年にはクロムウェルのために
諮問委員会の一員も務めた[5]。

　副総長二期目の 1651 年、ウィチカットは、エマニュエル学寮時代
の旧師であり現行のエマニュエル学寮長であるタックニー（Anthony
Tuckney, 1599-1670）から手紙による質問状を受け取った。それは、PC
の立場を代表するタックニーから、ウィチカットのプラトニズムの傾向に
対して投げかけられた批判である。ウィチカットは丁寧な返答を送り、そ
の後も二人の間に意見が取り交わされた。この期間も彼は、トリニティー
学寮チャペルで日曜午後の聖書講解を語り続けた。その後の 1660 年、51
歳の時、ウィチカットは大きな波瀾に遭遇した。王政復古のあおりを受け
学寮長・副総長職を剥奪され、ケンブリッジ州ミルトンの司祭館への隠
遁をよぎなくされた。しかし、2 年後の 1662 年、宮廷の愛顧を回復し、
ブラックフライアーズの聖アンズ教会（St. Anne's, Blackfriars）の「司
祭職」（curate）に任ぜられることになり、ミルトンからロンドンに移っ
た。ところが、4 年後の 1666 年、ロンドン大火によりその教会が焼失
したため、しばらくミルトンに戻り隠遁に近い生活をした。しかし 1668
年、チェスター主教に昇進した旧友ウィルキンズの助力により、およそ
60 歳のウィチカットは、ロンドンの聖ローレンス・ジューリー教会（St.
Laurence Jewry）の「教区司祭職」（vicarage）を受任。することにな
り、以後この教会で 13 年あまり毎週 2 回の説教を行った。その説教の聴
衆には、後にカンタベリー大主教となるジョン・ティロットソン（John
Tillotson, 1630-1693）や後にウォーセスター主教となるエドワード・ス
ティリングフリート（Edward Stillingfleet）も含まれていた。興味深い
ことに、哲学者のジョン・ロックも 1667 年から 1675 年の期間、聖ロー
レンス教会の会員であり、ウィチカットの説教を喜んで聴いていたと伝え

---

5)　　C. Taliaferro and A. J. Teply, eds., *Cambridge Platonist Spirituality*, 13.

られる[6]。1683 年 5 月、ウィチカットは、弟子であり同志であるクライスツ学寮長のカドワースをケンブリッジに訪ねた折、風邪をこじらせカドワースの家で息を引き取った。享年 74 歳であった。その遺言に従い、寡夫であり子どもがなかった彼の遺産は、大学と昔なじみの学寮と貧困の人々に寄贈された[7]。

b. ウィチカットと説教

　ウィチカットは、自分が専門の研究者であるという意識をもっていなかった[8]。本を一冊も書かず、むしろ若者の教育とチャペル・教会での説教に精魂を傾けた。彼の天職は説教であった。当時、説教はイングランド社会における最も効果的な大量伝達手段であった。それは単に宗教の話にとどまらず、社会全体の動きを反映した。それゆえ、人々は何にもまして説教を聞くため、こぞって教会や学寮チャペルに集まった[9]。1636 年に聖職者に叙任された後、ウィチカットは 26 歳でケンブリッジ大学の中でも名高いトリニティー学寮チャペル（トリニティー教会）の日曜午後の聖書講解者に任命された。以後、その聖書講解は約 20 年にわたり続けられた[10]。この期間は、イングランド内戦の動乱がその頂点に達した時期と重なる。ウィチカットが学寮チャペルで語った聖書講解は、当時流行していた熱狂と無思慮の説教とは異なり、健全な判断と洞察に富んでいた。その謙虚な人柄と明快な聖書講解は、多くの学生や教師を惹きつけた。学寮チャペルの礼拝には学外の人も出席することができたため、トリニティー

---

6) C. Taliaferro and A. J. Teply, eds., *Cambridge Platonist Spirituality*, 13.

7) C. Taliaferro and A. J. Teply, eds., *Cambridge Platonist Spirituality*, 13.

8) J. B. Mullinger, *The University of Cambridge*, vol. III, 532.

9) P. S. Seaver, *The Puritan Lectureships The Politics of Religious Dissent 1560-1662* (Stanford University Press, 1970) 5.

10) J. B. Mullinger, *The University of Cambridge*, vol. III, 589-590.

教会には学外からも心ある人たちが大勢出席した。世の中が大きく変動しつつあった時期であり、ウィチカットは聴くに価する説教者であったから、人々は彼の聖書講解を傾聴し、その中に自らの行動の指針を発見しようと努めた。その結果、彼の影響は大学内にとどまらず、地域社会にも及んだ[11]。

　ウィチカットは生涯において、少なくても2000回の聖書講解を行ったと推定される。現存するものはすべて速記から起こされたものであり、ごく一部分とはいえ98篇にも及ぶ。それらは *The Works of the Learned Benjamin Whichcote, D. D. Rector of St. Lawrence Jewry, London*, 4 vols (Aberdeen, 1751) に収録されている[12]。また、ウィチカットは聖書講解のための『覚書』を残しており、その数は6000にも及ぶ。それらのうち、1200篇が *Moral and Religious Aphorisms. Collected from the Manuscript Papers of the Reverend and Learned Doctor Whichcote* (London, 1730)[13] として刊行されている。なお先に触れたように、ウィチカットは、タックニーから届いた質問の手紙がきっかけとなって、神学上の議論を交わすことをよぎなくされた。両者の手紙が4通ずつ合計8通残っており、それらはウィチカットの思想を知る上で重要な資料である。PCの立場を代表するタックニーには、ウィチカットのプラトニズムの臭いを漂わせる聖書講解はあまりにも自由すぎるように思われ、いたたまれなくなって質問状という形で手紙を送った。そこからそれぞれの理解の違いをめぐり、議論が展開していった。これらの手紙は、T. E. Jones, ed., *The Cambridge Platonists A Brief Introduction* (University Press

---

11)　J. B. Mullinger, *The University of Cambridge*, vol. III, 590.

12)　本稿ではその Facsimile reprint (New York: AstroLogos Books, 1977) を使用する。

13)　本稿ではその校訂版の S. Salter, ed., *Moral and Religious Aphorisms Collected From The Manuscript Papers Of The Reverend And Learned Doctor Whichcote* (London, 1753) を使用する。

of America, 2005) の中に収録されている[14]。

　ウィチカットがどの程度プラトニストであったかということは、これから先に検討すべき課題であるが、彼がある程度プラトニズム関連の思想に通じており、それを学生たちにも教えたことは確かである[15]。同時代に生きたバーネット（Gilbert Burnet, 1643-1715）によると、ウィチカットは学生たちが柔軟な思考力を養うことができるようにという配慮から、プラトン、キケロ、プロティノスといった古代の哲学者を読むように強く薦めた[16]。また、タックニーによると、ウィチカットは非常に早い時期から「哲学と形而上学」の研究を、特に「プラトンとその学徒たち」の研究を開始していた[17]。ウィチカット自身も、プラトニズム思想の価値を認める発言をしている。

　In some Philosophers especially Plato and his scholars I must need acknowledge from the little insight I have⋯ I find many excellent and divine expressions.
　私がもっているいくばくかの識見は、まぎれもなく何人かの哲学者たち、特にプラトンとその学徒たちに負うものであることを認めます。

---

14)　Cf. Samuel Salter, ed., *Eight Letters of Dr. Antony Tuckney and Dr. Benjamin Whichcote.* Appended to the *Moral and Religious Aphorisms* by Benjamin Whichcote (London, Printed for J. Payne, 1753).

15)　J. Tulloch, *Rational Theology*, 117 は、ウィチカットは「プラトン哲学者であるよりもっと顕著に理性的宗教思想家」（more prominently the rational religious thinker than Platonic philosopher）であるという認識を示す。

16)　Gilbert Burnett, *History of His Own Time*, edited by Dean Swift *et al.*, 2nd ed.(Oxford, 1833) 321; J. D. Roberts, *From Puritanism to Platonism*, 204.

17)　T. E. Jones, ed., *The Cambridge Platonists A Brief Introduction with Eight Letters of Dr. Anthony Tuckney and Dr. Benjamin Whichcote* (University Press of America, 2005) 92; J. D. Roberts, *From Puritanism to Platonism*, 204.

……そこには、多くの優れた神的な表現が見いだされます[18]。

彼のプラトニズムへの傾きは、彼が残した以下のような言葉からも看取できる。

These two things go together; to know *God*; and to know the *Difference* of Good and Evil.

以下の二つは相伴う。<u>神</u>を知ること。そして善と悪の<u>区別</u>を知ること[19]。

Right and Just is determined, not by the *Arbitrary* pleasure of him that has *Power* over us; but by the Nature and Reason of Things.

正義・公正が決定されるのは、私たちを支配する<u>権力</u>をもつ者の<u>恣意的な</u>快によるのではなく、事物の本性・理性による[20]。

He, that is in a good state, has still work to do; to free his Understanding from Ignorance and Error, and to advance his Knowledge of Truth to a just Height; to work-out perfectly the habits of Sin, and to work-in perfectly the habits of Goodness.

---

18) "Reflections," "Sloane," (MS), 2716.4; J. D. Roberts, *From Puritanism to Platonism*, 204. ウィチカットの思想における重要な契機としてのプラトニズムについては、F. C. Beiser, *The Sovereingty of Reason The Defense of Rationality in the Early English Enlightenment* (Princeton University Library, 1996) 160 を参照。

19) B. Whichcote, *Moral and Religious Aphorisms* (London, 1753), No. 727. 下線は筆者。

20) *Moral and Religious Aphorisms*, No. 257. 下線は筆者。

善き状態の中にある人は、さらになすべき仕事をもつ。すなわちその
理解力を無知と誤謬から解放し、その真理の知識を公正な高みに上昇
させること。罪の習慣を完全に追い出し、善性の習慣を完全に組み入
れること[21]。

このようなウィチカットの思想は、さまざまな見地から批判することが
可能である。タックニーが身を置く PC の見地からは、それは正統派カル
ヴィニズムを希釈するものと思われた。同様にブラウン（J. Brown）は、
ウィチカットの聖書講解は象牙の塔のそれであり、失敗であったという判
断を下す[22]。宗教思想の価値を大衆化の度合いによって計る見地からは、
そういう批判も成り立つであろう。パスモア（J. A. Passmore）はウィチ
カットとカドワースの思想上の関係について、次のような見解を述べる。

ウィチカットについていえば、彼は専門的な意味では決して哲学者で
はなかった。カドワースは宗教・道徳観についてはウィチカットから
甚大な影響を受けたが、それ以外には彼からほとんど何も学ばなかっ
た[23]。

哲学大系上の影響という見地からは、そのような判断も成り立つであろ
う。他方、ダヴェンポート（P. M. Davenport）は、イングランドの教会
において他者への攻撃が蔓延する時代のなかで、ウィチカットは「新しい
キリスト像、すなわち常識に叶う道徳性を備えた柔和で穏やかなキリス

---

21)　*Moral and Religious Aphorisms*, No. 564.

22)　J. Brown, *Puritan Preaching in England A Study of Past and Present* (Wipf
and Stock Publishers, 2001) 127-128.

23)　J. A. Passmore, *Ralph Cudworth An Interpretation* (Cambridge University
Press, 1951) 7.

ト」を伝えた、という評価を下している[24]。それはそうであろうが、われわれとしては、ウィチカットのキリスト理解はただそれだけなのであろうかと問わざるをえない。

以上の研究者たちの見解とは対照的に、カッシーラー（Ernst Cassirer）は、「ケンブリッジ学派の仕事がさまざまな角度から解明されはしたものの、この学派がかかげていた本来の精神的原理はまだ把握されるには至っていない」という重要な指摘を行い[25]、以下のような見通しを示している。

　　この学派の思想家は、「啓蒙」の唱道者たちからは宗教への反動とみなされたとすれば、ピューリタンの論客からは宗教に無関心な者と思われた。両者はともに、「広教主義」信仰の広さによって開かれるはずの、新たな深さを見きわめることができなかった。事実、ケンブリッジの思想家があらゆる著作のなかで問題としたのは、たんに宗教上の地平を広げることではなく、信仰心を新たな基層へ、別の次元へ深化させることであった[26]。

カッシーラーが示唆するように、ウィチカットのキリスト理解の中に湛えられている「新たな深さ」を探り当てることが、本書の目指すところなのである。

---

24) P. M. Davenport, *Moral Divinity with a Tincture of Christ? An Interpretation of the Theology of Benjamin Whichcote, Founder of Cambridge Platonism* (Doctoral Dissertation, Nijmegen, 1972) 133.

25) エルンスト・カッシーラー『英国のプラトン・ルネサンス』26。

26) エルンスト・カッシーラー『英国のプラトン・ルネサンス』53-54。下線は筆者。

2. 私たちの内なるキリスト

a. 霊としてのキリスト

先に述べたように[27]、ウィチカットは聖書講解の準備として、多くの『覚書』をしたためたが、その中に彼のキリスト理解を端的に示すと思われる文言がある。

> We partake of the *Death* of Christ; by passing into the *Spirit* of Christ. The great work of Christ in *Us* lies, in implanting his own *Life* [Lively Nature] in the lapsed degenerate Souls of Men. Christ is not to be as in Notion or History; but as a Principle, a Vital Influence.
>
> 私たちがキリストの死に与るのは、キリストの霊の中に移行することによってである。私たちの内なるキリストの偉大な働きは、彼自身のいのち［生気ある本性］を、人間たちの堕落腐敗した魂の中に移植することにある。キリストは、観念の中に、あるいは歴史の中にあるものとしてではなく、原理、生ける影響力として存在しなければならない[28]。

ここに、人間を救うのはその内にあるキリストであり、人間の外にあるキリストではないという考えが表明されている。重要なものはキリストの肉体ではなく「霊」である。「彼自身のいのち［生気ある本性］」である。キリストは観念や事象なのではなく、むしろ「原理、生ける影響力」なので

---

27)　本章 1. b.

28)　*Moral and Religious Aphorisms*, No. 742. 下線は筆者。

ある。このような「内なるキリスト」理解は、「内住のキリスト」を説いたパウロや[29]、キリストを「いのち」「ロゴス」「霊」「生ける水」として象徴的に提示した『ヨハネ福音書』[30]の系譜に連なるとみることができよう[31]。キリスト教正統主義の目には、ウィチカットの霊的なキリスト理解は、キリストの歴史的実在性と抵触しかねないように見えるかもしれない。しかし、彼はキリストの歴史的実在性には疑いをはさまず、むしろそれを神学的思索の前提としている。そのことは以下のことばからうかがわれる。

Christ did, 1. what the divine Will and Pleasure thought fit; 2. what Reason and Equity called-for; 3. what was worthy and valuable too, in it's self; 4. what was useful and tending to noble purposes; 5. what was available and effectual, in respect of issue; 6. what was pleasing and acceptable to God.

キリストは次のことを行った。①神がその意志と欲求において適正であると考えること、②理性と公正が要求すること、③それ自体において価値があり貴重であること、④有用であり高貴な目的に向かっていくこと、⑤事案に関して利用可能で効果があること、⑥神に喜ばれ受け入れられること[32]。

ウィチカットにとってキリストの歴史的実在は当然のことであるが、もっと重要なことはその本質であり、それが人間の内なるキリストなのである。この内なるキリストは「私たちの内なるいのち」である。つまり、

---

29) 『ローマの信徒への手紙』8章10-11節、『ガラテヤの信徒への手紙』2章20節。

30) 『ヨハネ福音書』1章1、4節、7章38-39節、15章26節、16章7節。

31) C. Taliaferro and A. J. Teply, eds., *Cambridge Platonist Spirituality*, 10.

32) *Moral and Religious Aphorisms*, No. 1157.

「キリストは名前や観念だけの小さなものではない。キリストは本性であり、霊であり、私たちの内なるいのちである」[33]。「主の灯火」なる「人間の霊」としての理性は、内なるキリストによって照らされることによって、始めて人間を照らすことができる。換言すると、内なるキリストは「私たちの内なる神の霊」であるということになる。

> The *Spirit of God* in *us*, is a Living *Law*, Informing the Soul; not Constrained by a Law, without, that enlivens not; but we act in the Power of an *inward Principle* of Life, which enables, inclines, facilitates, determines. Our *Nature* is reconciled to the Law of Heaven, the Rule of Everlasting Righteousness, Goodness, and Truth.
>
> <u>私たち</u>の内なる<u>神の霊</u>は生ける<u>律法</u>であり、魂に活気を吹き込む。それは、生かすことをしない外なる律法によって束縛されない。私たちが行動するのは、力づけ、欲しさせ、促進し、決定するいのちある<u>内なる原理</u>の力によってである。私たちの<u>本性</u>は、天国の律法、すなわち永遠の正義、善性、真理の規則と合致する[34]。

私たちの内なる神の霊は、人間の魂に活気を吹き込み、自発的な判断と行動へ向かう力を与える。それゆえ「内なるいのちの原理」と呼ばれる。ウィチカットにとって内なるキリストは静的な存在ではない。それは「私たちの中に形成されるキリスト」であり、不断の運動、変化、成長を行う動的な存在なのである[35]。

　ここで言及されている人間とは、家柄や学歴によらないすべての人間で

---

33)　*Moral and Religious Aphorisms*, No. 355.

34)　*Moral and Religious Aphorisms*, No. 625. 下線は筆者。

35)　*The Works*, II, 82.

ある。王侯・貴族や富裕な商人だけではなく、一般民衆も含まれる。ウィリー（B. Willey）は、ウィチカットに始まる CP のプラトニズムに次のような評価を与えている。

　　宗教と政治が複雑に交差して生じた混乱の状況において、ウィチカットとその流れを汲む人たちは、時代、民族、教派を超えた、全人類に共通する原理を探求した。そして、彼らはプラトニズムにそれを見出した。彼らにとってそれは、キリスト教と同じ価値観、宗教精神を示すものであった。当時、茨の茂る狭い道になっていたキリスト教の道よりも、彼らはプラトニズムの公道を歩むことに、混乱を打開する活路を見出そうとしたのである[36]。

ウィチカットの内なるキリストという見方にも、おそらくプラトニズムに基ずく普遍的原理への希求が反映されていると見ることができよう。

b.　ピューリタン・カルヴィニズムとウィチカット

　ウィチカットにみられる霊的解釈の傾向は、PC の立場に身を置くタックニーにとっては極めて不快なものであった。彼はウィチカットの説教の中に「自然神学」（Theologia Naturalis）の臭いをかぎつけ、その「理性」（ratio）を「最高の裁判官」（summus judex）とする考え方に危機感を覚えた[37]。神の啓示と聖書を究極の基準とみなすタックニーの観点からは、ウィチカットの考え方は「ソキヌス主義やアルミニウス主義の輩」の異端につながりかねないものであった[38]。ウィチカットが若い頃から、

---

36)　　B. Willey, *The English Moralists*, 182-183. 下線は筆者。

37)　　T. E. Jones, ed., *The Cambridge Platonists*, 84.

38)　　T. E. Jones, ed., *The Cambridge Platonists*, 87.

「プラトン哲学やアリストテレス哲学」（Philosophy and Metaphysics）の研究に没頭していたことを知るタックニーは、哲学がウィチカットの説教の力を弱め、分かりにくいものにしていると忠告した[39]。しかしながら、実際には、ウィチカットの説教は概して哲学色が薄く、哲学者や哲学概念の引用も最小限に抑えられている。たとえば、プロティノスを例にとるなら、ウィチカットがあからさまにプロティノスに言及するのは、1回だけである[40]。それにもかかわらず、タックニーはウィチカットの言説のところどころに、プロテスタント正統主義とは異質な何かを感じ取ったのである。その何かとは、プラトニズム的傾向のことではないかと思われる。ウィチカットは哲学史の意味におけるプラトニズムの哲学者ではない。彼の説教は、基本的にプラトニズムの概念にではなく、パウロやヨハネの教説に立脚している。しかし、「広義のプラトニズム」[41] が彼の思考方式に底流していることは、否定できないであろう。以下のような言葉はそれを明示しているように思われる。

The *State* of Religion lies in a good Mind, and a good Life; all else is *about* Religion: and Men must not put the *Instrumental part* of Religion, for the *State* of Religion.

宗教の<u>あり方</u>は善き心と善き生の中にある。その他のすべては宗教に<u>関する</u>ものである。そして人は宗教の<u>道具的部分</u>を宗教の<u>あり方</u>と取り違えてはならない[42]。

このような根元的観点による理解は、ウィチカットの哲学的霊性の特徴で

---

39)　T. E. Jones, ed., *The Cambridge Platonists*, 91-92.

40)　*The Works* II, 160. D. Roberts, *From Puritanism to Platonism*, 205.

41)　J. D. Roberts, *From Puritanism to Platonism*, 205-206.

42)　*Moral and Religious Aphorisms*, No. 835. 下線は筆者。

ある。しかし PC にとって、特にその宗教体制の守旧的指導者たちにとっては、伝統的な贖罪論や和解論をなし崩しにし、ひいてはキリスト教を空洞化しかねない、急進的で不穏当な発言として危惧されたことであろう[43]。

3. キリストの人性と人間の「神化」

a. キリストの人性

ウィチカットのプラトニズム的傾向は、そのキリスト理解における人性の強調に表れているように思われる。彼は「さあ、よくご覧ください。人性に付与された偉大な名誉を」(observe here, the great honour put upon human nature) という[44]。すなわちキリストは、被造物としての限界をもつ人間のようになった。それゆえ「情念、感情、及び感覚」をもつが、人間とは違い、それらは理性によって完全に統御されている。もちろん、キリストは人間の罪には与らなかった[45]。キリストが来たのは肉に「おいて」(in) ではあるが、肉に「従って」(after) ではない[46]。

ウィチカットがキリストの人性について重要であると見なす点は、それが神による人間性の肯定を意味するということである。その肯定は、社会における下層民をも含むすべての人間の尊重を意味する[47]。実際、ウィチカットは聖書講解において、社会の中のいかなる人をも軽視してはならないと語り、人間愛、丁寧さ、優しさをもってすべての人に接し、貧しい

---

43)　ウィチカットの根元的理解に対する PC の側からの危惧については、F. C. Beiser, *The Sovereingty of Reason*, 164 を参照。

44)　*The Works*, IV, 189.

45)　*The Works*, II, 244, 247.

46)　J. D. Roberts, *From Puritanism to Platonism*, 132.

47)　*The Works*, II, 248.

48

人にも耳をかさなければならないと語った。他者への尊敬は人間以外の動物にも及ぶ。ウィチカットは、馬や犬を愛護せよと説いた[48]。以下の言葉は、キリストが人性に与るということが、身分差別に及ぼす意義を示している。

　　And this may satisfy those that are in the meanest offices and employments; that there is nothing base, that hath place in God's creation.
　　このことは、最も卑しい職務や職業に就いている人たちを満足させるでしょう。神の創造の中にその場所をもつものの中に、卑しいものなどは一つもありません[49]。

イングランドの貧民は、貧困と低い身分のゆえに卑しめられ、無知で悪者であるとして嫌悪されていた。しかし、ウィチカットによると、それは間違いである。社会の中のいかなる人をも、軽蔑したり、見下げたりしてはならない[50]。その根拠は、キリストが人性に与っているということである。

b.　神に似ること

　キリストが人性に与るということは、神としてのキリストが神であるまま人性に与ることを意味するが、ひるがえって人間の側からは、神性に与る可能性が開かれたことを意味する。ロゴスが人間となったのは、人間がロゴスとなるためなのである[51]。ウィチカットは『覚書』のなかで、以下

---

48)　*The Works*, I, 255-256.

49)　*The Works*, IV, 188-189.

50)　*The Works*, I, 255.

のように記している。

> Religion is, τὶς ὁμοίωσις Θεοῦ, κατὰ τὸ δυνατὸν ἀνθρώπου.
> the being as much like God as Man can be like him.
> 宗教とは、「人間に可能なかぎりある意味で神に似るようになること」、人間に可能なかぎり神に似るようになることである[52]。

「ある意味で神に似るようになること」（τὶς ὁμοίωσις Θεου）という文言は、プラトンの「神に似ること」（ὁμοίωσις θεῷ）という思想を想起させる。プラトンにとって神に似ることとは、思慮ある人間になること、人と神に対して正しい者になることであった[53]。人は正しく生きる努力なくして、神に似ることは不可能なのである[54]。ウィチカットは、この考え方を好んでいたようである。それは、プラトンからプロティノスにおける神との合一の思想の中に流れて行き、その後、東方のギリシャ教父、フィレンツェのプラトニストたち、そして CP にも到達した[55]。ウィチカットは専門の哲学研究者ではないので、「神に似ること」を哲学思想として展

---

51)　*The Works*, II, 244-247.

52)　*Moral and Religious Aphorisms*, No. 591.

53)　*Theaetetus*, 176B. 同じ考え方は、*Phaedo*, 64A にも見られる。

54)　*Respublica*, 613A.

55)　C. A. Patrides, ed., *The Cambridge Platonists*, 19-23. ウィチカットが言う「プラトニストたち」は、新プラトン主義及びそれ以後の同様な潮流を含んでいる。彼が属するのは、特定の哲学学派ではなく、プラトニズムとキリスト教が並行して進展した潮流である。中世で言うと、これには、アウグスティヌス、ニュッサのグレゴリオス、偽ディオニュシオス、エリウゲナ、アンセルムス、ニコラウス・クザーヌスらが含まれる。また、イタリアルネサンス期では、フィチーノを代表とする、フィレンツェで栄えたプラトン・アカデミー（Accademia Platonica）の教説がその潮流に含まれる。Cf. J. D. Roberts, *From Puritanism to Platonism*, 23-30.

開することには関心をもたない。ただ、それがキリスト理解に有用である
かぎりにおいて、重要なのである。彼は「神に似た」（God-like）という
表現も使用する。「神に似た」とは、聖霊の実、すなわち「正義、善意、
真実」（『エフェソの信徒への手紙』5章9節）が、私たちの内に実ること
である。それは倫理的行動に現れるものであり、死せる宗教的概念ではな
い[56]。

　ウィチカットが古代や中世の哲学者から多くのものを吸収し、それに
よって彼の思索が養われたとしても、聖書講解におけるその基本姿勢は、
聖書に典拠を求めるということであった。彼は、「神に倣う」（imitate
God）ことの重要さに関連して、セネカを引用して、次のように述べる。

> *Seneca* saith, "If a man would be holy and righteous, let him
> *imitate God*; and if a man do partake of God he is such and will
> be such." But why should I quote the philosopher, since the
> apostle saith, *we partake of the divine nature*, by a principle of
> holiness and righteousness, 2 Pet. ii. 4.
> セネカは言います。「人は聖く正しい者になりたいなら、神に倣うべ
> きである。そして、人が神に与るなら、現に聖く正しい者であるし、
> これからもそのようであろう」しかし、なぜ私は哲学者を引用すべき
> でしょうか？　というのは、使徒は、聖と正義の原理により私たちは
> 神の性質に与ると述べるからです。『ペトロの手紙 二』2章4節[57]。

ウィチカットはギリシャ哲学の伝統に敬意を払うが、それよりも聖書を上
位に置く。彼の使命は、あくまでも聖書の教師であり、哲学の教師ではな
い。とはいえ彼は、いかにして伝統的なキリスト教概念を、同時代の人た

---

56)　*The Works*, I, 251.

57)　*The Works*, I, 233. 下線は筆者。

ちに適切なものとして提示するかという課題を強く自覚しており、問題
解決の原理をプラトニズムの中に見出したことはまちがいない。それは、
彼の聖書講解において、聖書及び伝統的神学概念を説明する場合に、と
きにはプラトニズム的概念が使用されるというかたちで表れる。たとえ
ば、ウィチカットは、「神化」(deification)、「分有」(participation)[58]、
「模倣」(imitation) といった概念を使用する[59]。実際のところ、哲学者
への言及回数は、プラトンよりもアリストテレスのほうが多いが、けっし
てそれはアリストテレスに基づくスコラ哲学の優先を意味しない。ウィ
チカットは、アリストテレスを "the Philosopher" あるいは "the great
Philosopher" と呼んで尊敬を示してはいる。しかし、それは、アリスト
テレスの道徳哲学が、プラトン哲学の発展形態として評価されているか
ぎりにおいてである、と思われる[60]。ウィチカットにとって、異教徒のキ
ケロでさえも正しい聖書理解のために有力な支持者であった。彼は、PC
の予定説が支配した時代のただなかで、『神の輝かしい顕現、そして人間
の弁解できない無知』(*The Illustrious Manifestations of God, and the
Inexcusable Ignorance of Man*) という聖書講解を行い、そのなかで「キ
ケロは……キリスト者と称するけれども理性を否定すると思われる人た
ちよりも、すぐれた神学者です」(Tully ... who is a better *divine* than
some who pretend to be christians, and yet seem to deny reason)[61]、
という大胆な見解を表明している。ウィチカットにおいては、「霊的であ
ることほど道徳的であることはない」(Nothing is more *Spiritual*, than
that which is *Moral*)[62] のである。「霊的であること」は、「道徳的である

---

58) *The Works*, II, 177.

59) J. D. Roberts, *From Puritanism to Platonism*, 18-19.

60) J. D. Roberts, *From Puritanism to Platonism*, 19.

61) *The Works*, III, 167. 下線は筆者。

62) *Moral and Religious Aphorisms*, No. 969.

こと」、すなわち理性に基づく道徳性・倫理性と不可分離なのである。

　ウィリーが的確に指摘したように、2世紀に活躍したアレクサンドリアの教父たちは、キリスト教を既成のギリシャ哲学に接ぎ木しようとした。これに対して、ウィチカットに始まるCPは、ギリシャ哲学を既成のキリスト教に接ぎ木しようとした。その点では、アレクサンドリア学派とCPとは対称関係にあると言えるであろう[63]。

　先に述べたように、ウィチカットがプロティノスの名前を明言するのは1回だけであるが、プロティノスに特有の「流出」の概念は、ウィチカットの聖書講解の展開に使用されている。

> The *truth of God* it admits of many distinctions; but I would only speak of truth by way of emanation. There is in divinity, a *distinction of truth* that is of main and principal concernment; that is, the distinction of truth in respect of its *emanation* from God, the father of truth; for all the truth is a ray, and a beam from God, who is the father of truth. Now God communicates himself to us two ways.
>
> <u>神の真理</u>は多くの区別を許容することができます。しかし、私は流出の道による真理についてだけ語りたいと思います。神学においては、主要かつ原理的に重要な<u>真理の区別</u>があります。それは真理の父である神からの<u>流出</u>に関する真理の区別です。なぜなら、あらゆる真理は真理の父なる神からの光線であり光熱だからです。さて、神は二つの方法で自身を私たちに伝達します[64]。

真理は神から流出する光線・光熱にたとえられている。このたとえの根底

---

63)　　B. Willey, *The Seventeenth-Century Background*, 172.

64)　　*The Works*, III, 120. 下線は筆者。

には、一者からイデアが流出し、さらにイデアから感覚物が流出すると
し、流出を太陽から出る光にたとえるプロティノスの考え方があると思わ
れる[65]。ウィチカットによると、真理には自然の真理と啓示の真理とがあ
り、それぞれが第一及び第二の「流出」なのである。啓示の真理は神的な
真理であり、「流出」の段階としては、自然の真理とは区別されるが、両
者共に神から出ている点では共通である[66]。自然の真理が神からの第一の
流出であるのと同様に、啓示の真理は神からの第二の流出であり、前者を
適切に補充するのである[67]。

c. 人間の「神化」

先に述べた「神に似ること」や「神に与ること」と密接に関連するの
が、ウィチカットの「神化」（deification）という見方である。彼は、『私
たちの救済者が私たちの性質に与ることによって、私たちが受け取る
諸々の大いなる利益』（*The Great Benefits That Accrue to Us by Our
Saviour's Being in Our Nature*）という聖書講解の中で、救済において
は神が人間に対して果たす役割と、人間が神に対して果たす役割の両面性
があるとし、人間が神に対して果たす役割の重要性を次のように説明す
る。

Now, let us look for the explication of this, *in ourselves*; in our
nativity from above; in *mental transformation*, and *deification*.
Do not stumble at the use of *the word*. For, we have authority
for the use of it, in scripture, 2 Pet. i. 4. *Being made partakers*

---

65)　Plotinus, *Enneades*, V.3.12.40-47.

66)　*The Works*, III, 20.

67)　*The Works*, III, 121-123.

of the divine nature; which is in effect our deification. Also, let it appear *in our reconciliation to God*, to *goodness, righteousness and truth*; in *our being created after God, in righteousness, and true holiness*, Eph. iv. 24.

さて、その説明を私たち自身の中に探しましょう。私たちの上からの誕生の中に、心の変革と神化（deification）の中にです。この言葉の使用につまずかないでください。なぜなら、私たちは、その使用の権威を聖書の中に、すなわちペトロの手紙 二 １章４節の中にもっているからです。神の性質に与る者たちとされる [68] とは、要するに私たちの神化です。また、それは神に対する私たちの和解、すなわち善性、正義、真理に対する私たちの和解の中に現れなければなりません。私たちが神にかたどって創造されることの中に、正義と真の聖さの中に現れなければなりません（『エフェソの信徒への手紙』４章24節）[69]。

Deification（θεώσις または θεοποίησις）は、ギリシャ教父たちの中に顕著に現れる概念である。ウィチカットが引用する『ペトロの手紙 二』１章４節は、新約聖書の中でこの概念を示唆する唯一の箇所である。しかし、この箇所の第一義的関連は、聖霊によって私たちは神の子どもであるというパウロの教説（『ローマの信徒への手紙』８章）、及び父・子・聖霊が信者の内に住むというヨハネの教説（『ヨハネ福音書』14〜17章）である。エイレナイオスはこの箇所に基づき、神が受肉において私たちの生に与ったように、私たちも神的な生に与り、「神があるところのものになる」という思想を展開した[70]。さらに、アレクサンドリアのクレメン

---

68) ギリシャ語原文では、γένησθε θείας κοινωνοὶ φύσεως.

69) *The Works*, IV, 188. 下線は筆者。

70) *Adversus Haereses*, 5, praef.

スは、この概念を「神に似ること」（ὁμοίωσις θεῷ）というプラトンの思想に結びつけた[71]。このようにして神化の思想は展開していくのであるが、その基調をなすのは、アタナシウスが言うように、「ことばは神となった……それは私たちがその霊に与り、神化される（θεοποιηθῆναι）ためである」[72]という理解である。御子の中にある神的な生に与ること、それが神化なのである。ウィチカットが deification と言うとき、それはギリシャ教父たちからの直輸入ではない。あくまでも権威ある聖書箇所の引用なのである。ただし、「神の性質に与る者とされる」（γένησθε θείας κοινωνοὶ φύσεως）という文言の解釈にあたり、彼はギリシャ教父に由来する神化という用語を使う。それは、神の賜物である信仰は善き行動に結びついてこそ意味をもつという、彼の考えを示す上で適切な概念であるという判断によるものである。この点が、聖書解釈における聖書外の思想や概念の使用を排除する厳格な PC と異なるところである。ウィチカットは聖書の権威を認めながらも、解釈が必要とされる場合には、「信仰のみ」の立場に固執しない。反対を恐れず、あえて理性による説明を行う。その根底には、神が人間に啓示したことがらは、神の賜物である理性によって理解できるはずである、という考えがあるものと思われる。

The faith of the Lord *Jesus Christ* conjoined with our repentance and reformation, is now the only way to obtain pardon and forgiveness .... No man will go to *Christ* for pardon, unless he be sensible of the evil of sin and of which he doth repent, and condemn himself, and resolve against it; for no true penitent doth allow himself in sin.

---

71) *Paedagogus*, 3.1.

72) 『ニカイア公会議の決議に関する手紙』（*Epistula De Decretis Nicaeae Synodi*）14.

われわれの悔い改め及び変革と結合した主イエス・キリストへの信仰
が、今や許しと赦免を得るための唯一の道です。……人はだれも罪の
邪悪さを自覚し、悔い改め、自らを弾劾し、それに対抗する決心をし
ないかぎり、許しを乞うためにキリストのもとへ行くことはないで
しょう。なぜなら、真に悔い改める者は、自らが罪の中にとどまるこ
とを許さないからです[73]。

信仰が必然的にもたらす善き行動、これがウィチカットの言う神化であ
る。神の力は必ずや人間に大きな変革をもたらすことができるはずなので
ある。

4. 「和解」における神と人間の協働

a. ピューリタン・カルヴィニズムの和解論

ウィチカットの以上のような思考傾向は、「和解」（καταλλαγή,
reconciliation）に関する理解において顕著に表れている。パウロの救済
観において神と人間との和解の問題は重要な契機であり、その後のキリス
ト教思想の歴史においてそれは、救済論におけるキリストの働きの問題に
関連して重要な契機でありつづけた。ウィチカットの時代においても、和
解の意味の理解は彼にとっても PC にとっても、重要な課題であった。彼
の理解の特質を把握するためには、その対極に位置する PC の和解論を押
さえておく必要がある。ピューリタン神学は、信仰のみによる義認を説い
たルターと、人間の完全な堕落を説いたカルヴァンの流れを受け継いでい
る。そして、さらに義認の教説を極端に押し進め、恵みと救済は徹頭徹尾

---

73) *The Works*, I, 261-262. 下線は筆者。

神の主権に属し、神によって外から人間に与えられるものであると主張した。ここに人間が救済のために自発的に善を行う可能性は排除された。そしてPCは自分の理解を絶対であるとし、違う考えの人たちを迫害した。ピューリタンが描いたキリスト像は、人間の善き行動の可能性を否定し、人間にひたすら信仰の従順を要求し、信仰と恵みの絶対性を否定する人間に対しては、地獄の刑罰で脅す恐ろしいキリストであった。

　ウィチカットに異議を唱えたタックニーの背後には、このように暗いキリスト理解が存在していた。その具体的内容は、彼がウィチカットと交わした手紙から判断するならば、以下のようになるであろう[74]。すなわち罪人の「義認」(justification) は、もっぱらキリストの贖罪の結果、外から「転嫁された」(imputed) 義によって生じるものであり、元来、人間には「内在的な」(inherent) 義のひとかけらもない。人間と神との和解において神に影響を及ぼすものは、キリストの贖罪の働きのみであり、人間の働きはまったく無効である。この人間の働きの無効性という理解は、「予定」(predestination) の教説を奉じるPCの基本的立場と呼応する。予定の教説の根底には、人間は完全に堕落しているとする教条主義と、人間の贖罪は完全に神の意志によって決定されるとする決定論がある。この考え方は、タックニーもその起草者の一人であるところの、ウェストミンスター信仰告白の主張に連なる。それによると、神は永遠の昔からこれから起こるであろうことを定めている。それゆえ、神の裁断により人間と天使のある者たちは永遠の命に予め定められており、他の者たちは予め永遠の死に定められている。永遠の命に入る者の数は、永久に決定ずみである。それは純粋に神の自由裁量の恵みによるものであり、人間の側の信仰や善き行動はまったく神の意志に関与することができない。このような徹底した決定論が、PC神学の基調をなしているといえよう。しかしながら、PCが

---

74)　T. E. Jones, ed., *The Cambridge Platonists*, 72-156. Cf. J. D. Roberts, 42-65.

想念する神は、ウィチカットの見るところでは、わがまま勝手で恣意的・専横的な神に他ならず、とうてい承認できないものであった。神は正義と理性に従う神でなければならないのである。

> God does not, because of his Omnipotency, deal *Arbitrarily* with us; but according to Right, and Reason: and whatever he does, is therefore Accountable; because Reasonable.
>
> 神はその全能性を口実に私たちを恣意的に扱うことはなく、正義と理性に従う。それゆえ神が行うことは、すべて理由説明ができる。理性的だからである[75]。

神においては、この上ない正義と理性にしたがって行動することが、この上ない自由裁量なのである。神の自由裁量はその善性から独立して存在するのではなく、両者は密接不可分に結合して存在するのである。タックニーとウィチカットの論争は、互いに自分の立場を譲らないまま打ち切られた。その翌年、1652年7月4日、タックニーはエマニュエル学寮の卒業式で説教を行ったが、そこには彼が身を置くPCの立場と、ウィチカットに見られるプラトニズム的思考傾向に対する批判が、明白に反映されている。

> Salvation is only by Christ, therefore in all matters of salvation, with a single eye let us look to Christ and to God in him, as Elected in him, Redeemed by him, Justified by his grace, and the imputation of his righteousness, in which is the ground of comfort, and sanctified by his spirit, not by a philosophical faith;

---

75) *Moral and Religious Aphorisms*, No. 417.

第1章　ベンジャミン・ウィチカットの哲学的霊性 ｜ 59

or the use of right reason, or a virtuous morality, too much now-a-days admired and cried up. As old, the Temple of the Lord, the Temple of the Lord. So now, the Candle of the Lord, the Candle of the Lord. I would not have that Candle put out, I would have it snuffed and improved as a handmaid to faith, but not so (as when the Candle is set up) to shut the window, wither wholly to keep out, or in the least to darken the Sunshine, as it is with men's eyes, who can read better by a candle in the night, than by day-light ... Whatever Nature and Morality may be to others, yet to us let Christ be all in all. Nor let us to be Deists, but Christians; let us not take up in such a Religion, as a Jew, or Turk, or Pagan, in a way of Nature and Reason only may rise up unto, but let us indeed be what we are called Christians, Christians ... Not a philosophical dull Morality, but the law of the Spirit of life, which is in Christ Jesus ... not that Candle light, but the Sun of righteousness, that will guide our feet into the way of peace.

救済は<u>キリストによってのみ</u>与えられます。それゆえ、救済に関するすべてのことがらにおいては、純真な目でキリストを、そして彼の内にある神を見つめましょう。私たちは彼において<u>選ばれ</u>、彼によって贖われ、彼の恵みによって義とされ——彼の<u>義の転嫁</u>、そこに慰めの根拠があります——、彼の御霊によって聖とされるのですから。救済は、<u>哲学的信仰</u>、<u>正しい理性</u>の使用、徳のある<u>道徳性</u>というような、昨今感嘆され称賛されているものによっては与えられません。昔から、主の神殿、主の神殿と言われてきました。ところが今や、<u>主の灯火</u>、<u>主の灯火</u>と言われます。私はその灯火が消されることは欲しません。むしろ、その芯が切られて、<u>信仰の侍女</u>として改善されることを欲します。しかし、それは（ろうそくが置かれる時のように）窓を閉

じ、日光を完全に閉め出したり、少なくともそれを暗くしたりするためではありません。人間の目についても同様であり、人は白昼の光に依るよりも夜のろうそくに依るほうがよく読むことができます……他の人たちにとっては自然と道徳性がどれほどのものであろうとも、私たちにとってはキリストがすべてのすべてであるとしようではありませんか。私たちは理神論者ではなく、キリスト者であるといたしましょう。私たちは、ユダヤ人やトルコ人や異教徒のような宗教を、すなわち自然と理性がようやく登り切ることができる程度のものを取り込まないようにいたしましょう。そうではなく、まさにキリスト者と呼ばれるのにふさわしいものであるといたしましょう。そうです、キリスト者です。哲学的な鈍い道徳性ではなく、キリスト・イエスの内にあるいのちの御霊の法則こそが……かの灯火の光ではなく、義の太陽こそが、私たちの足を平和の道に導くことでありましょう[76]。

下線の部分は、タックニー自身の立場とウィチカットに対する批判を示唆していると思われる。和解の根拠をキリストだけではなく人間にも認めるウィチカットの見解に対して、タックニーは大きな不快感を示した。彼にとって人間の救済は、「キリストによってのみ」与えられるものであり、人間の救済において「キリストがすべてのすべてである」というその立場は、断じて譲ることができないものであった。

b.　神と人間の相互性

　以上のように、救済をもっぱら神の恵みと予定に限定し、人間が関与する余地を完全に排除するのが、タックニーの立場である。これに対して、

---

76)　A. Tuckney, *None But Christ* (Cambridge, England, 1654) 50-51. Cf. J. D. Roberts, 65 n.2. 下線は筆者。

ウィチカットは神の恵みへの人間の応答という局面において、人間が関与する余地を認める。和解論の観点からいえば、神はキリストにおいて自分と人間との和解成立を宣言し、和解に応じるように人間に呼びかけている。それゆえ、人間は悔い改めと自己変革をもって和解を受け入れなければならない、ということになる。

ウィチカットは、『キリストの死による罪人たちの和解』(*The Reconciliation of Sinners by the Death of Christ*) という聖書講解の中で、和解者としてのキリストについて次のような説明を与えている[77]。すなわちキリストは、人間の罪による害を受けた神と、罪による害を神に与えた人間との間の和解者である。和解者としてのキリストは、神と人間の両者の権利を考慮する。神は権威者、及び所有者としての権利をもつゆえ、人間に奉仕と負債返済を要求する権利をもつ。しかるに、人間はとうてい返済しきれない罪の負債をもつ。もし神がその権利を厳しく主張するなら、人間は永遠に滅びるしかない。しかし、幸いにも、キリストは和解者として、私たちのために神にとりなしをしてくれる。人間が満足な「償い」(satisfaction) をすることができないことは明らかであるが、それでもなにがしかのことはできる可能性がある。人間の中にある主の灯火はいかにおぼろげであろうとも、消え去ってはいない。和解者は、人間にできるわずかばかりのことを人間がするように求める。それは、人間が神を認め、悔い改め、その義務に戻ることである。人間がそれをするなら、和解者は神を憐れみへと「動かし」(move)、その権利を「取り下げ」(abate)、罪人がささげることができるわずかばかりのものを受け取ってくれるように取りはからう[78]。「彼（私たちの救済者）は、彼自身の犠牲によって、人間を赦すように神を説得します。かくして、神の名誉を守るのです」(*By his own sacrifice he doth persuade God to pardon*; and then he

---

77)　*The Work*, II, 263-273.

78)　*The Works*, II, 267, 269.

doth secure God's honour)[79]。神とキリストにとって、この取り計らいはけっして容易なことではない。問題処理のために、キリストが自分から進んで死へ赴き、自分を無とすることを神はよしとした。神はキリストにおいて、神と人間との和解を成し遂げるのである。

　神と人間との和解の過程において、キリストの十字架は決定的な位置をしめる。キリストの死は神を動かすと同時に、人間をも動かす。この点が、ウィチカットの和解理解において重要である。人間は、キリストの死によって、神が人間との和解を申し出ていることを知り、キリストの死に動かされて、罪の放棄と義務の遂行へと邁進する。このように、ウィチカットの理解では、和解は神と人間にとって「相互的」（mutual）なものであり、それゆえにこそ和解は両者に受け入れられるのである。

　　Thus you see the business of reconciliation is both acceptable to *God* and *man*. To God, because God's honour is maintained, and because infinite wisdom and goodness have therein exercised themselves. And to *man*, because man is put upon nothing but what is best in itself: that a man if he did but consider, he would not be saved in another way. And man now is out of danger; looks upon God as his friend: and God delights in this his product, infinite wisdom and goodness together, which is transcendent to that productive power of creating something out of nothing. This is the representation I make you concerning the *matter* of *reconciliation*.

　かくしておわかりのように、和解のわざは<u>神</u>と<u>人間</u>の両者に受け入れられるものとなります。神にとっては、神の名誉が維持されるゆえ

---

79)　*The Works*, II, 268. 下線は筆者。

に。また、無限の知恵と諸々の善とがその中で行使されたゆえに。そして、人間にとっては、人間が他でもなくそれ自体において最善であるものを付与されるゆえに。すなわちもし人間が少し考えてみればわかることですが、人間は他の仕方では救われないでしょう。そして、人間は今や危険を脱しています。神を友と見ています。神はこの自分の産物を、無限の知恵を、そして諸々の善をことごとく喜びます。それはあの無から有を創造する、かの生産力にまさっています。これが和解の内容について、私が皆さまに申し上げたい説明なのです[80]。

このように和解は相互的働きかけであるが、ウィチカットにとっては、特に人間が愛の神への応答として善き行動に邁進する局面が重要である。彼は、タックニーから来た最初の手紙への返信のなかで、和解における人間の責任について次のように語る。

They therefore deceive and flatter themselves extremely; who think of reconciliation with God, by means of a Saviour, acting upon God in their behalf; and not also working in or upon them, to make them God-like. Nothing is more impossible than this; as being against the nature of God: which is in perfect agreement with goodness, and has an absolute antipathy against iniquity, unrighteousness and sin. And we cannot imagine, that God by his Will and Pleasure can go against his Nature and Being.

それゆえ、次のように考える人たちは、大いに自分を欺き、自分にへつらっているのです。すなわち神との和解は、救済者が彼らのために神に働きかけることによるものではあるが、救済者が彼らの内で、あ

---

80) *The Works*, II, 275. 下線は筆者。

るいは彼らに対して働きかけ、彼らを神に似る者とすることによる
ものではないと。そのような考えほど不可能なものはありません。そ
れは神の本性に反するからです。神の本性は善性と完全に一致し、不
正、不義、罪と完全に対立します。神が自分の意志と欲求のゆえに、
自分の本性と本質に反する行動をとるなどということは、私たちには
想像することができません[81]。

以上において見た和解における神と人間の相互性、及び人間の責任という
視座から見るなら、ウィチカットのキリストは、人間を強制せず、人間の
自発性を尊重する存在であるということになるであろう。ここにただよう
自由な気風は、厳格な教条主義の立場から自分の宗教と道徳を民衆に押し
つけ、服従しない者を厳しく処罰するピューリタン教区エリートのあり方
の対極に立つといえよう。和解者キリストは、神と人間との和解の成立過
程において、両者の自発性を尊重する存在なのである。

There must be a voluntary submission of the party delinquent,
and voluntary remission of the party offended. There must be
a free forgiveness on God's part, and ingenuous submission on
the sinner's part. What is forced upon us, is insignificant. If you
punish a malefactor till doomsday, there is no satisfaction.

義務を怠った側の自発的な服従と、損害を受けた側の自発的な赦免が
なければなりません。神の側の自由な赦しと、罪人の側の真摯な服従
がなければなりません。私たちに対して強制されるものは、無意味で
す。あなたが犯罪者を未来永劫に処罰したとしても、償いは得られま
せん[82]。

---

81) 　T. E. Jones, ed., *The Cambridge Platonists*, 79. 下線は筆者。

神の自発性は認めるが、人間の自発性は否定する PC に対して、ウィチカットのキリスト理解は、人間の自発性の復権を宣言するものであるといえよう。

Though the motion of reconciliation begins with God, yet God expects our *concurrence* and *consent*. Reconciliation is never accomplished without us, without some voluntary act of man. We cannot be happy but by that which is our own choice, for that which is not our choice, will be our burden. There is nothing of happiness where there is violence and force. That which will make us sound, must be inwardly received and concocted; for no outward application will make a man sound. It is so in naturals and spirituals.

和解の動きは神から始まります。しかしながら、神は私たちの<u>協働</u>と<u>同意</u>を期待します。和解は、私たちの外で、人間のなんらかの自発的な行為なしに、成し遂げられることはけっしてありません。私たちが幸福でありうるのは、他でもなく自分自身が選択したものによってです。なぜなら、私たちの選択でないものは、私たちの重荷でありましょう。暴力と強制のあるところに、幸福はまったくありません。私たちを健全にするであろうものは、内面的に受け入れられ調合されなければなりません。なぜなら、外面的な処方は人間を健全にすることがないでありましょう。自然に属するものどもも霊に属するものどもも、そのようになっております[83]。

---

82)　*The Works*, II, 268.

83)　*The Works*, II, 340-341. 下線は筆者。

ここで言及されている自発性とは、理性に抑制された意志の働きであり、放縦とは無縁である。「意志」（will）は、理性と正義を離れては無意味である。ウィチカットによると、やりたいようにやるという傲慢な言い方ほど有害なものはない[84]。自発性は、社会のあらゆる階層によって尊重されなければならない。支配者は、暴力によってではなく、理性に基づく議論によって被支配者を説得しなればならない。被支配者は、処罰への恐怖によってではなく、支配者が与える納得がいく理由説明に基づいて、自発的に服従しなければならない。ウィチカットは聖書を引き合いに出す。

That Abraham gives reason for what he saith; therefore we should not take upon us to dictate and impose on others, but it becomes us to show cause and to satisfy men by reason and argument: and this is the direction of the apostle, who charges it upon christians, to be ready to render a reason of the hope that is in them.

アブラハムは自分が語ることに理由説明を与えています。それゆえ、私たちは他者に命令したり強制したりしようとしてはなりません。むしろ、理由を示し、理性と議論によって人々を満足させるほうが、私たちにふさわしいのです。そして、これが使徒の指示することであり、彼はキリスト者たちに対して、自分の中にある希望について理由説明できる準備ができているように命じています[85]。

---

84)　*The Works*, I, 253.

85)　*The Works*, I, 271. 下線は筆者。

5．明るいキリスト理解

a．一体としての救済

　ウィチカットが理解するキリストは、救済における神の責任と人の責任を同等に尊重するのであるが、そのことは、他でもなく一体としての救済を人間に提供することを意味する。『キリストによる救済の本性』(*The Nature of Salvation by Christ*) という聖書講解において語られる次の言葉は、それを明示している。

> As I will produce ten words in Scripture that come into my mind, which it may trouble you to distinguish, and they are all belonging to the same state; they differ but notionally or gradually, or as to our apprehension only: they are these, *regeneration, conversion, adoption, vocation, sanctification, justification, reconciliation, redemption, salvation, glorification.*
> 私の心に浮かぶ聖書の 10 の言葉を提示いたしましょう。皆さまはそれらの区別に苦労なさるかもしれませんが、実はそれらはみなまったく同一の状態に属しているのです。それらはただ概念において、もしくは段階において、もしくは私たちの把え方に関してのみ異なるのです。それらは以下の言葉です。すなわち<u>再生</u>、<u>回心</u>、<u>養子縁組</u>、<u>召命</u>、<u>聖化</u>、<u>義認</u>、<u>和解</u>、<u>贖罪</u>、<u>救済</u>、<u>栄化</u>です[86]。

この後に、それぞれの概念に関する説明が続く[87]。これら 10 の言葉は、

---

86)　*The Works*, II, 80. 下線は筆者。
87)　*The Works*, II, 80-82.

同一の実体を指し示すそれぞれの局面であり、互いに競合する別個のもの
ではない。その観点で見るならば、PC の神学においてしばしば行われる、
衒学的な細かい区別立てはもはや不要となる。ここにも、外面より実質を
優先するウィチカットに特徴的な考え方が現れている。畢竟するところ、
これらの言葉は協和して、救済という一つの美しい楽曲を奏でるはずなの
である。

> I will tell you what these words mean plainly, that everybody
> may understand. It is no more than to be a good, honest
> *christian*, i. e. to follow the plain direction of our Lord, and
> Saviour, to live according to his rules, and to endeavour to be in
> his spirit, and this is to *know Christ*, and to *have Christ formed
> in us*, and *to be in Christ*.
>
> これらの言葉が何を意味するかということについて、だれにでも理解
> できるようにわかりやすくお話いたしましょう。それは、他でもなく
> 善き誠実なキリスト者であるということです。つまり、私たちの主人
> にして救済者である方のわかりやすい指示に従って行くこと、この方
> の規則に従って生きること、この方の精神にとどまるように努めるこ
> とです。これがキリストを知るということであり、私たちの内にキリ
> ストが形成されるということであり、キリストの内にあるということ
> です[88]。

ここに救済の理解に関するウィチカットの特徴が、明白に表明されてい
る。それは統一の観点による救済理解であり、PC における分割の観点に
よるそれと対極に立つ。統一の観点とは、換言するなら、本質の観点とい

---

88)　*The Works*, II, 82.

うことである。ウィチカットにとって救済の本質とは、要するに、「善き誠実なキリスト者」であることに他ならない。それは人であり人の生き方なのである。そこでは、「善き誠実な」とあるように、救済の道徳性が重視される。しかし、それ以上に重要なことは、「キリスト者」であるということである。キリスト者であるということは、「キリストを知る」[89]ということである。キリストを知るということは、「私たちの内にキリストが形成される」[90]ということである。私たちの内にキリストが形成されるということは、「キリストの内にあるということ」[91]である。ウィチカットはタックニーから、哲学に染まりすぎているという批判を受けたが、救済の本質について語る次元においては、彼はもっぱらヨハネやパウロの用語だけを使用している。神学の営みにおける哲学の有用性を認めるウィチカットではあるが、その神学の究極の拠り所は聖書なのである。

　救済を統合的にとらえるウィチカットの理解は、「義認」と「聖化」の協働という理解に連結する。彼はタックニーへの手紙の中で次のように語る。

Yet I confess, I cannot marvel; to see you balance matters of knowledge, against principles of goodness; and seem to insist on Christ, less as a principle of divine nature in us; than as a sacrifice for us. I acknowledge, they both speak the rich grace of God in Christ to man: I mean, expiation of sin, in the blood

---

89)　『ヨハネ福音書』14章7、9節、17章3節、『コリントの信徒への手紙 二』2章14節、『フィリピの信徒への手紙』3章10節。

90)　『ガラテヤの信徒への手紙』4章19節。

91)　『ヨハネ福音書』14章20節、17章21節、『ヨハネの手紙 一』2章5、6節、『ローマの信徒への手紙』6章11節、8章1節、9章1節、『コリントの信徒への手紙 二』3章14節、5章17節、『ガラテヤの信徒への手紙』2章4節、3章14、26、28節。

of Christ, and true participation of the divine nature, to the making of us truly Godlike or conform to God, through Christ being formed in us: and I know not well——or rather dare not, compare them: both being the provision of Heaven, to make us capable of happiness; and fundamentally necessary to our safety.

しかし、私は告白しますが、驚かざるをえません。あなたは知識の諸事と善性の諸原理とを比較対照しておられるのですから。あなたはキリストを、私たちの内にある神的本性の原理としてではなく、むしろ私たちのための犠牲として主張しておられるように思われます。私の認めるところでは、これら両方が、人間へのキリストにおける神の豊かな恵みを告げるのです。つまり、キリストの血潮による罪の償いと、神の本性に真に与ることです。それらは、私たちの内にキリストが形成されることを通して、私たちを真に神に似た者、あるいは神と同様な者にしてくれます。私はそれらをよく知っておりません――いやむしろ、あえてそれらを比較対照しようといたしません。両者は共に天国へ行く準備であり、私たちに幸福を得させてくれるものです。そして、私たちの安全のために根本的に必要なものです[92]。

ここで語られている、「人間へのキリストにおける神の豊かな恵み」(the rich grace of God in Christ to man) という文言に着目したい。ウィチカットは、神の裁きを強調する PC のキリスト理解を、「神愛」(Charity)の観点から再解釈しているのである[93]。「私たちのための犠牲」(a sacrifice for us) という伝統的理解が、「私たちの内にある神的本性の原理」(a principle of divine nature in us) という理解に置き換えられているのは、そのためである。タックニーはウィチカットのこのような文言に

---

92) T. E. Jones, ed., *The Cambridge Platonists*, 146. 下線は筆者。

93) P. M. Davenport, *Moral Divinity with a Tincture of Christ*, 139.

プラトニズムの臭いをかぎつけ、危機感を覚えたのであるが、先に見たように、ウィチカットにとってそれは聖書の文言以外の何ものでもない。彼がこのような再解釈を行うことができた根底には、広義のプラトニズム精神が脈打っていたとしても、彼にとって聖書解釈の権威はあくまでも聖書なのである。

　ウィチカットの聖書講解において、哲学概念の使用は最小限にとどめられており、それが使用される場合でも、聖書に対して副次的地位に服している。しかしそれは、プラトニズムがまったく彼の聖書講解に作用していないということではない。PC が風靡していた当時のイングランドは、闘争の状況の中で宗派や身分の違いを超えた普遍的に妥当する原理を必要としていた。ウィチカットが選んだものはプラトニズムである。彼はその中に普遍的原理の可能性を見いだし、それを積極的に聖書講解に適用した[94]。たしかに彼の説教は、PC の熱狂の嵐を静める即効的効果をもたらすことはできなかった。しかし、カッシーラーが指摘するように、宗教思想史の観点で見るならば、ウィチカットの業績は評価に値する。彼から始まる CP の宗教哲学的営みは、PC にとっては決着済みと思われていたところの、自由と必然、道徳と宗教といった決着を容易に受けつけない問題を再提出し、再検討を促した。ここに時代遅れだと思われつつあったプラトニズムが再登場し、真理追究と徹底的吟味の役割を果たすことになったのである[95]。

b.　内なる十字架のキリスト

　贖罪の理解において、十字架にかけられたキリストが中心の位置を占めることは、言うまでもないが、問題は十字架のキリストがどこにいるのか

---

94)　B. Willey, *The Seventeenth-Century Background*, 123-124, 182-183.

95)　エルンスト・カッシーラー『英国のプラトン・ルネサンス』122。

ということである。ウィチカットは、PC によって人間の外に排斥されて
しまった十字架のキリストを、人間の内に呼び戻し、人間の内なる十字架
のキリストへ回復したと言える。彼はタックニーへの手紙の中で次のよう
に述べている。

> Now that Christ is more known and freely professed, let him be
> inwardly felt, and secretly understood; as a principle of divine
> life within us, as well as a Saviour without us (Christ is the
> Leaven of Heaven; sent into the world, and given to us; to leaven
> us into the nature of God.)
>
> 今やキリストはもっと知られており、もっと自由に告白されているの
> ですから、さらにキリストが内側で感じられ、奥まった所で理解され
> るようにもいたしましょう。私たちの内にある神的いのちの原理とし
> て、です。私たちの外にある救済者としてだけではなく、です（キリ
> ストは天国のパン種です。彼は世に派遣され、私たちに与えられまし
> た。それは私たちを神の本性へと変化させていくためです）[96]。

神の愛から遠ざけられ、貧困と差別に苦しんでいた民衆に、今や神の愛に
浴することができる明るい未来が開かれた。「私たちの内なるキリスト」
は、義認・聖化のキリストとして社会の隅々にまで、最下層にまで届く存
在である。ウィチカットの見るところでは、イングランド社会の中には、
熱狂的に「信仰による義認」を唱えながら、実際には、「悪意、恨み、怒
り、妬み、復讐といった悪魔的性質」に堕ちている人たちが大勢いた。だ
からこそ、明るいキリスト像が提示される必要があった。信仰による義認
と、聖化・聖性・神的本性との間に生じた分裂を一つに統合してくれるキ

---

96)　T. E. Jones, ed., *The Cambridge Platonists*, 147. 下線は筆者。

第1章　ベンジャミン・ウィチカットの哲学的霊性　│　73

リスト、義認と聖化のキリストが必要であった[97]。彼がタックニーに語った以下の言葉の中に、そのようなキリスト理解への熱い思いが表明されている。

Christ doth not save us; by only doing for us, *without* us: yea, we come at that, which Christ hath done for us, with God; by what he doth for us, *within* us. For, in order of execution, it is, as the words are placed in the text; Repentance, before Forgiveness of sins; Christ is to be acknowledged, as a principle of grace *in* us; as well as an advocate *for* us. For the scripture holds-forth Christ to us, under a double notion; 1. to be felt in us, as the new man; in contradiction to the old man: as a divine nature; in contradiction to the degenerate and apostate nature; and as a principle of heavenly life; contrary to the life of sin, and spirit of the world: 2. to be believed-on by us, as a sacrifice for the expiation and atonement of sin; as an advocate and means of reconciliation between God and Man. And Christ doth not dividedly perform these offices; one and not the other.

キリストが私たちを救うのは、私たちの<u>外で</u>、私たちのために働くことによってではありません。そうです。キリストが神と共に私たちのために働いたそのことに私たちが到達するのは、彼が私たちの<u>内で</u>私たちのために働いたことによってです。なぜなら、行動の順序では、聖書の言葉にあるように、悔い改めが先で、罪の赦しが後です。キリストは私たちの<u>内なる</u>恵みの原理として認識されなければなりません。私たち<u>のための</u>弁護者としてだけではなく、です。なぜなら聖書

---

97)　T. E. Jones, ed., *The Cambridge Platonists*, 147.

は、二つの意味で私たちにキリストを提示するからです。1. 私たち
の内に感じられるべき新しい人として。古い人としてではなく、で
す。神的な本性として、です。堕落し背教した本性としてではなく、
です。また、天国のいのちの原理として、です。罪のいのち、及び
この世の霊としてではなく、です。2. 私たちによって信頼されるべ
き、罪の償い・贖罪のための犠牲として、です。神と人との和解のた
めの弁護者・手段として、です。キリストがこれらの務めを果たすの
は、どちらか一方だけというような、分離した仕方によってではあり
ません[98]。

当時の民衆の多くは、貧困のため聖書の文字を読むことができなかった。
それゆえ、聖書は宗教の専門家や富裕者の独占物であった。しかし、こ
こに至って、文字を読むことができない人たちにも、希望の光が差し込ん
だ。ウィチカットのキリスト理解によると、人間はだれもが、内なるキリ
ストによって理性を照らされ、愛の神を知り、その愛に励まされて、変革
と向上の道を上昇していくことができるのである。

God hath set up *Two Lights*; to enlighten us in our Way; the
Light of *Reason*, which is the Light of creation; and the Light of
Scripture, which is After-Revelation from him. Let us make use of
these two Lights; and suffer neither to be put out.
神は私たちの行く道を照らすために、二つの光を設けた。理性の光。
これは神の創造の光である。そして、聖書の光。これは神による後の
啓示である。私たちはこれら二つの光を用いよう。どちらも消さない
ように努めよう[99]。

---

98) T. E. Jones, ed., *The Cambridge Platonists*, 78-79. 下線は筆者。

99) *Moral and Religious Aphorisms*, No. 109. 下線は筆者。·

ウィチカットにとって理性の光と聖書の光は、本質的には同一のものなのである。霊性は理性に他ならず、理性は霊性に他ならない。両者は一つであり、一人のキリスト者の中に共存できるべきものなのである。それが「人間の霊は主の灯火である」(the spirit of man is a candle of the Lord) という『箴言』20 章 27 節の言葉がもつ意味なのである。以上において見たことに照らすなら、和解についてウィチカットが述べた以下の言葉がよく理解できるであろう。

Reconciliation looks rather Forward, than Backward; at what *may be*, in time to come; than what *has been*, in time pass'd.
和解は後方よりもむしろ前方に目を向ける。過ぎた時においてあったことよりも、むしろ来たらんとする時においてあるかもしれないことに目を向ける[100]。

6．まとめ

ウィチカットの哲学的霊性は、哲学史上の特定のプラトニストに傾倒し、それに基づいて構築された知の体系というようなものではない。むしろ、歴史の中に継承されてきた、プラトニズム的精神を尊重する姿勢ともいうべきものである。その精神には、真理を求めてやまない探求心、性急な判断を控える慎重さ、感覚界の彼方に知性界を仰ぎ見る視点、人間の理性への尊敬、真に神的な存在への畏怖などが含まれるであろう。このような精神が、ウィチカットのものの考え方の基層を成しているものと思われる。したがって、彼のプラトニズムは哲学体系というよりは、むしろ思考

---

100) *Moral and Religious Aphorisms*, No. 535.

の型、もしくは思考の傾向ともいうべきものである。言うなれば、それは広義のプラトニズムである。

　本章で確認したところによると、ウィチカットの聖書講解における究極の権威は、聖書である。しかしながら、聖書の文言や神学概念が複数の解釈を許容するように思われる場合には、彼は神の賜物である理性を用いて、理性に合致する本質的な意味を探求する努力をためらわない。そこにおいて働くのが、広義のプラトニズムである。

　ウィチカットのそのような思考傾向は、「わたしたちの内なるキリスト」と「神化」の理解に表れていることを、最初に見た。PC によって人間から遠ざけられていたキリストは、「わたしたちの内なるキリスト」として、人間の内側に回復された。そもそもキリストが人性に与ったということは、人間の外の遠く離れた所にあることがらではない。それは人間の内に起こることがらである。それによって、人間はキリストの神性に与り、キリストに似た者となるという意味における神化の可能性が開かれるのである。

　ウィチカットのこのようなキリスト理解は、「和解」における神と人間の相互性という考え方に顕著に反映されている。和解はキリスト教神学の救済論における重要な教説であり、人間にとって救済の根拠たるべきものである。ところがそれは、PC の予定論の権威によってもっぱら神の専決事項とされていた。完全に堕落した存在であると烙印された人間にとって、和解の働きに参与する余地はまったく存在せず、それはひたすら神の意志と欲求によって決定されるものとされていた。人間を不安と諦めに引き渡すこのような決定論に、ウィチカットは異議を唱えた。たとえ人間がどれほど堕落した存在であるとしても、神の恵みを受けて、少なくとも、罪を自覚し、悔い改め、神に立ち返るという小さな局面においては、人間には神の和解に協働することができる余地がある。このような意味での和解は人間に救済を得させ、救われた人間はキリストにおいて示された神の

愛への応答として、善き行動に駆り立てられる。すべての人間の内にある
理性が、そのことの証しである。罪のゆえに理性がどれほど弱められ、風
前の灯火であるとしても、それは神の賜物であるかぎり決して消し去られ
ることはないということが、ウィチカットの確信であった。

　イングランドの民衆は、キリストの救済を必要としていた。しかし、そ
の救済はPCによって、再生、回心、養子縁組、召命、聖化、義認、和
解、贖罪、救済、栄化というような衒学的分割をこうむっていた。このよ
うな細かい神学上の区別立ては、貧困のゆえに文字を読むことができない
人たちを救うことはできない。ウィチカットは分割されていた救済を統合
し、本来の救済へと復帰させた。本来の救済とは、キリストそのものに他
ならない。そのキリストとは人間の内なるキリストである。十字架のキリ
ストも人間の外にあるキリストではなく、人間の内なる十字架のキリスト
である。そのキリストは、人間の内にある神的いのちの原理として感じら
れ、理解されうる存在である。

　このように把握されるキリストは、人間を内側から変革し、善き行動に
駆り立てずにはおかない。人間のはるか彼方に押しやられたPCのキリス
トに対して、ウィチカットのキリストは、限りなく人間の実存に近いキリ
ストである。陰鬱な時代における、斬新で明るいキリスト像である。そこ
にプラトニズムの働きのしるしを見てとることができる。そしてこれが、
ウィチカットの哲学的霊性の特質なのである。

第２章

レイフ・カドワースの哲学的霊性
──『庶民院での説教─1647 年 3 月 31 日』：
同時代人として「キリストのいのち」を生きる──

　本章は、通常、ケンブリッジ・プラトニスト（以下 CP と略す）の一団
の中で「秀でた体系的思想家」(the leading systematic thinker)[1] と見
なされるレイフ・カドワース (Ralph Cudworth, 1617-1688)[2] を取り上
げ、その哲学的霊性の特質を解明することを目的とする。この作業にあた
り、彼がウェストミンスターの聖マーガレット・チャペル（St. Margaret
Chapel, Westminster）で庶民院議員一同を前に語った『庶民院での説教
─1647 年 3 月 31 日 』(A SERMON Preached before the Honourable
House of Commons, At Westminster, March 31. 1647) の吟味を中心
として、問題の考察を行うことにしたい。

1.　レイフ・カドワース

a.　カドワースの生涯[3]

　カドワースは、1617 年、サマセット州のアラー（Aller in Somerset-

---

1)　　C. Taliaferro and A. J. Teply, eds., *Cambridge Platonist Spirituality* (Paulist
　　　Press, 2004) 20.

2)　　Ralph は「ラルフ」と「レイフ」の二つの発音があるが、本書ではイギリスの
　　　伝統的な発音である「レイフ」を使用する。

3)　　カドワースの生涯と著作に関しては、以下の文献を参照。Thomas Birch, "An
　　　Account of the Life and Writings of Ralph Cudworth," in *The True Intel-*

shire）に生まれた。同名の父親はひとかどの聖職者であり、その履歴は、順次、エマニュエル学寮フェロー、ケンブリッジの聖アンドリュー教会（St. Andrew's Church）司祭、イングランド国王ジェームズ1世のチャプレンであった。なおアラーは、聖アンドリュー教会の退任後、彼に与えられた「学寮聖職録」（a college living）である[4]。母親の旧姓はメアリー・マシェル（Mary Machell）であり、彼女はジェームズ1世の長男ヘンリー王子の乳母を務めた。1624年、夫が早世し、アラーの主任司祭職を引き継いだジョン・ストートン（John Stoughton）と再婚した。レイフが7歳の時である。彼は新しい父親から行き届いた教育を受けて育った。

　1630年、カドワースは13歳でエマニュエル学寮の寄宿生となり、1632年7月5日、ケンブリッジ大学への入学を許可された。学寮ではウィチカットから直接に教わったものと思われる。カドワースは古代の哲学者たちの著作を初めとして、広範囲にわたる書物に親しんだ[5]。この経験は、幼少の頃から教え込まれてきたカルヴィニズムの呪縛から彼を解放する方向に働いた。カッシーラーによると、後にカドワースはネーデルラントのアルミニウス主義神学者、リンボルク（Limborch）宛への手紙の

---

lectual System of the Universe, vol. 1 (London: J, F. Dove, 1820) 7-37; John Tulloch, Rational Theology and Christian Philosophy in England in the Seventeenth Century (Elibron Classics, 2005) vol. 2: 193-228; Charles E. Lowley, The Philosophy for Ralph Cudworth a Study of the True Intellectual System of the Universe (New York: Phillips & Hunt, 1884) 28-36; F. J. Powicke, The Cambridge Platonists A Study (J. M. Dent & Sons LTD., 1926) 110-129; C. A. Patrides, ed., The Cambridge Platonists (Edward Arnold, 1969) xxx; C. Taliaferro and A. J. Teply, eds., Cambridge Platonist Spirituality, 19-25. なお上記の John Tulloch の書物は、1874年、William Blackwood and Sons, Edinburgh and London 初版のファクシミリ非縮約版である。

4) 　F. J. Powicke, The Cambridge Platonists, 110.

5) 　F. J. Powicke, The Cambridge Platonists, 111.

中で、その解放の経験を次のように述べている。

真理の力がその日をもたらし、あらゆる偏見の障壁を打ちくだいたのです。私がとりわけ感動したのは、ペリパトス学派ばかりでなく、私がときどき読んでは楽しんでいるプラトン学派も、古代の哲学者たちはみな、たえずわれわれの時代に自由をもたらしてきたことなのです[6]。

1639年、22歳の時、カドワースは優等で文学修士号（Master of Arts with honour）を取得した。その後すぐにフェローに選ばれ、傑出したテューターになった。数年間その働きをする中で、ひところは82名もの学生を担当したが、これは大きな学寮においてさえ極めてまれなことであった。彼が教えた学生の中には、ジョン・スミスやおそらくヘンリー・モアもいたものと思われる。

　1642年に、最初の著作である『主の晩餐の真の概念に関する講話』（*A Discourse concerning the true notion of the Lord's Suppper*）が刊行された[7]。若干23歳頃の著作であるが、識者たちから高い評価を受けた。この講話の中で彼は、主の晩餐について次のような見解を述べている。

There is a sacrifice in the Lord's supper symbolically, but not there offered up to God, but feasted on by us; and so not a sacrifice, but a sacrificial feast; which began too soon to be

---

6)　カドワースのリンボルク宛書簡（1668年）。エルンスト・カッシーラー『英国のプラトン・ルネサンス』122-123を参照。

7)　写本として残っており、Ralph Cudworth, *The Intellectual System of the Universe Part Four, A New Edition, in four volumes*: vol. 4 (London, 1820) 217-286に収録されている。Cf. John Tulloch, *Rational Theology and Christian Philosophy*, vol. 2: 217.

misunderstood.

　主の晩餐においていけにえが存在するのは、象徴的にです。すなわち
神に捧げられるものとしてではなく、私たちによって享受されるもの
としてです。それゆえ、いけにえではなくいけにえを食べる祝宴なの
です。このことがあまりにもすぐに誤解されるようになりました[8]。

　すでに20代前半の年齢で、このように懐の深い宗教的・哲学的考え方を
身につけていたことがわかる[9]。もって生まれた才能の現れでもあるが、
それだけではない。古典古代の文献を幅広く読むことによって教養と批
判力を培い、PCの教説に対する吟味をたゆまず行い続けた努力の成果で
もあるといえる。同年に、おそらくもともとは説教であったと思われる
冊子、『キリストと教会の合一　一つの影』（*Th Union of Christ and the
Church: a Shadow*）を出版した。この中でカドワースは、キリストと教
会の関係について、「そこに含まれるあの“神秘的概念”」(that mystical
notion which is contained in it) の重要性を指摘している[10]。この冊子
においても、カドワースが古代・中世の哲学者に関して有する該博な知識
が確認できる。新プラトン主義者やカバラを含むユダヤ教諸派のみなら
ず、カドワースにとっては時代が近いピーコ・デッラ・ミランドラ（Pico
della Mirandla）やヨハンネス・ルドウィクス・ウィウェス（Johannes
Ludovicus Vives）[11] も引用されている[12]。

　1644年、彼は神学士号（Bachelor of Divinity）を取得した。論文の

---

8)　　Ralph Cudworth, *The Intellectual System of the Universe*, vol. 4: 270.

9)　　John Tulloch, *Rational Theology and Christian Philosophy*, vol. 2: 198.

10)　John Tulloch, *Rational Theology*, vol. 2: 200.

11)　スペインのヒューマニストであり、スペイン語では Juan Luis Vives (1493–
　　　1540)。エラスムスの親友であり、彼と同様にヘンリー8世の時代にイングラン
　　　ドで活動した。Cf. John Tulloch, *Rational Theology*, vol. 2: 201.

12)　John Tulloch, *Rational Theology*, vol. 2: 201.

テーマは、「I. 善き者にも悪しき人にも永遠で必須の理性が与えられている。II. その本性において永遠の非物体的実体が与えられている」というものであった[13]。すでに 1642 年、ホッブスの匿名の著作『市民論』(*De Cive*) がパリで印刷されており、その写しがケンブリッジのカドワースにも達したであろうことは想像に難くない[14]。ホッブスに対する反駁の意図を論文のテーマは示唆する。この論文は、後に着手することになる著書『宇宙の真の知的体系』(*The True Intellectual System of the Universe* (1678)) の端緒となった。同年、彼は議会参事たちによりクレア・ホール (Clare Hall) 学寮長に任命された。ピューリタン指導者たちから信認を受けた証である。ピューリタンの牙城であるエマニュエル学寮の出身という経歴も有利に働いたものと思われる。同年 10 月 15 日には、7 人の選考委員によって全員一致でヘブライ語欽定講座教授に選任された。その後、名誉革命の年に逝去するまで、数年の空白期間を除いてその地位にとどまった。以後、カドワースは聖職者としての働きは休止し、大学における教育と研究に専心することになる。研究に関しては、特に古代ユダヤ教を専門的に研究した[15]。

1651 年、カドワースは神学博士学位 (Doctor of Divinity) を取得した。大学の研究者になってからすでに 10 年ほどが経過していたが、何らかの理由により大学を去ることをよぎなくされ、サマセット州ノース・カドベリーの主任司祭職 (the rectory of North Cudbury in Somersetshire) に就任した。前任者はウィチカットである。ここでも両者の親しいつながりを確認することができる。カドワースが大学を去った

---

13) Ralph Cudworth, *The Intellectual System of the Universe*, vol. 1: 8. Cf. John Tulloch, *Rational Theology*, vol. 2: 202. これを神学学士論文のテーマと見ることに対しては異説があり、F. J. Powicke, *The Cambridge Platonists*, 111 は神学博士論文のものと見なす。

14) John Tulloch, *Rational Theology*, vol. 2: 203.

15) *The Intellectual System of the Universe*, vol. 1: 9.

理由は不明であるが、経済上の不足のためという説が有力である。彼が学寮長として受け取った給料は独身者には足りたが、妻帯者となるには足りず、結婚したくてもできないという事情があった。それゆえ大学に未練はあったが、やむなく辞任したのではないであろうかという推測がある[16]。とにかく彼は大学を去り司祭の職務に就いた。しかしその期間は長く続かなかった。やがてクライスツ学寮の学寮長の死により、学寮長職に空きが生じた。ちなみにこの学寮は、ミルトンやヘンリー・モアが学んだ学寮である。カドワースのような人材が見過ごしにされるわけにはいかなかった。1654 年、彼はクライスツ学寮の学寮長に選任され、大学に復帰し学寮に居住することになった。結婚も叶い、落ち着いて研究・教育を行う環境が整えられた。以後、1688 年に 71 歳で世を去るまで 34 年間、彼はこの学寮長職にとどまった。

　カドワースが主に関わった世界はキリスト教会と学問の世界であったが、まったく外側の事柄に参与しなかったわけではない。むしろ折にふれてそれらにも参与した。たとえば 1656 年、彼はその平和主義の立場とユダヤ教専門家の資格が評価され、ユダヤ人たちのイングランドへの再入国を検討するためのクロムウェルの諮問委員会に呼ばれ、ウィチカットやステーリーと共に委員を務めた[17]。1657 年には、欽定訳聖書の再改訂の機運が庶民院に起こり、審議がホワイトロック（Bulstrode Whitelock）を委員長とする議会の「大会議」（Grand Committee）に委託された。この委員会は専門家たちの意見を聞くため小委員会を招集し、それにカドワースも委員として呼ばれた。カドワースが庶民院の中の有力な陣営と結びつきをもっていたことの証左である。しかし彼がより親密で信頼できる関係をもっていたのは、共和政指導者たちの陣営であった。たとえばクロムウェルとその息子リチャードに国務大臣として仕えたジョン・サーロー

---

16)　*The Intellectual System of the Universe*, vol. 1: 10.

17)　*Cambridge Platonist Spirituality*, 21.

（John Thurloe）と信頼にあふれた手紙をやりとりする中で、その求めに応じて政治的事柄に適任の人物を推薦する労をカドワースはいとわなかった[18]。

　1662年、王政復古の2年後、カドワースはハートフォード州アシュウェルの教区司祭職（the vicarage of Ashwell in Hertforshire）に任じられた。しかし大学の本務のため、教区司祭として働く時間はあまりなかったものと思われる[19]。1678年には、グローセスター聖堂名誉参事会員（prebendary of Gloucester）に加えられた。学寮長としての実績が認められたためであろう。その間カドワースは研究を積み重ね、その主著となるであろう『宇宙の真の知的体系』の執筆を継続した。カドワースの晩年については資料が乏しいが、1688年、ホッブスの無神論的物質主義に強く反対する立場をとっていたカドワースは、コープス・クリスティ学寮（Corpus Christi College）のフェローであり、ホッブス主義者であったダニエル・スカーギル（Daniel Scargill）の追放命令に捺印したという記録が残っている。「不敬で無神論的見解」のゆえというのが追放の理由であった[20]。キリスト教会の世界内で唱えられる異説に対しては寛容であったカドワースであるが、その世界を逸脱した無神論に対しては、キリスト教を転覆させるものと見なし、容赦しなかったのである。

　動乱の時代の中で多くの指導者たちが失脚し、時には生命をさえ失った。他方、カドワースはといえば、共和政の時期のみならず王政復古後の時期も、生命はもとより社会的地位をも保持することができた。不思議と言えば不思議である。しかしそれは政治に関わらなかったからということや、日和見主義者であったからということではなく、有力な友人たちを

---

18) *The Intellectual System of the Universe Part One*, 10-16. Cf. John Tulloch, *Rational Theology*, vol. 2: 207-208.

19) F. J. Powicke, *The Cambridge Platonists*, 114.

20) *Cambridge Platonist Spirituality*, 22.

もっていたおかげであると思われる。カドワースには王党派の友人もいたし、議会派の友人もいた。彼は政治的イデオロギーを超えて個人的な友情を大切にした人であったことがわかる[21]。

1688年6月26日、カドワースはケンブリッジの自宅で逝去し、クライスツ学寮のチャペルに埋葬された。彼の机の上には未刊行の原稿が山積みされていた。その多くは未完であった[22]。カドワースの家族を瞥見すると、彼は1654年に結婚した後、数人の息子を授かったが、全員早世したようである。娘のダマリス（Damaris）だけが残された。彼女はマシャム卿（Sir Francis Masham）[23]の後妻となり、マシャム卿夫人（Lady Masham）となった。ジョン・ロックの親密な友人となり、ロックは彼女の家で数年間隠居生活を送り、そこで亡くなっている。父親が有した哲学を愛する精神は、ダマリスに受け継がれ、それは1696年の『神の愛に関する講話』（*Discourse concerning the Love of God*）という冊子として実を結んでいる[24]。

さてカドワースが「秀でた体系的思想家」とみなされる大きな理由は、上記の『宇宙の真の知的体系』のゆえである。この未完の著作は膨大な執筆構想の一部分にすぎないにせよ、すでにかなり大部であり、生前に出版された唯一の著作である。その主要目的は、神学的装いにせよ自然科学的な装いにせよ、あらゆる装いをした運命論を論駁し、道徳的自由と宗教的自由の理念を弁護することにあった[25]。原稿は1671年に完成し

---

21)　*Cambridge Platonist Spirituality*, 20 n.80.

22)　J. B. Mullinger, *The University of Cambridge*, vol. III (Cambridge University Press, 1911) 659-660.

23)　Cf. *The Intellectual System of the Universe*, vol. 1: 35: "Sir Francis Masham of Oates in the country of Essex, Bart."

24)　*The Intellectual System of the Universe*, vol. 1: 35. Cf. *Cambridge Platonist Spirituality*, 20; John Tulloch, *Rational Theology and Christian Philosophy*, vol. 2: 226-228.

ていたが、国王チャールズ2世の何人かの廷臣たちから、カドワースの神観が「三神論的」(tritheistic)[26] であるとの告発を受けた。それに加えて「アリウス主義的」、「ソキヌス主義的」、「理神論的」であるとの非難も浴びた[27]。そのため出版が遅れ、日の目を見たのは1678年になってからであった。大部であるにもかかわらず、ラテン語に翻訳され、ヨーロッパと北米で広く読まれ、19世紀になって再版された[28]。この著作を流し読みしただけでも、カドワースがプラトニズムの世界観に立脚していることは明らかである。しかし彼が用いる文献はプラトン一辺倒ではなく多岐にわたっており、なかでもヒューマニストのものが目立つ。その意味では、彼はプラトニストというよりはヒューマニストと呼ぶほうが適当であるかもしれない[29]。『宇宙の真の知的体系』は、純粋な機械論的自然解釈に対抗して「形成的自然」(plastic nature) 論を展開し、それこそが人を神信仰に究極的に導くことができる真の自然哲学であることを論証しようとする。これに対して最大の難敵は、物体の自己充足性と物質主義的・無神論的機械論を唱え、霊的なものを否定するホッブスであった。カドワースは一度もホッブスの名前を言及しないが、彼が無神論的機械論を批判する時に念頭に置いているのは、ホッブスである。本来の予定では、『宇宙の真の知的体系』は全体の第1部であり、続編の執筆が計画されていたが完成に至らなかった。しかしそれらのアウトラインがカドワースの死後に発見され、やがて『永遠で不変の道徳性に関する論考』(*A Treatise*

---

25) エルンスト・カッシーラー『英国のプラトン・ルネサンス』86-87。

26) 「三神論」(tritheism) とは、父・子・聖霊は本質・実体としては同一であるが、数と個としては同一ではなく三であると見なす説であり、正統派キリスト教からは異端とされた。Cf. *Cambridge Platonist Spirituality*, 20 n.85; John Tulloch, *Rational Theology and Christian Philosophy*, vol. 2: 273-274.

27) F. J. Powicke, *The Cambridge Platonists*, 116.

28) *Cambridge Platonist Spirituality*, 20 n.87.

29) *Cambridge Platonist Spirituality*, 20.

concerning eternal and immutable Morality (1731)) 及び『自由意志に関する論考』(*A Treatise of Freewill* (1838)) として刊行された。

　『宇宙の真の知的体系』は未完に終わったが、その理由としてカッシーラーは、CP の思想的孤立ということをあげている。彼らは新時代の経験論哲学にも旧来のカルヴィニズムにも安住することができず、知的孤立感を深めていった。カドワースにあっては、「晩年孤立感のあまりしだいに執筆から遠のいていった」[30]。しかしながらカッシーラーは、CP を孤立に至らしめた彼らに「独特な思考の型・タイプ」に着目し、それこそがCP をして CP たらしめた精神性であることを指摘した[31]。その独特の精神性は、本書が CP の哲学的霊性と呼ぶものと通底しているように思われる。

　カドワースの思想は同時代の人たちから多くの非難を浴びたが、後代の哲学に対しては一定の影響を及ぼした。影響を受けた哲学者としては、アイザック・ニュートン、ジョージ・バークリー主教、リチャード・プライス、ジョン・ロックらがいる。ロックは、自然学研究のための基本文献として、カドワースの『宇宙の真の知的体系』を推奨し、「その書物では、かの博学な著者が、非常に正確にまた正しい判断をもって、ギリシャの哲学者たちの諸学説を収集し説明しています」と述べている[32]。

---

30)　エルンスト・カッシーラー『英国のプラトン・ルネサンス』60。

31)　エルンスト・カッシーラー『英国のプラトン・ルネサンス』61。

32)　John Locke, *Some thoughts concerning Education*, ed. John and Jean Yolton (Oxford: Oxford University Press, 1989) 248. Cf. *Cambridge Platonist Spirituality*, 24. ライプニッツも『宇宙の真の知的体系』を熱烈に賞賛している。Cf. Leibniz, "*Consideration sur les Pincipes de Vie et sur les Natures Plastiques*"; *Philosophische Schriften*, ed. Gerhardt, vol. 4: 544. エルンスト・カッシーラー『英国のプラトン・ルネサンス』145。

b. 『庶民院での説教——1647年3月31日』

当時まだ30歳であり、クレア・ホール学寮長及びヘブライ語欽定講座担当教授であったカドワースは、1647年3月31日の夕、庶民院の招きによりウェストミンスターの聖マーガレット・チャペルにおいて、庶民院議員一同を前に説教を語った。その後ほどなく、その説教は議会の勧めにより、"A SERMON Preached before the Honourable House of Commons, At Westminster, March 31. 1647. By R. Cudworth, B. D." という題で刊行された[33]。この印刷版の説教には庶民院宛のやや長めの序文が付けられている。説教は比較的大きな文字で印刷されているものの、81頁に及び、説教時間は優に一時間を超えたであろうと推定される。おりしも、議会と軍隊の対立が激化し、イングランド内戦の方向が急展開しつつあった時期である。そのような政局の中で、カドワースが行った説教はどのようなものであったかを吟味し、説教においてその哲学的霊性がどのように働いているかを解明することが、本章の目的である。

2. 説教の序文

a. 序文の内容

当時刊行された議会説教には、序文が付けられることも付けられないこ

---

33) *The English Revolution I Fast Sermons to Parliament Volume 28 March-May 1647*: 53-144. 邦語への翻訳にあたり、G. R. Cragg, ed.,*The Cambridge Platonists* (University Press of America, 1968) 370-407 に収録の校訂テクスト、C. A. Patrides, ed., *The Cambridge Platonists* (Edward Arnold, 1969) 90-127 に収録の校訂テクスト、及び *Cambridge Platonist Spirituality*, Edited and Introduced by C. Taliaferro and A. J. Teply, Preface by J. Pelikan (Paulist Press, 2004) 55-94 に収録の校訂テクストを参照した。

ともあった。カドワースが説教を行った同日の朝、同じ教会で庶民院議員
一同を前に、ウェストミンスター神学者会議の一員、ロバート・ジョンソ
ン（Robert Johnson）が説教を行ったが、それには4頁弱の序文が付け
られている[34]。それに比べて、カドワースの序文は7頁に及んでおり、そ
の思考の緻密さと読者への丁寧さをうかがわせる。「この説教の意図は」
(The Scope of this Sermon) という言葉で始まる序文は、その意図をあ
ますところなく陳述している。やや長いけれども、彼の思想の特質を理解
する上で役に立つと思われるので、以下に全文を紹介することにしたい。
なお下線部は筆者によるものであり、カドワースの哲学的霊性を示唆する
と思われる文言である。

尊敬すべき庶民院へ

　尊敬する議員の皆さま、先頃、忍耐を頂戴いたしましたこの説教
の意図は、あれやこれやの意見を擁護することではなく、あらゆる
宗教のまさに核心である、キリストのいのちをひたすら人々に説得す
ることにあります。それを欠くならば、大胆に言わせていただきます
と、世にあるそれぞれの宗教の形式はすべて、——とはいいまして
も、私たちはそれらがあまり善いものとはとても思いませんが——多
くの別々の夢にすぎません。そして、宗教に関する多くの意見がいた
るところで、あらゆる陣営によって熱心に論議されていますが、その
根底にキリストのいのちがなければ、互いに闘争する非常に多くの影
どもにすぎません。ですから、私が語らせていただきたいと思うの
は、真のキリスト者について、すなわち本当にキリスト教のいのちを
所有している人についてです。それに関する意見をほんの少しばかり

---

34)　*The English Revolution I Fast Sermons to Parliament Volume 28 March-May
1647, 9-38.*

かじった人たちについてではありません。彼らは、かの詩人の言葉では、Οἶος πέπνυται τοὶ δ᾽ ὡς σκιαὶ ἀΐσσουσιν（「賢者はひらひら飛び交っている影どものごとし」）です。それゆえ、何にもましてキリスト者全般にとって必要であり、今この時宜に叶っていることは、彼らを奮起させて、その心の中に神の正義を確立させ、使徒が語る神の性質に与るようにさせることだと思います。それは、彼らがキリストについての単なる空想や妄想で自己を満足させるだけで、キリストの霊が彼らの中に現実に宿らず、キリスト自身が彼らの心の中に内的に形成されないというような事態が起こらないためです。そうすれば、彼らが正しく正統的な意見だと思いなすものをもつだけで満足しているけれども、他方、キリストが人々の魂の中に灯すためにやって来たあの神のいのちを心の内に完全に欠如しており、したがって、彼らの気に入らない他の人々に対して、彼ら自身の意見や理解を乱暴に押しつけることにひたすら情熱を注ごうとするようなことはなくなるでしょう。そういったことは、キリスト自身の教えと模範に矛盾することはもとより、キリスト教諸国家における不調和と論争の絶えざる火に風を吹き続けるふいごに似ています。そのうちに、ファラオが夢で見たあのやせた牛たちが肥えた牛たちを食べ尽くしたように、これらの空腹で飢えた意見はをすべて食い尽くします（『創世記』41:2-4）。結局は、彼らはこの時代の風潮に従い、他者の諸々の迷信を激しく攻撃することを喜びとするにとどまり、それらの代わりに自分の心の中に霊といのちという内的原理を確立するに至りません。というのも、私たちの多くは、教会の偶像は取りこわすけれども、自分の心の中にそれらを打ちたてるのではないでしょうか、また、私たちはステンドグラスについて論争するけれども、自分の心の中に多くのけがれた情欲を抱き、それらとの偶像礼拝を行い続けるのではないでしょうか。

私がこの説教を提出するのは、皆さまの親切な影響力によって、実際にあらゆる善を奨励していただくためであり、また、皆さまのお力と権力によって、太陽がその光によって霧やもやを散らすように（ソロモンの言葉を借りれば）「その目であらゆる悪を追い散らし」（『箴言』20:8）ていただくためです。それは、皆さまから「裁きが川のように流れ下り、正義が大河のように流れ下り」（『アモス書』5:24）、それらを渇き求める全地を生き返らせるためです。そうすれば、他者に豊かに分かちつつ、自分にも力と栄誉の両方を与えることになります。なぜなら、公正と正義こそは、あらゆる種類の王座の、そして市民のあらゆる種類の力と権威を確立するものだからです。一度、公正と正義を捨てるなら、それを支えるために獅子のごとき者たちがいようとも、それは長続きしないことでしょう。これらが善き平和と相まって国家の中によく定着するなら、それがとりもなおさず、預言者が予告するあの幸いなる時が来るまで、私たちが期待することができる外面の至福であり、それゆえプラトンのイデアに優るものです。その時「狼は子羊と共に住み、豹は子山羊や子牛と共に伏し、若獅子は肥畜と共に伏し、小さな子どもがそれらを導くであろう」。その時「乳飲み子はアスプの穴で遊び、乳離れした子どもはコカトリスの巣窟に手を入れるであろう」。その時「彼らは神の聖なる山のいずこにおいても、傷つけることも殺すこともないであろう。というのも大地は、水が海を覆うがごとく主を知る知識で満たされるであろうから」（『イザヤ書』11:6-9）。

　もう一言申し上げることをお許しいただければと思います。宗教の発展と社会の公益にご配慮くださる皆さまにおかれましては、才に富む学問を増進し、国家によき影響を及ぼすことを価値あることとお考えでしょう。私が意味するのは、皆さまが非常に重要に考えておられるように見える、講壇を装備するといった事柄だけではなく、そ

のいくつかの種類においてはそのような一般の用途からもっとかけ離れているような事柄です。しかし、それらのすべては宗教にも非常に役立ちますし、国家にも有益です。たしかに、かの哲学者が私たちに語るように、ψευδοπαιδεία（偽教養）、すなわち偽の種類の教養があり、使徒が私たちに教えるように、ψευδώνυμος γνῶσις（偽名の知識）、すなわち間違ってそう呼ばれている知識があります。しかし、本当はその名に値しない知識なのです。しかし、<u>神の知恵、善、及びその他の属性を真に観想する</u>ことにより、<u>私たちの理解の機能が高貴かつ高潔な向上を遂げる</u>ということは、安易に見くびることができない事柄です。見くびるならば、宇宙の創造者に欠点の非難を投げかけることになります。明らかに私たちは、神が御自身からその被造物に伝えたものを、私たちの理解力というこのより大きな機能によっても、また私たちの感覚というかの狭く低い機能によっても享受してしかるべきです。リュートの演奏を聴くことやバラの香りをかぐことが不当であるとは、だれも考えません。そして、私たちの自然本来の理解力の向上は、<u>私たちの精神の内なる光に奉仕し従属して</u>しかるべきであるように、地上におけるこれらの外的な被造物は、<u>私たちの心の内なる神のいのち</u>に奉仕し従属してしかるべきです。いな、あらゆる<u>真の知識</u>は、その源泉である神に本来おのずと向かうものです。そして、私たちの魂をその翼に乗せてかしこへといやましに上昇させることでしょう。使徒が語るように、もし私たちがそれを κατέχειν ἐν ἀδικίᾳ（不正の中に監禁すること）をしなければですが。すなわちそれを軽蔑せず、それを不正の中に抑えつけなければということです（『ローマの信徒への手紙』1:18）。あらゆる哲学は知者にとって、<u>真に聖化された精神</u>にとって、プルタルコスにおける彼が言うように、ὕλη τῆς θεολογίας（神学の質料）、神学の働きかけを受ける質料に他なりません。宗教は、<u>魂が所有するかのすべての内的な才能</u>

の女王です。あらゆる純粋な自然的知識、あらゆる純潔で聖性を奪われていない学芸と科学は、宗教の侍女たちであり、起立して彼女を讃えるのです。舌と言語の技術が、あらゆる言語学全般の優れた使用と相まって、霊的観念の建設の土台であるべき聖書の文字の正しい理解にどれほど寄与するかは、皆さまに申し上げるまでもありません。なぜなら、一度でも聖書の翻訳について聞いたことがある人は、だれもそのことを知らずにいることはできないでしょう。使徒は一般のキリスト者たちに、およそ愛すべきこと、およそ名誉なことを、また徳や称賛に値することがあれば、それに留意するように励ましています（『フィリピの信徒への手紙』4:8）。ですから、高貴な紳士の皆さま、公的な領域において知識のごとき高貴な事柄を奨励してくださることは、いかにも皆さまにふさわしいことです。知識は、大いなる輝きと栄誉を皆さま御自身の上に反映することでしょう。神が、皆さまのあらゆる協議において皆さまを導き、公的善への皆さまのあらゆる努力において皆さまをいやましに祝福し、繁栄させてくださいますように、と心から祈ります。

皆さまのいと低き僕、レイフ・カドワース

b. 当時の社会情勢

　カドワースの心の中に湛えられた哲学的霊性の香りが、漂うかのように感じられる説教序文である。その意義を理解するためには、それが語られた当時の社会情勢を概観しておく必要がある。チャールズ1世の専制支配に反対して、いわゆる「長期議会」が1640年11月に召集され、1653年まで継続的に開催された。議会は、1642年2月23日から1649年2月までの期間、毎月最後の水曜を断食日と定め、その日に議会活動を休

止し、貴族院議員はウェストミンスター・アビー（Westminster Abbey）
に、庶民院議員は聖マーガレット・チャペルに集い、それぞれの場におい
て朝夕二回のいわゆる「断食日説教」（Fast Sermons）に耳を傾けた。カ
ドワースの説教は、1647年3月31日の夕、庶民院議員に向けて語られ
たものである。説教は議員だけではなく、一般市民も聞くことができた。
説教者は、1642年7月から1645年4月までは、ウェストミンスター神
学者会議の神学者、すなわち長老派牧師に限られていた。しかし、それ以
後は、クロムウェルの率いるニュー・モデル軍の台頭に伴い、従軍牧師、
すなわち独立派牧師もしばしば説教者として招かれるようになった[35]。さ
らに、カドワースのようにどの会派にも属さない神学者も招かれることが
あった。トレボーロパー（H. R. Trevor-Roper）は、断食日説教の性格
について、総じてそれぞれの会派の政策を宣伝するものであったという見
解を示す[36]。しかし、たしかにそのような説教は多かったとは言えるが、
すべてが政策のプロパガンダであったわけではない。カドワースの説教の
場合も、以下に見るように、慎重に選ばれた聖書箇所に基づき、自分の考
えを自分の責任において語ったものであると考えられる[37]。

　彼が庶民院議員たちの前に立った日は、二ヶ月前にスコットランド軍
が、イングランド国王をいきり立つ議会派に引き渡すことによって、第
一次内戦（1642年8月〜1646年6月）が終結したばかりの時期に属し

---

35) James C. Spalding, "Sermons Before Parliament (1640-1649) As a Public
　　Puritan Diary," *Church History*, Vol. XXXVI, 1967: 24-35.

36) H. R. Trevor-Roper, "The Fast Sermons of the Long Parliament," in *Essays
　　in British History*, Edited by H. R. Trevor-Roper (London, 1964) 85-138.

37) G. A. J. Rogers, "The Other-Worldly Philosophers And The Real World: The
　　Cambridge Platonists, Theology And Politics" in *The Cambridge Platonists
　　in Philosophical Context Politics, Metaphysics and Religion* edited by G. A. J.
　　Rogers, J. M. Vienne and Y. C. Zarka, *International Archives of the History
　　of Ideas*, 150, 157.

ていた。すでに二年前の 1645 年、王の親政に協力し、ピューリタン弾圧を行っていたカンタベリーの大司教ウィリアム・ロード（William Laud）が処刑された。やがて 1648 年 4 月に第二次内戦が始まり、その二年後には国王も処刑されることになる。クロムウェルは、1647 年 1 月末から 4 月中頃まで、議会にはまったく出席していない。革命に対して反動的な態度をとる長老派議員たちにいやけがさしたのかもしれない。彼らは議会のために戦った兵士たちを顧みず、自らの利益のみを優先しようとしていた[38]。しかし、神の言葉を聴くことに熱心なクロムウェルのことであるから、定例の断食日には聖マーガレット・チャペルに出席し、説教に耳を傾けた可能性は高いと思われる。

　時局についてもう少し詳しく見ておきたい。1647 年 2 月、まだ長老派が多数をしめていた議会は、軍隊と独立派の発言力の増大を恐れ、ニュー・モデル軍削減の計画を発表した。当然ながら、軍兵士たちはこれに反対した。同年 3 月 25 日、獄中にあった水平派（the Levellers）の指導者リルバーン（John Lilburne）は、軍解散をめぐって議会への不満をつのらせつつあった軍兵士たちに対して活発な働きかけをすると同時に、クロムウェルに対しても兵士たちを見捨てないように働きかけた。6 月 14 日、慎重論に立つクロムウェルら軍幹部に対して、兵士たち・水平派は「軍の主張」を提出した。8 月 1 日、軍幹部は王に対して「提案要綱」を提出したが、それは兵士たちには納得できないなまぬるい内容のものであった。そこで、10 月 15 日、軍は「正確に述べられた軍の要件」を公表し、人民主権を主張した。10 月 28 日から 11 月 5 日の期間、兵士たち・水平派が提案したさらに急進的な「人民協約」をめぐって、パトニー軍会議が行われた。かくして、軍幹部と兵士たち・水平派との対立が激化していった。その後一時、両者は王党派との戦いのために結束するが、内

---

38)　今井宏『クロムウェル　ピューリタン革命の英雄』(清水書院、1979 年) 97。

戦終結後、両者の対立が再浮上した。1648年後半には、革命の成功は国王との決別以外にないという結論に、まず水平派が至り、ついで独立派の中の共和派が、最後には独立派全部が至った。1648年12月6日、独立派の陸軍大佐プライド（Thomas Pride）は一隊の兵士を率い、国王との和解をあきらめない長老派議員と目される約140名を追い返し、あるいは拘禁した。「プライドのパージ」（Pride's Purge）は、クロムウェルの指示によるものではないにせよ、実質上は、クロムウェルの命令による軍のクーデターであった。この行動は、長老派のみならず水平派からも反対を受けた。しかし、12月14日から翌1649年1月31日にかけて開催された「ホワイトホールの軍会議」で、クロムウェルの独立派は、長老派と水平派の両勢力を抑えて、独裁を決意した。そして、1649年1月30日、反革命の危険を粉砕するため、国王の処刑が実行された。カドワースが説教を行ったのは、議会における長老派と独立派の対立が激化するなかで、クロムウェルとその軍隊が政治勢力として台頭し、その結果、革命が急進化していく時期であった。

　当時の庶民院は、カルヴァン派とアルミニウス派、長老派と独立派、高教会主義国教会派と低教会主義国教会派など多様な宗教的熱心者たちの集まりであった。彼らは自己の主張を押し通し、互いに相手を排除しようとしていた。中立の立場を取ることはゆるされず、危険でもあった。革命半ばのこの時期にあって、穏健さと相互理解を保つ余地はほとんどなかった[39]。このような庶民院議員約275名を含む会衆を前にして、カドワースは説教を語らなければならなかった。その説教において彼の哲学的霊性はどのような形で発現したのであろうか[40]。それを明らかにするために、

---

39)　H. L. Stewart, "Ralph Cudworth, The "Latitude Man"," *The Personalist* 32 (1951) 163-164.

40)　D. Brunton and D. H. Pennington, *Members of the Long Parliament* (George Allen & Unwin Ltd., 1954) xi.

まず序文を吟味することにしたい。

c. ギリシャ語原典からの引用

　序文の中で目立つのは、ギリシャ語原典からの四回の引用である。第一
の引用は、Οἷος πέπνυται τοὶ δ' ὡς σκιαὶ ἀΐσσουσιν（「賢き者はひ
らひら飛び交っている影どものごとし」）である。ホメロスの『イリアス』
と並んでギリシャ人の「聖書」であった『オデュッセイア』第10歌495
行、οἴῳ πεπνῦσθαι· τοὶ δὲ σκιαὶ ἀΐσσουσιν（「他の亡者どもは，た
だ影の如くひらひらと飛び交っているだけである」松平千秋訳）からの自
由な引用である。帰国に気がはやるオデュッセウスに女神キルケが答える
場面である。曰く、オデュッセウスは死者の国へ赴き、知力は今も生前に
変わらないテバイの盲目の予言者テイレシアスに、行き先のことについて
尋ねなければならない。しかし、他の亡者どもは、ただ影のようにひらひ
ら飛び交っているだけである。カドワースは宗教論争に明けくれる知識人
たちを、行き先を知ることを切望しているオデュッセウスに対して、何
の助けも与えることができない亡霊どもにたとえているのである。しかし
カドワースの意図するところは、非難ではなく奨励であると思われる。い
にしえのアテナイにおいてソクラテスが、いわゆる知者たちのところへ赴
き、対話することを求め、無知を自覚するための道にいざなったように、
カドワースもイングランドの指導者たちに真理探究への協働を呼びかけて
いるのである。

　第二の引用は、ψευδοπαιδεία（偽教養）である。おそらくカドワー
スの念頭にあるのは、ケベスに帰せられる対話篇である『テバイのケベス
の書板』（Κέβητος Θηβαίου πίναξ）であろう。ケベスはプラトンの対
話篇『パイドン』におけるソクラテスの対話相手の一人であるが、内容か
ら見て、『テバイのケベスの書板』の作者はケベスではなく、紀元1世紀

のキュニコス派・ストア派に関連するある人物であろうと推定される[41]。
この対話篇の 1.11.1 から 1.13.1 にかけて 4 回ほど ψευδοπαιδεία への言
及がある。対話篇の主人公は対話相手のヘラクレスに、人間の心に「回心」
（ἡ Μετάνοια）が生じたらどうなるかと質問する。ヘラクレスは、次の
ように答える。すなわち回心は人間を諸々の悪から救い出し、真の教養と
同時にいわゆる「偽教養」へ至るもう一つの思いなし（と欲望）へと案内
する。その後、真の教養に至るこの思いなしを受け入れるなら、それによっ
て人間は浄化され、救われ、至福の生活を送ることができる。さもなければ、
人間は再び偽りの思いなしによって惑わされることになる。「偽教養」と
は、「神殿の境内の外に立っている清潔で行儀よくみえる女」のようなもので
ある。それを、向こう見ずの大衆は誤って教養と呼んでいるのである。救
いに至る者たちは、真の教養の中に入ることを欲するのであれば、まず神
殿の境内に来なければならない。境内の内側にいる者たちは、迷いの道か
ら戻ってくる者たちである。他方、「偽教養」に属する者たちは、惑わさ
れた愛人であり真の教養と交わっていると思いなしている者たちである。
この作者にはキュニコス派・ストア派に特有の女性蔑視の考えが見られる
が、彼が「偽教養」に属する者たちと言うとき念頭にあるのは、詩人、弁
論家、哲学的問答家、音楽家、数学者、幾何学者、天文学者、文法学者、
エピクロス学派、ペリパトス学派及びその類の者たちである。著者はソク
ラテスの批判精神に従い、この世の知識人たちに徹底した自己吟味を促し、
真の教養への道に同行するよういざなうのである。

　カドワースはギリシャ古典の言葉と並んで、『テモテへの手紙 一』6 章
20 節の言葉、ψευδώνυμος γνῶσις（偽名の知識）も引用する。この文
言は、おそらくグノーシス主義の何らかの初期形態に言及するものと思
われる。手紙の著者は、当時教会に侵入しつつあったキリスト教の真正の

---

41)　Cf. *The Oxford Classical Dictionary 2nd Edition*, 218.

教えに矛盾する教説に警戒するよう、信徒たちに呼びかけているのである。カドワースにおいては、ギリシャ哲学が言う「偽教養」と聖書が言う「偽名の知識」とは同じものであった。彼にとって「真の知識」「真の教養」とは、自己目的化の誤りから脱却し、「その源泉である神に本来おのずと向かうもの」であり、「私たちの魂をその翼に乗せてかしこへといやましに上昇させる」ものである。この言葉を語るときカドワースは、プラトン哲学におけるイデア界への魂の上昇の教説を念頭に置いていると思われる。それによると、人間の魂は、真理を愛し求めてやまない哲学の営みによって、自分にこびり付いたこの世の不純物を徐々に取り除かれ、やがてその翼をかって軽やかにイデア界に上昇していくことなる[42]。プラトンは、「ひとり知を愛し求める哲人の精神のみが翼をもつ」と語った[43]。ただし、カドワースにとって真の哲学者とは、魂の内に「キリストのいのち」を保ち、それを生き抜く者のことである。

　第三の引用は、κατέχειν ἐν ἀδικίᾳ（不正の中に監禁すること）である。真の知識を「不正の中に監禁すること」という表現は、当代の知識人たちを前にして語るには不穏当なものであったものと思われる。神を知っていると自負するユダヤ人たちに対して、パウロが、彼らの自負をものともせず、彼らが神の真理を不正の中に閉じこめ、偽りのものに変えていることを、すなわち知識に行動が伴わず、行動が知識と矛盾していることを弾劾している箇所である。この言葉を聞いて気分を害した聴衆は少なからずいたであろうと思われる。しかし、これはカドワース自身が考えた言葉ではなく、『ローマの信徒への手紙』1章18節の聖なる言葉なのである。まさか彼らはその怒りを聖書の言葉に投げつけることはできなかったであろう。またしてもカドワースは、「権威ある言葉」の引用によって非難の

---

42)　*Phaedrus*, 246A, 246C-E, 248B-D, 249A-D, 251B-D, 252B, 255D, 256B, 256D-E; *Symposium*, 211C; *Respublica*, 521C.

43)　*Phaedrus*, 249C.

矛先をかわすと共に、聴衆が理性を働かせ、事柄を冷静に考えるための機会を提供するのである。

第四の引用は、ὕλη τῆς θεολογίας（神学の質料）である。カドワースによるとプルタルコスからの引用ということになっているが、この文言をプルタルコス及び彼に帰せられた作品に見いだすことは困難である。おそらくプルタルコスから学んだことを、カドワースが自分の言葉で言いかえたものであろう。たとえば、偽プルタルコスの『哲学者たちが好む自然学の教説について』（*ΠΕΡΙ ΤΩΝ ΑΡΕΣΚΟΝΤΩΝ ΦΙΛΟΣΟΦΟΙΣ ΦΥΣΙΚΩΝ ΔΟΓΜΑΤΩΝ*）という作品の第Ⅲ巻は、万物の始原とは何かという問題を扱っているが、その中に「質料」への言及がある。

Σωκράτης Σωφρονίσκου Ἀθηναῖος καὶ Πλάτων Ἀρίστωνος Ἀθηναῖος (αἱ γὰρ αὐταὶ περὶ παντὸς ἑκατέρου δόξαι) τρεῖς ἀρχάς, τὸν θεὸν τὴν ὕλην τὴν ἰδέαν. ἔστι δὲ ὁ θεὸς ὁ νοῦς «τοῦ κόσμου», ὕλη δὲ τὸ ὑποκείμενον πρῶτον γενέσει καὶ φθορᾷ, ἰδέα δ᾽ οὐσία ἀσώματος ἐν τοῖς νοήμασι καὶ ταῖς φαντασίαις τοῦ θεοῦ.

ソプロニスコスの息子でアテナイ人のソクラテスと、アリストンの息子でアテナイ人のプラトンは（というのも、個別のあらゆる事柄について同一の意見［が両者に属するからであるが]⁴⁴⁾)、神、質料、イデアの三つの始原を［措定した]。神とは宇宙の理性（ヌース）、質料とは初めから生成消滅の基底にあるもの、イデアとは神のもろもろの思考と知覚の中にある非物質的な実体（ウーシア）である⁴⁵⁾。

短い文章ではあるが、神がイデアに基づいて質料に働きかけ、生成消滅の

---

44)　［　］内は筆者の補足である。

45)　*Pseudo-Plutarchus*, 878.1.

世界を造ったという考えを読み取ることができる。たとえばこのような箇所が、哲学は「神学の質料」であるというカドワースの言明の背後にあるのではないかと思われる。彼の考えでは、すべての哲学はそれ自体では十全に存在することはできず、神学の働きかけを待って初めて意味のある存在として機能することができるようになるのである。序文における先行部分において語られた、神の「公正と正義」は「プラトンのイデアに優る」という主張も、これと共鳴する。カドワースは、プラトン哲学をこよなく敬愛するのであるが、かくもすぐれたプラトン哲学でさえ、神の存在とその力によって初めて個人と国家の両方にとって有用なものとなるのである。

　以上において見たように、カドワースは随所で一歩間違えば、社会的地位や命さえも失いかねない微妙な事柄に触れるのであるが、それらを直接に自分の言葉としてではなく、ギリシャ古典や新約聖書の原典からの引用によって間接的にほのめかす程度にとどめている。そのような手法に、彼の思慮深さ、謙遜さ、もしくは「外交能力」[46] を見いだすことができる。この姿勢は、以下において吟味する説教本体の中でも、一貫して保持されている。ソクラテスの場合は、その直截な言葉のゆえに人々の憎しみを買ったが、カドワースの説教を聞いた聴衆は憤慨しなかった。もちろんカドワースの説教を快く思わない者もいたが[47]、概して聴衆は彼の説教を快

---

[46]　H. L. Stewart, "Ralph Cudworth, The "Latitude Man"," 164.

[47]　エクセターの主教、レイフ・ブラウンリッジ（Ralph Brownrigge）は、カドワースの説教について、ある聖職者に次のように書き送っている。

　　　カドワース氏は、先週金曜、庶民院議員の皆さまに説教をし、報酬として、イーリーの教会の皆さまの歳入から年に 150 ポンドの下賜金を受け取ったそうです。これにより彼は、皆さまのクレアホールの学寮長職をより快適に務めることができます。彼は、他の人たちが一つの祭りで得ることができるよりもっと多くのものを、一つの断食で得ました。彼は皆さまの生徒たちをそそのかし、その母親に、善良な母親に、「僕たちは今度いつ断食をしたらいいの？」と言わせるかもしれません。彼らのお腹をおいしい肉とごちそうで一

く受けとめた。また、議会からも公式の謝辞を受けた[48]。この説教がカドワースの同時代人と後世に人気を博したことは、その後11版を重ねたことによっても証明される[49]。今日、カドワースのこの説教は、17世紀における最高の説教の一つと見なされている[50]。

d. カドワースにおける哲学的姿勢と同時代的姿勢

次に注目したいのは、カドワースにおけるものごとの本質を究めようとする姿勢である。彼は序文の冒頭において、説教の目的を次のように語る。

The scope of this sermon, which not long since exercised your patience (worthy Senators) was not to contend for this or that opinion; but onely to persuade men to the life of Christ, as the pith and kernel of all religion. Without which, I may boldly say, all the several forms of religion in the world, though we please our selves never so much in them, are but so many several dreams. And those many opinions about religion, that are everywhere so eagerly contended for on all sides, where this

---

杯にした後にです。カドワースの本望であるこの大きな分け前は、皆さまの他の新しい学寮長たちに、自分たちで食料調達をしようという欲望をかきたてることになると、私は信じて疑いません。なぜなら、彼らが彼と同じように金銭を愛し、それへの正当な権利をもつことにおいて、なぜ彼に劣るべきでしょうか。

Cf. Marjorie Nicholson, "Christ's College and the Latitude-Men," *Modern Philology*, August, 1929: 41.

48) H. L. Stewart, "Ralph Cudworth, The "Latitude Man"," 164.

49) Marjorie Nicholson, 41 n.3.

50) Marjorie Nicholson, 41.

doth not lie at the bottom, are but so many shadows fighting with one another: so that I may well say, of the true christian, that is indeed possessed of the life of Christianity, in opposition to all those that are but lightly tinctured with the opinions of it.

尊敬する議員の皆さま、先頃、忍耐を頂戴いたしましたこの説教の意図は、あれやこれやの意見を擁護することではなく、あらゆる宗教のまさに核心である、キリストのいのちをひたすら人々に説得することにあります。それを欠くなら、大胆に言わせていただきますと、世にあるそれぞれの宗教の形式はすべて、——とはいいましても、私たちはそれらがあまり善いものとはとても思いませんが——多くの別々の夢にすぎません。そして、宗教に関する多くの意見がいたるところで、あらゆる陣営によって熱心に論議されていますが、その根底にキリストのいのちがなければ、互いに闘争する非常に多くの影どもにすぎません。ですから、私が語らせていただきたいと思うのは、真のキリスト者、すなわち本当にキリスト教のいのちを所有している人についてです。それに関する意見をほんの少しばかりかじった人たちのことではありません[51]。

「あらゆる宗教のまさに核心である、キリストのいのち」へ聴衆をいざなうこと、それがカドワースの説教の目的であった。宗教にはさまざまな形式があるが、そのような事柄は宗教の本質と混同されてはならない。重要なことは、「真のキリスト者」、すなわち「キリスト教のいのち」をもつ者になることである。この主張に続いて、それを説明する以下のような言葉が連なる。すなわち「心の中に神の正義を確立すること」、「神の性質に与

---

51)　テクストは、G. R. Cragg, *The Cambridge Platonists*, 370-407 を使用する。この版は、原文の *The English Revolution I Fast Sermons to Parliament Volume 28 March-May* 1647: 53-144 を現代英語に書き改めたものである。

ること」、「キリストの霊が自らの中に現実に宿ること」、「自らの心の中に霊といのちという内的原理を確立すること」、「キリスト自身が心の中に内的に形成されること」、「私たちの精神の内なる光に従うこと」。それが「真の哲学者」になることであり、「真に聖化された精神」をもつことである。これらの言葉の中に、ものごとの本質を追究してやまないCPの共通精神が躍動している。カドワースはまちがいなく心の内面の変革を最優先したのである。

　それでは彼は外面に属する事柄を軽視したのであろうか。そうではない。「不偏不党」を基調とするようにも見える序文ではあるが、カドワースは現実の社会を知らなかったわけではなく、政治に無関心であったわけでもない。彼はキリスト教を標榜するイングランドの中に「不調和と論争」が尽きない状況を、明確に認識していた。熱心なピューリタンたちによる「偶像を取りこわす」行為[52]や「ステンドグラスについての論争」を自らが体験していた。カドワースがケンブリッジ大学のエマニュエル学寮に正式に入学したのは1632年、15歳の時である。1639年、22歳でフェローになるが、やがて内戦の気運が高まり、ケンブリッジはその嵐の中心となる[53]。大学は概して王党派であったのに対して、ケンブリッジの町はピューリタンの牙城であった。1642年、王党派のカペル卿（Arther Capel, First Baron Capel of Hadham）[54]の率いる軍に対抗するため、3万の議会軍がケンブリッジに集められ、その多くが諸学寮のホールに駐屯した。そのため、学寮長や学監たちはつらい体験をした。1643年11月、カドワースが26歳の時、議会軍がケンブリッジ大学を接収し、絵画を取

---

52)　偶像破壊令については、J. B. Mullinger, *The University of Cambridge from the Election to the Chancellorship in 1626 to the Decline of the Platonist Movement*, 266 を参照。

53)　以下の記述は、Marjorie Nicholson, 35-51 に負っている。

54)　Cf. J. B. Mullinger, *The University of Cambridge from the Election to the Chancellorship in 1626 to the Decline of the Platonist Movement*, 241.

り除き、大学のメンバーを投獄した。この事件は、26 歳のカドワースに深い影響を与え、戦闘の恐怖を覚えさせたであろうことは想像に難くない。1644 年、議会軍総司令官のマンチェスター伯が到来し、長老主義に立つスコットランドとの同盟契約である「厳粛な同盟と契約」に賛成の署名をすることを拒否する学寮長たちを追放した。カドワースは 1645 年にクレアホールの学寮長となり、やがて 1654 年にはクライスツ学寮の学寮長となる。当時、クライスツ学寮は王党派でもピューリタンでもなく、むしろ中道を歩んでいた。自由と寛容を尊重するカドワースにとって、「契約」は大きな苦痛であったことであろう。

　それでは、社会の現実に対してカドワースはどのような関わりをもったのであろうか。彼が庶民院議員一同を前に説教を行ったのは、この世の現実を知らぬ学究的な若者としてなのであるか、それともそれなりの知識と責任をもつ市民としてなのであるのか。これまでのところカドワースを含めて CP は、概してこの世に疎かったと考えられてきた。たとえば、カッシーラーは、この世の事柄に積極的に参与したベーコンの哲学の対極に CP が位置すると考える。CP は古代ギリシャの理想を、特にプロティノスのそれを模範とし、観想的生活を好み、政治的生活への関わりを避けたと見なす[55]。しかし、このような見解に対してロジャース（G. A. J. Rogers）は、決してカドワースは象牙の塔に籠もった人ではなく、大学の外の世界とも接触を保ち、その哲学の射程は政治的な局面にも及んでいたと主張する[56]。すなわちカドワースを含めて CP は、自らの哲学がどのような政治状況の中に置かれていたかをよく知っており、哲学と神学の研究を深めるなかで、混乱と危険に満ちた国家と社会の中に秩序と安全を

---

55)　E. Cassirer, *The Platonic Renaissance in England,* translated by J. P. Pettegrove (London, 1953) 49-50.

56)　G. A. J. Rogers, "The Other-Worldly Philosophers And The Real World: The Cambridge Platonists, Theology And Politics," 3-15.

つくり出す道を冷静に探求した、と見るのである[57]。彼らはプロティノスを好んで読んだと言われてきたが、プロティノス一辺倒であったわけではない。もちろんプラトンもよく読んだのである。カドワースの場合、プラトンだけではなくアリストテレスもよく読んだ。プラトンの『国家』、『法律』、『政治家』、及びアリストテレスの『政治学』に脈打つ国家と政治への並々ならぬ関心から、カドワースらは多くのものを吸収したことであろう。ただしCPは、プラトンほどには政治に関わることをしなかったのも事実である。プラトンは政治に関するいくつかの対話篇を書いたが、カドワースは政治に関する本を書かなかった。プラトンは後年に、躊躇しながらではあるが、シュラクサイで国家建設に関わった。他方、カドワースは終生、政治との距離を一定に保った。彼が活動した17世紀中頃のイングランドは、さまざまな激動に直面していた。ガリレオとデカルトに代表される新しい科学の出現、二度にわたる内戦及びその傷跡、政治と宗教における新たなる熱狂主義の台頭、ホッブスの新しい物質主義哲学の挑戦などがそれである。カドワースは、自分が置かれたそういった複雑な社会的文脈を意識し、彼なりに責任をもって応答した。28歳でクレアホールの学寮長に選ばれ、37歳でクライスツ学寮の学寮長に選ばれたその経歴は、一定の行政能力を備えていたことを証するものと思われる。

　カドワースの思想がもつ同時代的局面については、その著作からうかがい知ることができる。大部の主著『宇宙の真の知的体系』は、ロックとニュートンに少なからぬ影響を及ぼした。この著作の中に、ホッブスの『リバイアサン』第Ⅰ巻に見られる物質主義的人間観に対する間接的な反論を見いだすことができる。この主著に続くはずの、アウトラインのみが残された未完の著作『永遠で不変の道徳性に関する一論』(*A Treatise Concerning Eternal and Immutable Morality*) の中にも、ホッブスの思

---

57)　G. A. J. Rogers, 4.

想に底流すると見られる主観的な倫理観に対する間接的な反論を見いだすことができる。カドワースは、宗教論争よりはむしろ無神論的・主観的倫理観の中に社会の秩序を転覆させる危険性を察知したのである。ホッブスが、感覚の観点から知識を説明し、善悪を相対的なものであると主張したのに対して、カドワースは、知識は魂が有する情念に左右されない力から生まれる能動的活動であり、知識の対象は、プラトン哲学が言うところの永遠で非物質的なイデアのようなものであるということを言おうとしたのである。アウトラインの形でのみ残されたもう一つの未完の著作『自由意志に関する一論』(*A Treatise of Freewill*) においてもカドワースは、自由と必然を強調するホッブスの考えを社会秩序に対する脅威であると考え、正義と刑罰が本来的に正当であるということを主張した。先述したように、ロックとニュートンも『宇宙の真の知的体系』を賞賛し、この本から一定の影響を受けた。以上述べたことから、カドワースの思想が同時代的局面をもつことがわかるであろう[58]。

　カドワースは現実の問題に触れるにあたり、最初に旧約聖書から4回、次に新約聖書から2回、回数・順序共に釣り合いの取れた引用を行う。「キリスト教諸国家における不調和と論争の絶えざる火」の問題に触れるにあたり、直接に自分の言葉を語る代わりに『創世記』の言葉を引用する。

> whilst in the meantime these hungry and starved opinions devour all the life and substance of religion, as the lean kine in Pharaoh's dream did eat up the fat (Gen. 41:2-4).
> そのうちに、ファラオが夢で見たあのやせた牛たちが肥えた牛たちを食べ尽くしたように、これらの空腹で飢えた意見は宗教のいのちと実

---

58)　G. A. J. Rogers, 9-11.

第2章　レイフ・カドワースの哲学的霊性 | 109

質をすべて食い尽くします（『創世記』41:2-4)[59]。

このような仕方でカドワースは、争いがもたらすであろう悲惨な結末について暗に警鐘を鳴らすのである。「偶像破壊」や「ステンドグラス破壊」といった過激な行動を諌め、武力によらない平和の道を奨励するにあたっても、カドワースはまず『箴言』20 章 8 節の言葉を引用し、庶民院議員諸氏が「その目であらゆる悪を追い散らす」ことを勧める。「その目で」と言うとき彼が言いたいのは、働かすべき理性の目のことであり、従うべき内なる光のことであろう。結局は、そのような道を取ることにより、国家の中に真の正義と安定が確立されるであろう。続いて引用される『アモス書』5 章 24 節の「裁きが川のように流れ下り、正義が大河のように流れ下り」という言葉には、そのような意味が込められているであろう。プラトンをこよなく敬愛するカドワースではあるが、預言者アモスが預言するこの国家に実現されるべき幸福は、「プラトンのイデアに優るもの」なのである。

　ただしこの幸福な国家は究極のものではない。「預言者が予告するあの幸いなる時が来るまで」という時限付きの国家である。人間の力によってではなく神の恵みによってもたらされる国家が、真に幸福な国家なのである。このような考え方の背後には、プラトンやアリストテレスの国制観が存在するものと思われる。プラトンは『国家』において、天上において存在する理想国家のイデアを範型として見ながら建設されるべき「美しきポリス」（ἡ καλλίπολις）について論じた[60]。それは第一義的には、人間の魂の内に確立されるべき国家であった。つまり、魂の理知的部分が、気概の部分の協力を得て、欲望的諸部分を抑制する状態という意味での、魂における調和のことであった。もちろんプラトンは、哲学者の魂の内に建

---

59)　G. R. Cragg, ed., 371.

60)　*Respublica*, 527C, 592B.

設されるべき理性の支配が地上の国家の建設に具現することをも願い、哲人王統治論を真剣に展開した。そしてその理念をシュラクサイにおける国家建設に実際に適用する試みも行った。しかしその試みは失敗に終わった。現実の政治と政治家は一筋縄ではいかないのである。晩年、プラトンは『国家』で構想した理想主義的色彩の強い国制論を見直し、理想からは遠くても人間にとって実現可能と思われる国制と法律に関する構想を、『法律』で展開した。これを踏まえ、アリストテレスはプラトンのそれよりもさらに実現可能と思われる国制論を『政治学』において展開した。国家建設において理想的なものを追求するというとき、はたしてその理想は正しいのであろうか、普遍的に妥当するのであろうかという問題が浮上する。他者に共有してもらうことのできない独りよがりの理想を無理に実現しようとするなら、武力に訴えざるを得なくなる事態も生じるであろう。他方、現実の国家が不正なものであり、民衆が貧困と抑圧の下にあえいでいるなら、それを看過することはゆるされない。国制改革においては自由と平等への情熱と並んで、何が現状において実現可能な最上のあり方であるのかという課題を冷静に吟味し見きわめる理性が求められる。いきおい、急進主義は避けながらも、改革の精神を維持するたぐいの慎重論に向かわざるをえない。プラトンやアリストテレスから示唆されるこのような姿勢が、カドワースの基本的な政治的姿勢であり、それが「預言者が予告するあの幸いなる時が来るまで」という文言に表れていると思われる。これは現実の責任の放棄でもなく、内向的な宗教への逃避でもない。動乱の時代にあってものごとを徹底的に考え抜き、神と同時代に対して可能なかぎり誠実に生きようとした、プラトニスト・キリスト者の姿勢なのである。

e.　千年王国論の猛威と庶民院での説教

　上述したカドワースに見られる姿勢の重要性は、イングランド内戦の進行方向に大きな影響を及ぼした終末論、すなわち千年王国論に照らすとき、あざやかに浮かび上がるであろうと思われる。国王による専制支配に対する批判は一般的な趨勢であったが、王制を批判するものの、それに代わる国制をどのようなものにするのかについては、共通理解はなかった。新しい国制を目指すにあたり、台頭してきたのが千年王国論である。『ヨハネの黙示録』の中に、終末時におけるキリストの再臨に関連して、キリスト者たちの王国が樹立されるであろうという預言的記述がある。この記述の解釈をめぐり、古来さまざまの型の千年王国論が提出されてきた。その議論は、革命期イングランドにおいて政治的な性格を帯びることになる。それは 1640 年代の政治的独立派の中心思想となり、革命の急進化を促進し、ついには国王の処刑をもたらすに至るのである。カドワースは、千年王国論との対峙を避けるわけにはいかなかった。

　本来宗教の教説に属する千年王国論がなぜ革命に結びつくのかということは、わかりにくいことかもしれない。しかし 17 世紀中頃のイングランドにおいては、今日では想像もできないほど政治と宗教とは緊密かつ複雑に結びついていたという状況を勘考する必要がある。そして千年王国論が提唱され宣伝された絶好の場所が、当時においては教会の説教壇であった。王政復古後に国王の片腕となったクラレンドン伯（Edward Hyde, First Earl of Clarendon）は、彼が「反乱」と呼ぶところのイングランド内戦に関する歴史記述において、説教と政治の関わりについて以下のように述べている。

　　It was an observation in that time, that the first publishing of extraordinary news was from the pulpit; and by the preacher's text, and his manner of discourse upon it, the auditors might judge, and commonly forsaw, what was like to be next done in the Parliament or Council of State.

当時を回顧するに、特別なニュースの最初の公表は説教壇からであった。そして、説教者の聖書テクストとそれに関する説教の様子によって、聴衆は庶民院もしくは貴族院において次に行われる見込みの事柄を判断し、通常、予見したのである[61]。

事実、クラレンドン伯は、議会運営と政治的説教の両方の技術について大きな関心を抱いた。彼は、「長期議会」の最初の18ヶ月間、国王と国教会に対するピューリタン陣営の抵抗の中心人物であったジョン・ピム（John Pym）が行った、「説教壇の調整」(tuning fo the pulpits) を十分に観察することができた。クラレンドン泊は、この点での政略においてピムに負けたが、その敗北が後に尾を引くことになる[62]。議会説教は貴族院でも行われたが、特に注目すべきは庶民院における議会説教である。革命との関係から見て、後者のほうがはるかに重要な意味をもつからである。それらは「長期議会」によって企画された制度であり、先述したように、1642年2月23日から1649年2月まで毎月最後の水曜、ウェストミンスターの聖マーガレット・チャペルにおいて、朝夕二回定期の「断食日説教」として語られた。これら一連の議会説教は、必ずしも政策のプロパガンダばかりではなく、純粋に宗教の革新を目指すものであったという見方

---

61) Edward, Earl of Clarendon, *The History of the Rebellion*, ed. W. D. Macray (Oxford 1888), iv, 194. Cf. H. R. Trevor-Roper, "The Fast Sermons Of The Long Parliament," in *Essays in British History*, Edited by H. R. Trevor-Roper (London, 1964) 85.

62) H. R. Trevor-Roper, "The Fast Sermons Of The Long Parliament," 85.

第2章　レイフ・カドワースの哲学的霊性　│　113

もある[63]。たしかに、そのような説教もあるにはあったが、説教の回数及び説教が及ぼした影響から見て、トレボーロパーが主張するように、説教は概してプロパガンダとして用いられたと見るべきであろう[64]。

　この聖マーガレット・チャペルの説教壇に上ったのが、さまざまな千年王国論を奉じる説教者たちであった[65]。ロンドンにおける独立派会衆教会の牧師、トーマス・グッドウィン（Thomas Goodwin）は、聖書の直解主義的解釈に基づき、キリストの再臨を現実のものと見なす千年王国論を唱えた。いわゆる前千年王国論である。それに基づき彼は、キリストの王国の実現にあたり、反キリストの勢力（たとえば、ピューリタンを迫害したロード派）を打倒すべきであると主張した。キリストの王国実現の場としては、独善的に独立派会衆教会が想定された。1639年、彼は、トルコ帝国と教皇の打倒及びユダヤ人の帰還を1650年か1656年、遅くとも1666年とし、ユダヤ人は1650年にキリストの顕現をまのあたりにすると予告した[66]。彼は1642年4月の議会説教に招かれ、長期議会に対して国教会体制の改革を要求した。また、第一次内戦も終結に近づいた1645年2月25日夕、「諸国と諸王国の大いなる関心」（The great interest of states & kingdoms）と題する議会説教において、グッドウィンは、「キリストの王国は、ますます近いものになっている。キリストは、その王国を力ずくで手に入れる」と熱弁を振るった。軍隊を鼓舞する説教である。革命の進行上、画期的であったニュー・モデル軍が誕生したのは、この月

---

63)　G. Yule, *Puritans In Politics The Religious Legislation of the Long Parliament 1640-1647* (Thesutton Courstenay Press, 1981) 106-107.

64)　H. R. Trevor-Roper, 85-138.

65)　以下の記述については、田村秀夫編著『イギリス革命と千年王国』（同文館、1990年）第2章、岩井淳「革命的千年王国論の担い手たち——独立派千年王国論から第五王国派へ——」75-112を参照した。

66)　クリストファー・ヒル、小野功生訳『十七世紀イギリスの宗教と政治』（クリストファー・ヒル評論集II、法政大学出版局、1991年）341。

である。

　ヤーマスの独立派会衆教会牧師、ウィリアム・ブリッジ（William Bridge）もグッドウィンと同様に、聖書の直解主義的解釈に基づき、前千年王国論を唱えた。1643 年 11 月、内戦初期であるが、彼は長期議会においてキリストの再臨が間近であることを強調する扇動的な説教を行った。1648 年 5 月に語った「ある説教において開示されるキリストの来臨」（Christs coming opened in a sermon）という説教においても、その勢いは衰えなかった。ブリッジは、グッドウィンと同様に、反キリスト勢力（ロード派）を打倒すべきこと、及び会衆教会をキリストの王国の基盤とすべきことを主張した。彼は、第一次内戦が終結した翌年の 1647 年 11 月、「それにもかかわらず救われるイングランド」（England saved with a notwithstanding）と題する説教において、革命前のロード派の罪状を指摘し非難した。あわせて、それらを招来したイングランド国民全体の偶像礼拝と迷信、聖徒たちと信仰の力への敵対、抑圧と不正などの罪を弾劾した。しかし、たとえいかに罪深くあろうともイングランドは救われ、キリストの王国となるであろうと語った。ブリッジによると、キリストの王国は、暴力によって彼ら民衆を抑圧してきた王党派を武力によって打倒することによって実現される。このように鼓舞されたニュー・モデル軍は、その後、1648 年 8 月、第二次内戦における勝利をおさめた。同年 12 月、議会内の反革命勢力となっていた長老派が、「プライドのパージ」により追放され、革命は独立派を中心にセクトや軍隊内の一般兵士層を巻き込んで、1649 年 1 月 30 日の国王チャールズ 1 世処刑へと突き進んでいく。

　カドワースが議会説教に立った 1647 年 3 月 31 日は、これまでの革命の進路が岐路に直面する時点に位置していた。そろそろ政治の安定を求めるのかそれとも国制改革をさらに押し進めるのか、不完全な政治的妥協かそれとも改革の徹底か。これが 1647 年が直面していた政治状況であった。政治的長老派は妥協の道を求めたが、政治的独立派は改革の徹底を求

めた。議会の断食日説教についていえば、この時期に多くの回数を担当し
たロンドンの説教者たちは、政治的長老派以上に長老派的であり、妥協
路線に迎合する説教を行った。他方、軍隊は政治的独立派以上に独立派
的であり、改革の徹底を要求した。この対立はやがて 1647 年 6 月 4 日、
ジョイス騎兵少尉の率いるいきり立つ軍隊が国王を逮捕する事件によっ
てさらに先鋭化することになる[67]。6 月 30 日、ニューイングランドから
戻ったばかりのナサニエル・ウォード（Nathaniel Ward）は、エマニュ
エル学寮で学んだ人物であるが、いやいやながら担当した説教において、
その穏健なピューリタンとしての立場から、国王を復位させ軍隊を解散す
べきであるという趣旨の勧めを行った。しかしその説教は軍隊の激怒を招
いたことは言うまでもなく、王制の廃止を求めるロンドンの政治的長老派
からも不評を買った[68]。以後、説教依頼に対する辞退者が続出し、説教者
は「中立」を得意とする特定の人たちが担当することになる。説教を断り
切れずに引き受けた人たちもいたが、彼らは説教の公刊を恐れた。断食日
説教の制度が始まってから 1647 年 6 月に至るまで、すべての説教は公刊
されたが、1648 年以降、説教公刊は激減した。もはや断食日説教はその
目的を失ったと言える。しかし、例外が一つあった。最後になって、プロ
パガンダとしての断食日説教は息を吹き返した。1648 年 11 月 16 日、独
立派教会の牧師ジョージ・コケイン（George Cokayne）は、国王を容赦
してはならないことを議会に強烈に訴えた。その結果、革命は、先に述べ
たように、軍のクーデターと国王の処刑へと突き進むのである。今や急進
化した軍の支配の下、説教者には軍の方針に合致する者のみが選ばれた。
かくして軍のお抱え説教者たちは、軍への服従をひたすら「残滓議会」
（Rump Parliament）に訴えた[69]。

---

67)　H. R. Trevor-Roper, 119.

68)　H. R. Trevor-Roper, 119-120.

69)　H. R. Trevor-Roper, 120-125.

116

　カドワースが説教壇に立った頃は、革命はまだそこまでは先鋭化して
おらず、政局はきわめて不安定の状態であった。そのような状況の中で、
いったい何をどのように語ればいいのであろうか。カドワースが悩んだで
あろうことは想像に難くない。他の人間であったならば、当たり障りのな
い説教でごまかすこともできたであろう。事実、同日の朝、同じ説教壇の
上でロバート・ジョンソン（Robert Johnson）が「ヤコブの家の光と律
法」（Lux et Lex, OR THE LIGHT AND THE LAW OF Jacobs House）
と題して語った説教は、その類のものであった。その内容は、おびただし
い聖書箇所の引用からもわかるように、聖書の教えに耳を傾け、善い行い
を励もうというありきたりのものであった。いちおう「宗教革命」あるい
は「宗教改革者」という言葉も出てくるが、それらはカルヴィニズムの教
説を遵守すべきであるという程度の意味であり、イングランドにおける現
実の政治改革・教会改革を強調する性格のものではなかった。ジョンソン
はケンブリッジのトリニティ学寮の卒業生であり（1622）、ヨーク州ライ
ズの教区牧師であった。彼の議会説教はこの度の一回だけであり、この時
すでに50歳に近い年齢であった。彼はウェストミンスター神学者会議の
一員ではあったが、議会説教に関してはあまり重要な役割を果たして来な
かったことがわかる[70]。しかしながら、政局不安定のこの時期において議
会が必要としたのは、むしろ彼のような説教者であった。おそらく、ジョ
ンソンと同じように、カドワースにも耳当たりのよい説教が期待されてい
たであろう。実際、理解力に欠ける議員たちには、彼の説教はそのように
聞こえたかもしれない。その説教はどちらかといえば難解な部類に属する
ものであったからである。しかし、理解力を有する議員たちにとっては、
そうではなかったはずである。序文の中頃において彼が引用する『イザヤ
書』は、メシアがもたらすであろう終末論的王国を描く部分である。

70）　J. F. Wilson, *Pulpit in Parliament Puritanism during the English Civil Wars
1640-1648* (Princeton University Press, 1969) 125-126.

when "the wolf shall dwell with the lamb, and the leopard shall lie down with the kid, and the calf, and the young lion, and the fatling together, and a little child lead them": when "the sucking child shall play on the hole of the asp, and the weaned child shall put his hand on the cockatrice den": when "they shall not hurt nor destroy in all God's holy mountain; for the earth shall be full of the knowledge of the Lord, as the waters cover the sea" (Is. 11:6-9).

その時「狼は子羊と共に住み、豹は子山羊や子牛と共に伏し、若獅子は肥畜と共に伏し、小さな子どもがそれらを導くであろう」。その時「乳飲み子はアスプの穴で遊び、乳離れした子どもはコカトリスの巣窟に手を入れるであろう」。その時「彼らは神の聖なる山のいずこにおいても、傷つけることも殺すこともないであろう。というのも大地は、水が海を覆うがごとく主を知る知識で満たされるであろうから」（『イザヤ書』11:6-9）[71]。

この引用は、千年王国論に沸きたつ急進派の人たちを十分に意識して行われたものと思われる。真の知識を欠く宗教的熱心に対し、謙虚な自己吟味と理性の尊重を説くことが、今この時、神から自分に求められた役割であることを、カドワースはわきまえていたのである。

---

71)　G. R. Cragg, ed., 371-372.

3．説教の中に生きている哲学的霊性

a．説教の導入部

　カドワースの説教は、*The English Revolution I Fast Sermons to Parliament Volume 28 March-May 1647* をテクストとして、その構成について見るなら、導入部（1〜7頁）、聖書朗読箇所から自然に引き出されるいくつかの所見（7〜39頁）、及びそれらの一般的適用（39〜82頁）となる。この説教形式は、当時のピューリタン説教者の説教形式に合致している。ユール（George Yule）によると、当時のピューリタン説教者の説教形式は、以下の四点に要約される。①正典聖書から取られた聖書テクストをはっきりと朗読する。②聖書自体が語る意味を把握する。③本来の意味から有益な教えをいくつか引き出す。④もし説教者にその賜物があれば、正しく引き出された教えを、わかりやすい言葉で人々の生き方に適用する[72]。

　カドワースが選んだ聖書テクストは、『ヨハネの手紙 一』2章3、4節である。

And hereby we do know that we know him, if we keep his commandments. He that sayth, I know him, and keepeth not his commandments is a liar, and the truth is not in him (I John 2:3,4).
もし私たちが神の命令を守っているなら、まさにそのことによって、私たちは神を知っているということを私たちは知るのである。私は神を知っている、と言いながら、神の命令を守っていない者は嘘つきで

---

72)　G. Yule, *Puritans in Politics*, 75-76.

あり、その人の中に真理はない。(『ヨハネの手紙 一』2:3, 4)[73]。

当時、千年王国論を奉じる独立派説教者たちは、急進的な行動を煽るのに役立つ聖書箇所を好んで選んだ。また、カルヴィニズムを奉じる長老派説教者たちは、神の無償の恩恵を強調するのに役立つ聖書箇所を好んで選んだ。これに対してカドワースの聖書箇所の選択は、自らの正義を貫くための便宜ではなく、神の言葉に真剣に聴こうとする謙虚さの現れであった。深い祈りと考察によって得られた選択である。「神を知っていること」と「神の命令を守っていること」の一致を基調とするテーマは、理性を伴わない「信仰」という名の熱心主義と、実践を伴わない「恩寵」という名の教条主義のどちらの極端にも偏らない CP の基本精神に通底するものである。

　聖書朗読の後、カドワースは以下の言葉で説教を語りはじめる。

We have much inquiry concerning knowledge in these later times. The sons of Adam are now busy as ever himself was about the tree of knowledge of good and evil, shaking the boughs of it, scrambling for the fruit; whilst, I fear, many are too unmindful of the tree of life. And though there now be no cherubim with their flaming swords to fight men off from it, yet the way that leads to it seems to be solitary and untrodden as if there were but few that had any mind to taste the fruit of it (Gen. 2:9, 17; 3:6, 24).

昨今の時代におきまして私たちは、知識の探求は盛んに行っております。アダムの息子たちは、今やかつてないほど善悪の知識の木のことで忙しくし、その枝を揺すぶりその実を奪い合っております。他方、

---

73)　G. R. Cragg, ed., 373.

私の危惧するところでは、多くの人たちは、いのちの木のことでは
あまりにも無頓着であります。そして、その木から人間たちを撃退す
る炎の剣をもつケルビムはもはやいないにもかかわらず、その木に通
じる道は、あたかもその実を味わいたい心をもつ人たちはほんの少数
であるかのように、寂しく未踏であります（『創世記』2:9, 17; 3:6,
24）[74]。

　説教は、「昨今の時代におきまして私たちは、知識の探求は盛んに行って
おります」という言葉で始まる。カドワースの生きた時代は、科学革命、
哲学革命、宗教革命、そして何よりも政治革命の時代であった。パトリ
デス（C. A. Patrides）は、"in these later times" という文言から、カド
ワースが千年王国論の支持に傾いていたかもしれないという推定を行う
が[75]、その推定は妥当ではない。カドワースは、少なくとも現世的な千年
王国論には与していない。むしろ、千年王国論に熱中する最近の時代状況
に言及しているだけであると理解すべきであろう。
　彼が聴衆の注意を喚起しようとするテーマは、「知識」である。真の知
識とは何か、いのちをもつ知識とは何か、善き行いに導く知識とは何かと
いうことである。彼は「本好きのキリスト者」を取り上げ、彼らにとっ
て「あたかも宗教は本の細工、ただの紙の技術に他ならないかのようであ
る」と批判する。キリスト教の本質はキリストを知る知識であるが、それ
は本から得られる知識ではなく、キリストの命令を守ることによって与え
られる知識である。キリストの命令を守らない者は、どれほど本の知識を
もっていようとも、その心の中は無知の暗闇である。「低俗な輩」は、信
条や信仰問答や信仰告白を繰り返せばキリストを知る知識が得られると考
えるが、そのような繰り返しは、まさにオウムがえしに他ならない。この

74)　　G. R. Cragg, ed., 373.

75)　　C. A. Patrides, ed., *The Cambridge Platonists*, 90 n.1.

ようなカドワースの語り口は、かつてアテナイ市民を前に、独特の皮肉を交えながら彼らの心に単刀直入の言葉を突きつけた、『ソクラテスの弁明』におけるソクラテスの姿を彷彿とさせる。ウェストミンスター神学者会議の構成員には、さぞかし耳障りが悪く感じられたことであろうと思われる。彼らは、すでに 1646 年 12 月に「ウェストミンスター信仰告白」(The Westminster Confession of Faith) を完成していた。カドワースの説教の 4 ヶ月前である。その頃には、やがて 1647 年の秋に完成されることになる「ウェストミンスター大教理問答」(The Westminster Larger Catechism) もかなり形を整えつつあった。真にキリストを知るためには、「心の汚れを放逐し心を浄化すること」が必要であるにもかかわらず、この必要に留意する人は少ないと、カドワースは指摘する。心の浄化に留意するとは、「神の意志を行うこと」に留意することである。真のキリスト者とは、本から教えられる者ではなく「神から教えられる者」である。この「神から教えられる者」(θεοδίδακτος) という考え方は、CP の基本精神に連なるものである[76]。カドワースは、インクと紙はキリスト者を作ることができないことを、すなわち私たちの心の中にキリストを形成することができないことを繰り返し強調する。彼がキリスト者と言うとき、その意味するところは、キリスト者の心の中における「神のいのち」、「新しい性質」、「心の中に形成されるキリスト」である。

　このことをさらに説明するためにカドワースは、ギリシャの哲学者たちに言及する。

　　Some philosophers have determined that ἀρετή is not διδακ-
　　τὸν;, virtue cannot be taught by any certain rules or precepts.
　　Men and books may propound some directions to us, that may

---

76)　C. A. Patrides, ed., 59 n.31.

set us in such a way of life and practice, as in which we shall at last find it within ourselves, and be experimentally acquainted with it; but they cannot teach it us like a mechanic art or trade. No, surely, "there is a spirit in man; and the inspiration of the Almighty giveth them understanding" (Job 32:8). But we shall not meet with this spirit any where but in the way of obedience: the knowledge of Christ, and the keeping of his commandments, must always go together and be mutual causes of one another.

　ある哲学者たちは、アレテーは教えられることができない、徳はいかなる規則や教訓のようなものによっては教えられることができないと断言しました。人々や書物は私たちに何らかの方向を提案し、私たちを人生と行動の一つの道に導入するかもしれません。その道行きの中で、私たちはついにアレテーを私たち自身の中に発見し、体験的にそれを親しく知るかも知れません。しかしそれらは、機械的技術か商売かのごとくにそれを私たちに教えることはできません。否、確かに、「人間の内には霊がある。そして全能者の息吹が人間に理解を与える」（『ヨブ記』32:8）のであります。しかしながら私たちがこの霊に出会う場所は、他でもなく従順の道においてであります。キリストを知る知識とその命令を守ることとは、常に相伴って進み、相互に原因同士なのです[77]。

　「ある哲学者たちは、アレテーは教えられることができないと断言しました」とカドワースは述べ、聴衆の注意を人間存在におけるアレテーの問題に向ける。アレテーは教えることができるかということは、ソクラテスが提起した根本的な問題であり、プラトンの『メノン』全篇のテーマとなっ

---

77)　G. R. Cragg, ed., 375.

ている。このテーマは、『プロタゴラス』[78]、『クレイトポン』[79]、『エウテュデモス』[80] などにおいても、随所で繰り返し取り扱われている。アレテーとは、人間としての卓越性のことである。それは勇気、正義、節制、知恵などを含む。そういった人間をして人間たらしめる本質的な性質が、できあいの知識しか提供することができない通俗的な教師たち（ソフィストたち）によって、はたして教えられることができるのかという疑問は、ソクラテスがアテナイ市民に投げかけた大問題であった。同じように、キリスト者としてのアレテーは、教条主義と律法主義に束縛されたドグマしか提供することができない教会の教師（カルヴィニズムに立つ説教者及び神学者）たちによって、はたして教えられることができるのかという疑問は、カドワースが同時代のイングランド市民に投げかけた大問題であった。彼にとってキリスト者のアレテーは、単に知識だけのことではなく、「私たちの心の内に生きるキリストのいのち」に、すなわち私たちの「霊」のあり方に関わることであった。そしてそれは、「キリストを知る知識とその命令を守ること」の協働を要請するものであった。キリストを知る知識が善き行動をもたらし、ひるがえって善き行動がキリストを知る知識をもたらすという相互の働きかけが、たゆむことなく進行するあり方、それがキリストのいのちをもつということであり、人間の内にある「霊」のあり方なのである。

b.　聖書から導き出される所見

　以上のように説教の導入部において、キリストを知る知識とその命令の実行との一致及び相互補完性について聴衆の関心を向けた上で、カドワー

---

78)　*Protagoras*, 319A-320B.

79)　*Clitopho*, 408B.

80)　*Euthydemus*, 274E.

スは「聖書の言葉から自然に流れ下るいくつかの所見」を述べることに進
む。それらは三つである。

(1) 第一の所見

First, then, if this be the right way and method of discovering
our knowledge of Christ, by our keeping his commandments,
then we may safely draw conclusions concerning our state and
condition from the conformity of our lives to the will of Christ.
第一に、私たちがキリストを知る知識を発見する正しい道・方法は、
私たちがその命令を守ることによるのであるならば、キリストの意志
への私たちの生の一致ということから、私たちのあり方・状態に関す
る結論を引き出して間違いないでしょう[81]。

私たちが自分の精神のあり方について検討するにあたり、その確かな基準
となるものは、自分の生がキリストの意志に一致しているということ、こ
れがカドワースの第一の所見である。キリストの意志に一致している生と
は、私たちの内なるキリストの生である。そのような観点からカドワース
は、神の「選び」というカルヴィニズムの教説を丸飲みし、その意味を吟
味しようとしないピューリタンたちに対して、はたして「選び」の教説を
信じるだけで永遠の幸福は約束されるのであろうかという疑義を呈する。
永遠の幸福について語りたいのであれば、受け売りの教説に安住すること
をやめ、正義と真の生という特徴をもつ「神の似姿」が、はたして私たち
の心の中に形成されているであろうかということに留意すべきなのであ
る。

---

81)　G. R. Cragg, ed., 376.

カドワースは論点を説明するために、プラトンに言及する。プラトンは『国家』Ⅵ〜Ⅷ巻において、「善のイデア」を観想するにあたり必要とされる手順に関連して、「太陽の比喩」、「線分の比喩」、「洞窟の比喩」を語った。それによると、イデアの観想については、人間は暗い洞窟の中に束縛され、影しか見てこなかった囚人のような存在である。太陽の直視はもとより白日の光にさらされることにすら、彼の目は耐えることができない。上方のイデア界を観想しようとするなら、目を慣らすことが必要である。すなわちまず最初は影を見る、次に、水に映る人間その他の映像を見る、その後、その実物を直接見るようにする。さらにその後で、天空のうちにあるものや、天空そのものに目を移すことになるが、まず、夜に星や月の光を見る、最後に太陽を見ることになる[82]。同じように、カドワースの考えるところでは、「善のイデア」にもたとえられる、いやはるかそれ以上の栄光に輝く神を、人間は直視することができない。まず最初に、人間の魂の中に反映されている神の似姿を見るところから始めなければならない。神の永遠の「予定」から出発しようとするのは、蝋の翼で太陽に向かって飛翔したイカロスのそれに似た暴挙であり、すぐに蝋の翼は溶け、地上に転落してしまう。カルヴィニズムでは「選び」あるいは「予定」と言うが、何を根拠としてそのようなことが言えるのであろうか。根拠のない信念によって、天へ行くことができると思ってはならない。人間の救いは、知識の高慢によるのではなく、謙遜さと自己否定によるのである。ほんとうに天国へ行きたいのであれば、天国への何らかの資格を確信したいのであれば、ἀναβαίνειν κάτω（下方に上ること）と καταβαίνειν ἄνω（上方に下ること）というギリシャの警句に耳を傾けるべきである。

---

82) *Respublica*, 516AB.

(2) 第二の所見

Secondly, if hereby only we know that we know Christ, by our keeping his commandments, then the knowledge of Christ doth not consist merely in a few barren notions, in a form of certain dry and sapless opinions.

第二に、もし私たちが神の命令を守っているなら、まさにそのことによって、私たちはキリストを知っているということを私たちは知る、というのであるなら、キリストを知る知識の本質は、単に、いくばくかの不毛な考え、いくつかの枯れた樹液のない意見などには存しません[83]。

キリストを知る知識、すなわちキリストを知っているということは、単に「いくばくかの不毛な考え、いくつかの枯れた樹液のない意見」をもつというようなことではない。ここでもカドワースが念頭に置いているのは、自らが正統派であることを誇りとするカルヴィニストたちのことである。キリスト教の信条を唱えるけれども、善き行動が伴わないキリスト者よりは、たとえ一度もキリストについて聞いたことがなくても、善き行動をもつ人のほうが、言葉の真の意味においてキリスト者に近いのである。それゆえカドワースは次のように述べる。

Christ was vitae *magister*, not *scholae* [master of life, not of the schools]; and he is the best Christian whose hearts beats with the truest pulse towards heaven, not he whose head spinneth out the finest cobwebs.

---

83) G. R. Cragg, ed., 378.

キリストはウィータエ・マギステル（いのちの教師）であり、スコラエ・マギステル（学校の教師）ではありませんでした。そして最も善きキリスト者とは、その心が天国に向かって真の脈拍を打っている人であり、その頭が細やかな蜘蛛の巣をつむいでいる人ではありません[84]。

このような見方は、カルヴィニストたちには不快きわまりないものであったことであろう。たとえば、ケンブリッジのゴンヴィル アンド キーズ学寮（Gonville and Caius College）の学寮長、ウィリアム・デル（William Dell）は、善き行動を否定するほどまで極端に無償恩寵を強調する「反律法主義者」として知られる神学者であった。彼は、プラトン及びすべての「惨めな異教徒」はキリストを知らないゆえに地獄に定められている、と主張した[85]。むしろこのような考えのほうが一般に受け入れられていた当時の状況を考えるなら、カドワースの発言はずいぶん大胆なものであったことがわかる。カドワースを含むCPが、「広すぎる輩」（the Latitude Men）というあだ名で揶揄されたゆえんである。正統派カルヴィニズムの枠よりも広すぎるという非難がそこに込められているのである。しかしながら、カドワースは教理や教義を決してないがしろにしようとしたのではない。彼の意図はそれらを否定することにではなく、さまざまな形の神学論や教会政治論の喧噪の中で背後に忘れ去られていた、キリストのいのちの決定的重要性を人々に想起させることにあった。カドワースの見るところでは、心の内なるキリストの形成こそが最も優先されるべき事柄であった。それゆえ、彼は高教会主義にも低教会主義にも、カルヴィニズムにもアルミニウス主義にも組しなかった。彼は「高」でもなく「低」でもなく、あるいは「中」でもなかった。それらの制約を超え、

---

84)　G. R. Cragg, ed., 378.

85)　C. A. Patrides, ed., 96 n.21.

広い視野に立って宗教の本質を見極めようとしたのである[86]。

　M. ニコルソン（Marjorie Nicholson）によると、カドワースにも敵が
いたが、なかでもレイフ・ウィドリントン（Ralph Widdrington）は最大
の敵であった。ウィドリントンはクライスツ学寮の出身者であり、ケンブ
リッジ大学のギリシャ語欽定講座担当教授であった。時代は、庶民院にお
けるカドワースの説教の時から下ること 20 年の頃であるが、カドワース
に対してウィドリントンが投げつけた論難の内容から、はからずもカド
ワースの考え方の基本精神をうかがい知ることができる。ウィドリントン
は王政復古の前後にわたり、激しくカドワースを非難した。非難の内容
は、学寮長選挙及び学寮長の職務における学則違反、資金の濫用、政治上
の偽善、学寮の礼拝における規則違反などである。もっとも、すべてが根
拠のない告発であった。しかしこれらの非難の元にもっと根深い何かが
あった。それは宗教観の根本的相異である。それは、カドワースに対して
なされた、学寮における宗教形式の遵守に関してだらしがないという非難
に反映されている。言いかえると、ドグマを重視するのか理性を重視す
るのか、中味のない言葉を重視するのか意味を重視するのかということで
ある。正統派直解主義なのか宗教上の自由主義なのかということである。
ウィドリントンのカドワース非難の根底にあるものは、自由な人に対す
る原理主義者の敵意である。以上のことから、カドワースの基本的考え方
が明らかになる。それは CP に共通なものであるが、「自由」（liberty）と
「広さ」（latitude）を勇敢に守る姿勢である。質問する自由、疑う自由、
信じる自由、解釈と理解の広さ、これがカドワースを含む CP の目指した
ものである。彼らは、独断、狭小、恣意と思われるものを極力排した。彼
らにとって、真のキリスト教と真の理性は調和するものであった[87]。

---

86) Cf. H. L. Stewart, "Ralph Cudworth, The "Latitude Man"," *The Personalist* 32 (1951) 163-171.

87) Marjorie Nicholson, "Christ's College and the Latitude-men," 42-47.

第2章　レイフ・カドワースの哲学的霊性　　129

　したがって、カドワースの考えでは、自己の情欲を抑制し自己の良心に従う人こそが、真のキリスト者の名前に価するのである。天国へ入る条件は、深い神秘を悟ることではなく、正直な心をもつことである。そして、正直な心をもつことは、キリストの命令に従うことに他ならない。そして、キリストの命令を守ることは、正義と真の聖性を特徴とする神の似姿に従い、心を新たにされることに他ならない。それは、意見や考えや宗教の形式への執着を捨て、たとえ少しばかりであっても神への愛をもつことである。それが心の正直さ、健全さということである。ここでカドワースは、「ある高貴な哲学者」、すなわちプロティノスの著作『エンネアデス』の言葉を引用する。

　　And indeed, as it was well spoken by a noble Philosopher, ἄνευ ἀρετῆς Θεὸς ὄνομα μόνον, that "without purity and virtue, God is nothing but an empty name"; so it is as true here that without obedience to Christ's commandments, without the life of Christ dwelling within us, whatsoever opinions we entertain of him, Christ is but only named by us, he is not known.

　　そしてまことに、ある高貴な哲学者によって ἄνευ ἀρετῆς Θεὸς ὄνομα μόνον（アレテーがなければ神は名前だけである）、すなわち「清さとアレテーがなければ神は空虚な名前にすぎない」と、いみじくも語られたのと同様に、キリストの命令への従順がなければ、私たちの内に宿っているキリストのいのちがなければ、私たちがキリストについていかなる意見を抱こうとも、キリストという名前が私たちによって唱えられるだけであり、キリストは知られていない、ということはここでも当てはまります[88]。

---

88)　　G. R. Cragg, ed., 380.

ἄνευ ἀρετῆς Θεὸς ὄνομα μόνον（アレテーがなければ神は名前だけ
である）という文言は、パトリデスによると、カドワースを含む CP が好
んで引用する箇所の一つである[89]。『エンネアデス』の原文では、ἄνευ
δὲ ἀρετῆς ἀληθινῆς θεὸς λεγόμενος ὄνομά ἐστιν.（真のアレテーが
なければ、神は唱えられるだけの名前である）となっている[90]。カドワー
スはこれを「清さとアレテーがなければ神は空虚な名前である」と敷衍す
る。清さとアレテーは別のものではない。宗教が言う清さと哲学が言うア
レテーは、別のものではない。清さはアレテーを伴い、アレテーは清さを
伴う。それが真の清さであり、真のアレテーであり、神への信仰を意味あ
るものとするのである。カドワースが向けた批判は、思弁による宗教の形
骸化に対してであり、まじめな真理探究に対してではないことは言うまで
もない。知識は神から与えられたすばらしい贈り物である。しかし、知識
より聖性のほうがもっとすばらしい。さらに、聖性よりも魂が神の性質に
与ることのほうがはるかにすばらしいのである。

(3) 第三の所見

Thirdly, if we hereby judge whether we truly know Christ, by
our keeping his commandments, so that he sayth he knoweth
him and keepeth not his commandments, is a liar; then this
was not the plot and design of the Gospel, to give the world an
indulgence to sin, upon what pretence soever.

第三に、私たちが真にキリストを知っているかどうかを私たちが判断
するのは、私たちがその命令を守っていることによるのであり、それ

---

89)　C. A. Patrides, ed., 98 n.24.

90)　Plotinus, *Enneades*, II.9.15.

ゆえキリストを知っていると言いながらその命令を守っていない者は
嘘つきであるならば、いかなる口実があろうとも、世の人々に罪への
耽溺をゆるすということ、それは福音の構想・意図ではありませんで
した[91]。

「いかなる口実があろうとも、世の人々に罪への耽溺を許すことは、福音
の構想・意図ではありませんでした」と言うとき、カドワースの念頭にあ
るのは、無償恩寵を強調するあまり善き行動を軽視する「反律法主義者」
たちのことであろう。神の選びと恩寵を信じるだけで充分であるとして、
情欲と格闘して服従させる努力を怠るばかりか、情欲を野放しにしておく
彼らのあり方は、カドワースの見るところでは福音と矛盾するのである。
福音の本質は、正義と真の聖性を特徴とする神の似姿を愛し求めることで
ある。この意味における「聖化」もしくは「神化」を軽視することは、神
の姿の偽造、すなわち人間が自分の姿に似せて神をねつ造することに他な
らない。

　カドワースは、人間の悪と不正を甘く見逃すこのような人間好みの神観
を、『イザヤ書』44 章 15-17 節の引用によって「われわれ自身の想像に
基づく偶像神」であるとして批判する。それは「エチオピア人たち」の
神観と変わらない。カドワースが暗に言及しているは、神話に見られる擬
人的神観を批判したことで知られる、ギリシャの詩人哲学者クセノパネス
の「アイティオピア人たちは自分たちの神々が獅子鼻で、真黒であると言
い、トラケ人たちは青眼で、赤毛であると言っている」[92] という言葉であ
ろう。カドワースの考えにおいては、神観と倫理との間には密接な関係が
ある。善き行動の軽視は、罪を甘く見逃すような神を思い描く神観に由来

---

91)　G. R. Cragg, ed., 381-382.
92)　Diels-Kranz, *Die Fragmente der Vorsokratiker*, 21B16. 山本光雄訳編『初期ギ
　　リシャ哲学者断片集』（岩波書店、1980 年）28。

する。そのような神は人間の自己投影であり、人間色に染められた神にすぎないのである。

　カドワースによると、それは、アリストテレスの『大道徳論』における「どこへ行っても何を眺めても、鏡の中でのように、やはり自分に表された自分の顔を見た人」のようなものである[93]。これまでのところ最初のアリストテレスからの引用であるが、カドワースはプラトンのみならずアリストテレスにも親しんだ学徒である。原文は、「われわれが自分で自分の顔を見ようと欲するとき、鏡をのぞきこんで見ると同じように、われわれが自分で自分を知ろうと欲するときにも、われわれは親友を見て、これを知りうるであろう」となっている[94]。この言葉が語られるのは、自分を知ることに関する文脈においてである。自分を知ろうと欲する人は、自分の親友を見て自分を知ることができる。なぜなら親友は「第二の自己」であり、鏡に映った自分を見るようなものだからである。カドワースはこれを、自己を神に投影する人間的原理に立つ神観に適用する。そのような神は、「真の現実の神」ではなく「想像上の神」(an imaginary god) であり、子どもたちが喜ぶ「赤ちゃん人形の神」(a baby god) である。しかし、人間がどのように神を描こうとも、神は近づきがたい輝かしい栄光の中に住む。その栄光の神が、人間の形をとって下ってきたということ、それが福音の福音たるゆえんである。受肉は神の恵みであり、擬人的神観とはまったく無縁である。

　カドワースはこの論点を展開するために、以下のようにアタナシウスと聖書を引用する。

　　The Gospel is nothing else but God descending into the world in
　　our form, and conversing with us in our likeness; that he might

---

93)　Aristoteles, *Magna moralia*, 1213a. G. R. Cragg, ed., 383.

94)　茂手木元蔵訳『アリストテレス全集 14』(岩波書店、1968 年) 131。

allure and draw us up to God, and make us partakers of his Divine form, Θεὸς γέγονεν ἄνθρωπος (as Athanasius speaks), ἵνα ἡμᾶς ἐν ἑαυτῷ θεοποιήσῃ, "God was therefore incarnated and made man , that he might deify us" — that is (as St. Peter expresseth it), make us partakers of the divine nature (2 Pet. 1:4).

福音とは、私たちの形姿で世に下り、私たちの似姿で私たちと交際してくださる神に他なりません。それはその神が、私たちを引き寄せ神のところに引き上げ、私たちをその神的形姿に与る者たちとならせるためです。「神は人となった」（とアタナシウスが言うように）のは、「私たちを彼自身において神化するためである」。すなわち「それゆえ神は肉体化され人とされた。それは私たちを神化するためである」——すなわち（聖ペトロが述べるように）私たちを神的性質に与る者たちとならせるためです（『ペトロの手紙 二』1:4）[95]。

カドワースの理解では、神の受肉の目的は、アタナシウスが Θεὸς γέγονεν ἄνθρωπος ἵνα ἡμᾶς ἐν ἑαυτῷ θεοποιήσῃ（神は人となった。それは私たちを彼自身において神化するためである）と言うように、私たちが「神的形姿に与る者たち」になることである。それは聖ペトロが言うところの、「神的性質に与る者たち」に他ならない。カドワースは、人間の生にとって「神化」（ἀποθέωσις）が重要であることを強調しているのである。アタナシウスからの引用は『受肉論』からであり、原文では ὁ τοῦ Θεοῦ Λόγος Αὐτὸς. . . ἐνηντρώπησεν, ἵνα ἡμεῖς θεοποιηθῶμεν（神のロゴス、彼自身が人の形姿をとった。それは、われわれ自身が神化されるためである）となっている[96]。この文言も CP が好んで引用したものの一つであるが、17 世紀の他の宗教改革者たちの間

---

95) G. R. Cragg, ed., 383.

96) *De Incarnatione*, LIV.

ではめったに用いられなかった言葉である[97]。おそらくギリシャ哲学の色彩が強すぎるためであろう。ここにも、CP に共通するギリシャ哲学とキリスト教神学の調和を尊重する姿勢を見てとることができる。

ところでカドワースにとって「神の形姿」・「神の性質」とは何を意味するであろうか。それは「善性」(goodness) に他ならない。神が神であるのは、「最高で最も完全な善」であるからに他ならないのである[98]。いかなる根拠で人間におけるアレテーと聖性が善であると言えるのか、という問いへの答えがここに示されている。カドワースはさらにプラトンの『エウテュプロン』を引用する。

Virtue and holiness in creatures, as Plato well discourseth in his *Euthyphro*, are not therefore good because God loveth them and will have them be accounted as such, but rather God therefore loveth them because they are in themselves simply good.

プラトンが『エウテュプロン』において語っているように、被造物におけるアレテーと聖性が善であるのは、神がそれらを愛しており、またそれらがそのように見なされるようにしておくであろうからではなく、むしろそれらがそれ自体において端的に善であるからです[99]。

「神の形姿」・「神の性質」を善性として理解するカドワースの考え方が、ここに明瞭に示されている。プラトンが言うように、アレテーと聖性が善であるのは、神に喜ばれ評価されるからではなく、それら自身が、神の性質に与るかぎりにおいて、それ自体において端的に善であるからである。『エウテュプロン』の原文は以下のようになっている。

---

97)　C. A. Patrides, ed., 101 n.28.

98)　G. R. Cragg, ed., 383.

99)　G. R. Cragg, ed., 384.

第2章 レイフ・カドワースの哲学的霊性 | 135

ἆρα τὸ ὅσιον ὅτι ὅσιόν ἐστιν φιλεῖται ὑπὸ τῶν θεῶν, ἢ ὅτι φιλεῖται ὅσιόν ἐστιν; ἆρα ὅσιόν ἐστιν φιλεῖται, ἀλλ᾽ οὐχ ὅτι φιλεῖται, διὰ τοῦτο ὅσιόν ἐστιν;

はたして敬虔なものは、敬虔なものであるから神々によって愛される
のであろうか、それとも愛されるから敬虔なものであるのであろうか。
それは〈敬虔なもの〉であるから愛されるのであって、愛されるから、
それゆえに〈敬虔なもの〉であるのではないわけだね[100]。

カドワースは、以上の原文を『ヨハネの手紙 一』4章10節の「愛とは、
わたしたちが神を愛したことにではなく、神がわたしたちを愛した……こ
とに存する」という文言に合わせていくぶん調整している。「完全な善」
である神の観点からは、人間を愛し喜ぶということは、順序では後であ
り、まず人間に「神の善性と似像」を与えることが先である。人間に死後
のいのちと幸福の約束を与えることは後であり、まず人間を新生させ神の
聖性に与る者とならせることが先である。ここにカドワースの福音理解
が明確に示されている。福音が示す神の偉大な計画とは、人間の罪と腐敗
の霧を一掃し、人間を死の陰から光の領域に、真理と聖性の地に移住させ
ることである。キリストの贖罪の目的も、人間をいわゆる「地獄」から救
うためだけではなく、人間を今ここで現実の罪と腐敗から救い、聖性と正
義をもって神に仕えることができるようにするためである。キリストに
よる刑罰代受の教説だけに安住してはならない。さらに、神の恵みによっ
て聖く正しい生へと押し出されなければならない。罪の赦しだけに止まっ
てはならない。さらに、罪と悪に対する勝利へと推進されなければならな
い[101]。カドワースの贖罪論においては、贖罪論史における道徳的感化の

---

100) *Euthyphro*, 10A, 10DE.

面を強調する道徳感化説と悪に対する勝利を強調する古典説とが、絶妙に統合されているのを見ることができる。

　正統派神学を信奉することで十分であるとする姿勢、すなわちみせかけの聖性と正義への安住の姿勢に決して満足せず、その呪縛から脱出し、たゆむことなく心の変革を目指し続ける CP の基本姿勢が、カドワースにおいて顕著に現れている。キリストの受肉の目的は、私たちの心に神のいのちを授け、それを燃え立たせ、元気づけ、活気を与え、暖めるためである。かくしてカドワースは、内なる神の霊によってキリストのいのちを現実に生きるキリスト者たちを、「神秘的キリストたち」(mystical Christs)[102] とさえ表現する。キリスト者の内に住む「生まれたばかりの乳児キリスト」(an infant new-born Christ)[103] は、日々成長し続けなければならない。ひるがえってカドワースは、この理解を以下のようなプラトニズムの言葉に移し替える。「最高善 $\pi\rho\hat{\omega}\tau o\nu$ $\dot{\alpha}\gamma\alpha\theta\grave{o}\nu$ は、哲学者たちが言うように、世界における最強のものである。Nil potentius Summo Bono（最高善よりも強いものはない）[104]」これは新プラトン主義哲学者たちへの言及である。プロティノスは、超越的な「第一原理」を「一者」ないし「善」と呼んでいるが、それを「神」と呼ぶのはまれである。しかし、ポルピュリオスはためらいなくそれを「神」と呼んでいる[105]。カドワースは、新プラトン主義哲学者たちはプラトンの「善のイデア」[106] を神の別名とみなした、と理解しているのである[107]。

---

101)　G. R. Cragg, ed., 384.

102)　G. R. Cragg, ed., 387.

103)　G. R. Cragg, ed., 387.

104)　G. R. Cragg, ed., 387.

105)　A. H. アームストロング、岡野昌雄・川田親之訳『古代哲学史』（みすず書房、1987 年）237。

106)　Plato, *Respublica*, 506B-509B.

107)　C. A. Patrides, ed., 106 n.44.

第2章 レイフ・カドワースの哲学的霊性 | 137

　以上に見たように、カドワースの霊性においては、プラトニズムとキリスト教神学とが相互に影響し合い、相互補完の関係を保っており、それが当時の正統派神学の枠にとらわれない柔軟で深みのある聖書解釈を生み出している。正統派神学は、それを信奉しない人たちに地獄行きを宣告する裁判官のごとくに、神を想い描いた。カドワースはこのような神観を批判し、それをギリシャ神話に登場するエリュニュスになぞらえる[108]。頭髪は蛇の恐ろしい形相で、手にはたいまつを持ち、罪人を追い払い、狂わせるという残酷な復讐の女神である。カドワースによると、そのような脅迫感を与える神の観念は勘違いであり虚偽なのである。このような彼の言説は、PC に固執する人たちにとっては不快きわまりないものであったであろう。他方、死せるカルヴィニズムに閉塞感を抱き辟易していた人たちにとっては、まことに新鮮であり解放感を与えるものであったのではないかと思われる。

c. 所見の一般的適用

　以上のように「聖書の言葉から自然に生起し、私たちに現れる所見」を三つ述べた上で、次の段階としてカドワースは、それらを一つの全体として見なし、それを一般的に適用する作業へと進む[109]。すでに所見の段階で随所に一般的適用を示唆していたが、さらに詳しく適用を行おうと努めるのである。

---

108)　G. R. Cragg, ed., 388 n.8. エリュニュス（複数はエリュニュエス）はギリシャの復讐の女神である。ホメロスはこれを時には単数で時には複数で語る。エウリピデスによるとその数は三である。カドワースが述べる残忍な詳細は、アイスキュロスの『エウメニデス（慈しみの女神たち）』に依拠している。

109)　G. R. Cragg, ed., 389.

（1）キリストを知る知識とキリストの命令を守ることの一致

　カドワースは所見の要約から始める。すなわちキリストを知っているということの判断基準は、キリストの命令を守っていることにある。そのように言うときカドワースの念頭にあるのは、神の恩寵を強調するけれども善き行動が伴わない正統派ピューリタンたちである。当時、彼らはさまざまな争いを続けていた。議会とスコットランド国民は国王と宗教をめぐって、議会とニュー・モデル軍は国王との関係及び軍の将来をめぐって、スコットランド国民とニュー・モデル軍は宗教をめぐって互いに争いを繰り広げていた。さらに、スコットランド国民内における「厳粛な同盟」派、それに反対する派、さらに王党派間の不一致があり、イングランドでは議会内における長老派と独立派の不一致があった。そして、カドワースの説教後まもなく1647年4月から6月にかけて、議会とニュー・モデル軍の抗争、すなわち議会内の長老派と独立派の抗争が起こる。続く7月から12月にかけて、国王との関係をめぐって、さらに兵士活動委員（アジテーター）の任命により下士官兵と軍幹部の不一致が起こる。止むことを知らない争いを前にして、キリストの命令を実行することを勧めるカドワースの説教は、まことに時宜に適ったものであった。そして、キリストの命令を実行するためには、まず私たちの心の内に「神の光」「生ける"霊"」（a living Spirit）[110] をもつことが必要不可欠であった。「"霊"の言語」（the language of the Spirit）[111] を理解することができなければ、ギリシャ語やヘブライ語の知識は役に立たない。"霊"は美辞麗句にではなく善き行動に現れる。口先だけの言葉ではなくいのちと力が重要なのである。ここでカドワースは「かの教訓的な哲学者」を引き合いに出す。

110）G. R. Cragg, ed., 389.
111）G. R. Cragg, ed., 389.

Τὰ πρόβατα οὐ χόρτον φέροντα τοῖς ποιμέσιν ἐπιδεικνύει πόσον ἔφαγεν (saith the moral philosopher), ἀλλὰ τὴν νομὴν ἔσω πέψαντα ἔριον ἔξω φέρει καὶ γάλα· "Sheep do not come and bring their fodder to their shepherd, and show him how much they eat; but inwardly concocting and digesting it, they make it appear by the fleece which they wear upon their backs, and by the milk which they give.[112] "

「羊たちは羊飼いたちのところに草をもってきてどれだけ食べたかを示すことはしない」(かの教訓的な哲学者が語るところではです)「そうではなく飼い葉を内側でよく調合することによって羊毛と乳をもたらす。」すなわち「羊たちは羊飼いのところに草をもって来て、どれくらい食べるかを示すことをしません。そうではなくそれを内側でよく調合し消化することによって、彼らの背を覆う羊毛と産出する乳という形でそれを現すのです[113]」。

「かの教訓的な哲学者」とはエピクテトスであり、その弟子が伝えた『提要』からの引用である[114]。原文は τὰ πρόβατα οὐ χόρτον φέροντα τοῖς ποιμέσιν ἐπιδεικνύει πόσον, ἔφαγεν, ἀλλὰ τὴν νομὴν ἔσω πέψαντα ἔρια ἔξω φέρει καὶ γάλα·「羊たちは羊飼いたちのところに草をもってきてどれだけ食べたかを示すことはしない。そうではなく飼い葉を内側でよく調合することによって羊毛と乳をもたらす」となっている。語順は多少異なるが、カドワースの敷衍訳は原文の意を尽くしている。原文では以上の文章に τοίνυν μὴ τὰ θεωρήματα τοῖς ἰδιώταις ἐπιδείκνυε, ἀλλ᾽ ἀπ᾽ αὐτῶν πεφθέντων τὰ ἔργα·「したがって一般

---

112) G. R. Cragg, ed., 390.

113) G. R. Cragg, ed., 390.

114) Epictetus, *Encheiridion*, 46.

の人たちには理論そのものではなく、よく調合された理論から発する行動を示しなさい」という文が続いている。これに基づいてカドワースは $\dot{\alpha}\pi\dot{\text{o}}\ \tau\hat{\omega}\nu\ \theta\epsilon\omega\rho\eta\mu\dot{\alpha}\tau\omega\nu\ \pi\epsilon\phi\tau\dot{\epsilon}\nu\theta\omega\nu\ \tau\dot{\alpha}\ \ddot{\epsilon}\rho\gamma\alpha$ （よく調合された理論から発する行動）を、すなわち「私たちの知識を私たちの生と行動へとよく調合したもの」を示すべきことを聴衆に勧奨する[115]。理論や教義が真なるものであるならば、必然的に善き行動を生み出さなければならない。善き行動を生み出さないばかりか、むしろ悪しき行動を生み出す理論や教義は、カドワースの見るところでは、偽りであり不毛なものである。今ここで、PC の立場における不毛な安住から立ち上がり、キリストの命令を守る歩みを始めることが緊急の要請なのである。福音の本質は、「私たちの外なるキリスト」（Christ without us）[116] ではなく「私たちの心の内に形成されるキリスト」（Christ inwardly formed in our hearts）[117] なのである。PC はキリストが成就した救いの働きを説くが、キリストが私たちの心の内に住まない限り、キリストの救いの働きは私たちを救うことができない。十字架の贖罪の教説を強調するにもかかわらず、善き行動が伴わないのはなぜなのか。福音の目的とするところは「いのちと完全性」（life and perfection）[118]、すなわち神の性質、神の似姿に与ることではなかったのか。贖罪の目的は聖い生活ではなかったのか、とカドワースは問いかけるのである。

(2) 真の聖性

適用部において最初にカドワースは以上のように語り、福音の精髄は聖

---

115) G. R. Cragg, ed., 390.

116) G. R. Cragg, ed., 390.

117) G. R. Cragg, ed., 390.

118) G. R. Cragg, ed., 392.

性にあることを強調する。「真の福音的聖性、すなわち信者の心の中に形成されるキリスト」(True evangelical holiness, that is, Christ formed in the hearts of believers)[119] が重要なのである。聖性は「天国そのものの実質」である。恩寵とは「戦う聖性」であり、栄光とは「勝利する聖性」である。「戦う」・「勝利する」ということは、武力闘争のことではなく、聖性と恩寵のことであり、人間の内なる魂における戦いのことである。理性によって欲望や激情を制圧し、人間の内なる魂の向上を目指す霊性のことなのである。イングランドに住むだれもが手に入れたいと願う「幸福」についても、同じことが言えるとして、カドワースは以下のように言う。

Happiness is nothing but the releasing and unfettering of our souls from these narrow, scant and particular good things; and the espousing of them to the highest and most universal good, which is not this or that particular good, but goodness itself ; and this is the same thing that we call holiness.

幸福とは、私たちの魂を、これらすべての狭く、乏しい、個別の善き諸事物から解放し、かせを外すことに他ならず、私たちの魂を、最高で最も普遍的な善、すなわちあれこれの個別の善ではなく善性そのものに嫁がせることに他なりません。これこそ、私たちが聖性と呼ぶのと同じものです[120]。

ここにもプラトニズムの観点による聖性の意味の掘下げを見ることができる。聖性は、動きもせず動かしもしない静的なものではなく、人間の魂の内にあって常に魂に働きかけ、魂を変革してやまない動的な原理なのであ

---

119) G. R. Cragg, ed., 392.
120) G. R. Cragg, ed., 393.

142

　る。それを説明するためにカドワースは、ホメロスの文言を引用する。

> True holiness is always breathing upwards, and flutternig
> towards Heaven, striving to embosom itself with God; and it will
> at last undoubtedly be conjoined with him. No dismal shades of
> darkness can possibly stop it in its course or beat it back.
>
> ὡς αἰεὶ τὸ ὅμοιον ἄγει θεὸς ὡς τὸ ὅμοιον.
>
> 真の聖性は常に上方にそよいでいき、天国に向かって羽ばたいてい
> き、神に抱かれることを目指しています。そしてそれは遂に疑いなく
> 神と結び合わされることができます。暗闇のいかなる陰鬱な影もその
> 進路を妨げることも、その前進を阻むこともできません。
>
> 「神はいつも似たもの同士を結び合わせるのだから」[121]

ホメロスの原文は ὡς αἰεὶ τὸν ὁμοῖον ἄγει θεὸς ὡς τὸν ὁμοῖον（神
はいつも似た者同士を結び合わせるのだから）[122] という文言になってい
る。カドワースの引用では「似た者」（τὸν ὁμοῖον）が「似たもの」（τὸ
ὅμοιον）になっているが、聖性の概念を意識しているからであろうと思
われる。ここで聖性は花嫁に、神は花婿になぞらえられている。人間の聖
性と神の聖性とは「似たもの」同士であり、それゆえお似合いの夫婦とし
て結び合わせられることができる。この至福は人間の魂の外の遠い彼方に
あるものではなく、まさに今ここで人間の魂の内に実現することができる
体験である。天国と地獄を外的なものととらえる PC に対して、カドワー
スを含む CP は、一貫してそれを内的なものと理解する。PC は「地獄」
を人間の外にあるものであるかのように想念するが、これに対してカド
ワースは、人間の内に存在するあらゆる罪と悪こそが地獄であると理解す

121）　G. R. Cragg, ed., 393-394.

122）　*Odyssea*, XVII, 218.

る。天国についても同じことが言える。人間の内なる真理、聖性、善こそが「天国」なのである。「あらゆる真の聖徒は、彼自身の心の中に彼の天国を持ち運ぶ」(Every true saint carrieth his Heaven about with him in his own hearts)[123] のである。

この内なる天国、すなわち聖性はそれが本物であるかぎり、必然的に善き行動の実を結ぶ。カドワースの以下の言葉は、争いを繰り返してやまない議員たちに対する一歩踏み込んだ勇気ある警告として読むことができるであろう。

If any of you say that you know Christ and have an interest in him, and yet (as I fear too many do) still nourish ambition, pride, vain-glory within your breasts, habor malice, revengefulness and cruel hatred to your neighbours in your hearts, eagerly scramble after this worldly pelf, and make the strength of your parts and endeavors serve that blind mammon, the god of this world; if you wallow and tumble in the filthy puddle of fleshly pleasures, or if you aim only at youselves in your lives and make yourselves the compass by which you sail and the star by which you steer your course, looking at nothing higher and more noble than yourselves; deceive not yourselves, you have neither seen Christ nor known him. You are deeply incorporated (as I may so speak) with the spirit of this world, and have no true sympathy with God and Christ, no fellowship at all with them.

もし皆さまのどなたであれ、キリストを知っている、キリストに関心があると言いながら、なおかつ（あまりにも多くの人がそうではない

---

123) G. R. Cragg, ed., 394.

かと恐れるのですが）相変わらず野望、誇り、虚栄を皆さまの胸の中に養い、隣人に対する悪意、復讐、残酷な憎しみを皆さまの心に抱き、この世的なあぶく銭をやっきとなって奪い合い、そしてあなたの諸器官及び諸企画の力をあのやみくものマモン、すなわちこの世の神に隷属させるならば、です。もし皆さまが肉的快楽の泥水の中で転げまわるならば、あるいは皆さまの生において自分自身だけを目的とし、自分自身を皆さまの航海のための羅針盤、皆さまの航路を操舵するための星座とし、自分自身よりもっと高潔で高貴ないかなるものを見ないならば、です。自分自身を欺いてはいけません。皆さまは、キリストを見たこともなく知ってもいないのです。皆さまは（こう言わせていただけるなら）この世の霊に深く取り込まれており、神及びキリストとのいかなる真の共感も、いかなる交わりももっていません[124]。

カドワースは「あのやみくものマモン、すなわちこの世の神」への隷属に言及する。彼が観察するところでは、現実に行われている数多くの争いの原因は、畢竟するところ、金銭の神である「マモン」への隷属と自己の絶対化、自己の正当化に行き着くのである。彼は、ソクラテスがアテナイ市民に対して、自分の魂をできるかぎりすぐれたものにすることに留意せよと呼びかけたように、議員たちに自己の魂について吟味し、その本当の状態を直視するよう切々と呼びかけた。

And, I beseech you, let us consider: be there not many of us, that pretend much to Christ, that are plainly in our lives as proud, ambitious, vain-glorious as any others? Be there not many

---

124) G. R. Cragg, ed., 395.

of us, that are as much under the power of unruly passions, as cruel, revengeful, malicious, censorious as others? that have our minds as deeply engaged in the world, and as much envassalled to riches, gain, profit, those great admired deities of the sons of men, and their souls as much overwhelmed and sunk with the cares of this life? Do not many of us as much give ourselves to the pleasures of the flesh, and though not without regrets of conscience, yet ever now and then secretly soak ourselves in them? Be there not many of us that have as deep a share likewise in injustice and oppression, in vexing the fatherless and the widows?

皆さまにお願いいたします。ご一緒によく考えてみましょう。私たちの中には、キリストに対してひとかどの者であるふりをするけれども、実際は私たちの生においては他の人たちと同じように、高慢で、野心的で、虚栄的な者が大勢いるのではないでしょうか。私たちの中には、他の人たちと同じほど、手に負えない激情の支配下にあり、残酷で、復讐心に満ち、悪意をもち、難癖をつけたがる者が大勢いるのではないでしょうか。同じほど私たちの心をこの世の中に深く耽溺させ、富、利益、利得、人々の息子らのあの大いなる賞賛される神々に従属させ、同じほど彼らの魂をこの世の生の世話にのみ込まれさせ沈められさせた者が大勢いるのではないでしょうか。私たちの多くは、同じほど自分自身を肉の諸快楽に引き渡しており、良心の呵責がないわけではないとしても、相変わらず時々は自分自身をそれらに浸しているのではないでしょうか。私たちの中には、不正や抑圧に、父のいない子や寡婦を苦しめることに深く荷担している者が大勢いるのではないでしょうか[125]。

ソクラテスが生涯を通じて、同胞のアテナイ市民に共に自己吟味をすることを呼びかけ続けたように、カドワースは庶民院議員一同に自己吟味することを呼びかけた。「私たち」という言葉が多用されていることに注目したい。彼には講壇の高いところから偉そうに教えを垂れるつもりは少しもない。聴衆と同じ平面に立ち、彼らの中に自分自身をも含めて、真摯な自己吟味を共に行うべきことを提言しているのである。カドワースが危惧するのは、世の終わりの日にキリストの裁きの座の前で、以下に述べるような無知で大胆な発言をする者が、自分たちの中から出てくるのではないかということである。

> "Lord I have prophesied in thy name; I have preached many a zealous sermon for thee; I have kept many a long fast; I have been very active for thy cause in church, in state; nay, I never made any question, but that my name was written in thy book of life."
> 主よ、私はあなたの名によって預言しました。私はあなたのために多くの熱心な説教をしました。私は多くの長期断食を守りました。私は、教会における、国家におけるあなたの大義のために積極的に働きました。そうです、私の名があなたの命の書に記されていることを一度も疑ったことはありません[126]。

カドワースが念頭においているのは、主に PC の説教者たちであると思われる。ここで列挙されている善行はすべて宗教の外面的な事柄であり、キリストの評価の対象にはならない。いくら宗教の外面や形を遵守したことを強調しようとも、キリストからは「私はあなたを知らない。私から離

---

125) G. R. Cragg, ed., 395.
126) G. R. Cragg, ed., 395.

れよ」と言われるだけである。キリストが評価するものは、「真のキリスト教、すなわち生の聖性」(true Christianity, that is, holiness of life)[127]なのである。これを欠くならば、宗教はまことに空しい徒労以外の何ものでもない。このことを強調するためにカドワースは、ホメロスの『オデュッセイア』等のギリシャ神話に言及する。

We do and undo; we do "Penelopes telam texere [weave Penelope's web]": we weave sometimes a web of holiness, but then we let our lusts come, undo and unravel all again. Like Sisyphus in the fable, we roll up a mighty stone with much ado, sweating and tugging up the hill; and then we let it go, and tumble down again unto the bottom; and this is our constant work. Like those Danaides which the poets speak of, we are always filling water into a sieve, by our prayer, duties and performances, which still runs out as fast as we pour it in.

私たちは働いてはそれを反故にします。私たちは「Penelopes telam texere（ペネロペが織物を織ること）」[128]を行います。私たちは時々聖性の織物を織りますが、その後、私たちの情欲を来らせて、再び全部反故にしほどいてしまいます。寓話の中のシシュポス[129]のように、私たちは苦心して大岩を上に転がし、汗を流して山頂へと引いていきます。そしてその後、それから手を離し、再び底に転げ落ちるのにまかせます。そしてこれが私たちの絶え間ない労働なのです。詩人たちが語るあのダナイスたちのように[130]、私たちは私たちの祈り、

---

127)　G. R. Cragg, ed., 395.

128)　Homerus, *Odyssea*, II, 89 ff; XIX, 137 ff.

129)　*Odyssea*, XI, 593-600.

130)　Cf. Horatius, *Carmina*, III.11.30 ff.

礼拝のお勤め、礼典の執行によっていつもざるに水を満たしていますが、そのようにしても私たちが注ぐやいなや水は流れ出てしまいます[131]。

ペネロペの話にせよ、シシュポスの話にせよ、またダナイスたちの話にせよ、それらは聴衆の多くにはおなじみのものであった。彼らの多くはケンブリッジの学寮で古典古代の著作を読み、教養を培った人たちである。カドワースは、聴衆と共有するギリシャ神話の知識からとった例話によって、自分の論点を彼らの心の中にたたみかけるのである。

(3) 真の熱心と真の自由

「熱心」(zeal) はピューリタンたちが好んだ言葉である[132]。カドワースの見るところでは、彼らの中の急進派は「改革」を大義名分として、偶像のみならず国家と教会までも破壊しようとしていた。しかし、破壊した後、彼らは新たに何を造ろうとしているであろうか。明確な計画があるのであろうか。はたしてそのような熱心は熱心と言えるのであろうか。否、それは偽りの熱心である。熱心という名の「私たち自身の激しい嵐のような激情」(our own tempestuous and stormy passion)[133] にすぎない。それでは、「真の熱心」(true zeal)[134] とは何か。それは、「私たちを神に

---

131) G. R. Cragg, ed., 396.

132) CP はプラトニズムの観点からピューリタンの宗教的激情を批判したが、17 世紀のイングランドには、他にも理性を重視する立場から宗教的激情を批判した様々な方面の人たちがいた。Cf. F. C. Beiser, *The Sovereignty of Reason The Defense of Rationality in the Early English Enlightenment* (Princeton University Press, 1966) 184, 216.

133) G. R. Cragg, ed., 399.

134) G. R. Cragg, ed., 399.

対して積極的な者とするけれども、いつも愛の領域の中にある優しい、天的な、柔和な炎」である。それは、哲学者たちの言葉を借りるなら、「さやの中の剣は溶かすけれども、さやは焦がさないあの稲妻のようなもの」であり[135]、「魂を救おうとするが、体を傷つけない」[136] ものである。「真の熱心は、人の手を焦がさない柔らかく柔和な炎である」[137]。ここに武力を振りかざす軍隊に対するカドワースの批判を読み取ることができる。重要なことは、正義のための武力行使ではなく、愛に支配された真理の探求である。真の熱心は、外なる敵との戦いにではなく、内なる欲望との戦いに向かうのである。

　これまでのところ、内戦に明けくれる社会の悲惨にあからさまに言及することは避けてきたカドワースであるが、説教の終わりに近い部分で一度だけ、「悪意、復讐心、情欲に憑かれた人たちの多くの実例において見られる昨今の時代の悲しい経験」(the sad experience of these present times, in many examples of those that were possessed with malice, revengefulness and lust)[138] に言及する。正義を大義とする武力行使は、悪であり臆病な人間のすることである。真に勇敢な人は、神の武具を取る[139]。内戦を止め愛と平和に生きることが、真の聖性である。人間の幸福は人間の外にある事柄にではなく、人間の内にある状態にかかっている。先に人間の内なる「天国」について語ったカドワースは、人間の内なる「地獄」についても語る。地獄は人間の外にではなく内にある。心の内なる悪、それこそが「真の生地獄」(a true and living Hell)[140] であ

---

135)　Simon Harward, *A Discourse of Lightnings* (1607) B2-B3 への言及と思われる。Cf. C. A. Patrides, ed., 119 n.75.

136)　Seneca, *Quaestiones Naturales*, 2.31.1 への言及と思われる。Cf. *Cambridge Platonist Spirituality*, 217 n.354.

137)　G. R. Cragg, ed., 399.

138)　G. R. Cragg, ed., 402.

139)　『エフェソの信徒への手紙』6 章 13-17 節。

る。他方、真の天国とは真の聖性にほかならない。この動乱の時代にあっ
て、悪に汚れた自分の魂を浄化することに留意し、内なる「キリストのい
のち」が力を与えられて、愛と平和を特徴とする聖い生を現実に生きるこ
と、それが天国である。律法の本質は、「愛の律法」である。「愛の律法」
は、世界で最強である。心の中で愛の律法が勝利すればするほど、それ
は、アロンの「生ける杖」が呪術師たちの杖を飲み込んだように[141]、心
の外にある他のすべての律法を食い尽くす。ここでカドワースは、ボエ
ティウスの『哲学の慰め』から引用する。

Quis legem det amantibus? Mayor lex amor est sibi.
だれが愛する人たちに法律を定めることができよう。愛は自分自身に
とって大いなる法律なのだ[142]。

愛はあらゆる律法からの自由であると同時に、私たちを最も束縛する無
くてはならない律法なのである。カドワースの観察するところでは、「福
音は自由」（Gospel liberty）というスローガンを唱えるけれども、魂の
内に聖性という福音の原理をもたず、情欲の支配下にある人たちが大勢
いた。本書において既述したように、その中には、千年王国論を信奉する
さまざまな急進派、特に、ニュー・モデル軍に強力な思想的影響を与え
た「反律法主義者」の説教者たちもおり、人々に大きな影響を与えてい
た。彼らは、国王と国教会による社会的抑圧からの解放と同時代における
キリストの王国の樹立のために熱弁を振るった。説教に鼓舞された軍兵士
たちはやがて国王処刑へと突っ走ることになる。しかしながら、1647 年
3 月 31 日のこの日、カドワースは、真に自由な人とはどのような人であ

---

140) G. R. Cragg, ed., 403.

141) 『出エジプト記』7 章 10 節。G. R. Cragg, ed., 404.

142) *Consolatio philosophiae*, III.12.47-48.

るかについて誠実に語った。およそ神が愛するものをすべて愛することによって、自分の意志を神自身の意志の広大さにまで拡大する人、それが真に自由な人である。そのような人は、神の無限の愛によって「無限の自由と無限の優しさ」(a boundless liberty and a bounless sweetness)[143]を与えられる。真の自由とは無限の優しさである。自分と理解の違う人に対する無限の寛容である。互いに質問する自由、疑う自由、信じる自由を認め合うこと、解釈し理解する広さを認め合うこと、それが真の自由である。そして、これこそ今すべての人に求められているアレテー、人間の卓越性である。それは、プラトンが魂の三部分説において語ったように、魂における理知的部分が欲望的諸部分を抑制することによって魂の内に生じる魂の調和、すなわち魂の正義によって可能となる。それを可能ならしめるのは、人間の教師ではなく「偉大で永遠なる神」(the great eternal God)[144]だけである。不毛な論争を止め、共に心と行動における聖性を求める歩みをすることが、今こそ求められている。カドワースの説教はいよいよ最期の訴えに至る。

Last of all, if we desire a true reformation, as we seem to do, let us begin here in reforming our hearts and lives, in keeping of Christ's commandments. All outward forms and models of reformation, though they be never so good in their kind, yet they are of little worth to us without this inward reformation of the heart.

最後に、どうやらそうであると思いますが、もし私たちが真の改革を願うのなら、この場所で私たちの心と生を改革することから、キリストの命令を守ることから始めましょう。改革のあらゆる外面的形式・

---

143) G. R. Cragg, ed., 405-406.
144) G. R. Cragg, ed., 406.

模範は、それらの種類においてかつてないほど善いものであるとしても、しかしながら心のこの内面的改革を欠くならば、私たちにとってほとんど価値がありません[145]。

カドワースの説教はおおかた好意をもって受けとめられた。それは、彼の言葉遣いが気配りの行き届いた洗練されたものであったからだけではなく、「心の内面的改革」の勧めを基調とする内容が、聴衆には厳しいながらも納得のいくものであったからであろう。しかし、カドワースが「その時キリストがまさしくその王座に着座させらるであろう」（then shall Christ be set upon his throne indeed）[146]と語ったとき、この世の国家と魂の国家の真の統治者はキリストなのであるということを、どれくらいの人が理解したであろうか。

4．まとめ

カドワースは説教の序文の中で、「哲学は ὕλη τῆς θεολογίας（神学の質料）」というプルタルコスに帰せられる文言に言及した。この文言は、PC に特有の二分法的思考の立場からすると、ギリシャ哲学に対する正統派キリスト教神学、なかんずく、カルヴィニズムの優位性を主張するものであるということになるであろう。しかしながら、あれかこれかという二者択一に固執するならば、カドワースの哲学的霊性の特質を見誤ることになる。たしかに彼の立脚地は神学であると言えるが、その神学はドグマや教条に矮小化されるようなものではなく、文字どおり無限に偉大な神に関する真理の探究である。探求という理由は、無限に偉大な神に関する真理を、有限な人間が定義・規定することはおよそ不可能だからである。敢え

---

145) G. R. Cragg, ed., 407.
146) G. R. Cragg, ed., 407.

て人間にできることは、理性によって神に関する真理を探究することだけである。しかもその理性さえも神から与えられた賜物であり、神の恩寵の助けなしには正しく機能することができないのである。カドワースのこのような神学理解は、神学の名の下で自己主張を行う教条主義や教派主義の独裁と暴走を拒否する。神学は真理を探究し続けるかぎりにおいて正しいのであり、真理に到達したと思いなし、自己を真の神学と主張するかぎりにおいて正しくない。真の神学はひとり神のもとにのみ存在するのであり、人間のもとには完全な仕方で存在することができないのである。

　「真の」・「真理」という用語を多用したが、これらはカドワースにとって極めて重要な概念であった。彼は生涯を通じて、真の神学とは何か、真のキリスト教会とは何か、そして真のキリスト者とは何かという問題を考察し続けた。中でも、いやましに過激化していくイングランド内戦において、人々が血みどろの闘争を繰り広げる現実を前にして、真のキリスト者とは何か、そして真のキリスト者はどのように行動すべきかという問題は、カドワースにとって避けて通ることができない緊急の課題であった。真のキリスト者とは何かを探求するにあたり、カドワースが着目したのは神の「善性」（goodness）である。神のこの善性に与るキリスト者が、真のキリスト者である。つまり、「善き」（good）キリスト者こそが真のキリスト者であり、善きキリスト者は自己の内なる善性に駆動されて、善き行動に押し出されるのである。PCは「熱心」や「聖性」を強調するが、それらはそれ自体において善きものなのではなく、神の善性に与っているかぎりにおいて善きものなのである。

　人間の魂の内なる善性を適格な言葉で説明することは難しいことであるが、カドワースはプラトニズムに特有のアレテーの観点から善性の意味を掘り下げた。プラトン哲学において、勇気、節制、正義、知恵、そして敬神などが、人間をして真に人間たらしめる卓越性、すなわちアレテーとして語られている。この意味におけるアレテーが、カドワースの言う善性

に凝縮しているように思われる。善きキリスト者とは、魂の内に勇気、節制、正義、知恵、そして敬神などのアレテーをもつキリスト者であり、そのようなキリスト者は社会の現実の中でそれらを行動に移すことができるべきなのである。そのことをカドワースは、聴衆に説いただけではなく、自らが率先して実行した。1647年3月31日のこの日、激情に猛る庶民院議員たちを前にして、敢えてこのような説教を語ることができたという事実が、カドワースの善きキリスト者を目指す生き方を証明している。彼のこの姿勢は、同時代のアテナイ市民の前で、自らの生命の保全を顧みず、魂をできるだけすぐれたものにするよう留意せよと語ったソクラテスを彷彿とさせる。同じようにカドワースは同時代人としてキリストのいのちを現実に生きた。その哲学的霊性には、ソクラテス的生の特質と重なるものがあると言えよう。

第3章

ジョン・スミスの哲学的霊性　その1
──『神知に至るための真の道・方法に関する講話』：
宗教とプラトニズムの協働──

　本章は、通常、ケンブリッジ・プラトニスト（以下 CP と略す）を
代表する宗教哲学者と見なされるジョン・スミス（John Smith, 1618-
1652）を取り上げ、その哲学的霊性の特質を解明することを目的とする。
この作業にあたり、その遺稿集であるジョン・ワージントン編『講話選
集』（John Worthington, ed., *Select Discourses*, London, 1660）の中
に収録されている『神知に至るための真の道・方法に関する講話』（*A
Discourse Concerning the True Way or Method of Attaining to Divine
Knowledge*）の吟味を中心として、問題の考察を行うことにしたい。

1.　ジョン・スミス

　ジョン・スミスは、CP の中で最も哲学的人物であるという評価を得て
いる[1]。しかしその個人情報に関しては、スミスは「伝記のない思想家」

---

1)　Cf. J. Tulloch, *Rational Theology and Christian Philosophy in England in
the Seventeenth Century*, vol. II (Elibron Classics, 2005) 121-193, 特に 121:
Tulloch は、「ジョン・スミスはプラトニストである」（John Smith is a Pla-
tonist）及び「キリスト者である哲学者」（a Christian philosopher）という認
識を示している；E. T. Campagnac, *The Cambridge Platonists* (Oxford at the
Clarendon Press, 1901) xxxiii：「スミスは宗教哲学に挑み、宗教の諸原理は何
か、またそれらはいかにして把握されうるのかを探求した。」スミスについては
他に、John Worthington and John Smith, *Select Discourses* 1660 (Garland

(a thinker without a biography) である[2]。同時代の情報は極めて乏しいが、幸いなことに、二人の親友が書き残した文書があり、それらからスミスの人物像をかいま見ることができる。親友の一人は上記のジョン・ワージントン（John Worthington, 1618-1671）であり、その編集になる『講話選集』の「読者への序言」の中にスミスの素描が収められている[3]。もう一人は、クイーンズ学寮のフェロー、サイモン・パトリック（Simon Patrick, 1626-1707）であり、スミスの葬儀の時に語ったその説教の中に「彼の生と死の短い説明」（A Short Account of His Life and Death）[4] が収められている。

　それらによると、スミスは、1618年頃[5]、ノーサンプトン州のアウンドルの近くにあるアチャーチ（Achurch, near Oundle, Northamtptonshire）という小さな村に、高齢の両親のもとに生まれた。同名の父親ジョンと母親キャサリン（John and Catherine Smith）は、地方住民の多くがそうであるように、経済的に貧しい小規模農業者の階層に属していた。母親に関しては、スミスが生まれてから数ヶ月後に逝去したことを示唆

　　Publishing, Inc., New York & London, 1978) iii-xxxi; H. G. Williams, ed., *Select Discourses By John Smith: To Which Is Added A Sermon Preached At the Author's Funeral* (1859) v-xii, 491-521; C. A. Patrides, ed., *The Cambridge Platonists*, xxix-xxx; G. R. Cragg, ed., *The Cambridge Platonists* (University Press of America, 1968) 75-76; C. Taliaferro and A. Teply, eds., *Cambridge Platonist Spirituality* (Paulist Press, 2004) 20-33; F. J. Powicke, *The Cambridge Platonists*, 87-109; G. P. H. Pawson, *The Cambridge Platonists and Their Place in Religious Thought* (London: Society for Promoting Christian Knowledge, 1930) 33-46; R. M. Jones, *Spiritual Reformers in the 16th & 17th Centuries* (London: Macmillan and Co., Limited, 1914) 305-319 を参照。

2)　　J. Tulloch, *Rational Theology*, 122.

3)　　John Worthington, ed., *Select Discourses*, iii-xxx.

4)　　John Worthington, ed., *Select Discourses*, 503-526.

5)　　1616年に誕生したとする説もある。Cf. H. G. Williams, ed., *Select Discourses*, v.

する記録が残っている[6]。父親がどれくらい生きたかは不明であるが、スミスが生まれる前を遡ること 1601 年に「教区委員」(a churchwarden) に選任されており[7]、宗教に熱心で人望があったことがうかがわれる。理由は不明であるが、スミスは農業者の道に進まなかった。スミスの村から 3 マイルの所に小さな市場町アウンドルがあり、そこには 16 世紀中頃に創設されたりっぱなグラマースクールがあった。おそらくスミスの正式な教育はこの学校から始まったものであろうと思われる。彼が熱心に学業に励み、優秀な成績をおさめたであろうことは、大いにありうる。卒業後、ケンブリッジ大学に進学できたのは、そのことの証であると見ることができよう[8]。

　1636 年、18 歳の時、スミスはケンブリッジ大学の学生となり、学問と秩序の両面で評判の高いエマニュエル学寮に「給費生」(sizar) として入寮を許可された[9]。以後この学寮で 8 年間にわたり研鑽を積むことになる。スミスがなぜピューリタンの牙城であるこの学寮に入ったのかは不明であるが、彼の村が位置するイングランド中部地方は、ピューリタニズムの強い地域であり、彼の父親もピューリタン的傾向をもっていたのではないかと思われる[10]。

　この学寮で彼はすぐれたテューターに出会った。その人こそ、後に CP の父と称されることになる、スミスより 9 歳年上のベンジャミン・ウィチカット (Benjamin Whichcote, 1609-1683) である。スミスが入寮したとき、ウィチカットはエマニュエル学寮のフェローになっており、彼のテューターとなった。地方出身でおそらく友人もいない若者のスミスに

---

6)　F. J. Powicke, *The Cambridge Platonists*, 88.

7)　F. J. Powicke, *The Cambridge Platonists*, 87.

8)　F. J. Powicke, *The Cambridge Platonists*, 88.

9)　H. G. Williams, ed., *Select Discourses*, vi.

10)　J. Tulloch, *Rational Theology*, 123.

とって、運命的な出会いであったと言えよう。ウィチカットは面倒見のよいテューターとして、彼の学習を熱心に支援しただけではなく、貧窮した苦学生である彼に対して経済的な支援も行った[11]。二人の間には緊密な師弟関係が結ばれた[12]。スミスは生涯を通じて、ウィチカットから受けた学恩への感謝を忘れなかった[13]。

　不思議なことに、スミスは卒業まで8年もの年月を要した[14]。もともと体が弱かったのかもしれないが、おそらく学寮における過度の勉強のために度々健康を害し、長期の休学をよぎなくされたためではないかと考えられる[15]。いずれにせよ1640年に文学学士（Bachelor of Arts）となり、1644年までに文学修士（Master of Arts）となった。母校のフェローになるための学識は十分に備えていたが、同郷出身者が同じ時期にフェローになることはできないという学寮規則があり、スミスと同じノーサンプトン州出身のナサニエル・カルヴァウェル（Nathaniel Culverwel, 1618-1651）が、1642年に一足先にフェローとなっていた[16]。スミスの卒業の遅れが響いたと言える。そのため母校のフェローになることは叶わなかったが、1644年4月、クイーンズ学寮（Queen's College）の学寮長及び9名のフェローが「厳粛な同盟と契約」（Solemn League and Covenant）に服従しないなどの理由で、更迭され、フェロー職に

---

11)　John Worthington, ed., *Select Discourses*, vi; H. G. Williams, ed., *Select Discourses*, vi.

12)　R. M. Jones, *Spiritual Reformers in the 16th & 17th Centuries*, 306.

13)　J. Tulloch, *Rational Theology*, 124.

14)　8年ではなく6年であるという見方もある。Cf. H. G. Williams, ed., *Select Discourses*, vi. もしそうであるとしても普通より卒業が1年遅いことになる。

15)　F. J. Powicke, *The Cambridge Platonists*, 89.

16)　J. B. Mullinger, *The University of Cambridge*, vol. III, 631. これには異説があり、それによるとフェローとなった同郷出身者は、ウィリアム・ディリンハム（William Dillingham）であるとされる。Cf. F. J. Powicke, *The Cambridge Platonists*, 89; H. G. Williams, ed., *Select Discourses*, vii.

空位が生じた。その結果、はからずもスミスはフェローの一人として選任された[17]。同年にヘブライ語講師（Hebrew Lecturer）及び哲学講師（Censor Philosophicus）となり、その翌年にはギリシャ語講師（Greek Praelector）にもなった。その間、学寮のフェローとして堅実な貢献をし、テューターとして類い希な成功をおさめた。

さらに1650年、スミスは学寮の学生監・教理問答教師（Dean and Catechist）という要職に任命された。この職務のゆえに、彼は学寮のチャペルで数多くの説教・講話を語ることになる。彼はウィチカットと同様に有能な教師であり、教育に情熱を注いだ。ウィチカットと異なる点は、スミスの読書が歴史、哲学、数学、神学を含む非常に広い範囲に及んでいたということである。彼がウィチカットやカドワースと共に生きた時代は、英国ルネサンスの時代に属する。プラトニズム、ストア主義、懐疑主義、及び古典古代の模倣の潮流が混じり合い、それらが専門家はもとより一般知識人にも浸透した時代であった[18]。スミスは、西洋古典文献、特にプラトニズム関連文献（プラトンや新プラトン主義の著作）を精力的に読んだ。ヘブライ語にも長けており、ヘブライ語聖書とタルムードを研究した。上述したスミスの親友パトリックは、スミスを「生ける図書館」（a living Library）及び「歩く研究室」（a walking Study）にたとえて賛辞を送っている[19]。スミスは広範な読書と教養に基づきその哲学的霊性を養い、それを学寮チャペルでの説教・講話に注ぎ続けた[20]。その一部は10

---

17) H. G. Williams, ed., *Select Discourses*, viiii.

18) S. Hutton, "Platonism, Stoicism, Scepticism, and Classical Imitation," in M. Hattaway, ed., *A Companion to English Renaissance Literature and Culture* (Blackwell Publishing, 2008) 44-57.

19) John Worthington, ed., *Select Discourses*, 506.

20) スミスの講話は、ギリシャ語、ラテン語、ヘブライ語による豊富な引用を含むが、ほとんどの場合、それらの英訳は示されていない。その背景には、聴衆がクィーンズ学寮で古典古代を学ぶ学徒たちであり、それらの言語を理解するこ

篇の『講話』として後世に伝えられた。

　スミスの将来は大いに嘱望されたが、健康は悪化の一路をたどった。ワージントンは、スミスが健康を損ねるほど過度に読書と研究に没頭したことを伝えている。それに加えて、学寮の学生監やヘブライ語講師の責任は、何事でも全力で行うスミスの健康を蝕んでいったのではないかと考えられる。ちなみに、後にクイーンズ学寮の学寮長となったサイモン・パトリックも、スミスと同様な経路をたどることになる[21]。1652 年 8 月 7 日、スミスは、クイーンズ学寮のフェローになってから 8 年になる頃、おそらく肺結核の悪化により病没した。享年 34 歳である。彼は学寮チャペルに埋葬された[22]。彼の葬儀には大学副総長、学寮長たち全員をはじめ多くの人たちが参列した。葬儀説教は、上述のとおり、スミスの親友であり、クイーンズ学寮上級フェローの一人であるサイモン・パトリックが行った[23]。もしスミスが長生きしたならば、イングランド有数の神学者になっていたであろうという見方もあり[24]、まことに夭逝が惜しまれる。

　以上において見たように、スミスに関する伝記的情報は乏しいが、そのキリスト者としての人格については、同じ学寮で共に生活したワージントンが語る以下の言葉が、そのあり様を生き生きと伝えている。

I might truly say, that he was not only δίκαιος, but ἀγαθός —
both a righteous and truly honest man, and also a good man.
He was a follower and imitator of God in purity and holiness, in

---

とができたという事情がある。Cf. H. G. Williams, ed., *Select Discourses By John Smith* (Cambridge: at the University Press, 1859) xiv.

21)　J. B. Mullinger, *The University of Cambridge*, vol. III, 632.

22)　C. Taliaferro and A. Teply, eds., *Cambridge Platonist Spirituality*, 205 n.175.

23)　F. J. Powicke, *The Cambridge Platonists*, 90-91.

24)　J. B. Mullinger, *The University of Cambridge*, vol. III, 634; H. G. Williams, ed., *Select Discourses*, xi.

benignity, goodness and love — a love enlarged as God's love is, whose goodness overflows and spreads itself to all, and His tender mercies are over all His works.

偽りなく申し上げまして、彼は δίκαιος（正しい）だけではなく άγαθός（善き）人でもありました。すなわち正しく・真に誠実な人であると共に、善き人でもありました。彼は神に従う人・神に倣う人でした。清さと聖性において、慈しみ、善性及び愛においてです。愛、すなわち神の愛のように広い愛です。神の善性は万物にあふれ出し広がります。神のやさしい慈愛の数々はその被造物全体を覆います[25]。

ここでワージントンが強調している、「善き」及び「善性」という用語を銘記しておきたい。それらはスミスの人となりを知る上のみならず、彼の人間論を見極める上でも、非常に重要な概念であるからである。夭逝にもかかわらず、スミスの思想は後代に一定の影響を与えた。彼の講話のいくつかは、ジョン・ウェスレーの *Christian Library*（1749）の中に抜粋として収録されている。またサミュエル・テーラ・コールリッジ（Samuel Taylor Coleridge）は、*Aids to Reflection*（1825）の中でスミスを引用し、*Literary Remains*（1836）の中でスミスについて論評を行っている[26]。

---

25) John Worthington, ed., *Select Discourses*, viii; J. Tulloch, *Rational Theology*, 125.

26) C. Taliaferro and A. Teply, eds., *Cambridge Platonist Spirituality*, 30-31; F. J. Powicke, *The Cambridge Platonists*, 95.

２．『講話選集』と
『神知に至るための真の道・方法に関する講話』

　スミスの思索の一端は、上述した『講話選集』[27] からうかがい知ること
ができる。スミスは生前に著作を出版しなかった。その理由としては、自
分の思想を著作によって広く世に問うことよりもむしろ、学寮チャペルや
教会で説教・講話によって人々に直接に語ることを優先したということが
考えられる。彼が語った数々の講話の原稿は幸いにも残された。ジョン・
ワージントン[28] は、それらの中に湛えられた哲学的・霊的な資源の豊か
さを認識し、スミスの死後８年を経て、10篇の講話を『講話選集』とし
て編纂・出版した。出版まで８年もの年月を要した理由は、ワージント
ンの手に届いた講話の原稿は混乱状態にあり、それをしかるべき仕方で配
列することは困難を極めたからである。スミスが頻繁に行う引用には出典
が明示されておらず、それらを突き止めるために多くの労力を必要とし
た。随所に用いられるヘブライ語やギリシャ語の引用は、本来、それらを
理解できる学寮チャペルの聴衆に語られたものであるため、そのほとんど
に翻訳が付けられていない。しかし一般読者の便宜のためには、翻訳を必
要とした[29]。原稿の編集には他にも数々の困難が伴ったが、ともあれワー
ジントンの忍耐と努力により、ついに『講話選集』は誕生した。彼は講話
を以下のように配列した[30]。

---

27)　John Worthington, ed., *Select Discourses* (London, 1660).

28)　ワージントンは、スミスと共にエマニュエル学寮に学んだ同年齢の友人であり、
　　　本書の出版時にはジーザス学寮（Jesus College）の学寮長（在職 1650-1660）
　　　であった。

29)　John Worthington, ed., *Select Discourses*, iii-vi; F. J. Powicke, *The Cam-
　　　bridge Platonists*, 93-94.

30)　John Worthington, ed., *Select Discourses*, London, 1660 の目次を参照。Se-

I.『神知に至るための真の道・方法に関する講話』(*Of the True Way or Method of Attaining to Divine Knowledge*)

II.『迷信に関する講話』(*Of Superstition*)

III.『無神論に関する講話』(*Of Atheism*)

IV.『魂の不死に関する講話』(*Of the Immortality of the Soul*)

V.『神の存在と本性に関する講話』(*Of the Existence and Nature of God*)

VI.『預言に関する講話』(*Of Prophecy*)

VII.『律法的正しさと福音的正しさの違いに関する講話』(*Of the Difference between the Legal and the Evangelical Righteousness*)

VIII.『パリサイ派的正しさの短所と空虚に関する講話』(*Of the Shortness and Vanity of a Pharisaick Righteousness*)

IX.『真の宗教のアレテー・高貴性に関する講話』(*Of the Excellency and Nobleness of True Religion*)

X.『キリスト者のサタンとの闘争、及びサタンの征服に関する講話』(*Of a Christian's Conflicts with, and Conquests over, Satan*)

これらの大部分は、スミスがクイーンズ学寮のチャペルで語った講話であり、彼がフェローになった 1644 年と逝去した 1652 年の間に、特におそらく最期の 2 年間の時期に位置づけられるものと考えられる[31]。フェローであると同時に学生監・教理問答教師であったスミスには、学生の啓発と共に教化を目的とした講話を語る務めがあった。上述したように、それらの中においてしばしば古典への言及や古典語による引用が出てくる

---

lect Discourses Treating 1. *of the true Way or Method of attaining to Divine Knowledge.* 2. of Superstition ...... という形式で書かれている。

31)　F. J. Powicke, *The Cambridge Platonists*, 90.

が、その理由は聴衆がそれらを理解することができる学生やフェローで
あったからである[32]。これらの講話は専門家たちから以下のように高い評
価を得ている。

> タロック：「スミスにたいする友人たちの評価は、これらの講話に
> よって十分に支持される。まさにこのことがスミスの才能にたい
> する最高の証言である[33]」
>
> インゲ：「スミスの講話──知るかぎり最上の大学説教──は、命と
> 光と美に満ちた霊的天才の作品であり、なおかつ本物の哲学者の
> 作品である[34]」
>
> クラッグ：「ケンブリッジ・プラトン学派がとった全般的立場を最
> も特徴的に、かつ確実に最も魅力的に提示するものの一つであ
> る[35]」
>
> ポーヴィック：「ケンブリッジ・プラトン学派の著作の中で、スミス
> の『講話』ほど知的で霊的な才能をいやおうなしに示すものはな
> い[36]」

なかでも本章があつかう『神知に至るための真の道・方法に関する講
話』[37]には、以下のような最大級の評価が与えられている。

---

32) G. R. Cragg, ed., *The Cambridge Platonists*, 75.

33) J. Tulloch, *Rational Theology*, 134.

34) W. R. Inge, *Platonic Tradition in English Religious Thought* (Longmans, Green & Co., 1926) 62.

35) G. R. Cragg, ed., *The Cambridge Platonists*, 75. C. Taliaferro and A. Teply, eds., *Cambridge Platonist Spirituality*, 29 も同様の評価を与えている。

36) F. J. Powicke, *The Cambridge Platonists*, 87.

37) 以下おいて引用する『神知に至るための真の道・方法に関する講話』(*A Discourse Concerning the True Way or Method of Attaining to Divine Knowledge*) のテクストは、基本的に John Worthington, ed., *Select Discourses*

ワージントン：「この講話には卓越した意味と、よく踏み固められ凝
縮された事柄が満載されており、両者が小部屋の中で寄り添っ
ている。非生産的な観念性に満ち、真のキリスト者的生活と実践
が乏しいこの時代にとって、時宜にかなった所見が数多く見られ
る[38]」

タロック：「この講話は、ある意味で、一連の講話の中で最もすぐれ
たものである。いわばスミスの思想体系全体の基調をなしてい
る[39]」

この講話を一読して明らかなことは、聖書の引用とほぼ同列に聖書外文献
の引用が頻繁に行われているということである。まず講話の冒頭に、テク
ストとしてヘブライ語聖書（『詩編』111編10節）、新約聖書（『ヨハネ
福音書』7章17節）、クレメンスの文言（『ストロマテイス』III. 5）が列
記されている。講話全体において、プロティノス（205?-270）の引用が
群を抜いて多く（およそ25回）、次いでプラトンの引用（およそ10回）
も多い。アリストテレスの引用も2回ある。他に、オリゲネス（182?-
251）、イアンブリコス（250?-325?）、プロクロス（412-485）、シンプ

(1660) 1-21 のものを使用する。Worthington 版における英語の綴りは、現代
のものと異なるものが多々あるが、そのまま表記することにする。邦語に翻訳
するにあたっては、H. G. Williams, ed., *Select Discourses By John Smith: To
Which Is Added A Sermon Preached At the Author's Funeral* (1859) 1-22 に
収録の校訂テクスト、及び C. A. Patrides, ed., *The Cambridge Platonists* (Ed-
ward Arnold, 1969) 128-144 に収録の校訂テクストを参照する。邦訳として、
矢内光一訳・注「ジョン・スミス「神に関する知識に至るための真の方法」」、
『横浜国立大学人文紀要、第1類、哲学・社会科学』34（1988年）171-186 が
ある。

38)　John Worthington, ed., *Select Discourses*, xii-xiii.

39)　J. Tulloch, *Rational Theology*, 141.

リキオス（6世紀）、プルタルコス（46?-120?）、パウサニアス（115?-180?）、大プリニウス（23/4-79）、アイリアノス（170?-230以後）、キケロ（106-143）、セネカ（前1?-65）、ピコ・デッラ・ミランドラ（1463-1494）の引用も見られる。さらに、フランシス・ベーコン（1561-1626）の引用さえある。これらは聖書とわけへだてなく引用され、同列に並べられている。だがこれを折衷主義の手法とみなすのは早計であろう。むしろスミスに特有の哲学的思索の型を示しているのではないかと思われる。スミスの講話を読むにあたっては、それが学寮チャペルで語られた説教であるという性格を考えるなら、いやむしろ傾聴するにあたっては、と言うべきかもしれないが、ポーソン（G. P. H. Pawson）の以下の言葉を心にとめる必要がある。

　　彼の講話を初めてしかも性急に読んだならば、うまい引用は証明も同然であるということが、彼の原則であるともう少しで思ったかもしれない。しかし彼に共感する読者は、「が言うように」、「オリゲネスが語るように」、「プロティノスが述べるように」といった文言を軽く読み過ごすであろう。なぜなら、スミスは借用したものを自分自身のものとしたからである。つまり、他者の文言を使用するが、結局は、自分自身の熱烈な確信をそれにまとわせるためなのである[40]。

同じことが、スミスが、ウィチカットに特有の表現をしばしば繰り返すことに関しても言える。ポーヴィック（F. J. Powicke）の次の言葉も留意に値する。

　　スミスは、自分は「ウィチカット博士を糧として生きた」と常日頃

---

40) G. P. H. Pawson, *The Cambridge Platonists*, 34.

語っていた。その意味するところは、彼の心が、その師の思想を極め
て自分に適合し滋養に富むものであることを発見したということであ
る。それゆえ彼自身の講話が、その師の思想を再生することは予期で
きるであろう。事実、再生する。ウィチカットによって語られたこと
はことごとくスミスによって再び語られた。しかし追従的仕方におい
てではない。弟子はまず始めにそれ（師の言葉）を自分自身のものと
した上で、自分自身の経験の試金石によって吟味し、他の人たちの証
言によって確証し、教父たちから、あるいはプラトニストたちから得
たものでその内容を豊かにしたのである[41]。

さらに、サイモン・パトリックが葬儀説教の中でスミスについて語った、
次の言葉も傾聴に値する。

I am sure he was ὑποφήτης τοῦ πνεύματος, as Greg. Nazi-
anzen, I think, speaks of St Basil ― 'an interpreter of the Spirit,'
and very well acquainted with his mind.

私の確信するところでは、彼は「霊の解釈者」でした。すなわちナジ
アンゾスのグレゴリオスが、と思いますが、聖バシレイオスについて
述べるとおり、「(聖) 霊の解釈者」であり、自分の心をとてもよく知っ
ていました[42]。

「(聖) 霊の解釈者」という表現は、スミスの哲学的霊性の特質を象徴的に
示唆するかのような言葉である。この表現に呼応してジョーンズ（R. M.

---

41)　F. J. Powicke, *The Cambridge Platonists*, 96.

42)　John Worthington, ed., *Select Discourses*, 484. パトリックの引用は誤ってお
り、正しくはナジアンゾスのグレゴリオスではなくニュッサのグレゴリオスであ
る。Cf. H. G. Williams, ed., *Select Discourses By John Smith*, 492 n.2.

Jones）は、スミスの主たる貢献は哲学に対してでも神学に対してでもなく、むしろ「美しい霊的生という魅力的な形で体現された宗教を明示したこと」（an exhibition of religion wrought out in the attractive form of a beautiful spiritual life）にあるという見解を述べているが[43]、まさに慧眼である。

3．講話のためのテクスト

スミスが講話の冒頭に置く聖書テクストは、ヘブライ語聖書と新約聖書の両方からとられている[44]。

The fear of the Lord is the beginning of wisdom: a good understanding have all they that do his commandments.　Psalms cxi. 10.

主への畏れは知恵の始めである。善き理解を、およそ主の命令を実行する人たちのすべてがもつ。『詩編』111 編 10 節。

If any man will do his will, he shall know of the doctrine, whether it be of God.　John vii. 17.

だれであれ神の意思を実行するならば、その人はその教説が神に由来するかどうかを知るであろう。『ヨハネ福音書』7 章 17 節。

これらの聖書テクストの後にギリシャ教父のテクストが続く。

---

43)　R. M. Jones, *Spiritual Reformers in the 16th & 17th Centuries*, 305.

44)　以下の聖書テクストとギリシャ教父のテクストの表記は、H. G. Williams, ed., *Select Discourses* のものを使用する。

πῶς δέ ἐστι δυνατὸν ἡττηθέντα τῶν τοῦ σώματος ἡδονῶν ἐξομοιοῦσθαι τῷ Κυρίῳ ἢ γνῶσιν ἔχειν Θεου, — Clem. Alexandr *Strom.* III.5.

肉体の諸快楽によって打ち負かされるものどもが、どうして主に似る者となり、神知をもつことができるであろうか。

アレクサンドリアのクレメンス『ストローマタ』III.5.42.

θεοῦ δὲ γνῶσιν λαβεῖν τοῖς ἔτι ὑπὸ τῶν παθῶν ἀγομένοις, ἀδύνατον. — Ibid.

神知をもつことは、いまだ情欲によって支配されている者たちにはできない。同上 III.5.43.

τὰ γὰρ τῆς πολιτείας ἐλέγχει σαφῶς τοὺς ἐγνωκότας τὰς ἐντολάς—ἀπὸ δὲ τῶν καρπῶν τὸ δένδρον, οὐκ ἀπὸ τῶν ἀνθῶν καὶ πετάλων, γνωρίζεται. ἡ γνῶσις οὖν ἐκ τοῦ καρποῦ καὶ τῆς πολιτείας, οὐκ ἐκ τοῦ λόγου καὶ τοῦ ἄνθους. — Ibid.

なぜなら市民としての生き方に関することどもが、命令をすでに知っている者たちをあからさまに非難するからである——木が知られるのは果実によってであり、花や葉によってではない。それゆえその知識が明示されるのは、果実と市民としての生き方によってであり、言葉と花によってではない。同上 III.5.44[45].

---

45) 原文は以下のとおりである。

τὰ γὰρ τῆς πολιτείας ἐλέγχει σαφῶς τοὺς ἐγνωκότας τὰς ἐντολάς, <u>ἐπεὶ οὐχ οἷος ὁ λόγος τοῖος ὁ βίος</u>· ἀπὸ δὲ τῶν καρπῶν τὸ δένδρον, οὐκ ἀπὸ τῶν ἀνθῶν καὶ πετάλων, γνωρίζεται. ἡ γνῶσις οὖν ἐκ τοῦ καρποῦ καὶ τῆς πολιτείας, οὐκ ἐκ τοῦ λόγου καὶ τοῦ ἄνθους.

スミスは下線部の ἐπεὶ οὐχ οἷος ὁ λόγος τοῖος ὁ βίος（というのも、その言

祈りと熟考の末に選ばれたことをうかがわせる諸テクストである。『詩編』によると、「知恵」の根本原理は「主への畏れ」であり、それが「善き理解」ということなのである。しかもそのような知恵や理解をもつことは、「主の命令を実行する」という現実の行動から乖離してはありえないのである。福音書によると、やはり「神の意思を実行する」という現実の行動が、神に関する真の教説をもっているかどうかを証明する試金石なのである。これに呼応して、アレクサンドリアのクレメンスによると、「主に似る者となり、神知をもつ」という境地は、「肉体の諸快楽によって打ち負かされる」ことがないように闘い続けるという現実の行動によってはじめて可能となるのである。このことはスミスにとって決して外せないことであり、「神知」をもつことは「情欲によって支配されている」かぎり不可能であることを、彼は強調する。とにかく神知をもつためには、「市民としての生き方に関することども」、すなわち現実の行動が肝要なのであり、「命令を知っている」という口先だけの言葉は無力である。神を知る「知識」が明示されるのは、「果実と市民としての生き方」、すなわち善き行動によってなのである。すでにテクストの選択と配置の段階において、スミスの思索における霊性とプラトニズムとの間に行われる相互の働きかけのダイナミズムが予感されるのである。

4．スミスの思索とプラトニズム

a．先取観念

『神知に至るための真の道・方法に関する講話』は、以下の言葉で始まる。

葉がその生活のようではないからである）を省略している。

第3章　ジョン・スミスの哲学的霊性　その1　　171

It hath been long since well observed, That every Art & Science hath some certain Principles upon which the whole Frame and Body of it must depend; and he that will fully acquaint himself with the Mysteries thereof, must come furnisht some *Praecognita* or προλήψεις, that I may speak in the language of the Stoicks.

ずっと前からよく観察されてきたことでありますが、あらゆる技術・科学は、その骨組みと本体の全体が依存しなければならないいくつかの特定の原理をもっています。かくして、それの奥義を十分に知るであろう人は、いくつかの *praecognita* または προλήψεις（[諸] 先取観念）を身に備えなければなりません。ストア派の用語で言うことをお許しいただきたいと思います[46]。

神知という不可知にも思われるかもしれない「奥義」を探求する道に踏み出すにあたり、スミスは確実な出発点を定めるところから始める。その出発点とは、ストア派の言語でいえば「先取観念」（*praecognita*, προλήψεις）である。それはスミスが見るところでは、技術・科学の「原理」にも匹敵するほど確実なものである。しかしながら、このように宗教の探求と自然科学の探求を同列・同等に置く方法論に対しては、当然ながら経験論哲学の側からの反論が予想される。当時のイングランドの時代思潮としては、経験論哲学が台頭し影響を広げていた。たとえばフランシス・ベーコン（Francis Bacon, 1561-1626）は、すでに『学問の進歩』（*The Advancement of Learning*, 1605 年）の中で神学のあり方に言及し、「われわれは、聖教の神学（われわれの慣用語でいえばディヴィニティー）は神の言葉と告知（聖書その他による神の啓示）にのみ[47] 基づき、自然の光（自然的理性）に基づくものではないと結論する」という見解を述べて

---

46)　*The True Way or Method*, 1.

47)　下線は筆者。

いる[48]。神学は神の啓示にのみ基づくという主張は聞こえはいいかもしれ
ないが、要するに、神学を理性の本土から信仰の孤島に追放することにも
つながりかねない代物である。スミスはこのような二分法的措置に同調
することができない。彼にとって神学は信仰の領域にのみ限定される営み
ではなく、理性の領域にも及ぶ営みである。神学と哲学、信仰と理性は交
わりをもたない他人同士ではなく、手を携えて共に歩む友人同士なのであ
る。

　とはいうものの、そもそも理性による神知の探求及びそれへの到達は可
能なことなのであろうか。スミスは可能であると考える。それゆえ人間の
魂の内なる「先取観念」に言及したのである。ここでは単に「ストア派の
用語では」というだけであるが、後述箇所[49]から見て、スミスの意味す
るところは、すべての人間の魂の内に普遍的にそなわっていると想定さ
れる神の観念のことであると思われる。たとえばキケロは、「いかなる国
民あるいは民族であれ、神々にたいするある種の先取観念（anticipatio）
は、他人に教わることなしに備えているものではないであろうか」とい
う考えを述べている。この考えはエピクロスに準拠しており、アンティキ
パーティオは、エピクロスがプロレープシス（προλήψις）と呼んだもの
に相当する[50]。ディオゲネス・ラエルティオスは、プロレープシスについ
て、それは本来エピクロス派の考え方であり、「一種の直接的把握（直覚
像、カタレープシス）、または、正しい思いなし（オルテー・ドクサ）、あ
るいは、心像（エンノイア）、ないしは、（心の中に）貯えられている普遍

---

48) "We conclude that sacred theology (which in our idiom we call divinity) is
　　grounded only upon the word and oracle of God, and not upon the light of
　　nature." Francis Bacon, *The Advancement of Learning*, XXV.3. 邦訳は、服部
　　英次郎・多田英次訳『学問の進歩（岩波文庫）』（岩波書店、1983 年）を使用し
　　た。

49) *The True Way or Method*, 13-17.

50) Cicero, *De natura deorum*, I.16, 17.

的概念（カトリケー・ノエーシス）」であると説明している[51]。ここでは
スミスはエピクロス派への明言を避けているが、他の箇所では、エピクロ
スに対して「徳と悪徳の境界を明言することに疑いをもつ」哲学者である
という批判を[52]、エピクロス主義者たちに対して「感覚性という最深の忘
却の河の中で自分自身の節度ある理性を溺れさせてしまっている、野獣
のような人たちのエピクロス的群れ」という批判を差し向けている[53]。エ
ピクロスの想念する、神々は存在するけれども人間界のことに配慮しな
いというという神観も、スミスにはとうてい受け入れがたいものであっ
た[54]。『講話選集』の第三番目に配置されている『無神論に関する講話』
(Of Atheism) においては、スミスはエピクロスを無神論者と呼んではば
からないのである。とはいえスミスは、エピクロスの思想をことごとく否
定するほど短絡的な人間ではない。概して受け入れることができない思想
の中にも、善きものを発見することができる心の広さと客観性が、彼には
備わっていた。それゆえエピクロスの名前は出さないけれども、彼に由来
するプロレープシスの概念をスミスは採用し、提示することができたので
ある。

　さてその先取観念であるが、有神論の立場からは有用な概念なのである
かもしれない。しかし、無神論の立場からはそうではないであろう。先取
観念などということは幻想でしかない、という反論が出されてもおかしく
はない。そもそも何を根拠に、先取観念の普遍的妥当性を主張することが
できるのであろうか。スミスの答えは、魂の内なる理性の存在ということ
である。それが先取観念の妥当性を保証するのである。理性は、キケロが

---

51)　ディオゲネス・ラエルティオス、加来彰俊訳『ギリシャ哲学者列伝（下）』X.1.
　　　33. Cf. C. A. Patrides, ed., *The Cambridge Platonists*, 128 n.1.

52)　*The True Way or Method*, 13

53)　*The True Way or Method*, 17.

54)　*The True Way or Method*, 13.

その論文『神々の本性について』の中で主張するように、魂における「知識の根本原理」(Radical principles of knowledge) である[55]。どれほど神の存在や魂の不死性を否定する人がいるとしても、それは後天的にそのように考えるようになったのであり、その人の魂の中に最初から備わっている知識の根本原理は容易には消去できない。さらに理性は「アレテーの共通原理」(the Common principles of vertue)[56] でもある。たとえエピクロスのように徳と悪徳の区別に疑義を呈する人がいるとしても、その人の魂から「アレテーの共通原理」は根こそぎ取り去られることはない。さらに、理性は「真理を保持する力」(the Retentive power of truth)[57] である。どれほどの懐疑主義者であっても、その人の魂から「真理を保持する力」は完全には消滅しない。さらにスミスは、ローマ時代のギリシャ人歴史家・哲学者であり、ストア派の立場に立つアイリアノス（96頃–180頃）を引き合いに出して、「人々の魂に刻印された神とアレテーの共通概念」(the Common Notions of God and Vertue imprest upon the Souls of men) ほど明白で明瞭なものはない、と主張する[58]。

　以上のようにスミスは、古代の哲学者たちの思想に連なり共鳴する者として、先取観念がすべての人間の魂に普遍的に内在することを確信して疑わない。人間の魂はロックが言うような「（文字を）消された石板」(tabula rasa) ではない。すべての人間の内に「主の灯火」(the Candle of the Lord) としての理性が内在しており、先取観念はその理性の核心をなすものなのである。それは神知探求の道行における出発点であり、大前提なのである。この先取観念を内に宿しているものとして、理性は、神知に至るためになくてはならないものなのである。このように見るとき、

---

55)　Cicero, *De natura deorum*, I.2, 29, 63, 117. *The True Way or Method*, 13.

56)　*The True Way or Method*, 13. 英語のスペリングは原文のままとする。

57)　*The True Way or Method*, 13.

58)　*The True Way or Method*, 14.

理性は単なる論証的機能のようなものではなく、神知と親近・親和の関係にある実体として考えられていることがわかる。ウィチカットやカドワースと同様に、スミスにとっても理性は哲学的であると共に霊的なものである。しかし、この同時的共存的あり方は、CP の中でも特にスミスにおいてより顕著であると思われる[59]。知恵をたゆまず愛し求める理性、しかも究極の知恵にほかならない神知の体験を恋い慕う霊性、これら両者間の親密で緊密な協働という点において、哲学的霊性という特徴づけは、スミスにこそ最もよく適合するのではないかと思われる。

b. 神の生・神の学としての神学

ピューリタン・カルヴィニズム（PC と略す）の神学が猛威を振るうただ中で、神学に携わっていたスミスにとって、神学はどうあるべきか、及び、神学とは何か、という問題はのっぴきならないことがらであった。しかもそれらは彼のキリスト者としての実存に密接にかかわる問題であった。スミスは上述した神知探求の道行きという観点から、神学の当事者として、以下のように自分自身の神学の定義を試みる。

Were I indeed to define *Divinity*, I should rather call it *a Divine Life*, then *a Divine science*, it being something rather to be understood by a *Spiritual sensation*, then by any *Verbal description*, as all things of Sense & Life are best known by

---

59) Cf. W. E. Hough, "The Religious Philosophy of John Smith," *The Baptist Quarterly* 3.8 (1927) 356 は、スミスの理性観はプラトンの霊魂論と共鳴するという観点から、「このプラトン的理性は、スミスにとっては魂の器官であり、人間が神と交わりをもつことを可能とする、人間の内なる宗教的知識と神的原理の道具である」という考えを述べる。

Sentient and Vital faculties; γνῶσις ἑκάστων δι᾽ ὁμοιότητα γίνεται, as the Greek Philosopher hath well observed, Everything is best known by that which bears a just remembrance and analogie with it: and therefore the Scripture is wont to set forth *a Good life* as the *Prolepsis* and Fundamental principle of *Divine Science*; *Wisdom hath built her an house, and hewen out her seven pillars:* But *the fear of the Lord is* רֵאשִׁית חָכְמָה *the beginning of wisdome*, the Foundation of the whole Fabrick.

もしいみじくも私がディヴィニティー（神性・神学）を定義すべきであるとするならば、むしろそれを神の生と呼ぶべきであり、神の学とは言いません。それはむしろ霊的感覚によって理解されるべき何かであり、言語的描写によるものではありません。といいますのも、感覚と生命をもつすべてのものは、感覚的及び生命的機能によってもっともよく知られるからです。「ものはそれぞれの類似性によって知られる」と、かのギリシャ哲学者がよく観察したように、あらゆるものは、それにぴったりした類似と相似をもつものによってもっともよく知られます[60]。それゆえ聖書は、善き生をプロレープシス・神の学の根本原理として述べることを常とするのです。すなわち「知恵は自分の家を建て、自分の七本の柱を切り出しました[61]」しかし「主への恐れは רֵאשִׁית חָכְמָה 知恵の始め[62]」、建物全体の基礎です[63]。

スミスは神学を「神の学」としてよりも、むしろ「神の生」として捉える[64]。神学は口先の言葉ではなく、感覚と生命を備えたものであり、「霊

---

60) Plotinus, *Enneades*, I.8.1.
61) 『箴言』9 章 1 節。
62) 『箴言』1 章 7 節。
63) *The True Way or Method*, 1-2.

的感覚」によって営まれるべき生なのである。その主張の根拠としてスミスは、おそらくプロティノスの『エンネアデス』に収録の論文『悪とは何か、そしてどこから生じるのか』からの引用であると思われる、γνῶσις ἐκάστων δι' ὁμοιότητα γίνετα（ものはそれぞれの類似性によって知られる）という文言を引用し、それを「あらゆるものは、それにぴったりした類似と相似をもつものによってもっともよく知られます」と敷衍する[65]。神学が感覚と生命をもつものであるなら、神知はそれに相応する霊的感覚によって最もよく理解される。その霊的感覚と生命とは何かというならば、畢竟するに「善き生」（a Good life）にほかならない。この点はスミスの神学観の根本を理解する上で非常に重要である。彼にとって、善き生を離れては神学はありえず、存在意義をもたない。神学が真の神学であることができるためには、神の学から神の生への志向と移行が必然的に要請されるのである。そしてこの神の生へ移行するための確実な出発点が、ストア派の概念としてスミスが考えるところの、すべての人間の内に普遍的に宿っている神という先取観念・根本原理なのである。

　スミスは古代哲学から引用した後、聖書の引用に移行する。すなわち、古代哲学の考えはとりもなおさず聖書の考えであるとして、聖書の文言を二つ引用する[66]。一つは『講話』の冒頭に置かれた文言である。スミスが哲学の言語でいうところの善き生とは、聖書の言語では「主を畏れること」であり、それが彼の意味における神学の土台であり原理なのである。このような仕方でスミスは聖書を用いるのであるが、ここで彼の聖書引用の性格を確認しておく必要がある。当時、聖書はキリスト教各派によって

---

64)　*The True Way or Method*, 2.

65)　Plotinus, *Enneades*, I.8.1.『プロティノス全集　第 1 巻』（中央公論社、1986 年）312。Cf. Aristoteles, *De anima*, 404b17-18, γινώσκεσθαι γὰρ τῷ ὁμοίῳ τὸ ὅμοιον. 以後、プロティノスの邦訳は基本的に『プロティノス全集』1 ～ 4 巻（中央公論社、1986-1987 年）を使用する。

66)　『箴言』9 章 1 節、『詩編』111 編 10 節。

しばしば絶対的権威として利用されていた。千年王国論を奉じる独立派説教者たちは、急進的な行動を煽るのに役立つ聖書箇所を好んで用いた[67]。カルヴィニズムを奉じる長老派説教者たちは、神の無償の恩寵を強調するのに役立つ聖書箇所を用いた[68]。こういった便宜的で恣意的な聖書利用にスミスは無縁である。彼にとって聖書は自己主張や他者への攻撃のための手段ではない。あえて手段という表現を用いなければならないとするならば、それは人間の魂ができるだけすぐれたものになるように神が与えた手段である。それは豊かな霊性を湛えた泉であり、人はその水を汲み飲むことによって生気に満たされ、生き生きと活動することができるのである。神学も、聖書の霊的泉から霊的水を汲み飲むことによって、神の生に変容していくことができるのである。しかもこの霊的泉の水脈は古代哲学にも通じていると考えるのが、スミスを含むCPに共通する考え方である。人は聖書からも古代哲学からも霊的水を汲んで飲むことができるのである。聖書と古代哲学の間を往来するこのような作業は、いかにも回りくどいように思われるかもしれない。しかし実は、そうすることによって人は、神知探求の道行きにおける方向の正しさを確認できると共に、その足取りを強化することができるのである。

　さて古代哲学から聖書に移行したスミスは、再び聖書から古代哲学に移行する。今度は神学の本質を太陽光の観点から洞察する。すなわち神

---

67)　田村秀夫編著『イギリス革命と千年王国』（同文舘、1990 年）第 2 章、岩井淳「革命的千年王国論の担い手たち──独立派千年王国論から第五王国派へ──」75-112 を参照。

68)　ウィチカットの時代におけるイングランドの正統派ピューリタニズムは、教会政治の面では長老主義の立場を、神学理解の面ではカルヴィニズムの立場をとっていた。それゆえ、神学の観点からピューリタニズムが言及される場合、ピューリタン・カルヴィニズムという用語が使用される。Cf. J. D. Roberts, *From Puritanism to Platonism in Seventeenth Century England* (Martinus Nijhoff/ The Hague, 1968) 42-65.

の生としての神学は「永遠の光からの真の流出」（a true Efflux from the Eternal light）であると言う[69]。真の神学は太陽光のようである。それは単に照明するだけでなく、熱を与え生命をもたらす。このように、自然事物との類比においてものごとを理解しようとする見方は、プロティノスの「流出」（emanatio）の思想と、その背景にあると思われる、物質的光ないし火として想念された神から知性が流出するという、中期ストア派の学説に沿うものであると見ることができよう[70]。プロティノスは『エンネアデス』に収録の『認識する諸存在とそのかなたのものとについて』という論文において、一者からの流出について、「もしわれわれが当を得た描写をするとすれば、かのものよりいわば流れ出る働き、つまり叡知と直知される本性全体を、われわれは太陽から発する光にたとえるであろう」[71]と述べている。スミスにとって、神学は「叡知と直知される本性全体」に匹敵する神知につらなる流出の一段階である。以上の意味における「神のことどもにおいてもっとも行動的である者」（He that is most *Practical* in Divine things）が、福音書の山上の説教で語られる「心の浄さ」（Purity of heart）をもつ者であり、その人は神を見ること、すなわち「至福な直視」（the Beatifical vision）にあずかることができる[72]。スミスが、神学の行動的性格を強調していることを銘記しておきたい。

　以上において見たように、神知探求の道行を神の学としてよりむしろ神の生として規定するスミスの考え方は、CP に底流する宗教理解の特質を明瞭に表している。神学は論証的推論の次元に安住すべきものではなく、神の生、霊的感覚、善き生の次元を目指すべきものなのである。スミスの

---

69)　*The True Way or Method*, 2.

70)　A. H. アームストロング、岡野昌雄・川田親之訳『古代哲学史』（みすず書房、1987 年）233-245 を参照。

71)　*Enneades*, V.3.12.40-44

72)　『マタイ福音書』5 章 8 節。*The True Way or Method*, 2.

180

このような哲学的霊性は、18世紀に隆盛をきわめることになる、もっぱら思考力や論理力に依拠する合理主義、イギリス理神論、及びフランス・ドイツの啓蒙主義哲学とは、大きな対比をなしている。

c. 神知の在処

　スミスが志向する神知探求の道行の究極は、神を直視する「至福な直視」であると言えるが、神の直視という場合、どのようにして直視することができるのであろうか。肉体の目はそれに耐えることができない。それができるのは魂の目である。それゆえ、自分の内なる魂が今どのような状態にあるかということが問題となる。人間はしばしば肉体の事柄ばかりに忙しくして、自分の内なる魂の状態にはあまり留意することをしない。しかしながら、自分の魂がどのような状態にあるかということは、決定的に重要なことがらなのである。神の直視・神知を探求する人は、何はさておき自分自身を吟味することに熱心でなければならない。この点を強調するために、スミスは、プロティノスの『エンネアデス』に収録の論文『美について』に言及する。肉体の目は ἡλιοειδὴς μὴ γινόμενος「太陽に似るものにならなければ」(unless it (the Eye) be *Sunlike*)[73] 太陽を見ることができない。同様に、人間の魂も θεοειδὴς μὴ γινομένη「神に似るものにならなければ」(unless it (the Soul of man) be *Godlike*)[74]、すなわち自分の内に神が形成されるようにし、神の本性に与る者とされなければ、神を見ることはできないのである。スミスの考えをプラトン哲学の観点から補足するなら、神知探求は、プラトンが『パイドロス』において語る、哲学者の魂が天上の美のイデアを愛し求めて進み続ける、叡智界への上昇に比せられると言えるであろう[75]。

---

73)　Plotinus, *Enneades*, I.6.9.31. Cf. Plato, *Respublica*, 508B3, 509A1.

74)　Plotinus, *Enneades*, I.6.9.32-33.

第3章　ジョン・スミスの哲学的霊性　その1　　181

　さてスミスはプロティノスに言及した後、ひるがえって使徒パウロの「知識は人を高ぶらせるが、愛は造り上げる」(*Knowledge puffeth up, but it is Love that edifieth*)[76] という新約聖書の言葉を引用する[77]。神知への道は人間を高ぶらせる知識の道ではなく、人間の魂を造り上げる愛の道なのである。神知に至る正しい道行きは、単なる教義や教条の知識を集積する生ではなく、たえず神知を愛し求め、自分の魂が神知にふさわしいものとされるように浄化し続ける生なのである。すでにかなり明らかになってきたように、神知、あるいは哲学の言葉でいうところの真理を探す者は、自分の魂の外側にではなく内側にそれを探さなければならない。

　　The knowledge of Divinity that appears in *Systems* and *Models* is but a poor wan light, but the powerful energy of Divine knowledge displaies it self in purified Souls: here we shall finde the true πεδίον ἀληθείας, as the ancient Philosopher speaks, *the land of Truth*.
　　諸体系や諸方法の中に表れる神学の知識は、貧弱な青白い光にすぎません。しかし神知の力強い活力は、浄化された魂の中に自らを現します。この処に私たちは真の「真理の野」、かの古代哲学者が言うように、真理の地を発見するでありましょう。

神知・真理の在処は「魂の中」にあることを、スミスは明言してはばからない。人間の魂こそは、プラトンやプロティノスが言うところの「真理の野」(πεδίον ἀληθείας)[78] であり、神知の力強い活力が発現する場な

───────────────

75)　Plotinus, *Enneades*, I.6.8.4. Cf. Plato, *Phaedrus*, 247A6-7.

76)　『コリントの信徒への手紙　一』8章1節。

77)　*The True Way or Method*, 3.

78)　Plotinus, *Enneades*, I.3.4.11, VI.7.13.34; Plato, *Phaedrus*, 248B6.

のである。それゆえ、スミスは「あなた自身の内に神を求めよ」(intra te quaere Deum)[79] という勧めを行うのである。彼は神の超越性を保持しつつも、同時に神の内在性を強調する。神知・真理の在処は、第一義的には、人間の外にはなく、人間の内なる魂にある。この点において彼の考えは、神と人との間に超えることができない断絶をもうける PC の考えと、大きく異なる[80]。神知を探求する者は、他でもなく自分の魂に留意し、その中に神を探さなければならないのである。このようなスミスの考え方は、PC に見られる、ともすれば人間の内なる魂の実状を吟味することを差し置いて、もっぱら聖書の文字や教理・教義の中に真理を求める態度に対する批判としても機能する。

d.　魂の内なる知性の感覚

さて自分の内に神を求めるということは、やがてはついに自分自身の中に神を発見し、神を直視することできる可能性を含意している。それでは神の発見・神の直視とはどのような宗教的体験をいうのであろうか。スミスはプロティノスと新約聖書を引用し、次のよう説明する。

He (God) is best discern'd νοηρᾷ ἐπαφῇ, as *Plotinus* phraseth it, by *an Intellectual touch* of him: we must *see with our eyes, hear with our ears, and our hands must handle the word of life*, that I may express it in S. John's words.

彼（神）は、「知性的接触によって」とプロティノスが述べるように、

---

79)　C. A. Patrides, ed., *The Cambridge Platonists*, 129 n.9 は、この言明は CP の著作の中で繰り返し語られ、その「倫理の内面的性格」(ethical inwardness) を証するものであると指摘する。

80)　E. A. George, *Seventeen Century Men of Latitude*, 96.

「神に知性的に触れることによって」もっともよく識別されます。すなわち私たちは「いのちの言葉を私たちの目で見、私たちの耳で聞き、私たちの手はそれに触れ」なければなりません。聖ヨハネの言葉で言えばです[81]。

スミスはプロティノスの νοηρᾷ ἐπαφῇ（知性的接触によって）という文言に言及し、それを「神への知性的接触によって」と敷衍する。神知をもつという体験に関して、見るという視覚の概念が使用されたことは先述のとおりであるが、ここでは新たに触れるという触覚の概念が導入される。実は νοηρᾷ ἐπαφῇ（知性的接触によって）という文言自体は、プロティノスの著作の中には見当たらない。しかし意味内容としては、『エンネアデス』の収録論文『徳について』の中に、これを示唆するものを見出すことができる。

> Τίς οὖν ἑκάστη ἀρετὴ τῷ τοιούτῳ; Ἡ σοφία μὲν καὶ φρόνησις ἐν θεωρίᾳ ὧν νοῦς ἔχει· νοῦς δὲ τῇ ἐπαφῇ.
> では、そのような人にとっての徳とは、それぞれどのようなものなのであろうか。それは知恵であり叡知（プロネーシス）であって、知性のもっているものを観ることに、その本領がある。だが、知性は（自らのもちものを）直接的な接触によってもっているのである[82]。

プロティノスがこの言葉が語るのは、神に似る者になることを達成した人という意味において、端的に「神」（θεός, a god）とも呼ばれうる人に関する文脈においてである。そのような人は「知性のもっているものを観る

---

81) *The True Way or Method*, 3.

82) Plotinus, *Enneades*, I.2.6.13. 翻訳は、水野宗明・田之頭保彦訳『プロティノス全集　第1巻』（中央公論社、1986年）を使用した。

こと」ができ、「知性は（自らのもちものを）直接的な接触によって（τῇ ἐπαφῇ）もっている」というのである。スミスの観点からは、「知性のもっているものを観ること」という文言は、魂の内なる知性が直接に神を見ることを示唆するであろう。また「知性は（自らのもちものを）直接的な接触によってもっている」という文言は、魂の内なる知性が神に直接に触れることを示唆するであろう。視覚が重要であることはいうまでもないが、それに劣らず触覚も重要である。暗中を模索する場合は、触覚が力を発揮する。人間同士の関係においても、対面して相手を見ることも重要であるが、たとえば握手や抱擁によって相手に触れるということも重要である。それによって相手の体の温もりを感じ、親密さを深めることができるのである。神を見るということだけではなく、さらに神に触れるということによって、スミスは神知の体験における神と人間の親密性を強調しているのである。神に触れるということは、秘儀宗教における秘儀のようなものではなく純然たる知性の営みであるが、それにもかかわらず触れるという感覚的体験なのである。プロティノスへの言及に続いてスミスは、新約聖書の『ヨハネの手紙 一』からの引用を提示する[83]。この中にある「私たちの手は命の言葉に触れなければなりません」という文言は、上述した知性による神への接触という意味で理解されなければならない。

　くどいようであるが、スミスがいう魂の内なる知性の感覚は、修辞や比喩の表現ではなく現実の感覚である。そのことを強調するために彼は、ギリシャ語で Ἔστι καὶ ψυχῆς αἴσθησίς τις（魂にもある種の感覚がある）と言明し、これを「魂それ自身がそれの感覚をもっています。肉体がそうであるのと同じようにです」（The Soul it self hath its sense, as well as the Body）と説明する[84]。この言明の背後にも、プロティノスの考え方が働いているように思われる。彼は『エンネアデス』の収録論

---

83)　『ヨハネの手紙 一』1 章 1 節。
84)　*The True Way or Method*, 3.

文『生命あるものとは何か、人間とは何か』の中で、「もし感覚が肉体を通って最終的には魂に至る動であるなら、どうして魂が感覚しないことがあろうか」と述べている[85]。すでにスミスは魂の視覚と触覚について述べたが、さらにヘブライ語聖書の『詩編』の引用によって魂の味覚にも言及する。「味わいなさい。そして見なさい。主がいかに善いかということを」(Taste and see how good the Lord is)[86] という文言がそれである。神の善性は思弁によっては知られることができない。それが知られるのは、魂の内なる知性が深く味わうという感覚によってなのである。

　スミスは、神知という魂の知性的感覚について、視覚、触覚、そして視覚という個別の感覚の観点から説明してきたが、今や総合的観点から「最善かつ最も真なる神知」(the best & truest knowledge of God) の感覚について述べる。それは「私たちの心（臓）の中にある天的温もりによって私たちの内で焚きつけられる状態」(that which is kindled within us by an heavenly warmth in our Hearts)[87] である。はじめに「天的温もり」という概念に注目したい。それはすべての人の魂の中にある。どんなに冷たい人の魂の中にも、それはある。必ずある。もしないように思われるならば、それは何かがそれを遮断しそれの伝導を妨害しているからである。ともあれ天的温もりが人の魂の内で発動するとき、温かさがめぐり始

---

85) Plotinus, *Enneades*, I.1.6.10-15. Cf. D. Michaud, 'The Patristic Roots of John Smith's "True Way or Method of Attaining to Divine Knowledge"' in Thomas Cattoi & June McDaniel, eds., *Perceiving the Divine through the Human Body: Mystical Sensuality* (Palgrave Macmillan, 2011). Michaud は、スミスの魂の感覚性という考えにはオリゲネスの霊的感覚性の考えの影響があることを指摘する。

86) 『詩編』34編9節。スミスはプロティノスを引き合いに出すが、この語句はプロティノスの中にはない。しかし、プラトン『パイドン』67C3 に、「完全に浄化されたものとしての思考」(τὴν διάνοιαν ὥσπερ κεκαθαρμένην) という文言はある。

87) *The True Way or Method*, 3.

める。最初は温かさがさほど感じられなくても、徐々にそれは浸透し、や がてついに魂は神的温かさに満たされるのである。「私たちの内で焚きつ けられる」ということは、以上のように漸進的過程として理解するのがよ いと思われる。ところで、魂といってもそれは人間のことであるから、魂 が温かくなるということは人間が温かくなっていくということ、徐々に温 かい人間になっていくということである。いくら知性的な人間であるとい われようとも、内なる温かさを閉じ込めついぞ解放しない人間は、知性的 な人間とは言わないのである。

　さて私たちの中にある天的な温かさとは、何のことをいうのであろ うか。それは、「われわれの内なる聖性という生ける原理」(a living principle of Holiness within us) である[88]。ここで聖性は生ける原理で あると言われている。それは生き生きと行動する霊的生命であり、死せる 教理や教条に還元されることはできない。神知に触れることを可能にす るのは、この聖性である。スミスはこれをヘブライ語聖書の『創世記』か らの引用によって説明する。すなわち楽園の「知識の木」と「命の木」[89] は、聖性・霊的生命を指している。神学という知識の木は命の木のそばに 植えられ、その樹液を吸収することによって魂の内に善性の実を結ぶこと ができる。さもなければ、神学は悪い実を結ぶことがありうる[90]。神学が 善い実を結ぶためには、聖性の樹液が必要である。

　ここでひるがえってスミスは、ピコ・デッラ・ミランドラを引用す る[91]。それによると、ゾロアスターは弟子たちから、神の輝かしい真理へ と飛翔することができる翼をもつ魂を手に入れるためには、何をなすべき

---

88)　*The True Way or Method*, 3.

89)　『創世記』2 章 9 節。

90)　*The True Way or Method*, 3-4; C. A. Patrides, ed., 130.

91)　ピコ・デッラ・ミランドラ「人間の尊厳についての演説」、佐藤三夫訳編『ル ネサンスの人間論―原典翻訳集―』(有信堂高文社、1984 年) 219。*The True Way or Method*, 4.

かと問われたとき、命の水の中に浴するように指示したという。スミスの解釈するところでは、ゾロアスターのいう命の水とは、楽園の四つの川[92]であり、枢要四徳（知恵、勇気、節制、正義）を意味する。つまり、スミスにとって命の木が供給する命の水とは、「真の善性」（true Goodness）のことなのである。これを説明するためさらにスミスは、「オリゲネス」の名前をあげて次のように述べる。

> It is but a thin, aiery knowledge that is got by meer Speculation, which is usher'd in by Syllogisms and Demonstrations; but that which springs forth from true Goodness, θειότερόν τι πάσης ἀποδείξεως, as *Origen* speaks, it brings such a Divine light into the Soul, as is more clear and convincing then any Demonstration.
>
> 単なる思弁によって得られる浅薄で空虚な知識でしかないもの、それが諸推論や諸論証によって取り入れられるものです。しかし、真の善性から湧き出でるもの、すなわち θειότερόν τι πάσης ἀποδείξεως（いかなる論証よりも神的なもの）とオリゲネスが言うところのもの、それが魂の中に神の光をもたらすのであり、いかなる論証よりも明晰で説得力があるのです[93]。

『講話』におけるオリゲネスへの言及はここだけであるが、θειότερόν τι πάσης ἀποδείξεως（いかなる論証よりも神的なもの）という文言は、オリゲネスの著作の中には見当たらない。しかし、これがオリゲネスの精神を伝えているようであるという推測は、これまでにも行われた[94]。ミショー（Derek Michaud）は一歩踏み込んで、この文言の背後

---

92)　『創世記』2章10-14節。
93)　*The True Way or Method*, 4.

には『ケルソス駁論』第 I 巻第 2 章があるという提言を行う[95]。すなわち
この箇所においてオリゲネスは、ケルソスに対して、「ギリシャの証明」
(ἑλληνικὴν ἀπόδειξιν) をキリスト教に適用しようとしていると批判し
た上で、次のように述べる。

Λεκτέον δ᾽ ἔτι πρὸς τοῦτο ὅτι [[ἔστι τις οἰκεία ἀπόδειξις
τοῦ λόγου, θειοτέρα παρὰ τὴν ἀπὸ διαλεκτικῆς ἑλληνικήν.
Ταύτην δὲ τὴν θειοτέραν ὁ ἀπόστολος ὀνομάζει ἀπόδειξιν
"πνεύματος καὶ δυνάμεως", "πνεύματος" μὲν διὰ τὰς
προφητείας ἱκανὰς πιστοποιῆσαι τὸν ἐντυγχάνοντα
μάλιστα εἰς τὰ περὶ τοῦ Χριστοῦ, "δυνάμεως" δὲ διὰ τὰς
τεραστίους δυνάμεις], ἃς κατασκευαστέον γεγονέναι
καὶ ἐκ πολλῶν μὲν ἄλλων καὶ ἐκ τοῦ ἴχνη δὲ αὐτῶν ἔτι
σώζεσθαι παρὰ τοῖς κατὰ τὸ βούλημα τοῦ λόγου βιοῦσι.]

だがさらにこれに加え、ロゴスには何らかの固有の論証があり、問答
法によるギリシャの論証よりもいっそう神的であると言わなければな
らない。このいっそう神的な論証を、かの使徒は「霊と力の論証」と
名付けている。「霊の」とは、とりわけキリストについて預言された
ことどもに対して読者の信仰を十分に確固たるものとする預言のゆえ
に、ということであり、「力の」とは、不思議な諸奇跡のゆえに、と
いうことであり、それらが起こったということは、他の多くのことど
もの中でも、ロゴスの意図に従って生活している人びとのもとで、こ

---

94) Cf. オリゲネス『ヨハネによる福音注解』(創文社、1984 年) X.25; C. A. Pat-
rides, ed., 130 n.14.

95) Derek Michaud, *The Patristic Roots of John Smith's "True Way or Method of
Attaining to Divine Knowledge,"* 15-19, AAR Mysticism & Greek Orthodox
Studies Groups, November 3, 2008 Derek Michaud, Boston University, dmi-
chaud@bu.edu

れらの諸形跡が今なお保持されているということによって、論証が構築されなければならない[96]。

ミショーは、τις οἰκεία ἀπόδειξις（何らかの固有の論証）、θειοτέρα（いっそう神的）、Ταύτην τὴν θειοτέραν ... ἀπόδειξιν（このいっそう神的な論証）というオリゲネスの文言を取り上げ、これらが θειότερόν τι πάσης ἀποδείξεως（いかなる論証よりも神的なもの）というスミスの文言と共鳴することを指摘する。また、スミスはオリゲネスに言及した後、「単なる思弁によって得られる浅薄で空虚な知識でしかないもの」に対する批判を続ける点を指摘する[97]。さらに『ケルソス駁論』I.2 と I.48 との相関性を指摘する。すなわちオリゲネスは、I.2 において預言者たちがもつ霊の感覚に言及するが、I.48 においてそれを「ある種の神的起源の感覚」（θείας τινὸς γενικῆς αἰσθήσεως）、「神的感覚」（αἴσθησιν θείαν）、「感覚的ならざる感覚」（αἰσθήσει οὐκ αἰσθητῇ）と呼び、それらは視覚、聴覚、味覚、嗅覚、触覚の五つの形態をとる、と述べている[98]。以上のことからミショーは、オリゲネスにとって霊の感覚は単なる比喩ではなく、また単に一つの霊的機能もしくはスミスの言う「知性の感覚」に還元されるようなものでもない、と主張する。ただし、オリゲネスにおいては両者は対立するものではない、とミショーは見る。1.48 において単数形の「ある種の神的起源の感覚」は、五つの霊的感覚という形態をとるということが述べられている。両者の関係としては、前者は後者を包摂する一般概念であり、後者は前者に包摂される特殊概念であると理解することができるであろう。オリゲネスが五つの感覚の考えを積極的に展開しているのに対して、スミスはこの点ではあまり積極的ではない。し

---

96)　Origen, *Contra Celsum*, I.2.

97)　*The True Way or Method*, 4.

98)　Origen, *Contra Celsum*, I.48.

かし、単数形の霊的感覚の下に包摂される五つの霊的感覚という見方においては、スミスはオリゲネスを踏襲している。事実、スミスは『講話』において、単一の知的感覚という考えと五つの霊的感覚という考えの間を双方向に行き来しているのである。したがって、スミスの θειότερόν τι πάσης ἀποδείξεως（いかなる論証よりも神的なもの）という文言は、『ケルソス駁論』第I巻に照らして最もよく理解できる、という結論をミショーは下す[99]。この結論は正しいと思われる。スミスは自らが確信する知性の感覚を説明するにあたり、オリゲネスから大きな助けを得たのである。それゆえ、真の善性から湧き出る知識こそが、「いかなる論証よりも神的なもの」（θειότερόν τι πάσης ἀποδείξεως）であり、これが魂に神的な光をもたらすということを強調することができたのである。

　かくして神知の感覚の話は内なる聖性の話に進み、さらに聖性の話は真の善性の話に至った。一見とりとめのない話のように思われるかもしれないが、実はここに神知に至る道行きの精髄が凝縮されているのである。神知の感覚という至福の宗教的体験は、スミスにあっては、キリスト者としてのあり方・生き方から乖離しては決して得られないものなのである。彼は先ず始めに魂の中に聖性を発見し、それを解放し発動させることによって善き行動に駆り立てられる。そして善き行動をたゆまず行い続けることによって、最高善である神に似る者になっていき、ついには神知の至福へと至るのである。つまり一生をかけて善き人間になっていく努力なしに、神知の感覚はありえない。

　これまで見てきたことをまとめると、すべての人の魂の中には、神の観念が先取観念として備わっている。この神の観念は神知に至る道行きの出発点である。探求されるべき神知の在処は、人間の内なる魂である。神知の体験は、人間の内なる魂が神を知性的に感覚することにほかならない。

---

99)　Derek Michaud, 19.

第3章　ジョン・スミスの哲学的霊性　その1　│　191

この知性の感覚は聖性・善性との連携・協同によらなければ働くことができない。この連携・協同は、持続的・継続的なものでなければ、目的地に到達することができない。以上のようになる。

　さて知性、聖性、善性という概念についてであるが、スミスの考えによると、それらは別個のものではなく、一つの存在がもつ多様な局面を表現したものである。その一つの存在とは、「真の善性」(true Goodness) である[100]。そして「真の善性」とは「神の善性」(the Divine Goodness) であった[101]。真理と善性は一つであり、別のものではない。したがって神知の感覚という至福の体験は、神の善性をもつに至るということであり、先に用いられた表現では「神に似るもの」(be *Godlike*)[102] となるということである。

e.　魂の汚れ

　ここでスミスは大きな問題に直面せざるをえない。世間では真理をめぐって微に入り細を穿つ神学論争が盛んに行われているにもかかわらず、真理がもはや世の中に隆興していないのはなぜか、ということである。彼が見るところでは、神知としての真理は、イングランドの社会の中においてもそれぞれの人の魂の中においても衰退し、危機的状況に置かれているのである。この危機的状況をもたらした原因は何か。それは本来一体であるべきところの真理と真の善性を切り離したことにある、と彼は洞察する。神知と善き行動の分離、神学と倫理の分離、キリスト者と善き人の分離、それが危機的状況の根源である。それが神知に至る魂の道行きを妨げている障壁なのである。ここでスミスはプラトンの『国家』に言及する。

---

100)　*The True Way or Method*, 4.

101)　*The True Way or Method*, 3.

102)　*The True Way or Method*, 2.

We may, like those in *Plato's* deep pit with their faces bended downwards, converse with *Sounds* and *Shadows*; but not with the *Life* and *Substance* of Truth, while our Souls remain defiled with any vice or lusts. These are the black *Lethe-lake* which drench the Soules of men: he that wants true Vertue, in heavn's Logick *is blind, and cannot see afar off.*

　私たちは、プラトンのいう、深い穴の中で下方に顔を向けた人たちのように、音や影には親しんでいるかもしれませんが、真理の生命・実体には親しんでおりません。私たちの魂は悪徳や情欲の数々で汚れたままなのにです。これらは人々の魂をずぶぬれにする黒いレーテーの湖です。真のアレテーを欠く人は、天の論理学においては「盲目であり、遥か彼方を見ることができない」のです[103]。

　スミスは自分を棚に上げて、偉そうに他者を非難するようなことはしない。「私たち」の一人として、自己を吟味することを勧めるのである。まず『国家』の「洞窟の比喩」に言及し[104]、私たちの内なる魂の汚れに聴衆の注意を喚起する。魂がそのような状態にあるかぎり、たとえ自分は真理をもっていると確信していようとも、その確信は誤りなのである。実際は真理の「音」や「影」に慣れ親しんでいるだけであり、「真理の生命・実質」とは交わりをもっていないのである。魂の汚れが障壁となっているためである。さらにスミスは『国家』の「忘却の河」（τόν τῆς Λήθης ποταμὸν）にも言及する[105]。彼はこれを「黒いレーテーの湖」と呼ぶことによって、汚れの印象を強調する。彼によると、その汚れたレーテー

---

103) *The True Way or Method*, 4.

104) *Respublica*, 514A1 ff.

105) *Respublica*, 621C1-2.

（忘却）の湖とは肉体である。肉体がもたらす悪徳や情欲は人間の魂をずぶぬれにして、真実在としての真の善性・神の善性を忘れさせる忘却の河なのである。そのために魂の内なる知性あるいは理性は、「官能性という最も深いレーテー（忘却）」(the deepest Lethe of Sensuality)[106] の中で溺れるのである。これに次いでスミスは、新約聖書の『ペトロの手紙 二』に言及し、レーテーの中に沈み溺れている状態の理性について、「盲目であり、遙か彼方を見ることができない」と述べる[107]。つまり、知性・理性の視覚が魂の汚れで遮られているため、遙か彼方にある真の善性を見やることができないということである。スミスは念を押すかのように聖書の引用を繰り返す。『ヨハネ福音書』に「暗闇はそれ（光）を理解しない」という文言があるが[108]、「暗闇」とは汚れた魂の状態のことをいうのである。それゆえ魂は、さんぜんと輝く真の善性という太陽を見ることができず、その光を取り込むこともできない。ヘブライ語聖書の『詩編』の中に「愚かな者はそれを理解しない」という文言があるが[109]、「愚かな者」とは悪徳と情欲で汚れた魂をもつ者にほかならない。

　スミスはさらに踏み込んで、この魂の汚れを「τὸ Ἡγεμονικὸν, 魂の統括的諸力」(the *Hegemonicall* powers of the Soul) の汚れという観点から説明する。τὸ Ἡγεμονικὸν（統轄的部分）という用語の出典は明示されていないが、これはストア派が一貫して主張した概念である。たとえば、キケロは次のように述べている。

　　principatum autem id dico, quod Graeci hgemonikon vocant, quo

　　nihil in quoque genere nec potest nec debet esse praestantius, ita

---

106) *The True Way or Method*, 17; C. A. Patrides, ed., 140.

107) 『ペトロの手紙 二』1 章 9 節。

108) 『ヨハネ福音書』1 章 5 節。

109) 『詩編』92 編 7 節。

necesse est illud etiam, in quo sit totius naturae principatus, esse omnium optumum omniumque rerum potestate dominatuque dignissimum.

このようにわたしは、ギリシャ人が「ヘーゲモニコン」と称するもののことを、統轄的力と呼ぶのであるが、これ以上に卓越した存在は、いかなるものの中にも見出すことができない。したがって、自然全体の統括的力を内包するものこそ、万物の中でもっとも卓越し、かつ万物を支配し統御する力をもつにふさわしい存在であると言える[110]。

以上の言葉が語られるのは、「宇宙全体を支え維持する本性は存在するのであり、それは感覚や理性をもたぬものではありえない」(Natura est igitur, quae contineat mundum omnem eumque tueatur, et ea quidem non sine sensu atque ratione) という話の文脈においてである。「宇宙全体を支え維持する本性」とは、神の本性のことである。したがって、「ヘーゲモニコン」・「統括的力」は、第一義的には神の本性に属するものである。スミスはこれを人間の本性にも適用し、神が「統括的力」をもつのと同様に、人間の内なる魂にもそのような力が備わっていると見るのである。そしてこの力を「理性」(Reason)、「諸判断」(Judgments)、「諸理解」(Understandings) などの用語で言い表す[111]。人間の内なる魂において悪徳・情欲によって汚されるのは、この部分である。悪徳・情欲が及ぼす悪影響について、スミスは次のように述べる。

There is a benumming Spirit, a congealing Vapour that ariseth from Sin and Vice, that will stupifie the senses of the Soul.

---

110) Cicero, *De natura deorum*, II.11. 邦訳は『キケロー選集　11』(岩波書店、2000 年) を使用した。Cf. C. A. Patrides, ed., 131 n.17.

111) *The True Way or Method*, 5.

罪と悪徳から立ち上る無感覚にする霊、凍らせる気体があり、これが魂の諸感覚を麻痺させることになります[112]。

本章の4節 d において、魂の内なる知性的感覚について論じたが、その知性的感覚の麻痺は「罪と悪徳」によって起こるのである。罪と悪徳はかくも恐ろしいものである。スミスはそれを強調するために、プリニウス『博物誌』を引用し、魂の感覚を麻痺させる罪と悪徳を「シビレエイ」(the Torpedo) にたとえる[113]。さらに、ストア派の立場に立つアイリアノスの『動物特性論』を引用し、それらを「毒ナス」(Solanum) にたとえる[114]。まさに引用の行列の様を呈しているが、スミスが「生ける図書館」(a living Library) と称されるゆえんである。

　スミスの見るところでは、魂の汚れは知性的感覚のみならず、神知探求の道行きの出発点・原理であるところの先取観念・共通観念にも及ぶ[115]。魂における先取観念、すなわち「生得的観念」(Innate notions)・「共通観念」(Common notions) は、すべての人間に備わっており、神知への道行きを支え促進するものである。しかしながら悪徳が魂をかき乱し支配することを許すならば、この根本的に重要な神の観念は汚され、人間の魂の中には真の神知とは似ても似つかぬ「みじめに歪んだ不格好な怪物たち」(Monsters miserably distorted & mishappen) のような知識が生み出されるのである[116]。巷ではこれを学問と呼んだりするわけであるが、このような学問に対してスミスは厳しい批判を差し向ける。彼はここでもプロティノスを援用する。『エンネアデス』の収録論文『美について』か

---

112) *The True Way or Method*, 5.

113) *Varia Historia*, 9.183.

114) *De natura animalium*, 1.3.6.

115) *The True Way or Method*, 6. Cf. C. A. Patrides, ed., 132 n.21.

116) *The True Way or Method*, 7.

らの引用である。

> This kind of Science, as *Plotinus* speaks, τῷ ὑλικῷ πολλῷ συνοῦσα, καὶ εἰς αὐτὴν εἰσδεξαμένη, εἶδος ἕτερον ἠλλάξατο κράσει τῇ πρὸς τὸ χεῖρον, companying too familialy with Matter, and receiving and imbibing it into it selfe, changeth its shape by this incestuous mixture.

> この類いの学問は、プロティノスが言うように、τῷ ὑλικῷ πολλῷ συνοῦσα, καὶ εἰς αὐτὴν εἰσδεξαμένη, εἶδος ἕτερον ἠλλάξατο κράσει τῇ πρὸς τὸ χεῖρον[117] なのです。すなわち質料とあまりにも親密に交わり、これを自分の中に受け入れ吸収し、この近親相姦的な混じり合いによって自分の姿を変えてしまうのです[118]。

スミスは先に「官能性という最も深いレーテー（忘却）」(the deepest Lethe of Sensuality) に言及したが、それに呼応してここでは官能性に関わる文言を引用している。さらにこの後にアイリアノスの『動物の特性について』の中で語られる「無精卵」(ὑπηνέμια) の話が続く。すなわちコウノトリの卵の上にフクロウがとまると、たちまち無精卵になってしま

---

117) *Enneades*, I.6.5.41-43. スミスはギリシャ語原文を自分の用途に合わせて引用している。原文は以下のとおりである。
　　　Ἀκάθαρτος δή, οἶμαι, οὖσα καὶ φερομένη πανταχοῦ ὁλκαῖς πρὸς τὰ τῇ αἰσθήσει προσπίπτοντα, πολὺ τὸ τοῦ σώματος ἔχουσα ἐγκεκραμένον, τῷ ὑλικῷ πολλῷ συνοῦσα καὶ εἰς αὐτὴν εἰσδεξαμένη εἶδος ἕτερον ἠλλάξατο κράσει τῇ πρὸς τὸ χεῖρον.
　　　だから思うに、醜い魂とは不浄な魂のことで、感覚に訴える魅力に惹かれてどこへでも引きずられ、多くの肉体的なものと混じり合い、質料的なものと数多く交わってこれを自分の中に取りいれ、自分を劣ったものとするような混合によって変化し、別の形をとるにいたったのであろう。

118) *The True Way or Method*, 7.

い、孵化できなくなる。同様に、罪と情欲というフクロウは、理解力を育むべき先取観念というコウノトリの卵から生気を奪い取ってしまう、というのである[119]。このようにスミスは、魂に関する考察に博物学の知見も取り入れる。聴衆にとってはわかりやすい話であったのではないかと思われる。CP に帰せられる「広さ」(latitude) は、スミスにおいてはこのような形でも発揮されたのである。

　先に見た「みじめに歪んだ不格好な怪物たち」(Monsters miserably distorted & mishappen) のような知識の話に戻りたい。魂の汚れをもったままであるなら、たとえいくら神学の知識を集積したとしても、獲得できるものはそういうものでしかないということである。スミスの見るところでは、魂が真の善性への志向性を欠いているならば、それが神に関するどんなに崇高な思弁であっても、魂は高慢で満たされるだけなのである。スミスの周りにはこれに当てはまるような神学者が大勢いたものと思われるが、彼は自分と同時代の人にはあえて言及せず、かつてキケロがその時代の哲学者たちにもらした不平を紹介する。「自分の教えは、知をひけらかすためのものではなく、生きる原理であると考える哲学者が、どれほどいるであろうか」(qui disciplinam suam non ostentationem scientiae, sed legem vitae putet?)[120]。スミスは聖書の言葉の引用も忘れない。『テモテへの手紙 二』の中に「いつも学んでいながら、決して真理の知識に到達することがない」という文言があるが[121]、スミスによるとそれは真の善性を欠く魂のことである。それは『創世記』[122]の中で語られる、ファラオのやせた雌牛のようである。あらゆる言語や学問をむさぼり食おうとも、あいかわらずやせた醜い姿のままであり、決して神知に

---

119) Aelianus, *De natura animalium*, I.37.

120) Cicero, *Tusculanae Disputationes*, II.4.11. *The True Way or Method*, 7.

121) 『テモテへの手紙 二』3 章 7 節。

122) 『創世記』41 章 3-4、19-21、27 節。

到達することはないのである[123]。したがって、神知への到達を目指す人は、内なる魂の汚れが浄化され、魂が真のアレテーに満たされるようになることに留意する。かくして、やがては神知の至福に与るであろうことが期待されるのであるが、この至福の体験は筆舌に尽くしがたい。そこでスミスはこの至福に与る人を、秘儀宗教の概念を借りて、「見神者たち」（divine *Epoptists*）と表現する[124]。この用語の出典は明示されていないが、プラトン『饗宴』[125] 及び『パイドロス』[126] の中で語られる「見神者」（ἐπόπτης）の比喩が、スミスの念頭にあるのかもしれない。それによると、エレウシス秘儀において最奥の秘儀に与る者だけが、美のイデアを観照することができるとされる。美のイデアの観照に与ることができる人たちとは、スミスの見るところでは、魂の中の罪と悪徳という汚れを浄化され続ける過程の最終段階にまで到達した人たちのことであり、「見神者たち」となるのは彼らなのである。

f. 魂の浄化

それでは魂の汚れが取り除かれ浄化されるということは、魂の内なる知性的・理性的局面に関していうならば、それがどのようになるということなのであろうか。「語や句の外殻」（the *outward Shell of words & phrases*）や「理論的分析」（a *Logical analysis*）[127] によってひたすら知識を積み上げるようなことではないことは、すでに明らかである。神知に関わる知識はそのようなこととは次元を異にするのである。

---

123) *The True Way or Method*, 7.
124) *The True Way or Method*, 8. Cf. C. A. Patrides, ed., 133 n.26.
125) *Symposium*, 210A1.
126) *Phaedrus*, 250C4.
127) *The True Way or Method*, 8.

There is a *knowing of the truth as it is in Jesus*, as it is in a *Christ-like nature*, as it is in that sweet, mild, humble, and loving Spirit of Jesus, which spreads itself like a Morning-Sun upon the Soules of good men, full of light and life. It profits little to know Christ himself after the flesh; but he gives his Spirit to good men, that searcheth the deep things of God. There is an inward beauty, life and loveliness in Divine Truth, which cannot be known but only then when it is digested into the life and practice.

真理を知るあり方といたしまして、イエスの中にあるようなあり方があります。すなわちキリストに似た本性の中にあるようなあり方です。イエスのあの甘美な、柔和な、謙遜な、そして優しい霊の中にあり、朝日のように善き人たちの魂の上に自らを輝きわたらせる、光といのちに満ちた霊の中にあるようなあり方です。肉に従ってキリストご自身を知ろうとしても、ほとんど役に立ちません。しかしキリストは善き人々、すなわち神に属する深遠なことどもを探求する人たちに彼の霊を与えてくださいます。神の真理の中には内面的な美・いのち・優しさがあり、それが知られることができるのは、それが消化されて生・実践へと移される時を除いてありません[128]。

神知という知のあり方は、第一義的にはイエスの中にあるが、それはイエスのみに限定されない。「キリストに似た本性」をもつ人がいるなら、そのような人にもそれは可能である。「キリストに似た本性」とは、イエスを特徴づける甘美、柔和、謙遜、光といのちをもつ「イエスの霊」であ

---

128) *The True Way or Method*, 8.

り、神が下す賜物である。ここで重要なことは、「イエスの霊」は「善き人々」に与えられるということである。つまり、善き「生・実践」を抜きにしては、人はイエスの霊を拝受することができないのである。ここで「消化される」という用語に注目したい。豊かな滋養を内包する神の真理は、知性・理性によってよく咀嚼され消化されるとき、善き生・善き行動をもたらす。ひるがえってこの意味における善き人は、善き生を現実に生きることにおいて神の真理の豊かさを味わい知ることができる。このように人間の魂の内なる善性と神知は、相互の交流と補完において成り立つものなのである。

　この相互補完性をスミスは、「かのギリシャ哲学者」への言及によって補強する。

The Greek Philosopher could tell those high-soaring *Gnosticks* that thought themselves no less than *Jovis alites*, that could (as he speaks in the Comedy) ἀεροβατεῖν καὶ περιφρονεῖν τὸν ἥλιον, and cried out so much βλέπε πρὸς τὸν Θεὸν, *look upon God*, that ἄνευ ἀρετῆς Θεὸς ὄνομα μόνον, *Without Vertue and real Goodness God is but a name*, a dry and empty Notion. The profane sort of men, like those old Gentile Greeks, may make many ruptures in the walls of God's Temple, and break into the holy ground but yet may finde God no more there then they did.
かのギリシャ哲学者は、あの高く舞い上がったグノーシス派の人たちに対して、すなわち自分たちを（彼がかの喜劇の中で語っているように）ἀεροβατεῖν καὶ περιφρονεῖν τὸν ἥλιον（空中を歩き、太陽について思いをめぐらしている）ことができるゼウスの鳥たちにも等しいと考え、βλέπε πρὸς τὸν Θεὸν（太陽に目を向けよ）と大声で叫ぶ人たちに対して、ἄνευ ἀρετῆς Θεὸς ὄνομα μόνον（アレテー

第3章　ジョン・スミスの哲学的霊性　その1　　201

と善性を欠くなら神は単に名称）、ひからびた中身のない概念にすぎ
ない、と言うことができました。魂の汚れをもつ類いの人たちは、あ
の昔の異教徒ギリシャ人たちのように、神の神殿の壁に多くの裂け目
を作り、聖域に押し入るかもしれませんが、そこには相変わらず神を
発見することはできないでありましょう。

「かのギリシャ哲学者」とは、文脈から見てプロティノスのことであり、
その考えを示すことが、スミスのここでの意図であると思われる。彼の念
頭にあるのは『エンネアデス』の収録論文『グノーシス派について』であ
ろう。彼が論難する「あの高く舞い上がったグノーシス派の人たち」は、
ここではアリストパネス『雲』の中でソフィストになぞらえられ戯画化さ
れたソクラテスと重ね合わされている[129]。スミスが意図するその重ね合
わせは、グノーシス派とソフィストとのそれであり、グノーシス派とソク
ラテスのそれでないことはいうまでもない。βλέπε πρὸς τὸν Θεόν（太
陽に目を向けよ）と ἄνευ ἀρετῆς Θεὸς ὄνομα μόνον（アレテーを欠
くなら神は単に名称にすぎない）のギリシャ語の引用は、上記の「グノー
シス派について」からであり、以下の箇所が該当すると思われる。

Οὐ γὰρ δὴ τὸ εἰπεῖν "βλέπε πρὸς θεόν" προὔργου τι
ἐργάζεται, ἐὰν μὴ πῶς καὶ βλέψῃ διδάξῃ. Τί γὰρ κωλύει,
εἴποι τις ἄν, βλέπειν καὶ μηδεμιᾶς ἀπέχεσθαι ἡδονῆς, ἢ
ἀκρατῆ θυμοῦ εἶναι μεμνημένον μὲν ὀνόματος τοῦ "θεός",
συνεχόμενον δὲ ἅπασι πάθεσι, μηδὲν δὲ αὐτῶν πειρώμενον
ἐξαιρεῖν; Ἀρετὴ μὲν οὖν εἰς τέλος προιοῦσα καὶ ἐν ψυχῇ
ἐγγενομένη μετὰ φρονήσεως θεὸν δείκνυσιν· ἄνευ δὲ ἀρετῆς

---

129) Aristophanes, *Nubes*, 225.

ἀληθινῆς θεὸς λεγόμενος ὄνομά ἐστιν.

それというのも、「神に目を向けよ」と説くだけでは、どのようにして目を向けるかを同時に教えない限り、何の役にも立ちはしない。なぜなら、次のように反論する人もいるであろうからである。すなわち人が神に目を向けながら、なおかつどのような快楽をも避けないことを、何が妨げようか。あるいは、神という名は覚えていながら、怒りを抑制することに無力であり、あらゆる情念の虜となり、それらをどれ一つ克服するよう試みないこともありうるのではないか、と。事実、アレテーこそが、魂の内に分別（洞察）を伴って生じ、完成に向かって進む場合に、神を示すのである。真正のアレテーを抜きにして語られる神は、単なる名称にすぎない[130]。

下線部は、上記のスミスのギリシャ語箇所とほぼ符合する。また「神に目を向けよ」から末尾の「真正のアレテーを抜きにして語られる神は、単なる名称にすぎない」に至る間で、神に関する知識には欲望の抑制というアレテーの同伴が必至であることが語られる。この点でも神知とアレテー・善性の同伴を強調するスミスの主張と一致する。彼がプロティノスのテクストを入念に読み、それをよく咀嚼した上で講話に反映していることがわかる。

　スミスは正統派キリスト教に臆することなく、そもそも救い主キリストは神学の「組織・体系」や「正典・信仰箇条」をつくらなかった、と言う[131]。というのも、神知における知は、そのようなものとは次元を異にするアレテー・善性の次元に属するからである。キリストの主たる目的

---

130) Plotinus, *Enneades*, II.9.15.33, 39-40. 邦訳は『プロティノス全集　第 2 巻』（中央公論社、1987 年）に基づく。ただし、ἀρετή が「徳性」、「徳」と訳されている部分はアレテーに変えた。下線部は筆者。

131) *The True Way or Method*, 9.

は、「聖なる生」（Holy life）を促進することにあった[132]。スミスは善性について語るとき、しばしばその聖性の局面の観点から語る。なぜなら、聖なる生こそが「正しい信」（a right Belief）に至る最善で最も簡単な道である、と考えるからである。ここで「正しい信」が、目的として設定されていることに注目したい。正しい信は何かの利益を得るための手段ではなく、それ自体が目的なのである。人は正しい信によって神知に到達するというのではなく、究極には正しい信と神知は不一不二なのである。正しい信は神知への道行きにおける究極点なのであり、出発点ではない。正しい信を当然もっているかのように思いなす独断は、厳に慎まなければならない。

　ここでスミスは連続して聖書を引用する。まず始めに、冒頭にかかげた『ヨハネ福音書』7章17節の「だれであれ神の意思を実行するならば、その人はその教説が神に由来するかどうかを知るであろう」という文言である。聖なる生を現実に生きることは、神の意思を行うことに他ならない。それゆえ、『ペトロの手紙 二』1章8節が示すように、神の意思を行う者は神を知る実を必ず結ぶのである。そのようにして結ばれる神知の実は、その内に甘美さをもっている。その甘美さは、『コリントの信徒への手紙 一』2章14節が述べる「かの自然の人」（τηε ψυχικός ἀνήρ, that *natural man*）、すなわち肉欲に束縛されている人には味わうことができないものである。その人の諸思考、諸判断、諸理解が、腐敗した情念によって攪乱されているからである。さらにスミスは、ユダヤ教の文献からも הרוח הקדש לא שרה בעצב ולא בכעם という格言を引用し、それを「聖霊は現世的で地上的な諸情念の中には住みません」（the Holy Spirit dwells not in terrene and earthly passions）と敷衍する[133]。ヘブライ語の引用文は文字どおりには「聖なる霊は悲しみの中では、あるいは

---

132) *The True Way or Method*, 9.

133) *The True Way or Method*, 10.

怒りの中では歌わない」であり、おそらくタルムードを改変した文言であると思われる[134]。新約聖書の連続引用とユダヤ教文献の引用の後、スミスはプロティノスにもどる。

Divinity is not so well perceiv'd by a subtle wit, ὥσπερ αἰσθήσει κεκαθαρμένη as by a purified sense, as Plotinus phraseth it.

神性がよく知覚されるのは、緻密な知力によってではなく、ὥσπερ αἰσθήσει κεκαθαρμένη, すなわち浄化された感覚によってなのです。プロティノスが言うように。

「プロティノスが言うように」とあるが、このギリシャ語の文言 ὥσπερ αἰσθήσει κεκαθαρμένη（まさしくすっかり浄化された感覚によってのように）は、プロティノスの中には見当たらない。しかし、これに類似したものとして、プラトン『パイドン』に καὶ ἄλλῳ ἀνδρὶ ὃς ἡγεῖται οἱ παρασκευάσθαι τὴν διάνοιαν ὥσπερ κεκαθαρμένην「だれであれ自分の思考はすっかり浄化されて、準備ができていると思う者にとっては」という文言がある[135]。この文言の文脈は、死を前にしたソクラテスが、かしこにおいて真の知恵を獲得することができるかもしれない希望について語る場面である。すっかり浄化された思考をもつ人には、真実在に到達することができるという大きな希望がある、とソクラテスは語る。「感覚」ではなく「思考」という言葉が使用されているが、スミスのいう感覚は知性の感覚のことであり、ソクラテスのいう「思考」は真実在を観照する純粋な思惟のことである[136]。したがって、両者はともに、同じものの完全な浄化のことをいっているのである。スミスがプロティノスとい

---

134) Talmud: *Shabbath*, 30b. Cf. C. A. Patrides, ed., 135 n.32.

135) *Phaedo*, 67C3.

136) *Phaedo*, 65E-67D.

うのは、おそらく記憶に依拠しているためであり、実は、プラトンが語る何か以上のような考えが、スミスの念頭にあったのではないかと思われる。

われわれは、以上において多くの引用を参照しながら、「神知に至るための真の道・方法」に関するスミスの考えをたどってきた。実は彼の引用は上記のものにとどまらず、他にも数多くあるが、煩瑣を避けるため参照を省略した。しかしながら以上の引用を見ただけでも、神知に至るための真の道・方法に関してスミスは、それを特定の宗教的立場の独占物・既得権と考えていないことは、明らかであるように思われる。PC ならば占有権を主張するかもしれないが、スミスの見るところでは、神知に至るための真の道・方法は PC の領域を超えた、広い世界の中に普遍的に行き渡っているのである。彼は特にギリシャ哲学の世界に大きな価値を見出す。それは、これまで重要な局面で彼がしばしば依拠したプラトンやプロティノスからも、およそ察しがつくことである。スミスは次のように言い切る。

Neither was the ancient Philosophy unacquainted with this Way and Method of attaining to the knowledge of Divine things.
かの古代哲学も、神に属することどもを知る知に到達するためのこの道・方法に不案内ではありませんでした[137]。

「かの古代哲学」とはギリシャ哲学のことである。スミスは、連続してアリストテレス、ピュタゴラス、プラトン、プロティノスに言及する。すなわちアリストテレスは若者たちに、道徳上の荘厳な諸教訓に手を出す前に、まず「若者特有の情動の熱烈さ・激しい軽挙」(the heat and violent precipitancy of his youthful affections) を冷却・緩和しなければなら

---

137) *The True Way or Method*, 10.

ないと教えた[138]。ピュタゴラスも、弟子たちに哲学のより高次な奥義を
伝授するにあたり、「彼らの心の平静さ・道徳的気質」(the *sedateness
and Moral* temper of their minds) を試験するいくつかの方法を用意し
ていた、と言われている[139]。さらにスミスは、「プラトニストたち」(the
Platonists) の見解として、プラトンやプロティノスに言及する。すなわ
ち彼らは、魂が地上的な感覚と情念から浄化されないかぎり、「彼らの
神的形而上学」(their divine *Metaphysicks*) の段階に進むことはでき
ないと考えた[140]。ソクラテスのいう καθαρῶς φιλοσοφεῖν (純粋に哲
学すること)、すなわち心から神の真理を理解することを願う者たちは、
χωρισμὸς ἀπὸ τοῦ σώματος「肉体からの分離」(*a separation from
the Body*)[141] を切に求める。肉体からの分離が、プラトン主義者たちの
哲学の目標であった。この哲学の営みをプラトンは μελέτη θανάτου
(死の練習) と呼んだのである[142]。なおここでスミスは、μελέτη
θανάτου を「死の瞑想」(*a Meditation of Death*) の意味に理解して
いることに注意しておきたい。彼にとって死の瞑想とは、「道徳上の意
味における死ぬことの道・方法」(a *Moral* way of *dying*) である。つ
まり「魂を肉体とこの感覚的生から解放すること」(loosening the Soul
from the Body and this sensitive life) に他ならない。この意味におけ
る分離は、魂が「叡知界の事物の正しい観想」(a right Contemplation
of Intelligible things) の段階に到達できるために不可欠である[143]。さ

---

138) *Ethica Nicomachea*, 1095a2 ff. *The True Way or Method*, 10.

139) Iamblicus, *De vita Pythagorica*, 71-72.

140) Plato, *Sophista*, 253E5-6 への言及であろう。*The True Way or Method*, 10.

141) 「肉体からの分離」に関しては、Plato, *Phaedo*, 67C6-7, 67D4-5, 67D9-10;
　　Plotinus, *Enneades*, I.4.14.2-3; *Enneades*, II.9.6.40-41; Iamblicus, *De myste-
　　riis*, XII を参照。

142) Plato, *Phaedo*, 81A1-2, 67E4-5, 64A4-B9. *The True Way or Method*, 10.

143) *The True Way or Method*, 11.

らに彼は、正しい観想ができるための力を魂に与えるものを、ἀρεταὶ καθαρτικαὶ（浄化する諸アレテー）と呼ぶ。プラトンが、勇気、節制、正義、知恵などのアレテーについて語ったように、スミスも、善性の諸局面としての聖性、柔和、謙遜、優しさなどの魂を「浄化する諸アレテー」について語ってきた。それらは、魂が神に属する真理を観想するためになくてはならないものであった。このことに関連してスミスは数学の有用性に言及する。すなわちプラトニストたちは数学を重視したが、その目的は、人間の魂の中にある感覚に依存するあり方を「彼らの諸数学または数学的諸観想」（their *Mathemata*, or Mathematical Contemplations）によって払拭するためであった。

　魂が肉体から分離していく過程は、プラトンとプロティノスによって ἀναβάσεις ἐκ τοῦ σπηλαίου（洞窟からの諸上昇）と呼ばれている[144]。神知へ上昇する魂を内にもつ人たちは、「可死性というこの汚い洞窟」（this miry cave of mortality）から抜け出る。そしてさらに上昇し続けることによって、やがて「彼らの知性的部分を光と不死なる実在の地にしっかりと踏み立たせること」（any sure footing with their Intellectual part in the land of Light and Immortal Being）ができるであろう[145]。スミスは「知性的部分」という。魂が神知に与るということは、厳密にいえば魂の中の知性的部分が神知に与るのである。この洞察は、真実在を観想するのは魂における理性的部分の働きであると見るプラトンの洞察と共鳴している。肉体的なものからの分離という考えは、程度の差こそあれ CP に共通するものであるが、スミスの場合は他のメンバーよりも徹底している。この徹底性は、神知に至るためには、どうしても知性の感覚が鋭敏になっていく必要があるというスミスの認識に由来する。この意味における鋭敏化が、魂の汚れの浄化ということなのである。そして知性の感

---

144) Plato, *Respublica*, 514A1 ff. Plotinus, *Enneades*, II.9.6.8-9.
145) *The True Way or Method*, 11. Cf. C. A. Patrides, ed., 136.

覚の鋭敏化は、魂にアレテーと善性が備わることを抜きにしてはありえない。このことはどれほど強調してもしすぎることはない、彼の体験的確信であった。単なる理論ではないのである。

g. 性急・短絡な宗教観の抑制

スミスは『講話』において述べてきたこれまでの議論を、宗教観の問題に適用する。神知に至るための真の道・方法を探求するということは、以上において見たあくまでも真理を求め続けてやまない哲学者の姿勢を要請するものであり、不十分な理解の段階に安住することを拒むものであった。もしそうであるなら、自分の宗教と他者の宗教を見るにあたり重要なことは何であろうか。どのような態度を避け、どのような態度を保持すべきであろうか。保持すべき態度については、これまで繰り返し述べてきたことであるので、スミスは避けるべき態度に聴衆の関心を向ける。

> I hope we may fairly make this use of it farther (besides what we have openly driven at all this while) which is, to learn not to devote or give up our selves to any private Opinions or Dictates of men in matters of Religion, nor too zealously to propugne the *Dogmata* of any Sect. As we should not like rigid Censurers arraign & condemn the Creeds of other men which we comply not with, before a full & mature understanding of them, ripened not onely by the natural sagacity of our own Reasons, but by the benign influence of holy and mortified Affection: so neither should we over-hastily *credere in fidem alienam*, subscribe to the Symbols and Articles of other men.

以上のことを正しく適用してみたいと思います（これまでずっと率

直に申し上げてきたこととは別にです）。すなわち宗教の諸事におい
て、人々の任意の個人的見解または指示に自分自身を献げたり委ねた
りするようなことを、任意の教派の教理を熱烈に護教するようなこと
をしないようになるということです。私たちは厳しい審問官たちのよ
うに、自分が賛成しない他の人たちの信条をすぐに非難・断罪すべき
ではありません。その前にそれらについて十分・完熟の理解をもつよ
うにならなければなりません。そのような理解の成熟は、私たち自身
の理性がもつ生来の賢明さのみによるのではなく、聖なる寂滅した情
動が及ぼす優しい影響にもよるのです。ですから、私たちは *credere
in fidem alienam*（他者の信仰を信じること）、他の人たちの信仰告
白や信仰箇条にあまりにも性急に与するようなことをすべきではあり
ません[146]。

宗教の問題に関してはさまざまの異なった立場があるが、理性と聖性と慈
愛に裏打ちされた判断の熟成を差し置いて、性急にいずれかの立場に与し
てはならない、ということがスミスの基本的見解である。なぜなら、任意
の教派の教説を性急に受け入れるということは、その教説の健全な部分
だけではなく、誤った部分をも取り込む危険があるからである。彼は明
言を控えてはいるが、この発言は当時のイングランドの政治状況を鑑み
てのものであろう。この『講話』が語られた年代は不明であるが、およ
そのところ、彼がクィーンズ学寮のフェローとなった 1644 年と彼が逝去
した 1652 年の間に位置づけられるものと思われる。この時代を振り返る
と、1643 年、イングランド国教会の再編成のため「ウェストミンスター
神学者会議」（The Westminster Assembly of Divines）が設置されたが、
早くも 1644 年、この会議の内部の意見対立が表面化する。この意見対

---

146) *The True Way or Method*, 11-12.

立は、長老派と独立派の対立を反映している。議会において長老派と独立派の対立が激化する中で、1645 年、独立派のクロムウェルとその軍隊の「ニュー・モデル軍」が政治勢力として台頭し、革命が急進化していった。庶民院（the House of Commons）は、カルヴァン派とアルミニウス派、長老派と独立派、高教会主義国教会派と低教会主義国教会派など多様な熱心者たちのるつぼであった。各派は自己の神学・政治イデオロギーを押し通し、相手を排除しようとしていた。中立の立場はゆるされず、危険でもあった。革命半ばのこの時、穏健さと相互理解を保つ余地はほとんどなかった[147]。1648 年末、独立派は長老派を追放して権力を掌握し、翌 1649 年 1 月、国王チャールズを処刑した。クロムウェルの革命政府は、ピューリタン的な生活規則を強制し、1650 年には姦通罪は死刑、安息日の遵守、クリスマスの禁止というような法律が作られた。

　このように政治と宗教が錯綜し、闘争と殺戮が繰り返される状況の中で、スミスは、教派主義・党派主義がいかに危険であるかということを強調するのである[148]。彼は、フランシス・ベーコン（Francis Bacon）のいう「洞窟のイドラ」（Idola specus）に言及し[149]、洞窟の中で下方に向けて縛られた者たちは、「生得的な諸偏見と虚偽の諸前提」（Innate Prejudicies, and deceitful Hypotheses）から免れない、と指摘する[150]。経験主義哲学の立場に属するベーコンをスミスが引用するのはめずらしく、興味深い。彼はベーコンにも一致点を見いだすことができるほど、柔軟な思考力をもっていたことがわかる。スミスは「かの哲学者の標語」（the Philosopher's motto）として、Ἐλεύθερον εἶναι δεῖ τῇ γνώμῃ

---

147) Cf. H. L. Stewart, "Ralph Cudworth, The "Latitude Man"," *The Personalist* 32 (1951) 163-164; D. Brunton and D. H. Pennington, *Members of the Long Parliament* (George Allen & Unwin Ltd., 1954) xi.

148) *The True Way or Method*, 12.

149) *Novum Organum*, I.42, 53-59.

150) *The True Way or Method*, 12; C. A. Patrides, ed., 137.

μέλλοντα φιλοσοφεῖν（哲学をしようとする者は、判断において自由でなければならない）という文言を述べ、その意味を次のように敷衍する[151]。

> We may a little enlarge, and so fit it for an ingenuous pursuer after divine Truth: He that will finde Truth, must seek it with a *free judgment*, and a *sanctified minde*.
>
> 私たちは意味を少し敷衍して、神の真理を純粋に探求する人に適用してもよろしいかと思います。すなわち真理を発見したい人は、自由な判断と聖化された心でそれを求めなければなりません[152]。

「かの哲学者」を同定することはむずかしいが、この文言は、フィロン、オリゲネス、ディオゲネス・ラエルティオス、その他のプラトニストたちの思想を、スミスなりに応用したものではないかと思われる[153]。彼はプラトニストたちに連なる者として、真理の発見と自由な判断・聖化された心の協働・相互補完をまたここでも強調するのである。傍証のために彼は、自分の言葉として消化した聖書の言葉を連ねる。すなわち、求めよ、さらば与えられんという文言は[154]、以上の意味での自由な判断のことを言っている。キリストを信じる者は、その内から生きた水が川となって流れ出るという文言も[155]、その人の魂の内から真理がほとばしり出るということを言っている。自分自身の井戸から水を飲み満たされるという文言も[156]、同じことを言っている。天からのマナとは真理のことであり、そ

151）*The True Way or Method*, 12.

152）*The True Way or Method*, 12.

153）Cf. *Stoicorum Veterum Fragmenta* III, ed. Hans von Arnim (Leipzig, 1903-1924), 4vols., 86, 89, 146, etc; C. A. Patrides, ed., 137 n.41.

154）『マタイ福音書』7章8節、『ルカ福音書』11章10節。

155）『ヨハネ福音書』7章38節。

れが降るのは他でもなく真理に与る者の魂の上にであり、その魂は真理を食し、永遠に生きるのである[157]。

スミスによると、信仰の事柄に関する性急・短絡な判断、これが神知に至るための真の道・方法を探求する歩みにおいて避けるべきことであり、抑制すべきことである。求められるべきことは、理性と聖性と慈愛に裏打ちされた自由な判断の熟成なのである。

h. 魂の善性

神知と善性の協働ということは、『講話』の中で繰り返される重要なモティーフであるが、ここでスミスは善性の概念に聴衆の関心を向ける。

And thus I should again leave this Argument, but that perhaps we may all this while have seemed to undermine what what we intended to build up. For if Divine Truth spring onely up from the Root of true Goodness; how shall we ever endeavour to be good, before we know what it is to be so: or how shall we contrive the gainsaying world of Truth, unless we could also inspire Vertue into it?

ここでまた以上の議論を打ち切らなければなりませんが、言い残したことが一つあります。それは、もしかしたら私たちは、これまでのところずっと、建設しようとするものをその土台から削り去るように見えたかもしれないということです。と申しますのも、神の真理が萌え出るのは、ただ真の善性という根からだけでありますが、もしそうな

---

156) 『箴言』5 章 15 節。

157) 『出エジプト記』16 章 14-35 節、『ヨハネ福音書』6 章 31-33、49-51、58 節。
　　 Cf. C. A. Patrides, ed., 137.

ら、私たちはいやしくも善くあるように努力するのであれば、その前
に善くあることとは何であるかを知っていなければなりません。ある
いは、私たちがいやしくも真理を論じる世界を考案するというのであ
れば、それは、私たちがその中にアレテーを吹き込むこともできる、
ということを抜きにしてはありえません[158]。

　スミスは、「神の真理が萌え出るのは、ただ真の善性という根からだ
けであります」と言い切る。草木が萌え出るのは根からである。根が
なければ草木は生じない。同様に真の善性がなければ神の真理・神知
は生じない。このことは彼にとって自然界における植物の生成にも匹
敵する必然であり、自明の理なのである。彼は、どれほど悪しき人で
あっても、その魂の奥底には善性に関する「若干の知の根源的原理」
(some Radical Principles of Knowledge) が宿っており、それらは
感覚の下劣さによって暗くされることはあるにしても、消失すること
はないと言う[159]。スミスは、悪しき人の例として、神の存在を否定し
たディアゴラス (Diagoras of Melos)[160]、神の存在を疑ったプロタゴ
ラス (Protagoras)[161]、理性的霊魂の不死を疑問視したディオドロス
(Diodorus Siculus) ら[162] を挙げる。このような人たちでさえ、その魂
に刻印された神知の根本原理は完全には消失していないのである。スミス
は無神論者と見なされるエピクロスにも言及する。すなわちエピクロスの
ように善悪の区別の可能性を疑った人であっても、その人から「アレテー

---

158) *The True Way or Method*, 13.
159) The True Way or Method, 13.
160) 前5世紀の最後の数十年にアテナイで活動した抒情詩人。無神論者とみなされ
　　 た。
161) 前5世紀に活動した有名なソフィスト。
162) シケリアに生まれた古代ギリシャの歴史家で、前1世紀に活動。彼が魂の不死
　　 を疑問視したかどうかは不明である。

の共通諸原理」(the Common Principles of Vertue) は根こそぎにされてはいない。また、どんなに極端な懐疑主義者であっても、その「真理の保持力」(the Retentive power of Truth) は弱くなっているにせよ、根こそぎにされてはいない。さらにスミスは、エピクテトスの弟子アッリアノス (Fravius Arrianus)[163] に言及し、「神とアレテーの共通諸観念」(the Common Notions of God and Vertue) がすべての人の魂に刻印されているということほど明白なことはないことを、この人物も認識していたと言う[164]。スミスにとって、魂にそなわる「われわれの反省機能」(our Reflexive Faculty) は幾何学の論証よりも明白である[165]。理性はどれほど悪しき人にもそなわっており、どれほど弱められても消失することはない。彼は例をあげる。たとえば、悪しき人であっても、時には「悪徳への嫌悪」(Distasts of Vise) や「アレテーへの愛の燦めき」(Flashes of love to Vertue) をもつことがある。これは理性の光がどんなに暗くなったとしても、消失することはないことを示す証拠なのである[166]。

　善性がすべての人の魂の中に普遍的に宿っており、それは消去不可能であると見るスミスの人間観は、例外なくすべての人の内にアレテーを志向する理性の灯火が宿っており、それは決して消えることがないという、CP に共通して見られる肯定的な人間観に連なっている。ただし、善性を強調することは、CP の中でもスミスに顕著に見られる特質であるとともに、人間の全面的堕落を主張する PC と明白な対照をなしている。そこには、どれほど武力衝突が繰り返され、とどまるところを知らない破滅的社会状況にあっても、決して絶望せず、平和と共存の道を求める強い意志が

---

163) 紀元 86 年頃—紀元 160 年頃。ギリシャの歴史家・哲学者。アレクサンドロス大王の遠征の記述で知られる。エピクテトスの『語録』と『提要』の保存に貢献した。

164) *The True Way or Method*, 14.

165) *The True Way or Method*, 14.

166) *The True Way or Method*, 14.

湛えられている。

i.　アレテー・善性と知性の感覚

スミスはアレテーとしての善性に関する説明をさらに続ける。

All this, and more that might be said upon this Argument, may serve to point out the *Way* of *Virtue*. We want not so much *Means* of knowing what we ought to doe, as *Wills* to doe that which we may know. But yet all that Knowledge which is separated from an inward acquaintance with Vertue and Goodness, is of a far different nature from that which ariseth out of a true *living sense* of them, which is the *best discerner* thereof, and by which also we know the true Perfection, Sweetness, Energie, and Loveliness of them, and all that which is οὔτε ῥητὸν, οὔτε γραπτὸν, that which can no more be known by a naked Demonstration, then Colours can be perceived of a blinde man by any Definition or Description which he can hear of them.

以上のすべての議論と、これに基づいて申し上げることができるかもしれない多くのことは、アレテーの道を指し示すことに役立つかもしれません。私たちが必要としているものは、行わねばならないことを知る方法であるよりは、むしろ知っているかもしれないことを行う意志です。けれども、魂の内なるアレテーと善性への精通から切り離されたあのすべての知識は何であれ、それらへの真の生きた感覚から生じるものとははるかに異なった性質のものです。この感覚はそれらの最善の識別者であり、この感覚によって私たちはそれらに属する真の完全性、甘美、動力、優しさを知るのです。つまり、οὔτε ῥητὸν, οὔτε γραπτὸν（語られもせず、記されもしない）ところのものを知るのです。それは不毛の論証によっては知られることができません。盲人は、色の数々に関して聞くことができるいかなる定義や説明によっても、それらを識別することはできないのと同様です[167]。

「神知に至るための真の道・方法」に関するスミスのこれまでの議論をまとめると、次のようになるであろう。すなわち神知とは、魂の内なる知性が完全に浄化された段階に達し、神をはっきりと親しく感覚する知であるということ。さらに、この意味における神知に至るためには、知性の継続的浄化と並行して、魂の内なる善性の継続的浄化が必要十分条件であるということ、である。ここでスミスは聴衆の関心をもう一度「真の道・方法」に向け、それを「アレテーの道」と呼ぶ。その意味は、アレテーこそは道であるということである。なぜ「道・方法」という文言において「道」が先に来るかといえば、アレテーは「行わねばならないことを知る方法」であるよりは、むしろ「知っているかもしれないことを行う意志」であるからである。神知への道は、魂がそれを歩むことを強く意志し、その意志が実際に歩むという現実の行動につながるべきものである。それゆえ方法よりも道のほうが優先するのである。この意味におけるアレテーとは、善性に他ならない。それゆえ、スミスは「魂の内なるアレテーと善性」という表現を用いる。その意味は、アレテー即善性ということである。

　この点を確認した上で、スミスは改めて聴衆の関心を「神知」に向ける。「神知」における「知」は、知性の知であり感覚である。それは「魂の内なるアレテーと善性への精通」と不可分離の知である。それはアレテー・善性を親しく知る「真の生きた感覚」であり、アレテー・善性を

---

167) *The True Way or Method*, 15.

正しく知る「最善の識別者」である。「親しく知る」・「正しく知る」というのは、「それらに属する真の完全性、甘美、動力、優しさを知る」からである。ここで彼はいつものように、プロティノスを引用する。すなわちこのような知性の感覚は、οὖτε ῥητὸν, οὖτε γραπτὸν「語られもせず、記されもしない」ものを体験的に知ることである。このギリシャ語の文言は、『エンネアデス』の収録論文『善なるもの一なるもの』からの引用であると思われる。この文言が出てくるのは、「一者」（τὸ ἕν）の会得は、学問的知識によるのではなく、知識以上の直接所有の仕方によるのである、ということが語られる文脈においてである。

Διὸ οὐδὲ ῥητὸν οὐδὲ γραπτόν, φησιν, ἀλλὰ λέγομεν καὶ γράφομεν πέμποντες εἰς αὐτὸ καὶ ἀνεγείροντες ἐκ τῶν λόγων ἐπὶ τὴν θέαν ὥσπερ ὁδὸν δεικνύντες τῷ τι θεάσασθαι βουλομένῳ. Μέχρι γὰρ τῆς ὁδοῦ καὶ τῆς πορείας ἡ δίδαξις, ἡ δὲ θέα αὐτοῦ ἔργον ἤδη τοῦ ἰδεῖν βεβουλημένου.

そして、このゆえに「語られもせず、記されもせず」というようなことが言われるのである。しかしこれをわれわれが語ったり、書いたりするのは、ただ（人を）かのもののほうへと送りつけて、語ることから観ることへと目覚めさせるだけなのであって、それはちょうど何かを観ようと意う人のために道を指し示すようなものである。すなわち道や行程は教えられるけれども、実地を観ることは、すでに観ようと意った者の仕事なのである[168]。

この引用における「語られもせず、記されもせず」という文言[169]だけで

---

168) Plotinus, *Enneades*, VI.9.4.11-12.

はなく、「道を指し示す」、「意う人」、「すでに観ようと意った者」という
文言も、先に紹介したスミスの文章の内容と符合する。おそらく彼は『善
なるもの一なるもの』のこの箇所に基づいて、思索を練り上げたものと思
われる。プロティノスのいう「観る」は、スミスにとっては、内なる知性
が感覚的・体験的に観るということなのである。この知性の感覚を妨害す
るものが、魂の汚れであった。先に彼は、神に関する先取観念が汚されな
いようにとの注意を喚起したが、『講話』のこの時点においても、その重
要性を再び強調する。神についての先取観念が、すべての人の魂に本性的
に備わっていることは明白であるけれども、魂がその本性を健全な状態の
まま保持するための善き行動を怠るならば、せっかくの先取観念は暗雲で
覆われてしまう。魂が πλήρης τοῦ σώματος（肉体で満ちている）かぎ
り、すなわち欲望の満足を追い求めているかぎり、魂の内における神に関
する先取観念や共通観念は眠りをむさぼる[170]。このギリシャ語の文言は、
『エンネアデス』の収録論文『いかにしてイデアの群れが成立したか。及
び善者について』の中にある「肉体的に満たされることを善とみなす人び
と」（οἷς ἐν τῷ πληροῦσθαι σωματικῶς τὸ ἀγαθὸν ἥδεσθαι）とい
う文言を反映しているものと思われる。そこでは、そのような人びとは、
いわば食べていないのに食べているかのように楽しむ人びとや、性交をし
ていないのに性交をしているかのように楽しむ人びと同様であり、実際は
「善」を味わうことも楽しむこともしていない。つまり、「善」を知らない
のである[171]。魂が自らを汚し続けるならその結末はどうなるかというこ
とについて、スミスは次のように言う。

---

169) だれの文言であるかは明言されていないが、一般にプラトンの考えを（*Par-
menides*, 142A; *Epistulae*, II) 指すのではないかと理解されている。『プロティ
ノス全集 第 4 巻』575 註 1 を参照。

170) *The True Way or Method*, 15.

171) *Enneades*, VI.7.26.22.

While we suffer those *Notions* and *Common Principles* of Religion to lie asleep within us; that γενεσιουργὸς δύναμις（生成を生み出す力）, *the Power of an Animal life*, will be apt to incorporate and mingle it self with them.

私たちが、宗教のかの諸観念と諸共通原理を自分の内で眠りこけるのに任せていますと、かの γενεσιουργὸς δύναμις（生成を生み出す力）、すなわち「動物的生の力」がともすれば自らをそれらと合体させ、混合することになるでありましょう[172]。

先に見た性交のイメージを継続するように思われる内容である。γενεσιουργὸς δύναμις という文言も γενεσιουργὸς という語も、プロティノスの著作の中には見いだすことができない。しかし、プロクロスの『神学原理』(*Institutio Theologica*) の中にはこれに類似した τὰς γενεσιουργοὺς δυνάμεις（生成を生み出す諸力）という文言が見出される。文脈は以下のとおりである。

Πάσης μερικῆς ψυχῆς τὸ ὄχημα κάτεισι μὲν προσθέσει χιτώνων ἐνυλοτέρων, συ«να»νάγεται δὲ τῇ ψυχῇ δι᾽ ἀφαιρέσεως παντὸς τοῦ ἐνύλου καὶ τῆς εἰς τὸ οἰκεῖον εἶδος ἀναδρομῆς, ἀνάλογον τῇ χρωμένῃ ψυχῇ· καὶ γὰρ ἐκείνη κάτεισι μὲν ἀλόγους προσλαβοῦσα ζωάς, ἄνεισι δὲ ἀποσκευασαμένη πάσας τὰς γενεσιουργοὺς δυνάμεις, ἃς ἐν τῇ καθόδῳ περιεβάλλετο, καὶ γενομένη καθαρὰ καὶ γυμνὴ τῶν τοιούτων πασῶν δυνάμεων ὅσαι πρὸς τὴν τῆς γενέσεως

---

172) *The True Way or Method*, 15.

χρείαν ὑπηρετοῦσι.

あらゆる部分的魂という乗物は、より質料的な衣服を身に重ねることにより下降していく。しかし、それはあらゆる質料的なものから分離し、その本来の姿へ、すなわちそれが用いる魂に比例する姿へ戻ることにより魂と合一する。というのは、この魂は実に、非理性的な生を受け入れるゆえに下降するが、下降のときに身にまとったすべての生成を生み出す諸力をかなぐり捨てるゆえに上昇する。そして、浄いものとなり、生成の必要のために奴隷的に奉仕するこういったすべての力を脱ぎ捨てる[173]。

ここでは「生成を生み出す諸力」は複数形であるが、「下降のときに身にまとったすべての生成を生み出す力をかなぐり捨てるゆえに上昇する」という言葉はもとより、「あらゆる質料的なものから分離し、その本来の姿へ…戻る魂」、「（魂が）浄いものとなる」という言葉も、魂の汚れの浄化と上昇について語るスミスの文脈と符合する。彼は、プロティノスと共にプロクロスを念頭に置きながら語っている可能性が高いように思われる。新プラトン主義においてプロクロスの『神学原理』は、プロティノスの『エンネアデス』に匹敵する評価を得ていたことを考えるなら、ここでスミスが、プロクロスの文言を念頭においていることは、大いに考えられることである。

　いずれにせよ、ここでスミスはプロティノスに戻り、「動物的生の力」が魂の内なる神に関する生得観念に及ぼす悪影響を、「理性」についても述べる。

That Reason that is within us, as *Plotinus* hath well express'd it,

---

173) Proclus, *Institutio Theologica*, 209.1.

becomes more and more σύμφυτος κακαῖς ταῖς ἐπιγινομέναις δόξαις, it will be infected with those evil Opinions that arise from our Corporeal Life.

私たちの内なるかの理性は、プロティノスがうまく表現しましたように、σύμφυτος κακαῖς ταῖς ἐπιγινομέναις δόξαις（後から生じてくる様々な劣悪な思いなしと同じ性質のもの）にだんだんなっていきます。つまり、理性は、私たちの肉体的生から生じてくる、あの様々な悪しき憶測に汚染されることになるでありましょう[174]。

「理性」という用語は、スミスにおいては「知性」とほぼ同義語として用いられているように思われる。ただし、知性という場合は、理性における「知る」機能の側面にやや重点があるかもしれない。σύμφυτος κακαῖς ταῖς ἐπιγινομέναις δόξαις（後から生じてくる様々な劣悪な思いなしと同じ性質のもの）という文言は、『エンネアデス』の収録論文『エロスについて』からの引用である。この文言は、プロティノスがプラトン『饗宴』のエロス論に基づき[175]、人間の魂の内なるエロスのあり方について彼自身の考えを述べる文脈に出てくる。そこでは、善き人の魂の内なるエロスは普遍的な真の善を目指すのに対し、悪しき人の魂の内なるエロスは劣悪なものを欲望する。それは後者の「生来のものとしての正しい 理（ことわり）が、後から生じた劣悪な思いなしによって」（λόγον τὸν ὀρθόν, ὅστις σύμφυτος, κακαῖς ταῖς ἐπιγενομέναις δόξαις）束縛されているからである、ということが語られている[176]。ここでは ὅστις σύμφυτος（生来のものとしての）は λόγον τὸν ὀρθόν（正しい理）を説明する働きをしているが、スミスは ὅστις を省略し、σύμφυτος κακαῖς ταῖς

---

174) *The True Way or Method*, 15.

175) *Symposium*, 203CD.

176) *Enneades*, III.5.7.39.

ἐπιγινομέναις δόξαις（後から生じてくる様々な劣悪な思いなしと同じ性質のもの）と読解したのである。スミスが聴衆に言いたいことは、そういうわけであるから、私たちは自分自身を肉体的なものからいやましに撤退させ、魂をそれらへの悲惨な隷属から解放すべく奮闘しなければならないということである[177]。この考えは、プラトンやプロティノスの哲学における、肉体の牢獄に拘束された魂の解放を目指す理念を踏襲するものである[178]。スミスのいうアレテー・善性の道とはそういうものである。したがって彼は以下のように言う。

> We must shut the Eyes of Sense, and open that brighter Eye of our Understandings, that other Eye of the Soul, as the Philosopher calls our Intellectual Faculty, ἥν ἔχει μὲν πᾶς, χρῶνται δὲ ὀλίγοι, *which indeed all have, but few make use of it.*
>
> 私たちは（肉体的）感覚の両眼を閉じ、私たちの理解力というあのもっと明るい目、魂というあの別の目を開かなければなりません。かの哲学者が私たちの知的機能と呼ぶとおりに、です。ἥν ἔχει μὲν πᾶς, χρῶνται δὲ ὀλίγοι（それを万人がもちながら、わずかな人しか用いない），すなわち、実にそれをすべての人がもっておりますのに、それを用いる人はほとんどおりません[179]。

ἥν ἔχει μὲν πᾶς, χρῶνται δὲ ὀλίγοι（それを万人がもちながら、わずかな人しか用いない）は、『エンネアデス』の収録論文『美について』からの引用である。この文言は、プロティノスがプラトン『国家』の「太陽

---

177) *The True Way or Method*, 15.

178) Plato, *Phaedo*, 81A ff. Plotinus, *Enneades*, IV.8.1, 8.3.

179) *The True Way or Method*, 16.

第3章　ジョン・スミスの哲学的霊性　その1　｜　223

の比喩」に基づき[180]、人間の内なる魂が「美」のイデアを観ることについて語る文脈の中に出てくる。

οἷον μύσαντα ὄψιν ἄλλην ἀλλάξασθαι καὶ ἀνεγεῖραι, ἣν ἔχει μὲν πᾶς, δὲ ὀλίγοι.

いわば肉眼を閉じて、そのかわりに、万人がもちながらわずかな人しか用いない別の眼（つまり心眼）をめざめさせるべきである[181]。

プラトンに基づきプロティノスは、美のイデアを心眼で観ることについて語るが、これをスミスは浄められた知性の感覚、神知という至福の知性的感覚に重ね合わせているのである。魂の内なる知性の目がめざめるとき、魂に次のことが起こると彼は言う。

The light of the Divine World will then begin to fall upon us, and those sacred ἐλλάμψεις, those pure *Coruscations* of Immortal and Ever-living Truth will shine out into us, and in Gods own light we behold him.

そのとき神の世界の光が、私たちの上に降り注ぎはじめるでありましょう。そして、あの聖なる ἐλλάμψεις（照明の数々）が、すなわち不死で永遠に生きる真理のあの純粋な光輝の数々が、私たちの中へと輝き出ることでありましょう。そして、神ご自身の光の中で私たちは神を見ることでありましょう[182]。

ἐλλάμψεις（照明の数々）は、『エンネアデス』の収録論文『悪とは何

---

180)　*Respublica*, 515E-516A.

181)　*Enneades*, I.6.8.26-27.

182)　*The True Way or Method*, 16.

か、そしてどこから生ずるのか』からの引用である[183]。この語は、プロティノスが魂の力について語る文脈の中に出てくる。そこでは素材を照らす光の源としての魂について、「照明つまり魂からくる光」（Τὴν δὲ ἔλλαμψιν καὶ τὸ ἐκεῖθεν φῶς）の重要性が語られている。Τὴν δὲ ἔλλαμψιν という単数形は、スミスでは ἐλλάμψεις と複数形になっているが、照明のおびただしさを強調する意図を示すものであると思われる。なお『エンネアデス』の収録論文『善なるもの一なるもの』の中にも ἐλλάμψεις に呼応する箇所がある[184]。そこでは、魂は、いやしくもそれが「第一の本性（＝第一者）によって充実され、照明されるためには」（πρὸς πλήρωσιν καὶ ἔλλαμψιν αὐτῇ τῆς φύσεως τῆς πρώτης）、それの妨害をするようなものがそれの内に何一つ潜んでいてはならない、ということが語られている。

　ここでスミスは知性の味覚という観点にもどる。神知の至福体験において味覚は視覚に劣らず重要な感覚であった。彼は聖書とプルタルコスに言及する。すなわち『詩編』の「蜜よりも、蜂の巣の滴りよりも甘い」という文言は[185]、神知という果実の甘美さを示しているのである[186]。またプルタルコスが伝える、ヘルメスの神官たちが聖なる食物を口にしながら叫んだ γλυκὺ ἡ ἀλήθεια「真理は甘い」という言葉も、神の真理という果実の甘美さを示しているのである[187]。γλυκὺ ἡ ἀλήθεια「真理は甘い」は、『倫理論集』（Moralia）の収録論文『エジプト神イシスとオシリスの伝説について』からの引用である。これまでの数々の引用と同様にこれも、考え抜かれた上での選択である。それは単なる引用ではなく、スミス

---

183) *Enneades*, I.8.14.4. Cf. C. A. Patrides, ed., 140.

184) *Enneades*, VI.9.7.16.

185) 『詩編』19 編 11 節。

186) *The True Way or Method*, 16.

187) Plutarchus, *De Iside et Osiride*, LXVIII. 378B.

の魂の内なる知性によって十分に咀嚼され消化された彼自身の洞察なのである。したがって、ヘルメスの神官たちが神の真理という果実の甘美さを味わったというとき、彼は本気でそれを言っているのである。つまり、キリスト教から見れば異教の立場に身を置く人たちにも、神知の可能性が開かれているということになる。

　神知に至る道行きにおいて決定的に重要で不可欠なことは、アレテー・善性の道を歩むということである。その歩みは、理性が物体的な次元に安住せず、神の霊の偉大な力によって、神との交わりに引き上げられていく漸進的過程である。その究極に達するとき、理性は「感覚」（*Sense*）となり、信仰は「直視」（*Vision*）となる。プラトニストたちのいう、τῇ διανοίᾳ（ディアノイア、「思惟力・論証力」による）神との交わりが、τῷ νῷ（ヌース、「知性」による）神との交わりとなる。アリストテレスのいう、λόγῳ ἀποδεικτικῷ（ロゴス・アポデイクトス、「論証的理性」）による」理解が[188]、λόγῳ ἀποφαντικῷ（ロゴス・アポパンティコス、「直証的理性」による）理解となる。そのとき魂は肉体の感覚にかき乱されることなく、γαλήνη νοερᾷ（知性的魂における平静さ）[189]、すなわち「平静な理解力」（a *serene* Understanding）、つまり、「知性の平静さ」（an *Intellectual calmness*）をもって、神を直視する至福に与ることになるであろう[190]。ヌースの目で神を見ること、これがアレテー・善性の道行の究極点なのである。

　以上において見たスミスの姿勢は、経験論哲学のそれと対照をなす。たとえば、ロックは論証によって神に接近しようとしたが[191]、それに対してスミスはアレテー・善性によって神に近づこうとした。彼は、思惟力・

---

188)　Aristoteles, *De Interpretatione*, 17a8.

189)　この文言の出典は不明だが、プラトン『法律』791A2-3 に「魂の内なる平静・平穏」（γαλήνην ἡσυχίαν τε ἐν τῇ ψυχῇ）という文言がある。

190)　*The True Way or Method*, 16.

論証力による神認識の次元に満足することができないのである。ロックは冷たい「証拠」（evidence）に依拠したのに対して、スミスは暖かい「体験」（experience）に依拠した。究極において神知は、知解というよりはむしろ実感なのである。彼は決して理性をないがしろにはしないが、神知という至福の体験に関するかぎり、それに与ることができるのは、数理的確実性ではなく知性の感覚としての霊的感覚である、ということが彼の確信なのである。

j.　神知への上昇

スミスの『講話』は締め括りの部分に移行する。

> And now if you please, setting aside the *Epicurean* herd of Brutish men, who have drowned all their own sober Reason in the deepest *Lethe of Sensuality*, we shall divide the rest of Men into these Four ranks, according to that Method which *Simplicius* upon *Epictetus* hath already laid out to us, with a respect to a Fourfold kind of Knowledge, which we have all this while glanced at.

さてそこで、もしよろしければ、感覚性という最深の忘却の河の中で自分自身の節度ある理性を溺れさせてしまっている、野獣のような人たちのエピクロス的群れはわきに置きまして、私たちは人びとを四つの段階に分類してみたいと思います。その分類は、シンプリキオスがエピクテトスに基づき、すでに私たちに提示したあの方法に準拠するものであり、私たちがこれまでずっと瞥見してまいりました四種類の

---

191) Cf. Basil Willey, *The Seventeenth-Century Background* (Penguin Books, 1962) 251-253.

知識に関するものです[192]。

「シンプリキオスがエピクテトスに基づき」という文言は、シンプリキオス著『エピクテトスの『提要』に関する注解』(Simplicii Commentarius in Epicteti Encheiridion) への言及である。ストア派哲学者エピクテトス (55-135) の著作は残されていないが、その言葉と思想は弟子のアッリアノス (Lucius Flavius Arrianus) によって編集され伝えられた。それらの主なものが『語録 (Diatribai)』と呼ばれ、その要点をまとめたものが『提要 (Encheiridion)』と呼ばれる。それらは実践的哲学の入門書であり、古来、キリスト教の側からも非キリスト教の側からも尊重されてきた。新プラトン主義哲学者シンプリキウス (490頃-560頃) も、それらの価値を認める一人である。彼はアリストテレスの著作のいくつかについて広範な注解を書いたが、エピクテトス『提要』の注解も書いた。スミスは『講話』の締め括り部分において、神知に上昇する道行きに関して人びとを四つの段階に分類するにあたり、その分類を、シンプリキオスがエピクテトスに基づき提示した方法に準拠して行うことを明言する。プロティノスとプラトンを熟読したスミスは、シンプリキオス『エピクテトスの『提要』に関する注解』をも熟読し、これを自分のものとしていた。「シンプリキオスがエピクテトスに基づきすでに私たちに提示したあの方法」とは、シンプリキオスが『注解』の「序」において提示するところの、『提要』を読むことによってアレテーを体得することの必要性を自覚した人びとと、それぞれの生き方に関する分類への言及である[193]。スミスはそれを神知への道行きにおける四段階の人びとに適用するのである[194]。

---

192) *The True Way or Method*, 17.

193) Simplicius, *Commentarius in Enchiridion Epicteti*, 2.30-32. 頁及び行番号は、Dübner 版に従う。

194) Cf. C. A. Patrides, ed., 141 n.53.

The First whereof is ἄνθρωπος συμπεφυρμένος τῇ γενέσει, or, if you will, ἄνθρωπος ὁ πολὺς, that *Complex and Multifarious man* that is made up of Soul & Body, as it were by a just quality and Arithemetical proportion of parts and Powers in each of them.

それの第一段階は、ἄνθρωπος συμπεφυρμένος τῇ γενέσει（生成と練り合わされた人）です。あるいはよろしけば、ἄνθρωπος ὁ πολὺς（多なる人）です。すなわち魂と肉体からなるあの複合的で雑多な人です。その魂と肉体は、いわば、それぞれの中にある諸部分と諸力の正確な質・算術的比に規定されています[195]。

ἄνθρωπος συμπεφυρμένος τῇ γενέσει（生成と練り合わされた人）及び ἄνθρωπος ὁ πολὺς（多なる人）という文言は、上述したシンプリキオスの『注解』における以下の箇所に基づいているものと思われる。

Οὗτος μὲν γὰρ ὁ ἄνθρωπος ὁ πολύς ἐστιν, ὁ συμπεφυρμένος τῇ γενέσει, καὶ ὑπ᾽ αὐτῆς καταπεπονημένος, μηδὲν μᾶλλον λογικὸν ἢ ἄλογον ζῷον ὑπάρχων, καὶ διὰ τοῦτο μηδὲ κυρίως λεγόμενος ἄνθρωπος.

というのは、多なる人はそのようであるからだ。すなわち生成と練り合わされそれによって支配されている。その理性的でないことは理性をもたない動物同然であり、それゆえそれを人と呼ぶことさえ適切ではない[196]。

---

195)　*The True Way or Method*, 17.

196)　Simplicius, *Commentarius in Enchiridion Epicteti*, 2.44-47.

この箇所は『注解』の「序」においてシンプリキオスが、『提要』に収録されたエピクテトスの言葉はどのような人に向けて語られているかについて述べる文脈の中に出てくる。すなわちそれらの言葉は、理性的魂に従うあり方をもち肉体を手段として用いる人たちに向けられて語られているが、他方、魂と肉体の主従関係が倒錯している人もいる[197]。しかるに、その倒錯は「多なる人」（ὁ ἄνθρωπος ὁ πολύς）に当てはまるとシンプリキオスは見る。スミスはこの語句をそれに続く文言と関連づけて、ἄνθρωπος ὁ πολὺς「多なる人」、すなわち「魂と肉体からなるあの複合的で雑多な人」という意味に解釈する。彼はこの段階の人間がもつ知識を、「プルタルコス」の文言を借りてἀμυδρὸν δόξαν（おぼろげな思わく）[198] と呼ぶ。その知識は感覚と理性があまりにも絡み合いほどくことができない状態にある。その理性がもつのは、せいぜいὁμόδοξος ταῖς αἰσθήσεσι（諸感覚と同じ思わく）であり、その思わくは諸感覚に同調し、劣悪な考えにおいて共謀する。この人には、ストア派のいうβίος ὑπόληψις（想念としての生）という警句が当てはまる。「思わくと想念」（Opinion and Imagination）に操作される生がそれである。そのような人たちは、「プラトン」の文言ではὀπισθοβαρεῖς（後ろが重い人たち）、すなわち背後に真実在の観照の妨げとなるような重荷を背負っている人たちであり、ついぞ上昇することができないのである。ただしスミスがいう「プラトン」は、プロティノスの記憶違いであろう。『エンネアデス』の収

---

197) Simplicius, *Commentarius in Enchiridion Epicteti*, 1.1.

198) プルタルコスの著作の中にはこれと同じ語句はないが、*Moralia, De E Apud Delphos*, 392A11 に、δόκησιν ἀμυδρὰν（おぼろげな考え）という語句はある。そこでは、およそ死すべき性質をもつものはすべて、生成と消滅の間のなんらかの段階にあり、自分のおぼろげで不確かな外見しか呈しないことが語られる。『エンネアデス』の収録論文『非物体的なものの非受動性について』III.6.4.21 には、ἀμυδρὰ οἷον δόξα（思わくのようにおぼろげなことども）という語句がある。

録論文『善なるもの一なるもの』の中で、人が真実在を観るに至らない場合の理由について、その人の内なる魂が ἔτι ὀπισθοβαρὴς ὑπάρχων, ἃ ἐμπόδια ἦν τῇ θέᾳ「なお背後に、観照の妨げをなすような重荷を背負っているからである」ということが述べられている[199]。

さてシンプリキオスは上記の言葉に続いて、「真の意味での人になることを願う人」(Ὁ δὲ ὄντως ἄνθρωπος εἶναι βουλόμενος)[200] に言及し、これを次のように説明する。

> Ἀλλ᾽, ὅτι μὲν οὗτός ἐστιν ὁ ἀληθινὸς ἄνθρωπος, ὁ κατὰ τὴν λογικὴν ψυχὴν οὐσιωμένος, προηγουμένως μὲν ὁ τοῦ Πλάτωνος Σωκράτης ἔδειξεν, Ἀλκιβιάδῃ τῷ καλῷ, τῷ Κλεινίου, διαλεγόμενος.
>
> しかし、それが真の人、すなわち理性的魂に従うあり方をもつ人であるということは、先例としてプラトンのソクラテスが、クレイニアスの息子の美青年アルキビアデスとの哲学的問答によって論証したことである[201]。

この箇所に基づいてスミスは、第二段階の人に関する説明に進む。

> The Second is ἄνθρωπος κατὰ τὴν λογικὴν ζωὴν οὐσιωμένος, The man that looks at himself as being what he is rather by his Soul then by his body; that thinks not fit to view his own face in any other Glass but that of Reason and Understanding; that reckons upon his *Soul* as that which was made to *rule*, his *Body*

---

199) Plotinus, *Enneades*, VI.9.4.22.

200) Simplicius, *Commentarius in Enchiridion Epicteti*, 2.48.

201) Simplicius, *Commentarius in Enchiridion Epicteti*, 3.3-6.

as that which was born to obey, and like a handmaid perpetually
to wait upon his higher and nobler part.

第二段階は、ἄνθρωπος κατὰ τὴν λογικὴν ζωὴν οὐσιωμένος
(理性的生に従うあり方をもつ人)です。すなわち自分は本質的に肉
体によってよりはむしろ魂によってあるものであると、自分を見る人
です。自分自身の顔を、理性と理解力という鏡以外のものの中で見る
ことは、正しくないと考える人です。自分の魂と肉体について、魂は
支配するために造られたものであり、肉体は服従するために、すなわ
ち召使いのように自分のより高位・高貴な部分に永続的に仕えるため
に生まれたものである、と見なす人です[202]。

ここでスミスが使用する ἄνθρωπος κατὰ τὴν λογικὴν ζωὴν οὐσιω-
μένος(理性的生に従うあり方をもつ人間)という文言は、シンプリキオ
スの『注解』における ὁ ἀληθινὸς ἄνθρωπος, ὁ κατὰ τὴν λογικὴν
ψυχὴν οὐσιωμένος(真の人、すなわち理性的魂に従うあり方をもつ
人)をスミスなりに消化し、提示したものである。彼はシンプリキオス
の「理性的魂」を「理性的生」と言い改めた。理性によって肉体を従わ
せる魂は、そのアレテー・善性を善き行動として顕在化していくことが
必至だからである。この段階の人の内なる魂においては、アレテー・善
性に関する「共通観念、あるいは共通原理」は、第一段階の人のそれよ
りも明瞭かつ確固な状態にある。それゆえ、この人は τρανεστέραν καὶ
ἐμφανεστέραν δόξαν を、すなわち「より明晰・明瞭な思わく」(more
clear and distinct Opinions)をもっている[203]。すでに浄化の途上にあ
るからである。スミスはプラトンの言葉を借りて[204]、この人を「低次の

---

202) *The True Way or Method*, 18.

203) *The True Way or Method*, 18.

204) Plato, *Symposium*, 210A1; *Phaedrus*, 250C4.

秘儀」（Mysteria minora）に与るのにふさわしい人と表現する[205]。この人においては、真理に関する「生得観念」（Innate notions）がいまだ乏しい状態にあるとしても、真のアレテーの道を歩み続けることによって、やがて豊かなものとされることができるのである。スミスはこのような人びとについて、次のように述べる。

Ane therefore the Stoick suppos'd ὅτι τοιούτῳ προσήκουσιν αἱ ἠθικαὶ καὶ πολιτικαὶ ἀρεταί, that the doctrine of Political and Moral vertues was fit to be delivered to such as these.

そういうわけですから、あのストア派哲学者は、ὅτι τοιούτῳ προσήκουσιν αἱ ἠθικαὶ καὶ πολιτικαὶ ἀρεταί（このような人にこそ倫理的・政治的諸アレテーはふさわしいということ）、すなわち政治的・道徳的諸アレテーの教説はこのような人たちに伝えられるのがふさわしい、と考えたのです[206]。

「あのストア派哲学者」とはシンプリキオスのことであり、ὅτι τοιούτῳ προσήκουσιν αἱ ἠθικαὶ καὶ πολιτικαὶ ἀρεταί（このような人にこそ倫理的・政治的諸アレテーはふさわしいということ）という文言が、『注解』に依拠していることは明らかである。『注解』の「序」における同じ文脈の中に、次の文言がある。

Καὶ τούτῳ προσήκουσιν αἱ ἠθικαὶ καὶ πολιτικαὶ ἀρεταί, ἐφ' ἃς οὗτοι οἱ λόγοι προτρέπουσιν.

そしてこの人にこそ（『提要』の）これらの言葉が勧める倫理的・政治的諸アレテーはふさわしいのです[207]。

---

205) *The True Way or Method*, 18.
206) *The True Way or Method*, 18.

スミスの見るところでは、第二段階の人は「(より高次の流出に属する)神のアレテー」(Divine Vertue [which is of an higher Emanation]) に与るにはまだ早いけれども、その準備段階として倫理的・政治的アレテーの道を歩み続けるなら、やがて必ず神の真理を観照するに至るのである[208]。

そこでスミスは第三段階の人に関する説明に進む。

> The Third is Ἄνθρωπος ἤδη κεκαθαρμένος, He whose Soule is already purg'd by this lower sort of Vertue, and so is continually flying off from the Body and Bodily passion, and returning into himself.
>
> 第三段階は、Ἄνθρωπος ἤδη κεκαθαρμένος (すでに完全に浄化された人) です。すなわちその魂がこの低次の種類のアレテーによってすでに完全に浄化されており、それゆえ肉体とその情欲からいやましに飛び離れ続け、自分自身へと戻っていく人です[209]。

Ἄνθρωπος ἤδη κεκαθαρμένος (すでに完全に浄化された人) という文言は、シンプリキオスの『注解』の終わりに近い以下の箇所を反映している。

> Ὁ δὲ φιλόσοφος, ἀποστὰς τῆς πρὸς τὰ ἐκτὸς καὶ τὰ ἀπὸ ** σεως, καὶ ἀλλότρια ἐκεῖνα τελέως ἡγούμενος, ἅτε κεκαθαρμένος ἀπὸ τῶν εἰδώλων ἤδη καὶ τῆς σκιᾶς τῶν

---

207) Simplicius, *Commentarius in Enchiridion Epicteti*, 3.1-2.

208) *The True Way or Method*, 19.

209) *The True Way or Method*, 19.

ὄντων, εἰς ἑαυτὸν, καὶ τὸ ὄντως ὄν, καὶ τὰ κοινὰ εἴδη τοῦ λόγου τὰ ἐν αὐτῷ, ἐπιστρέφεται, καὶ ἐν ἑαυτῷ τὸ ἀγαθὸν εὑρίσκει.

しかし、哲学者は、外側の諸事物及び［…］から来る諸事物に向かう［…］から離れて立ち、それらを完全に他者に属するものどもと見なしている。すでに諸映像すなわち諸実在の影から完全に浄化されているからである。それゆえ彼は、自分自身の中に、すなわち真実在すなわち自分の内なる 理(ことわり) と共通の諸実相の中に返っていき、自分自身の内に善（の実相）を発見するのである[210]。

この箇所は、プラトン『国家』における「洞窟の比喩」と「太陽の比喩」を示唆する。そこでは実相の映像にすぎないものを映像と思いなす魂が、真の哲学の助けによって徐々に浄化され、実相の世界へ上昇していき、ついには善のイデアを観照するに至る道行きが、比喩的に語られている[211]。τῆς πρὸς τὰ ἐκτὸς καὶ τὰ ἀπὸ ** σεως（外側の諸事物及び［…］から来る諸事物のほうへ［…］）は、省略のため意味がやや不明である。しかし、文脈上、すぐ先のところで「一般の人」（Ἰδιώτης）のことが語られ、その特徴として「外側の諸物」（τοῖς ἐκτὸς）への「欲求」（ὄρεξις）とそれらからの「忌避」（ἔκκλισις）ということが言及されている[212]。なにかそのような考えを補うことができるのではないかと思われる。この「一般の人」とは異なり、「哲学者は…完全に浄化されている」（Ὁ δὲ φιλόσοφος . . . κεκαθαρμένος）とシンプリキオスは語る。この部分をスミスは「すでに完全に浄化された人」（Ἄνθρωπος ἤδη κεκαθαρμένος）というふうに、彼なりに再解釈しているのである。プ

---

210) Simplicius, *Commentarius in Enchiridion Epicteti*, 133.18-24.

211) Plato, *Respublica*, 514A-518B.

212) Simplicius, *Commentarius in Enchiridion Epicteti*, 133.12-17.

ラトンやシンプリキオスが語った、哲学による魂の浄化とその完成の道行きは、彼にとってはアレテー・善性による道行きなのである。ここで彼はこれを聖書の言葉によっても説明する。すなわち『ペトロの手紙 二』の言葉でいえば、第三段階の人は「情欲に染まったこの世の汚れを免れた」人ということになる[213]。しかし、神知に関しては、この段階の人が与えるのはいまだ νόθη ἐπιστήμη（非嫡出の知）であるとスミスは言う。この文言の出典は不明であるが、プラトニズムの思想に基づいて彼が造った表現なのかもしれない。いずれにせよ、その意味は、その知は単なる思弁的思わくの段階をはるかに凌駕しているが、いまだ真の知に達していない知であり、人はこの段階に安住してはならないということである[214]。

　この安住の危険性を、スミスはプロティノスの言葉を借りて、そのような人たちは、πληρωθέντες τῇ ἑαυτῶν φύσει（自らの本性において満ち足りている）、すなわち自分たちはアレテーと知識に満ち足りていると慢心して腐敗堕落する、と述べる。πληρωθέντες τῇ ἑαυτῶν φύσει（自らの本性において満ち足りている）という文言は、『エンネアデス』の収録論文『エロスについて』の中にある、μόνον γὰρ πληροῦται ἀληθῶς, ὅτιπερ καὶ πεπλήρωται τῇ ἑαυτοῦ φύσει（なぜなら、すでに自らの本性において満ち足りているものだけが、ほんとうの満足を得るからである）という文言を反映している。プラトン『饗宴』の中に、ソクラテスが賢者ディオティマからエロスについて話を聞く箇所があり、そこではエロスは知恵を愛し求めながらもいまだそれを得ることができない困窮者として描かれている[215]、プロティノスはこのエロス像に基づき、魂の内なるエロスは困窮者であることをその本性としており、本性において満ち足りているという段階にはいまだ達していない、と語るのであ

---

213) 『ペトロの手紙 二』1章4節、2章20節。

214) *The True Way or Method*, 19.

215) *Symposium*, 203CD.

る[216]。スミスの見るところでは、人の内なる魂がいまだアレテー・善性の道の途中にあるにもかかわらず、万一でも神知に到達したと思いなすならば、思い違いも甚だしく、非常に傲慢なのである。その例としてスミスは、「あの傲慢なストア派哲学者」(that supercilious *Stoick*) が叫んだ Sapiens contendet cum ipso Jove de felicitate（知者はユピテル自身とさえ至福を競うであろう）という言葉を引用する。セネカ『道徳書簡集』からの引用である。

> Nemo ad haec pauper est, intra quae quisquis desiderium suum clusit cum ipso Iove de felicitate contendat, ut ait Epicurus, cuius aliquam vocem huic epistulae involvam. Sic fac inquit omnia tamquam spectet Epicurus.
>
> この基準によればだれも貧者ではない。これらの範囲内に自分の欲求を制限しているなら、その人はユピテル自身とさえ至福を競うであろう、とエピクロスが言うようにである。私は彼の言葉の一つ二つをこの書簡の中に含めておこう。「エピクロスが見ているかのように、すべてのことを行いなさい[217]」

セネカがいう「この基準」とは、自然が欲求するのはパンと水だけであるということである。「これらの範囲内に自分の欲求を制限している」とは、富やモノはかなぐり捨て、質素な生活に徹するということである。エピクロスは、心の平静に到達することが究極の幸福であると考えたので、心の平静を妨げる富やモノの追求は避け、質素な生活に徹した。その生き方はセネカにとって模範であった。しかしながら、スミスは、セネカの考えに賛成することができない。どの点が賛成できないかというと、清貧の

---

216) Plotinus, *Enneades*, III.5.7.22.

217) Seneca, *Ad Lucilium, epistulae morales*, 25.4.

生を実践する人は「ユピテル自身とさえ至福を競うであろう」という点である。スミスから見て、人は清貧の生を実践している段階においてはいまだ神知の至福には達しておらず、自分を神と同等の位置に置くことなどはもってのほかなのである。清貧の生は、神知に至る道においては必要なものではあるが、清貧の生即神知の至福ではないのである。ここで興味深いことは、スミスはストア派の思想を丸呑みしていないということである。学派や教派の教説をただそれらのゆえに無批判に受け入れるのではなく、教説の内容をよく吟味した上で真偽・正邪を判断しようとする彼の姿勢がここにも表れている。ここでのセネカに対する批判は厳しすぎるようにも思われるが、おそらくスミスの心中においては、このエピクロスに基づくセネカの言葉と自らの清さを吹聴してはばからなかったピューリタンの姿との重ね合わせがあり、それが厳しい批判となって表れているのではないかと推察されるのである。スミスの批判は続く。第二段階に自己満足し、安住する人は天上の世界から遠ざけられたままである。たとえ自分は神の座に着いたと思ったとしても、それは自己欺瞞にほかならず、かの自らの神殿の中に自分を祀ったペルシャ王コスロエスのように、物笑いの種になるだけである。この段階の知には「謙虚さ、及び自己の欠乏と自己の空虚さの深い自覚」（Humility, and a deep sense of Self-penury and Self-emptiness）が必ず伴わなければならない。さもなければ、魂はもうこれ以上、真の神知へ上昇することはできないのである[218]。

　スミスの以上の批判は、第一義的には、自分自身に対するものでもあることは言うまでもない。この批判と戒めをしっかりと確認した上で、彼はいよいよ第四段階の人に関する説明に進む。

The fourth is Ἄνθρωπος θεωρητικὸς, The true Metaphysical

---

218) *The True Way or Method*, 19-20.

and Contemplative man, ὃς τὴν ἑαυτοῦ λογικὴν ζωὴν ὑπερ-τρέχων, ὅλως εἶναι βούλεται τῶν κρειττόνων, who running and shooting up above his own *Logical* or *Self-rational* life, pierceth in the *Highest life*: Such a one, who by *Universal Love* and *Holy affection* abstracting himself from himselfe, endeavours the nearest Union with the Divine Essence that may be, κέντρον κέντρῳ συνάψας, as *Plotinus* speaks; knitting his owne centre, if he have any, unto the centre of Diving Being.

第四段階は、Ἄνθρωπος θεωρητικὸς（観想的な人）です。すなわち真の哲学的・観想的な人です。その人はὃς τὴν ἑαυτοῦ λογικὴν ζωὴν ὑπερτρέχων, ὅλως εἶναι βούλεται τῶν κρειττόνων（自分の理論的生を足早に飛び越え、よりすぐれたものどもに完全に属することを願う）のです。すなわち自分自身の論理的、あるいは自前の理論的生を足早に飛び越え上昇していき、最高の生へ突き進むのです。そのような人は、普遍的な愛と聖なる愛情によって自分自身を自分自身から取り戻し、神の本質との最も親密な合一のために努力します。その合一は、プロティノスが言うように、いわばκέντρον κέντρῳ συνάψας（中心を中心に合わせる）こと、すなわち自分自身の中心を、もしそれをもっているならばですが、神の存在の中心に結合することなのです[219]。

Ἄνθρωπος θεωρητικὸς（観想的な人）という文言によって、スミスはシンプリキオスの『注解』における「序」の部分に戻る。そこでは「観想的な人」（τὸν θεωρητικόν）に関して、次の説明が述べられていた。

---

219) *The True Way or Method*, 20.

ἐκεῖνος γὰρ καὶ τὴν ἑαυτοῦ λογικὴν ζωὴν ὑπερτρέχων, ὅλος εἶναι βούλεται τῶν κρειττόνων.

というのも、かの人は自分自身の理論的生をも足早に飛び越え、自分の全体がよりすぐれたものどもに属することを願うからである[220]。

この文言は上記のスミスの文言とほぼ一致している。彼はシンプリキオスのいう「観想的な人」を「真の哲学的・観想的な人」と解釈し、そのような人が足早に飛び越えていく「理論的生」を「論理的、あるいは自前の理論的生」と解釈する。そしてそのような人が上昇していき、最期に到達する「よりすぐれたものども」を「最高の生」と解釈するのである。スミスは、人間の内なる魂のこの上昇を可能にする動力を「普遍的な愛と聖なる愛情」と表現する。この文言はプラトンとプロティノスのエロス論を反映している。プラトンは『饗宴』の中で、「天のエロス」（Πάνδημον）と「俗のエロス」（Οὐράνιον）との区別を述べているが[221]、プロティノスも『エンネアデス』の収録論文『善なるもの一なるもの』の中でプラトンの言葉をそのまま繰り返している[222]。この論文の中で、究極の善を観照する魂について、それは「自己自身」（ἑαυτὸν）であり、「光輝く自己自身」（ἑαυτὸν μὲν ἠγλαϊσμένον）であり、「光そのものとなって、清らかに、軽やかに、何の重荷もなく、神と化したというよりは、むしろすでに神であるところの自己自身」（φῶς αὐτὸ καθαρόν, ἀβαρῆ, κοῦφον, θεὸν γενόμενον, μᾶλλον δὲ ὄντα）である、ということが語られている[223]。この言葉に照らして、スミスの「自分自身を自分自身から取り戻す」という文言も理解することができる。完全に浄化された魂は、汚れに

---

220) Simplicius, *Commentarius in Enchiridion Epicteti*, 2.36-37.
221) *Symposium*, 180E.
222) Plotinus, *Enneades*, VI.9.9.28-29.
223) *Enneades*, VI.9.9.56-58.

染まった自分自身から神であるところの自分自身を取り戻すのである。論文『善なるもの一なるもの』は、これまで『講話』の至る所でスミスの議論を支えてきた。彼は、第一段階から第三段階の人に関する説明においては、シンプリキオスに準拠してきたが、最終段階においてはプロティノスに戻るのである。これによっていかにスミスがプロティノスに信頼を置いているかがわかる。プロティノスは上記の箇所において、魂の本性について次のように述べている。

> Ἐρᾷ οὖν κατὰ φύσιν ἔχουσα ψυχὴ θεοῦ ἑνωθῆναι θέλουσα ὥσπερ παρθένος καλοῦ πατρὸς καλὸν ἔρωτα.
>
> かくて魂は、それが生来の持ち前を保っている限り、神への愛情をいだいて、神と一体になることをこいねがうものなのであり、それはあたかも処女が、よき父に対して美しい愛情を寄せるがごとくである[224]。

「魂は、それが生来の持ち前を保っている限り、神への愛情をいだいて、神と一体になることをこいねがう」ということが、プロティノスが述べる魂の本性である。これをスミスは観想的な人の内なる魂に適用し、「神の本質との最も親密な合一のために努力します」と述べる。この究極的な合一を言葉で説明することは、至難の業であるといわなければならないが、スミスはプロティノスの助けを借りてこの体験を κέντρον κέντρῳ συνάψας（中心と中心を結合する）と表現する。上記の論文の同じ文脈の少し下った箇所は論文の最終部分にあたるが、そこにおいて、プロティノスは、人間の内なる魂が一者を観照するという境地を敢えて言葉で説明することに挑戦する[225]。すなわち、先に、魂がすでに神であるところの

---

224) *Enneades*, VI.9.33-34.
225) *Enneades*, VI.9.10.1-11.

第3章　ジョン・スミスの哲学的霊性　その1　｜　241

自分自身を観照することが、とりもなおさず一者の観照であることが語られた。その境地を「見る」という言葉で表現しようとするなら、次のようになる。

　　Ἑαυτὸν μὲν οὖν ἰδὼν τότε, ὅτε ὁρᾷ, τοιοῦτον ὄψεται,
　　μᾶλλον δὲ αὐτῷ τοιούτῳ συνέσται καὶ τοιοῦτον αἰσθή-
　　σεται ἁπλοῦν γενόμενον.
　　かくて自分自身を見る者は、まさにその見る時に、何かかくのごとき
　　自己自身を見るであろう。否、むしろかくのごとき自己自身に合体
　　し、すでに一体となっている自己自身を、かくのごときものとして感
　　得するであろう[226]。

プロティノスは、これまで「見る」という表現に頼ってきたが、今やその限界に達したのである。というのは、見るということは一方が他方を見るということであり、見る者と見られる者という二者の存在と区別とを含意するからである。しかるに一者の観照においては、見る者と見られる者という区別はないのである。プロティノスは視覚の言語を離れ、比喩に頼らざるをえない。

　　οἶον ἄλλος γενόμενος καὶ οὐκ αὐτὸς οὐδ᾽ αὐτοῦ συντελεῖ
　　ἐκεῖ, κἀκείνου γενόμενος ἕν ἐστιν ὥσπερ κέντρῳ κέντρον
　　συνάψας.
　　それは、たとえば自分が自分のものでもなければ、また自分自身でも
　　なくなって、他者となり、かの邦（くに）の一員として登録されているような
　　ものである。そして自己をかのものに所属させることによって、それ

---

226)　*Enneades*, VI.9.10.9-10.

は一つになっているのであって、それはちょうど中心を中心に合わせることによって、円が一つになるようなものである[227]。

ここで二つの比喩が語られている。一つは、一者の観照は「かの邦（くに）の一員として登録されているようなものである」というものである。συντελεῖという言葉は、古代アテナイにおける市民の階級分けを示唆する。全市民は、その所有する財産及びそれに応じて納めるべき寄付金によってそれぞれの階級に分類された。したがって、このギリシャ語は、アテナイにおいては「ある階級に属する」「ある階級の中に数えられる」ということを意味したのである[228]。ここでプロティノスが言うのは、地上のポリスならぬ「かの邦」である。それは一者のポリスである。その市民となった魂は、もはや地上の市民ではなく栄えある天上の市民なのである。さらにもう一つの比喩は、「それは一つになっているのであって、それはちょうど中心を中心に合わせることによって、円が一つになるようなものである」というものである。プラトンは『国家』において、魂が真実在に上昇していくための教育プログラムとして、数学的諸学科を奨励した[229]。同じようにプロティノスは、魂・一者の合一という究極の境地を説明するために、幾何学における円を比喩として用いるのである。スミスはこの箇所を熟読・熟考したにちがいないと思われる。その上で彼は、κέντρον κέντρῳ συνάψας（中心を中心に合わせることによって）という文言を、「自分自身の中心を、もしそれをもっているならばですが、神の存在の中心に結合する」と解釈するのである。彼の見るところでは、そのような魂がもつ知こそは、θεῖαν ἐπιστήμην（神知）、すなわち「真の、神の知恵」（a true Divine Wisdome）なのである。それはἐν νοερᾷ ζωῇ

---

227) *Enneades*, VI.9.10.15-17.

228) Cf. *LSJ*, 1726.

229) *Respublica*, 521C-531C.

（ヌースの生の中で）[230]、すなわち「知性の生の中で」(in an *Intellectual life*) 自らを力強く発現するのである。その神知は常に「神のアレテー」(Divine vertue) を宿している[231]。この神知に与る人は、以下のような人である。

Though by the *Platonists* leave such a *Life* and *Knowledge* as this is, peculiarly belongs to the true and sober Christian who lives in Him who is *Life* itself, and is enlightened by Him who is the *Truth* itself, and is made partaker of the *Divine Unction, and knoweth all things*, as S. John speaks. This Life is nothing else but God's own breath within him, and an *Infant-Christ* (if I may use the expression) formed in his Soul, who is in a sense ἀπαύγασμα τῆς δόξης, *the shining forth of the Father's glory*.

そのような生と知は、プラトニストたちに由来するものではありますが、とりわけ、真の・節度あるキリスト者に属します。その人は、生そのものである方の内に生き、真理そのものである方によって照らされ、聖ヨハネがいうように[232]、神の塗油に与る者とされ、すべてのことを知っています。このような生は、その人の内にある神自身の息に他なりません。そして（もしこういう表現を用いてもよろしければ）その人の魂の内に形造られる一人の幼児キリストであり、ある意味で ἀπαύγασμα τῆς δόξης（栄光の光輝）[233]、父（なる神）の栄光の照り輝きです[234]。

---

230) Cf. *Enneades*, VI.9.9.17, τὸ δὲ ἐκεῖ ζῆν ἐνέργεια μὲν νοῦ（かしこの生はすなわち知性の活動なのである）。

231) *The True Way or Method*, 20.

232) 『ヨハネの手紙 一』3章20節。

233) 『ヘブライ人への手紙』1章3節。

234) *The True Way or Method*, 21.

「真の・節度あるキリスト者」という表現に注目したい。真のキリスト者とは、「真理」すなわち神知に与る人であり、それはとりもなおさず「節度ある」（sober）人なのである。スミスがこのsoberという形容詞を用いるとき、プラトン哲学における「節制」（σωφροσύνη）及びその形容詞形のσώφρωνが、念頭にあるのではないかと思われる。節制とは快楽や欲望の制御・自分に打ち克つことであり、思慮の健全さ・思慮深さである。それは魂が快楽や恐怖などの情念から浄化されるために、欠かせないアレテーである。スミスの見るところでは、神知に与る人とは自らの欲望を抑制でき、善性を行動に移すことができる人であり、それを「真の・節度あるキリスト者」というのである。

　以上において見てきたように、スミスの『講話』は、終始、プラトニズム、とりわけプロティノスとプラトンに照らして聖書の理解を深め、翻って、聖書に照らしてプラトニズムの理解を深めるという双方向性の中で進んできた。あたかもスミスはプロティノスやプラトンと哲学的問答を行っているかのようである。引用・言及の多さから見て、彼の主な対話相手はプロティノスである。あるいはプロティノス的プラトンであるといってもよいかもしれない。プロティノス・プラトンとの真剣な対話を通して、スミスは洞察の果実を収穫した。それを『講話』を通して聴衆と分かち合ってきたのである。彼には偉そうに説教を垂れるという態度はまったく見られない。彼が神知をこよなく愛し求める者であることは確かであるが、神知に到達したなどとは夢想だにしないのである。彼は自分がいまだ途上にあることを強く自覚していた。「その人の魂の内に形造られる一人の幼児キリスト」とは、第一義的には、自分自身の魂のことをいっているのである。それゆえ次のように自戒を呼びかける。

But yet we must not mistake, this Knowdedge is but here in its

Infancy; there is a higher Knowledge or an higher degree of this knowledge that doth not, that cannot, descend upon us in these earthly habitations.

しかしながら、私たちはゆめゆめ間違ってはなりません。神知に関する知識は、この地上では幼児の段階でしかないということです。もっと高次の知識、あるいはもっと高次の段階の知識があるのです。それはこの地上の住処の中にある私たちの上に降りませんし、降ることもできないのです[235]。

私たちの内なる魂が、「この地上の住処の中に」、すなわち肉体的・物体的なものの中に束縛されているかぎり、「もっと高次の知識、あるいはもっと高次の段階の知識」に与ることはできない。『コリントの信徒への手紙一』の言葉でいえば、「ただ鏡の中で」(but in a glass)[236]、すなわちおぼろげにしか見ることができない。魂にまとわりつく「私たち自身の幻影の諸力」(our own Imaginative powers)[237]に妨害されるからである。しかし、善き人々の魂はこれにひるむことはない。神を見ることを切に愛し求め、アレテーの道を一歩一歩上っていく。これがスミス自身の道行きであるとともに、聴衆をいざないたい道行きなのである。

5．まとめ

『講話』に見られる、教派神学の宗教用語を自明の理とはせず、それを哲学的に掘り下げるスミスの言語は、キリスト教正統主義に固執する人たちに対して、異質であるだけではなく危険であるという印象を与えたこ

---

235) *The True Way or Method*, 21. Cf. C. A. Patrides, ed., 143-144.

236) 『コリントの信徒への手紙 一』13 章 12 節。

237) *The True Way or Method*, 21.

とであろう。はたしてスミスはキリスト者なのかプラトニストなのかという疑念をもつ人がいたとしても、不思議ではないであろう。しかし、彼はキリスト者なのかという問いに対しては、「真の・節度あるキリスト者」(the true and sober Christian) を強調するその熱い思いから、彼が心の底から自分をキリスト者と同定していると見て間違いない。彼はプラトニストなのかという問いに対しては、そのプロティノスとプラトンに大きく同調する姿勢から見て、スミスがプラトニストであることも疑いの余地がない。ただし、そのプラトニズムは矮小・硬直化したイデオロギーのようなものではない。むしろそれはソクラテス・プラトンに見られるような愛智者の精神である。いいかげんな臆見や不確かな知識に満足することなく、ひたすら真の知を愛し求めてやまない哲学者の精神であり、それから発動する現実の生である。その生は独断と激情を抑制し、他者との冷静でねばり強い対話によって、共に真の知を目指して上昇していこうとする姿勢である。性急な判断を避け、神与の理性によって問題を徹底的に吟味しようとする態度である。

　したがって、天国に到達しようとする信仰の情熱において、スミスは『天路歴程』の主人公「クリスチャン」と共通するものをもっているが、そのプラトニズムは、天国への到達という宗教概念を神知への到達という哲学概念に深化せずにはおかない。イギリス経験論哲学は論証能力としての理性にかぎりない信頼を置いた。それに対してスミスは、プラトンが『国家』において魂の機能を三区分し、理性的部分に指導者の役割を認めたように[238]、そのような理性的部分としての理性を心から信頼した。プラトンが重視してやまない魂における理知的部分は、スミスにとっては「先取観念」として例外なくすべての人間の魂に備わっている理性の種子である。この理性の種子は、神を明白に知り、神と親しく交わる可能性を

---

238) *Respublica*, 434C-441C.

秘めており、それがアレテーによって大切かつ適切に育まれていくなら
ば、やがて真の神知として開花することができる。この神知の可能性に
ついてスミスが抱く明るい展望は、人間の生まれたままの自然状態を「(文
字を) 消された石板」(tabula rasa) であると見なすロックの淡泊な考え
と対照をなしている。また、それは、すべての人間は生まれながら全面的
に堕落しており、神の予定と恩寵によらなければ救われることはできない
とする、PC の暗い宿命論的救済観とも大きく異なるのである。

　神をどこに見いだすことができるかということは、人間の魂の切なる叫
びであるが、イギリス経験論哲学は神を理性という本島から切り離し、信
仰という名の離島に押し流した。その結果、神は信仰にすがる善男善女の
みにもっぱら関わることがらとなり、理性に従って生きる知者には無縁の
ことがらとなった。しかし、スミスの考えでは、真の意味で理性に従う生
こそは、神知に至るための真の道なのである。PC は、人間の「罪」を強
調し、罪は神と人との間にけっして超えることができない断絶をつくっ
たと教え、神を人間の手の届かないはるか遠くに押しやった。しかも、罪
は人間にはいかにしても処理できないものであるとした。これに対してス
ミスは、罪の強調によって人間を威嚇するようなことはしない。むしろ彼
は、魂の「汚れ」とその浄化の福音を伝える。魂が汚れから浄化されるに
つれて、神に近づいていくことが可能なのである。しかも、汚れは人間に
処理できるものである。「真の・節度あるキリスト者」の魂は、エピクテ
トスに基づくシンプリキオスが教示するような段階を順次上昇していくこ
とによって、肉体的なものから徐々に浄化されていく。それと共に、その
魂の内なる「一人の幼児キリスト」(an Infant Christ) は、順調に成長を
とげていく。すなわち魂の内なる理性の感覚が、いやましに鋭敏なものに
変えられていき、ついに神知に到達するのである。理性はいわば秘儀の最
高段階にあずかり、「見神者」(ἐπόπτης) になることができる。

　「おぼろげな思わく」・「諸感覚と同じ思わく」の段階から「より明白で

明瞭な思わく」の段階へ、さらにそこから「非嫡出の知」の段階へ、そしてついに究極の「神知」（Divine Knowledge）・神的生への到達、という魂のたゆみなき上昇の道行きは、魂の内なる理性の道行きである。この理性の道行きは理性の浄化の道行きである。理性の浄化は、アレテー・善性によって力を与えられ完成へと導かれる。これは他でもなく34歳で帰天したスミスが目指した道行でもあった。彼は真の神知を愛し求める哲学者として、この地上の生を駆け抜けたキリスト者であった。その神知における知は、知性の感覚である。それは第一義的には知性の直観であるが、その直観には常に不可分離のものとして愛・喜び・平静といった「情動的次元・共振」が伴っている[239]。それゆえに知性の認識というよりは、知性の感覚というほうが的確なのである。この哲学的直観・愛の感覚が、スミスの哲学的霊性の特質であるといえよう[240]。

---

239) Cf. P. L. Gavrilyuk and Sarah Coakley, eds., *The Spiritual Senses Perceiving God in Western Christianity* (Cambridge University Press, 2012) 240: "on Smith's view, the 'sensation' or 'feeling' is not the cognition itself but, rather, its accompaniment or (better) its affective dimention or resonance."

240) 理性を霊的感覚の観点からとらえる見方は、CP の中ではスミスにおいて顕著であるが、ウィチカットやモアにおいてもある程度見られる。Cf. F. C. Beiser, *The Sovereignty of Reason The Defense of Rationality in the Early English Enlightenment* (Princeton University Press, 1966) 165-166, 171.

第4章

ジョン・スミスの哲学的霊性　その２
—— 『無神論に関する短い講話』：エピクロス哲学との対峙 ——

　本章は、第３章に引き続きケンブリッジ・プラトニスト（以下 CP と略す）のジョン・スミスを取り上げ、その哲学的霊性の特質をさらに解明することを目的とする。この作業にあたり、その遺稿集であるジョン・ワージントン編『講話選集』（John Worthington, ed., *Select Discourses*, London, 1660）の中に収録されている『無神論に関する講話』（*A Short Discourse of Atheism*）[1] の吟味を中心として、問題の考察を行うことにしたい。前章において確認した正統主義キリスト教との対峙と並んで、無神論との対峙は、スミスにとっては重要な問題であったからである。

　この講話においてスミスは、彼が身を置く有神論の立場に対する反論となりうる無神論の代表としてエピクロス哲学を取り上げ、それに対する論駁を試みる。その論法は、基本的に、まずエピクロス哲学の欠点を批判し、続いてプラトニストたち（プルタルコス、キケロ、プロティノス、シンプリキオス等）の引用により自説の論証を試みるという形をとる。その論証がどれくらい成功しているかということは、そもそもスミスがエピクロス哲学をどれくらい正確に理解しているかということと不可分である。それゆえ、彼のエピクロス哲学に対する理解と論駁の妥当性を吟味し明ら

---

1)　以下おいて引用する『無神論に関する講話』（*A Short Discourse of Atheism*）のテクストは、基本的に John Worthington, ed., *Select Discourses* (1660) 1-21 のものを使用する。英語の綴りは現代のものと異なるものが多々あるが、そのまま表記することにする。邦語に翻訳するにあたっては、H. G. Williams, ed., *Select Discourses By John Smith: To Which Is Added A Sermon Preached At the Author's Funeral* (1859) 39-55 に収録の校訂テクストも参照する。

かにすること、そして、そこから立ち現れてくるであろう哲学的霊性の特徴を確認することが、本章のめざす目的となる。

1. 『無神論に関する短い講話』の序論的考察

『無神論に関する短い講話』の吟味に入る前に、その準備として、いくつかの序論的な考察をしておきたい。

a. 『迷信に関する短い講話』と『無神論に関する短い講話』

はじめに『迷信に関する短い講話』と『無神論に関する短い講話』の関係を確認しておきたい。『講話選集』の10篇の講話は、語られた順序にしたがって配列されている。それらの多くは、スミスが1650年9月にクィーンズ学寮の学生監督・教理問答教師に就任し、1652年8月に世を去るまでの2年足らずのあいだに語られたものであると推定される。最初の『神知に至るための真の道・方法に関する講話』(*A Discourse Concerning the True Way of Attaining Divine Knowledge*) は、これに続く諸講話において彼が展開することになる宗教哲学の序論の位置に立つ。彼はただちに本論に進む前に、その神理解に対して反論となりうる二つの考え方を取り上げ、吟味する。それらは迷信と無神論である。

スミスが先に取り上げる講話は、『迷信に関する短い講話』(*A Short Discourse of Superstition*)[2] であり、そこにおける彼の論点は以下のとおりである。すなわち迷信とは、ギリシャ人のいう δεισιδαινονία (神々への恐れ) に相当し、キケロによってしばしば superstitio (超自然的なものどもへの恐れ) と訳されたものである。その意味は、「過度に臆病で

---

2)　　*A Short Discourse of Superstition, Select Discourses*, 23-38.

恐怖に満ちた神理解」(an over-timorous and dreadful apprehension of the Deity)[3] ということである。そこにおいては残酷で専横な怒りの神が想念され、その想念は贈り物で神を宥めることができるという神観をもたらす、というのである。スミスは単に過去の話をしているのではない。それと同じように、同時代のキリスト者の中にも、誤った神観に捕らわれている人たちがいるのではないであろうか、という懸念を彼は述べているのである。

> And I wish that that Picture of God which some Christians have drawn of him, wherein *Sowreness* and *Arbitrariness* appear so much, doth not much resemble it.
> そして私は、あるキリスト者たちが描いた、気難しさと恣意性があまりにも際立つ神の肖像画が、それと非常に似ていることがないように願うのです[4]。

「あるキリスト者たち」が、というとき、スミスの念頭にあるのは、神の怒りの概念を前提とする類いの贖罪論を信奉するピューリタン・カルヴィニズム（以下 PC と略す）及び同様のキリスト教神学であることは、容易に察しがつく。「このような人たちは神の善性との交わりをもたない」(these converse not with the goodness of God) と、彼は批判を述べる[5]。スミスの神観において最も重要なものは「神の善性」であり、そこには怒りの要素は微塵もない。怒りの神という妄想は、その怒りを宥める

---

3) *A Short Discourse of Superstition*, 26. Cf. Cicero, *De natura deorum*, I.42, 「迷信——神々に対する虚しい恐怖を含む」(superstitionem ... in qua inest timor ianis deorum)。翻訳は基本的に、山下太郎訳「神々の本性について」『キケロー選集 11』（岩波書店、2000 年）を使用する。

4) *A Short Discourse of Superstition*, 26.

5) *A Short Discourse of Superstition*, 27.

という妄想を生み、さらに宥めるための贈り物という妄想をもたらすのである。彼は、怒る神の肖像画を描く人たちのさらなる愚挙を次のように批判する。

> Therefore these Painters use their best arts a little to sweeten it, and render it less unpleasing. And those who fancy God to be most hasty and apt to be displeased, yet are ready also to imagine Him so impotently mutable, that His favour may be won again with their uncouth devotions; that He will be taken with their formal praises, and being thirsty after glory and praise and solemn addresses, may, by their pompous furnishing out all these for Him, be won to a good liking of them.

それゆえ、これらの画家たちは、それを和らげるために自分たちの最上の技術を少しばかり用いて、それをより不快でないようにしつらえます。そして神は非常に短気ですぐに機嫌を損ねる、と妄想するこれらの人たちは、しかしまたいつでも次のように空想することができるのです。すなわち、神は非常に無力にも気分が変わりやすいので、神の好意は彼らの下劣な祈りによって再び勝ち取られることができるのである、神は形式的な賛美によって捕らえられることができるのである、そして神は栄光と賛美と厳粛な祈願を渇き求めているので、彼らがこれらすべてのものを神に恭しく捧げることによって、愛顧してくれるよう勝ち取られることができるのである、というのです[6]。

スミスは、神の怒りを宥めるという考えを痛烈に批判する。PC の神学においては贖罪論が重要な地位をしめていた。「贖罪」とは神の怒りを宥め

---

6)　　*A Short Discourse of Superstition*, 28.

る行為であるが、それは彼の見るところでは、怒りの神の概念と同様に「妄想」なのである。fancy, imagine という強い批判を含意する用語が使われていることに注意したい。PC を含むキリスト教正統派は、「下劣な祈り」や「形式的な賛美」を「神に恭しく捧げる」という宗教上の儀式を極めて重要なことであると見なすが、スミスは、それらは怒りを宥めるための贈り物、すなわち賄賂にすぎない、と喝破したのである。

スミスはこの迷信批判を、自分たちに関係のない他人ごととして語っているのではない。自分自身の問題として真剣に受けとめるべきことを聴衆に呼びかける。

How *variously* Superstition can discover & and manifest itself, we have intimated before: To which I shall onely adde this, That we are not fit so well rid of *Superstition*, as some imagine when they have expe'lled it out of their Churches, expunged it out of their Books and Writings, or cast it out of their Tongues, by making Innovations in names.... No, for all this, *Superstition* may enter into our chambers, and creep into our closets, it may twine about our secret Devotions, & actuate our Forms of belief and Orthodox opinions, when it hath no place else to shroud itself or hide its head in.

いかに様々な仕方で迷信は現れ顕わになりうるかということを、私たちは先に示唆いたしました。そのことに次のことだけを付け加えるべきであると思います。すなわち私たちはそう簡単に迷信を除去できるなどと思ってはいけないということです。ある人たちは、自分たちの教会からそれを放逐したとき、自分たちの書物・文書からそれを消去したとき、あるいは自分たちが語る言葉から追放したとき、ただ名称を刷新したにすぎないにもかかわらず、迷信を除去したと空想するの

です。……違います。それにもかかわらず、迷信は私たちの寝室に入り込み、私たちの密室に忍び込むかもしれないのです。それは私たちの密かな祈りにまとわりつき、私たちの信仰の諸形式・正統的諸説を作動させるかもしれないのです。他に身を覆ったり頭を隠したりできる場所がない場合はそうなるのです[7]。

スミスの観察によると、古代ギリシャやローマの民間宗教において顕著に見られる迷信は、彼と同時代のキリスト教正統派の中にも隠れているのである[8]。そこにおいて「信仰の諸形式・正統的諸説」、すなわち教会の信仰告白や正統的教理・教義が後生大事に守られているが、しかしもしそれらがキリストの生を欠くならば、単に空虚であるだけではなく迷信なのである。この論点は、すでに『神知に至るための真の道・方法に関する講話』において繰り返し述べられたものである。クィーンズ学寮の学生監・教理問答教師の要職にありながら、こうした見方を述べることは、教会と神学に対する批判を行っていると受け取られる危険があったであろう。しかし、スミスは誤解を恐れずあえて迷信批判を行う。その目的は、宗教における主客転倒の状況を是正することにある。現状では、宗教における外面上のことがらが主となっており、内面上のことがらがおろそかにされているが、それは主客転倒に他ならない。彼は最初の『講話』において、魂におけるアレテー・善性に留意すべきことを強調した。この内面上のことがらが、宗教においては主なのである。このことは彼にとって、聖職者の地位に安閑としている人たち、及び将来聖職者になるであろう若い神学生たちを前にして、どんなに強調してもしすぎることはない一大事であった。したがって、スミスは『迷信に関する短い講話』の最終部分において、迷信にすぎないものをキリスト信仰だと思い違いしている人たちに対

---

7)　*A Short Discourse of Superstition*, 36.

8)　*A Short Discourse of Atheism*, 45.

して、次のような批判を述べる。

> As I doubt it doth now in too many, who laying aside all sober
> and serious care of true Piety, think it sufficient to offer up their
> Saviour, his Active and Passive Righteouness, to a severe and
> rigid Justice, to make expiation for those sins they can be willing
> to allow themselves in.
>
> 私が懸念するところでは、それ（迷信）は今や非常に多くの人たちの
> 中で働いております。その人たちは真の敬虔への節度ある真剣な配慮
> をすべて投げ捨て、自分たちの救い主を、その能動的・受動的な義を
> 非情で厳格な正義に捧げることだけで、自分自身の中に入ってくるの
> を喜んで許すことができる、あのもろもろの罪の償いをするのに十分
> であると考えるのです[9]。

宗教においては、「真の敬虔への節度ある真剣な配慮」を現実に生きるこ
とこそが肝要である。ただ口先で正統派の贖罪論を信奉するだけでは、そ
れは古代人の迷信とあまり変わりがない。そもそもそういう類いの贖罪論
の根底には、怒ったり宥められたりするという間違った神観・妄想があ
るということが、スミスの結論なのである。以上のように間違った神観
の一つである迷信を批判した上で、さらにスミスはもう一つの誤った神
観を批判するために、『無神論に関する短い講話』（*A Short Discourse of
Atheism*）[10] に進むのである。

---

9)　*A Short Discourse of Superstition*, 37.

10)　*A Short Discourse of Atheism*, 39-55.

b.　エピクロスの著作

『講話』においてスミスは、無神論の代表としてエピクロス哲学を取り上げるのであるが、その資料となるエピクロスの著作について瞥見しておきたい。エピクロス（前341～前271）の著作は300巻に上るが、現存しているものはわずかである。ディオゲネス・ラエルティオスが『哲学者列伝』（*Vitae philosophorum*）の第10巻「エピクロス伝」に収載した三つの書簡、『ヘロドトス宛書簡』（*Epistula ad Herodotum*）、『ピュトクレス宛書簡』（*Epistula ad Pythoclem*）、『メノイケウス宛書簡』（*Epistula ad Menoeceum*）。これらの書簡に加えて、ディオゲネスは40の『主要教説』（*Kyriai doxai*）を伝えている。さらにヴァチカン写本中には、『ヴァチカン箴言集』（*Sententiae Vaticanae*）が残っている。また、18世紀に行われたヘラクラネウムの発掘によって発見されたパピルスの巻物には、エピクロス『自然について』（*De natura*）の数巻の断片や、キケロと同時代に活動したエピクロス派の哲学詩人、ガダラのピロデモスの著作の断片も含まれている。エピクロスの教説の詳細については、ローマの詩人ルクレティウスの『事物の本性について』（De rerum natura）、キケロの『善と悪の究極について』（*De finibus bonorum et malorum*）、『神々の本性について』（*De natura deorum*）、『トゥスクルム荘対談集』（*Tusculanae disputationes*）、プルタルコスの『迷信について』（*De superstitione*）、『エピクロスに従っては、快く生きることは不可能であること』（*Non posse suaviter vivi secundum Epicurum*）、『コロテス論駁』（*Adversus Colotem*）、セネカの『倫理書簡集I』（*Epistulae Morales*）などの二次資料がある。スミスが以上の文献の大部分を知っていたということは、これから行う『無神論に関する短い講話』の分析によって明らかになるであろう。

c. イングランドにおけるエピクロス哲学の影響

さてスミスは、なぜ無神論の代表としてエピクロス哲学を取り上げるのであろうか。なにも問題がないのにそれを取り上げたとは考えにくい。同時代のイングランドにおいてそれが一定の影響を及ぼしており、彼はそれを脅威と見なしたからであろうと考えられる。それでは当時エピクロス哲学はどれくらい知られていたのであろうか[11]。すでに16世紀末にエピクロスの教説と無神論とを結びつける見方は散見されるが、17世紀中葉まではエピクロスへの言及はもっぱら快楽主義への非難に限られていた。しかし、1650年以降、大陸の機械論哲学がイングランドの知的階層を魅了するにつれ、キリスト教正統派は、古代ギリシャの原子論が自らの神学に対する脅威であることを意識しはじめた。この時期は、大陸に逃れて科学的学問の研究を続けていた「ニューカスル一団」(The 'Newcastle circle') の帰国時期と符合する。この帰国の出来事に拍車をかけたのは、急進的平等主義者集団「レヴェラーズ」(the Levellers) の小冊子著作家リチャード・オヴァートン (Richard Overton, 1631-1663) の筆になる、1643/44年にアムステルダムで発刊された宗教批判の小冊子 *Mans Mortalitie, or a Treatise wherein 'tis proved, both Theologically and Philosophically, that the whole man (as a rational creature) is a compound wholly mortall, contrary to the common distinction of Soule and Body: and that the present going of the Soule into Heaven and Hell is a meer fiction, etc.,* Amsterdam, printed by John Canne AD 1644 であった。長い題名であるが、略して *Mans Mortalitie* と呼ば

---

11)　以下の記述については、H. Jones, *The Epicurean Tradition* (Routledge, 1989) 186-213; S. Gillespie and P. Hardie, eds., *The Cambridge Companion To Lucretius* (Cambridge University Press, 2007) 242-253 を参照。

れている。1655年にはこの冊子の増補版 *Man wholly Mortal* が刊行された[12]。レヴェラーズの創始者、J. リルバーン（John Lilburne, 1614-1657）の親友でもあった。この小冊子の中でオヴァートンは、聖書と自然理性に訴える方法によって、魂が肉体から分離して独立に存在するという信念は虚構であり、死後に永遠のいのちに甦るのは物質的肉体だけである、と主張した。その主張はエピクロスの教説のみに依拠しているわけではないが、デモクリトスやレウキッポスら原子論者と並んで、エピクロスもが引き合いに出されている[13]。オヴァートンは、魂と肉体について次のような考えを述べる。

If we will rationally argue concerning the Soul, it is necessary to define *what it is*, to which *it* is ascribed: But since it is defined by some one way, by some another way, I shall produce some Opinions about it ; and then bring the most rationall to tryall, omitting the more frivolous: viz.

The *Stoicks* held it *A certaine blast hot and fierie*: or *the vital spirit of the blood*: ... *Democritus*, *Fire*, and his opinion was, the *round Attomes being incorporatied by aire and fire doe make up the Soule*: ...

And there be several Opinions of its Body: *Leucippus* and *Hipparchus* say, it hath a *fierie Body*: ... Epicurus, fierie and airie: ...

All the Faculties of Man (*sensu deviso* or *conjuncto*) are all, and each of them mortall; ... then the invention of the Soul upon

---

12)　H. Jones, *The Epicurean Tradition*, 258 n.38.

13)　Richard Overton, *Mans Mortalitie*, ed. by Harold Fisch (Liverpool University Press, 1968) 17-31.

that ground vanisheth.

　もし私たちが魂について合理的に論じようとするのであれば、それ
が何であるのか、それが何に属するのかを定義する必要がある。しか
し、それはある人によってはこのように、他の人によっては別のよう
に定義されるので、それに関するいくつかの見解を提示したい。その
上で最も合理的なものを吟味し、より浅薄なものは割愛することにし
たい。

　すなわち

　ストア派は魂を高熱で火をもつ何らかの衝風、もしくは血液の生命
力と見なした。……デモクリトスはそれを火と見なした。彼の見解
は、風と火によって結合されている丸い諸原子が魂を構成するという
ものであった。……

　また、肉体に関してもいくつかの見解がある。レウキッポスとヒュ
パルコスは、それは火をもつものであるという。……エピクロスは、
それは火と空気であるという。……

　人間に属するすべての機能（切断された感覚によるものであれ、結
合された感覚によるものであれ）は、死を免れない。…したがって、
その根拠に基づく魂の発明は消滅する[14]。

こういう見方に対して、1645 年、キリスト教正統派の A. ロス（Alexan-
der Ross, c. 1590–1654）は、その著作 *The Philosophical Touchstone*
において、オヴァートンを「エピクロスの豚小屋出の豚」とののしり、
翌年、J. バチラー（John Bachiler, 1605-?）は、その著作 *The Soules
Own Evidence, for its Own Immortality* において、「無神論者たち、エ
ピクロス派の者たち等」を論難した。

---

14)　Richard Overton, *Mans Mortalitie*, 17-20.

スミスが *A Short Discourse of Atheism* 及び *A Discourse Demonstrating the Immortality of the Soul* を講じたのは、およそ同じ時期に属するものと思われる。これらの講話はその題目からすると、もっぱらキリスト教正統主義の擁護を目的とするものであるように見えるかもしれない。しかし特定のイデオロギーやドグマを擁護することは、彼の哲学的霊性にそぐわない。無神論を取り上げ、それを吟味するということは、彼自身の神観を吟味することでもあり、その神観に基づく彼自身のキリスト者としてのあり方を反省することでもあったはずである。スミスは遠からず病気のためにこの世の旅路を終えることになるが、その迫り来る死を強く意識しながら『無神論に関する短い講話』を準備し、語ったのではないであろうかと思われるのである。

2．講話のためのテクスト

スミスが講話の冒頭に置く講話のためのテクストは、例によって聖書とプラトニズム関連文献からとられている。次のとおりである。

They say unto God, Depart from us; for we desire not the knowledge of thy ways. What is the Almighty that we should serve him? and what profit should we have, if we pray unto him? Job 21.14, 15.

彼らは神に向かっていう。「私たちから離れ去ってくれ。なぜなら私たちはあなたの諸道を知る知識など欲しくないからだ。一体全能者は何様だからというので、私たちは彼に仕えなければならないのか。どんな利益が得られるからというので、私たちは彼に祈らなければならないのか」『ヨブ記』21 章 14、15 節。

ἔνιοι γὰρ ἀποσφαλέντες παντάπασιν εἰς δεισιδαιμονίαν ὤλισθον, οἱ δὲ φεύγοντες ὥσπερ ἕλος τὴν δεισιδαιμονίαν ἔλαθον αὖθις ὥσπερ εἰς κρημνὸν ἐμπεσόντες τὴν ἀθεότητα. Plutarch, *De Iside et Oside*, 378A.

なぜなら、ある人たちは完全に迷ってしまった結果、迷信の中に滑落した。他の人たちはあたかも沼地を回避するかのごとくに迷信を回避したものの、それとは知らずに再び、あたかも崖下に落ち込むかのごとく無神論へと落ち込んだ。プルタルコス『イシスとオシリス』378A。

ἔνιοι φεύγοντες τὴν δεισιδαιμονίαν ἐμπίπτουσιν εἰς ἀθεότητα τραχεῖαν καὶ ἀντίτυπον, ὑπερπηδήσαντες ἐν μέσῳ κειμένην τὴν εὐσέβειαν. Plutarch, *De Superstitione*, ad fin.

なぜなら、ある人たちは迷信を回避するとしても、野蛮で頑迷な無神論の中に落ち込むからである。中間に位置する敬虔を飛び越えてしまったからである[15]。プルタルコス『迷信について』末尾。

スミスが聖書テクストとして選んだ『ヨブ記』は、弁神論の書としてヘブライ語聖書の中でも白眉であると言えよう。「私たちから離れ去ってくれ」という神不要宣言は、けして軽いものではない。まじめに信仰していた者の言葉である。何がその人を神不要宣言に至らせたのか。「全能者」の力と配慮に対する幻滅である。「利益」の見返りがない祈りに愛想を尽かしたからである。このような人を無神論者と呼ぶのであれば、スミスの時代にもそのような心境にある人たちが大勢いたものと思われる。彼らに対して、どのように神を説明し神を弁護することができるのであろうか。これ

---

15) Plutarchus, *De Superstitione*, 171F3-5.

は大変難しい課題であるが、スミスは神知に至る道行きの中でそれを避けて通るわけにはいかなかった。

　併せて、プルタルコスから二つのテクストが選択されている。両テクストにおいて、「迷信を回避する」ことと無神論との関係が述べられている。両者は隣り合わせであり、迷信を回避する仕方を間違うと容易に無神論に落ち込むのである。迷信を回避する仕方には、極端な仕方と思慮深い仕方とがある。前者は迷信の神を否定するあまり神そのものまで否定してしまう。後者は「中間に位置する敬虔」に意を用い、真の神を探求する道に踏み出す。「中間」は、中庸をアレテーとしたアリストテレスの教説を反映していると思われるが、それはスミスを含む CP の思想を理解する鍵語であると言える。迷信か無神論かの両極端な二者択一ではなく、両者の間に位置する「敬虔」、すなわち真の意味における神への畏敬をスミスは思慮深く追求するのである。その追求において、聖書と併せてギリシャ古典が互いにとっても、スミスにとっても信頼できる協働者なのである。この短い『講話』において、プルタルコスへの言及が 10 回以上も行われるが、これによってもスミスの神理解がいかにプルタルコスから裨益しているかということが、示唆されるのである。説教・講話において、その基礎となるテクストが非常に重要な位置を占めるが、スミスが選択したテクストは、これから語る『講話』の全体を射程に入れた、よく考え抜かれたものである。

3．エピクロスの神観

　この『講話』においてスミスは、概して［エピクロス哲学＝無神論］という定式に基づき、エピクロス哲学を批判しているように思われる。しかし、エピクロスへの公平のためにいうなら、彼は神々について誠実に思索した人物であり、彼を無神論者と呼ぶことは妥当であるのかという疑問が

残る。そこでスミスの批判を吟味する前に、エピクロスの神観を瞥見しておきたい[16]。

a. 神々は存在する

エピクロスは神々の存在への信をもっていた。神々の存在への信は、「万人の同意」（consensus omnium）であり、経験に由来する「先取的認識」（προλήψις）である[17]。ただし、エピクロスの神は情動に動かされることのない神である[18]。

b. 神々は「至福」かつ「不死」である

「至福」（μακάριος）かつ「不死」（ἀθάνατος）という神の属性に関する信も、先取的認識である[19]。これらの属性は、神々に関する心的な像から人びとが推論したものである[20]。この神の視覚像は、現実に存在する神そのものから流出した諸原子が人間の心に浸透し、配置されたものである。

c. 神々の至福は不断の平静の内に成立している

神々はあらゆる煩いから解放された生を享受し、「平安な住居」（sedes quietae）に住んでいる[21]。この神々の至福観は、人間の幸福は不断の平

---

16) この項については、A. A. ロング、金山弥平訳『ヘレニズム哲学—ストア派、エピクロス派、懐疑派—』（京都大学学術出版会、2003 年）62-73 を参照。

17) *De naruta deorum*, I. 43.

18) *Kyriai doxai*, 1

19) *De naruta deorum*, I. 45-46. *Epistula ad Menoeceum*, 123-124.

20) *De rerum natura*, V.1175-1182.

静な生活、苦痛を免れた生活に存する、というエピクロスの基本的理念を神々に投影したものである。彼は、神々から人間の営みに関与する行為や感情を取り除いた[22]。神々は宇宙を創造する欲求・能力をもたない。宇宙は神の統治のもとにはない。その事実は、宇宙の不完全性から明らかなのである[23]。

d. 神々は自然現象に関与しない

迷信は恐ろしい自然現象の原因を神々に帰するが、それは自然学知の欠如によるものである。神々は自然に関与しない[24]。この考えは、ギリシャ

---

21) *De rerum natura*, III.18-24.

22) H. Usener, ed., *Epicurea*, 364.

23) *De rerum natura*, V.156-194.

24) *Epistula ad Herodotum*, 76-77. *De rerum natura*, II.1090-1104:

 Quae bene cognita si teneas, natura videtur

 libera continuo, dominis privata superbis,

 ipsa sua per se sponte omnia dis agere expers.

 nam pro sancta deum tranquilla pectora pace

 quae placidum degunt aevom vitamque serenam,

 quis regere immensi summam, quis habere profundi

 indu manu validas potis est moderanter habenas,

 quis pariter caelos omnis convertere et omnis

 ignibus aetheriis terras suffire feracis,

 omnibus inve locis esse omni tempore praesto,

 nubibus ut tenebras faciat caelique serena

 concutiat sonitu, tum fulmina mittat et aedis

 saepe suas disturbet et in deserta recedens

 saeviat exercens telum, quod saepe nocentes

 praeterit exanimatque indignos inque merentes?

 このことをよく理解して忘れなければ、すぐに

 自然は自由であり、高慢な主人をもたず、

第4章　ジョン・スミスの哲学的霊性　その2　　265

の民間宗教における、神的な諸天体が人間の幸不幸に介入するという迷信に対する批判である。それだけではなく、プラトンやアリストテレスの宇宙論に対する批判でもある。プラトンの考えによると、神々は天体を導く[25]。人間と宇宙の全体も神の「所有物」である[26]。エピクロスの考えでは、そのような神の摂理と絶対的統治という観念は、ギリシャ民間宗教の域を出ておらず、人間の心に動揺をもたらす主たる原因である。

　エピクロスの見るところでは、アリストテレスの神学もプラトンのそれと五十歩百歩である。アリストテレスも、天体を自発的に運動する知的で心的な存在とみなした[27]。天界と自然は、「第一の不動の起動者」としての神に依存している[28]。人間の営みは、神を究極原因とする太陽の日周運動や季節の変化のような出来事の影響下にある、とされるのである。

　　　神々の関わりなしに自ら気ままに万事をなしていることが分かるだろう。
　　　なぜなら、穏やかな平和のうちに静かな日々をすごし
　　　曇りない生を送っている神々の胸にかけてちかうが
　　　誰が無限の宇宙の全体を支配し、誰が深淵の
　　　力強い手綱をその手に握って導くことができようか？
　　　誰がすべての天空を同時にめぐらせ
　　　ゆたかな大地をアイテールの火であたため
　　　すべての場所にすべての時におり、
　　　雲で闇をつくり、晴れた空を雷鳴でうちふるわせ
　　　それから電光をとばして、しばしば自分の神殿を
　　　ぶちこわし、また荒野にしりぞいて
　　　あれくるい、その投げる槍は、しばしば罪あるものを
　　　みのがし、罪なきものの命をとるのか？

25)　*Leges*, 899B.

26)　*Leges,* 902BC.

27)　*De natura deorum*, II.42-44, I.33. Aristoteles, *De philosophia*（『哲学について』）III.

28)　*Metaphysica*, 1072b13-14.

e. 神々は物理的合成体である

キケロが伝えるところによると、エピクロスは神々が「人間と同じ姿」をしており、「万物の中で最も美しい姿」をしている、と考えた[29]。神は人間の感覚器官によって把握することができる物理的合成体であるとされる。ただし、それは原子の流出や外部からの打撃によって影響を受ける一般的合成体とは異なる。神々は「固体性」を伴うものではなく、「数において不変のもの（数的同一性をもつもの）」でもない。「きわめて類似した像の果てしない連続体が無数の原子から成り立ち、わたしたちのもとにたえず流れ込んでくる」のである[30]。神々は「似像」（εἴδωλα）であり、「同一箇所で完成にもたらされる相似た像が連続的に流れてゆくことによって、相似た形のゆえに存在するもの」である[31]。「像」は確固たる物体とは異なり、確固たる物体を構成するだけの密度を欠いた微粒原子の配列である[32]。それゆえ神々は、通常の合成体のように数的同一性をもっていない。したがって外的な「打撃」によって滅びることはない、というのである。

f. 神々の至福

このような希薄な構造をもつ神々というエピクロスの神観は、キケロから、そのような神々の実体は夢のようなものであり、非実体的である、と

---

29)　*De natura deorum*, I.46-49.

30)　*De natura deorum*, I.49.

31)　H. Usener, ed., *Epicurea*, 355.

32)　*De rerum natura*, V.154. ルクレティウスは神々の「身体」（corpus）に言及し、「希薄・緻密」（tenuis）という。

第4章　ジョン・スミスの哲学的霊性　その2　｜　267

いう批判を浴びた[33]。キケロの見るところでは、エピクロスがこのような
存在である神々に至福を認めたのは、その消極的な幸福観に基づくもの
である。煩瑣な仕事をもたず、苦痛に煩わされず、変化を受けることもな
いことが、エピクロスの理想とする幸福である。神々の住まいは世界の
中にはなく、無数の宇宙のあいだに存在する空間としての「世界間空間」
(intermundia) の内にある[34]。苦痛の欠如こそが最高の快楽であり、快
楽が幸福の本質であると考えるから、神々は至福なのである。先述したよ
うに、ルクレティウスによると、神々は「平安な住居」(sedes quietae)
に住み、あらゆる動揺から解放された生を享受しているのである。

apparet divum numen sedesque quietae,
quas neque concutiunt venti nec nubila nimbis
aspergunt neque nix acri concreta pruina
cana cadens violat semper[que] innubilus aether
integit et large diffuso lumine ridet:
omnia suppeditat porro natura neque ulla
res animi pacem delibat tempore in ullo.
神々の力とその平安な住居とが現れる、
そこは風もゆるがず、雲も雨をふらせず、
きびしい寒さに堅く凍った白雪が降ってこれを侵すこともない、
晴れきったアイテール（天空）はいつもその上に拡がり、
ゆたかに光をみなぎらせてほほえんでいる。
そして自然は必要なものをすべて与え
いかなる時にもその心の平和を損なうものは一つもない[35]。

---

33)　*De natura deorum*, I.49.

34)　*De natura deorum*, I.18. *De finibus bonorum et malorum*, II.75. Diogenes
　　Laertius, *Vitae philosophorum*, X.89.

人間の営みは神々の関与するところではない。しかし人間と神々はまった
く関係がないのかといえば、そうではない。エピクロスの見るところで
は、少なくても人間にとっては神々は関心事である。人間が神々から益を
くみ取るか否かは、神々の「像」を捉えるときの心のあり方にかかってい
る。平静心をもってそれを行うなら、正しい神観に到達することも可能で
あるというのである[36]。

4．無神論の起源

スミスは、『講話』における無神論批判をその起源に関する考察から始
める。すでに本章の 1.a において触れたように、彼は無神論の起源を迷信
にたどる。

a．迷信と無神論

『講話』は次のように始まる。

We have now done with what we intended concerning *Superstition*, and shall a little consider and search in the *Pedigree* of *ATHEISM*, which indeed hath so much *affinity* with *Superstition*, that it may seem to have *the same Father* with it. Οὐκ οἴεται θεοὺς εἶναι ὁ ἄθεος, ὁ δὲ δεισιδαίμων οὐ βούλεται. Superstition could be well content there were no God to trouble or disquiet it, and *Atheism* thinks there is none.

---

35) *De rerum natura*, III.18-24.

36) *De rerum natura*, VI.71-78.

第4章　ジョン・スミスの哲学的霊性　その2 | 269

私たちは迷信について申し上げたいことは終えましたので、次に無神論の起源について少しばかり考察し探求したいと思います。実際、無神論は迷信と非常に多くの類似性をもっておりますので、それと同じ父親をもつと思われると言ってもよろしいかもしれません。「無神論者は神々が存在するとは考えないのに対して、迷信者は神々が存在することを欲しない」のです。すなわち迷信は、自分を動揺させ不安にさせるような神が存在しないということで、大いに満足することができるでしょう。そして無神論は、神は存在しないと考えるのです[37]。

スミスが無神論について最初にとりあげる問題は、「無神論の起源」である。神を信じる者が神を信じない者に転じるのはなぜか。その人の魂の内においてどこから無神論が生まれるのかということである。彼の見るところでは、無神論は迷信から生まれるのである。すぐに怒り出すけれども、賄賂によってすぐに宥められる類いの神という妄想、それは無神論と紙一重の差なのであり、もしそれが理性によって啓蒙されることがなければ、一足飛びに無神論に転じる危険がある。この点を強調するために彼は、Οὐκ οἴεται θεοὺς εἶναι ὁ ἄθεος, ὁ δὲ δεισιδαίμων οὐ βού-λεται（無神論者は神々が存在するとは考えないのに対して、迷信者は神々が存在することを欲しない）という言葉を引用する。出典への言及はないが、プルタルコス『モラリア』（Ήθικά, Moralia）に収録の『迷信について』（Περὶ δεισιδαινονίας, De Superstitione）からの引用であり、原文は次のとおりである。

Οὐκ οἴεται θεοὺς εἶναι ὁ ἄθεος, ὁ δὲ δεισιδαίμων οὐ βούλεται, πιστεύει δ' ἄκων· φοβεῖται γὰρ ἀπιστεῖν.

---

37)　*A Short Discourse of Atheism*, 41-42.

無神論者は神々が存在するとは思わないのに対して、迷信者は神々が
　　存在することを（本当は）欲しないけれども、それをいやいやながら
　　信じる。なぜなら信じないでいることを恐れるからである[38]。

無神論者は神が存在するとは「思わない」、つまり、信じない。他方、迷
信者は神が存在することを「欲しない」が、いやいやながら、つまり、建
前として信じている。一方では「思わない」といい、他方では「欲しな
い」というが、両者は背中合わせである。欲しないということは要らない
ということであり、要らないということは存在するものと見なさない・思
わないということに限りなく近い。それでは、なぜ人びとは迷信者の立場
にとどまり、無神論者に転向しないのであろうか。「信じないでいること
を恐れる」からである。興味深い表現である。これについてスミスは再び
プルタルコスの『迷信について』を引用し、次のように説明する。

　　ὁ δὲ δεισιδαίμων τῇ προαιρέσει ἄθεος ὢν ἀσθενέστερός
　　ἐστιν ἢ ὥστε δοξάζειν περὶ θεῶν ὃ βούλεται.
　　迷信者は自分の好みとしては無神論者でありたいのであるが、弱気で
　　あるがゆえに、自分が欲することを神々について思うまでには至らな
　　いのである[39]。

「信じないでいることを恐れる」ということは、換言すると、「弱気であ
る」ということである。迷信者は本音としては無神論者に転向したいと
思っている、強気な人は転向を実行するが、弱気な人は迷信者の立場に甘

---

38)　Plutarchus, *De Superstitione*, 170F4-5. 翻訳は、瀬口昌久訳『プルタルコス
　　モラリア 2』（京都大学学術出版会、2001 年）に収録の『迷信について』を参
　　照。

39)　Plutarchus, *De Superstitione*, 171F11-13.

第4章　ジョン・スミスの哲学的霊性　その2　│　271

んじる、とスミスは見るのである。ここでは迷信者と無神論者の区別が、
弱気・強気という心理上の観点から分析されている。スミスは先の『迷信
に関する短い講話』において、怒る神という神観と、それに基づくキリス
トによる刑罰代受に固執する類いの贖罪論を批判した。その批判に照らし
て、ここでは、「残忍で独裁者的な神という下劣な神観」(a base opinion
of Deity as cruell and tyrannical) が無神論を生み出す、という見解を
述べる。このような神観は弱気な人を迷信に向かわせ、強気で邪悪な人を
無神論に向かわせる。怒りの神という想念は前者を追従へ、後者を憤慨へ
駆り立てる。両者のおもむく方向は異なるが、出処は同一である。すなわ
ち神へのいわれなき恐れである、とスミスは論じる[40]。

　このような迷信が無神論の起源であり、その温床であると断ずるにあた
り、彼はさらにプルタルコスの『迷信について』を引用し、以下のように
敷衍する。

　　ἡ δὲ δεισιδαιμονία τῇ ἀθεότητι καὶ γενέσθαι παρέσχεν
　　ἀρχὴν καὶ γενομένη δίδωσιν ἀπολογίαν, οὐκ ἀληθῆ μὲν
　　οὐδὲ καλήν, προφάσεως δέ τινος οὐκ ἄμοιρον οὖσαν,
　　Superstition afforded the principle of Generation to Atheism,
　　and afterwards furnish'd it with an Apology, which though it be
　　neither true nor lovely, yet wants it not a specious pretence.
　　「迷信は無神論にそれが生成するための起源を提供したとともに、無
　　神論の生成に弁明を与えるのである。その弁明は真実でもなく美しく
　　もないが、何らかの口実を含んでいないわけではない[41]」、すなわち
　　迷信は無神論に生成の起源を提供しました。そしてしかる後、無神論
　　に弁明を供給しました。その弁明は真実でもなく美しくもありません

---

40)　*A Short Discourse of Atheism*, 42.

41)　Plutarchus, *De Superstitione*, 171A1-4.

が、もっともらしい口実を欠いていないわけではありません[42]。

スミスの見るところでは、迷信と無神論は共犯者であり、迷信が無神論に口実と自己正当化を提供したのである[43]。神から偉大さを剥奪し、神を軟弱さで装うという意味では、シンプリキオスがいうように、迷信は事実上「無神論」（ἀθείας λόγον）に等しいのである[44]。

　キリスト教正統派はキリストの身代わりの死という信念を固守するが、スミスの見るところでは、それは迷信でしかない。彼はこの迷信を古代社会において行われた「人身御供」（ἀνθρωποθύται）の習慣に例える[45]。それはプルタルコスやエンペドクレスが批判した蛮行であるが[46]、それにとどまらない。エピクロス派の詩人ルクレティウスの憤慨を引き起こした。話はギリシャ悲劇に及ぶが、アガメムノンはトロイア遠征において娘のイピゲネイアを人身御供としてアルテミスに捧げた[47]。この迷信的蛮行に対して、ルクレティウスはその哲学詩『事物の本性について』において、「宗教はこれほどまで悪を唆すことができたのである」（Tantum religio potuit suadere malorum）と、大きな憤慨を表明した[48]。彼は迷

---

42) *A Short Discourse of Atheism,* 42-43.

43) *A Short Discourse of Atheism,* 43. Cf. Plutarchus, *De Superstitione,* 170F11-13.

44) *A Short Discourse of Atheism,* 43. Cf. *A Short Discourse of Superstition,* 35. Simplicius, *Commentarius in Enchiridion Epicteti,* 106.1.

45) *A Short Discourse of Atheism,* 44-45.

46) Plutarchus, *De Superstitione,* 171B8-C1. Empedocles, *Fragmenta,* 137 (DK) apud Plutarchus, *De Superstitione,* 171C.

47) Aeschylus, *Agamemnon,* 198-248; Euripides, *Iphigenia Aurlidensis,* 1100 ff.

48) *A Short Discourse of Atheism,* 45. Cf. Lucretius, *De rerum natura,* I.102. 翻訳は基本的に、岩田義一・藤沢令夫訳「事物の本性について——万有論」『(世界古典文学全集21) ウェルギリウス／ルクレティウス』(筑摩書房、1965年) を使用する。

第4章　ジョン・スミスの哲学的霊性　その2　　273

信に憤慨するあまり、無神論に転向するに至った強気の人なのである。ス
ミスは彼の行動を行き過ぎであるとみなすが、無神論者たち自身から、具
体的にどのような考えが彼らを無神論へ至らせたかを学ぶことは、あなが
ち間違ってはいないと考える。スミスが無神論の代表例として取り上げ
るのは、エピクロス派である。彼らはあからさまに神を否定していない
ことをスミスは認識しているが、彼は彼らの言論に無神論の臭いをかぎ
つける。それゆえキケロの言葉を引用し、Verbis quidem ponunt, reipsa
tollunt deos「たしかに彼らは言葉では神々を指定しているが、実際には
神々を除去している」という批判を行うのである[49]。

Indeed it was not safe for *Epicurus* (though he had a good mind
to let the World know how little he cared for their Deities) to
profess he believed there was none, lest he should have met
with the same entertainment for it that *Protagoras* did at *Athens*,
who for declaring himself doubtfull εἴτε εἰσι, εἴτε μή εἰσι θεοὶ,
was himself put to Death, and his books burnt in the streets of
Athens, ὑπὸ κήρυκα sub voce proeconis, as *Diogenes Laertius*
and others record: and indeed the world was never so degener-
ated any where as to suffer *Atheism* to appear in publick View.

まことにエピクロスにとりましては、（彼は世の人びとに、自分は彼
らの神々をいかにほとんど愛好していないのかということを、知らせ
るほどの良心をもっていましたが）、自分は神々が存在しないと信じ
ているということを公表することは、安全ではありませんでした。も
しそうすれば、プロタゴラスがアテナイで会ったのと同じ目に会いか
ねなかったからです。プロタゴラスは、自分は「神々が存在するか存

---

49)　*A Short Discourse of Atheism*, 45. Cf. Cicero, *De natura deorum*, I.30.

在しないか」ということについて疑念をもっていることを宣言したために、死刑に処せられた上、その諸著作は「触れ役によって」アテナイの街中で焼かれました。それはディオゲネス・ラエルティオス及びその他の人びとが記録しているところです。まことに世の人びとはいずこの場所においても、無神論が公衆の面前に現れるのを許すほどまで堕落したことは決してありません[50]。

『講話』のこの時点に至り、スミスはエピクロスの名前に始めて言及する。無神論者の代表としてその名をあげるのであるが、はたしてエピクロスを無神論者と呼んでよいのであろうか。エピクロスが、彼独自の意味における神々の存在を信じていたことは、事実である。その神々とは、人間の世界に干渉せず、一人平静を楽しむ神々である。しかし他方、神の配慮を信奉する立場からすると、そのような神々は不十分なものであり、無きに等しいものである。つまりエピクロスは神々を信じるというけれども、人間のことを配慮する本当の神々を信じていないことになる。ではなぜエピクロスは神々を信じるというのかというならば、命が惜しいからであり、保身のためなのである。スミスは、このような建前としての神信仰は昔からあったとして、ディオゲネス・ラエルティオスの記録に言及する[51]。実際のところ、エピクロスが彼独自の神々を信じたのは、保身のためであったといえるかどうかは、即断をゆるさない問題である。しかしスミスがエピクロスに言及する時には、彼を同時代の「エピクロス派のこれら内密の無神論者たち」（these secret atheists of the Epicureans）と重ね合わせていることを勘考するならば[52]、保身ための神信仰という批判はあながち的外れではないといえよう。彼のエピクロス批判は、同時代の内密無神論者

---

50)　*A Short Discourse of Atheism*, 45-46.

51)　Diogenes Laertius, *Vitae philosophorum*, IX. 8. 51.

52)　*A Short Discourse of Atheism*, 46.

に対する批判なのである。

b. キケロ『善と悪の究極について』と
ルクレティウス『事物の本性について』

　エピクロス派の無神論に対するスミスの批判は、二つの資料に基づいてなされる。一つは、キケロ（前106〜前43）の『善と悪の究極について』（*De finibus bonorum et malorum*）である。その中でエピクロス派の学説が、その信奉者であるトルクァトゥス（Lucius Manlius Torquatus）によって広範にわたり紹介されている。彼は過度の宗教熱に対して批判を行ったが、スミスはそれを次のように述べる。

　　Torquatus, the *Epicurean* in his first book *de Finibus* liberally spends his breath to cool that too much heat of Religion, as he thought, in those that could not apprehend God as any other than *curiosum et plenum negotii Deum*, (as one of that Sect doth phrase it *Lib.* I. *de Nat. Deor.*) and so he states this Maxim of the Religion that then was most in use, *Superstitio qui est imbutus, quietus esse nunquam potest.*

　　エピクロス派のトルクァトゥスは、キケロ『善と悪の究極について』第1巻の中で、宗教の過度の熱を冷やすために惜しみなくその息を使っています。その熱は彼の考えるところでは、（その派の一人が『神々の本性について』第1巻の中で述べておりますように）、神は *curiosum et plenum negotii Deum*（仕事熱心で多忙な神）であるとしてしか理解することができない人たちの中にあります。ですから宗教について当時非常に使用されたこの格言を述べるのです。*Superstitio qui est imbutus, quietus esse nunquam potest*（それに

染まったものは片時も平静でいることができない迷信)[53]。

「仕事熱心で多忙な神」という表現は、ルクレティウス『神々の本性について』からとられたものである[54]。トルクァトゥスはこれを、人間のことを配慮する神を肯定するストア派の神観に対する皮肉・批判として用いている。神の配慮を後生大事とするような宗教は、「それに染まったものは片時も平静でいることができない迷信」である、というのである[55]。これはスミスから見て、行きすぎた批判である。彼にとって神の配慮は重要な教説であり、人間のことを配慮する神という神観は安易に廃棄されてはならない。彼はトルクァトゥスの過激な批判を受け入れることができない。そのような批判の背後に、「自己の快楽と怠惰の生活」(its own pleasure and idle life) にしか関心をもたない態度が、すなわち、そのような自分を投影したにすぎない「擬人神観」(Anthropomorphitae) が潜んでいるのではないであろうか、という危惧を覚えるからである[56]。この危惧は、歴史の現実に生きたエピクロスその人に対する批判としては、的外れである。彼は心の平静ということに最大の価値を置き、その境地に至ることの妨げとなる快楽や贅沢を極限まで控える生活を貫いた人物である。スミスはそれを知らなかったとは考えにくい。それにもかかわらず、彼がエピクロスにかこつけて快楽主義的なあり方を批判するのは、同時代における快楽と安逸を貪る人びとを、エピクロスと重ね合わせているからではないであろうか。

　スミスが用いるもう一つの資料は、エピクロス派の詩人ルクレティウス

---

53)　*A Short Discourse of Atheism*, 46.

54)　*De natura deorum*, I.20.

55)　*De finibus bonorum et malorum*, I.18.60. 翻訳は基本的に、永田康昭・兼利琢也・岩崎務訳「善と悪の究極について」『キケロー選集10』(岩波書店、2000年) を使用する。

56)　*A Short Discourse of Atheism*, 46.

第4章　ジョン・スミスの哲学的霊性　その2　｜　277

（前94頃〜前55頃）の『事物の本性について』（*De rerum natura*）である。『善と悪の究極について』が反エピクロス哲学の観点から書かれた著作であるのに対して、『事物の本性について』はエピクロス哲学を支持する観点から書かれた著作である。スミスはそれを承知しており、この著作によってエピクロス哲学の概要を把握できることを認識している。先ず始めに彼が紹介するのは、ルクレティウスが本篇の冒頭でエピクロスの偉業を讃える次の言葉である。

Humana ante oculos foede cum vita iaceret

in terris oppressa gravi sub religione,

quae caput a caeli regionibus ostendebat

horribili super aspectu mortalibus instans,

primum Graius homo mortalis tollere contra

est oculos ausus primusque obsistere contra;

quem neque fama deum nec fulmina nec minitanti

murmure compressit caelum,

人間の生活が重苦しい迷信（宗教）によって押しひしがれて、

見るも無残に地上に倒れ横たわり、

その迷信は空の領域から頭をのぞかせて

死すべき人間らをその怖ろしい姿で上からおびやかしていた時、

一人のギリシャ人（エピクロス）がはじめてこれに向かって敢然と

死すべき者の眼を上げ、はじめてこれに立ち向かったのである。

神々の物語も電光も、威圧的な空の轟きも

彼をおさえなかった[57]。

---

57)　*De rerum natura*, I.62-69.

そのすぐ後に、スミスにとっては同意しかねるであろう大喝采が続く。

> quare religio pedibus subiecta vicissim
>
> opteritur, nos exaequat victoria caelo.
> これによってこんどは宗教的恐怖（宗教）が足の下にふみしかれ、
> 勝利は私たちを天にまで高めた[58]。

古代の人びとは怖ろしい自然現象に直面したとき、神々を恐れ、迷信的宗教を生み出したのであると、ルクレティウスは迷信の成り立ちを分析する。そこまでは、スミスは彼を許容することができそうである。しかし、ルクレティウスが一歩進んで、怖ろしい自然現象を自然学的に説明しきることにより、人びとを「猛々しい主人たち」（saevi domini）及び「残忍な僭主たち」（crudeles tyranni）として想念された神々から解放しようと企てるに至っては、とうてい許容することができない[59]。このような企ては、神による宇宙の創造と保持という、スミスにとっては譲ることのできない教説の排除につながりかねないからである。彼の危惧は、ルクレティウスの次の言葉から察せられる。

> quippe ita formido mortalis continet omnis,
>
> quod multa in terris fieri caeloque tuentur,
>
> quorum operum causas nulla ratione videre
>
> possunt ac fieri divino numine rentur.
> まことに恐怖が死すべきものどもすべてを捕らえて離さぬのも
> 地上と天上において見られる多くの現象が、
> その原因をなんとしても（いかなる説明によっても）知ることができ

---

58) *De rerum natura*, I.78-79.

59) *A Short Discourse of Atheism*, 46.

ずに

神々の意思によってなされると信じられているからである[60]。

第1巻の終わり近くにも、スミスを危惧させる言葉が語られる。

primum quod magnis doceo de rebus et artis

religionum animum nodis exsolvere pergo.

なぜならまず第一に私は重大な事柄について教え、宗教の

厳しい鎖から人の心を解放することに努めているのであるから[61]。

ここに民間宗教を否定するエピクロス派の見解が明言されているが、スミスはこれに賛成することはできない。エピクロス派の自然哲学が、人びとの心を愚鈍な迷信への隷従から解放することに貢献していることは、彼も認める。しかし、その段階にとどまることを弁えず、一挙に無神論へ暴走するに至っては、もはやそれは似非自然哲学のわざであり、これをスミスは認めることができない。

But herein all the *Epicureans* (who are not the true, but foster-fathers of that *Natural Philosophy* they brag of, and which indeed *Democritus* was the first Author of) doe miserably blunder themselves.

しかしこの点で、すべてのエピクロスの徒（彼らは、自分たちが自慢するあの自然哲学の本当の父親ではなく義理の父親であり、実にデモクリトスがそれの創始者でした）は、みじめなほどの過ちをおかしています。

---

60)　*A Short Discourse of Atheism*, 46. *De rerum natura*, I.151-154.

61)　*A Short Discourse of Atheism*, 46. *De rerum natura*, I.931-931.

真の自然哲学は、ピュタゴラス派やプラトン派に見られるような穏健で立派な神観を育むはずのである、ということがスミスの見解である[62]。しかしこの見解は、やや素朴であるように思われる。たとえば、フランシス・ベーコンの観点から見るならどうであろうか。自然哲学は善き神観を育むべきものであり、破壊するものではないという点では、ベーコンはスミスに同意できるであろう。彼は『ノヴム・オルガヌム』の中で、次のように述べている。

> But any one who properly considers the subject, will find natural philosophy to be, after the word of God, the surest remedy against superstition, and the most approved support of faith. She is therefore rightly bestowed upon religion as a most faithful attendant, for the one exhibits the will and the other the power of God.
>
> 正しくものを考える人にとっては、自然哲学は神の言葉に次いで、迷信の最も確かな療法であり、信仰の全く試験済みの栄養である。それゆえに、正当にも宗教に最も忠実な侍女として付け与えられる。というのも、一方は神の意志を、他方は神の力をば顕わにするからである[63]。

他方、スミスには神学と自然哲学との調和を安易に信じる傾向がある点に関しては、ベーコンは同意できないであろう。彼は自然哲学のあり方に関して、次のように述べる。

---

62) *A Short Discourse of Atheism*, 47.

63) Francis Bacon, *Novum Organum*, I. 89. 邦訳は、ベーコン著、桂寿一訳『ノヴム・オルガヌム（岩波文庫）』（岩波書店、1978 年）を使用。

Natural philosophy is not yet to be found unadulterated, but is impure and corrupted; by logic in the school of Aristotle, by natural theology in that of Plato, by mathematics in the second school of Plato, (that of Proclus and others,) which ought rather to terminate natural philosophy than to generate or create it. We may, therefore, hope for better results from pure and unmixed natural philosophy.

自然哲学は、未だ純正なものは見出されてはいない。今までのは汚染されたものである、アリストテレス学派では論理学によって、プラトン学派では自然神学によって、プラトンの第二学派、（プロクロスその他の人々の派では、）数学によってである。数学は自然哲学を産出もしくは生産するのではなく、締めくくるはずのものであるのに。しかし純粋で混じりけのない自然哲学からは、よりよいものを希望することができる[64]。

ベーコンのこのような見解は、エピクロス哲学にはなじむものであると思われる。後者は、宗教と自然哲学の混同は困難な問題群を生起させるとして、これを回避し、極力、自然哲学のみによって自然現象を説明する方法を選んだ。スミスは、エピクロスやベーコンにどのように答えることができるであろうか。いずれにせよ、スミスのものの見方において、自然哲学と宗教との調和・一致ということは、確固たる大前提なのである。エピクロス派としては、単純に［エピクロス哲学＝無神論］と決めつけられては困るであろうと思われるが、スミスの立場からはそういう判断になる。

---

64) Francis Bacon, *Novum Organum*, I.96.

5. エピクロス哲学の批判

　スミスは、［エピクロス哲学＝無神論］という定見に基づき、なぜエピクロス哲学は無神論に陥ったのかという問題を設定し、その解明に進む。解明にあたり彼は、エピクロスの主要思想のいくつかを吟味する[65]。

a. エピクロスの主要思想の吟味

　主要思想の吟味といっても、スミスがとりあげるのは充実体と空虚の教説、及び原子の運動の教説だけである。

(1) 充実体と空虚

　万物は究極には何から成り立っているのかという問題は、エピクロスの自然哲学においても根本問題であり、エピクロスはこの問題の解明と説明に腐心した。スミスは、彼なりにエピクロスの教説を理解しようとする姿勢を示す。

> For which purpose I shall need onely to touch upon *Epicurus* his master-notion by which he undertakes to salve all difficulties that might hold our thoughts in suspence about a δημιουργὸς, or a Creator, which is that *Plenum* (which is all one with *Corpus*) and *Inane*, that this *Body* (which in his Philosophy is nothing else but an *Infinity of Insensible Atomes moving to and fro in an Empty Space*), is together with that *Space* in which it is, sufficient

---

65)　*A Short Discourse of Atheism*, 47-51.

第4章　ジョン・スミスの哲学的霊性　その2　　283

to beget all those *Phenomena* which we see in Nature.

　その目的のために私は、エピクロスの主要思想についてのみ触れてお
く必要があろうかと思います。彼はそれによって「製作者」、もしく
は造物者に関して私たちの考えを不安にさせるかもしれない、あらゆ
る困難を解決しようと企てるわけですが、それはかの Plenum（充実
体）（それはほとんど Corpus（物体）と同一です）と Inane（空虚）
であります。すなわちこの物体（それは彼の哲学においては、空虚な
空間の中であちこちに運動している感覚をもたない無限数の原子に他
なりません）は、その中にそれが存在する空虚と相まって、私たちが
自然の中で見るこれらのすべての現象を生むのに十分である、という
ことです[66]。

　プラトンが『ティマイオス』の中で提示したような、宇宙の「製作者」
（Δημιουργός）であり宇宙のことを配慮する神の存在を想定した場合、
そのような神観と齟齬する解決困難な問題群が生じる。宇宙のことを配慮
する神が存在するなら、なぜ災害が起こるのか、なぜ不正がはびこるの
か、なぜ病気になるのか、といった問題である。そこでエピクロスは造物
主の代わりに、「充実体」（plenum, 不可分の物体）と「空虚」（inane, 空
間）を想定した、とスミスは見る。エピクロスによると、充実体とは、空
虚な空間の中をあちこちに動く感覚をもたない無限数の原子[67]にほかな
らない。この充実体が、それが内在する空間と相まって、われわれが自然
の中に見るすべての現象を生成させるのである。その中には災害、不正、
病気などの事象も含まれる。自然現象を説明するためには、究極的にはこ
れら二種類の事物で充分であり、そして二種類のみに還元される。とり
たてて造物者の存在を措定する必要はない。このようにエピクロスは考え

---

66)　*A Short Discourse of Atheism*, 47.

67)　ギリシャ語では ἄτομον, ラテン語では individuum と訳される。

たと、スミスは理解するが、その理解は基本的には正しいと思われる。事実、エピクロス自身が「万物の自然本性は、物体と空虚である」と述べている[68]。しかしスミスはエピクロスの説明に同意することができない。充実体と空虚だけで宇宙の運動を説明しきろうとするのは、あまりにも性急であると考えるからである。そこで彼はキケロを引用する。

cum in rerum natura duo quaerenda sint, unum, quae materia sit, ex qua quaeque res efficiatur, alterum, quae vis sit, quae quidque efficiat, de materia disseruerunt, vim et causam efficiendi reliquerunt.
自然界の事物のありようについては常に二つの問題を探求する必要があり、一つは、それからそれぞれの物が形成される、そのもとをなしている質料はどのようなものか、もう一つは、それぞれの物を形成する、その力はどのようなものかという問題なのです[69]。

スミスの言いたいことは、物体の自動はありえないということである。運動が起こるためには、アリストテレスのいう「不動の起動者」(τὸ πρῶτον κινοῦν ἀκίνητον) のような存在が必要とされる。たとえエピクロスに譲歩して、自然の中にそのような起動力があることを認めるとしても、その場合、いかにして自然の中にそのような力が存在するのかという問題が出てくる。エピクロスはこの難問に答えなければならない。それよりはむしろ宇宙の製作者としての神を措定するほうが、説明が容易であるとスミスはいうのである[70]。

---

68) Epicurus, *De natura*, I. A. A. ロング『ヘレニズム哲学—ストア派、エピクロス派、懐疑派—』46 を参照。

69) *De finibus bonorum et malorum*, I.6.18.

70) *A Short Discourse of Atheism*, 48.

第4章　ジョン・スミスの哲学的霊性　その2 | 285

　そうであるかもしれないが、無神論との対話におけるこの段階でそれをいうのは、いささか早いように思われる。自然哲学の議論の途中で突如持ち出される造物者としての神は、「機械仕掛けの神」（Θεὸν ἀπὸ μηχανῆς）の感を免れない。スミスは、エピクロス哲学がもつ大きな射程にもっと目を向けるべきではないであろうか。エピクロスは三つの限界に挑戦した。第一に、経験主義の立場から宇宙をどこまで徹底的に説明することができるかということ。第二に、形而上学の領域に足を踏み入れるとしても、神を措定することなしに、宇宙と人間をどこまで説明することができるかということ。第三に、神を抜きにした哲学が人間の幸福にどこまで貢献することができるかということ[71]。この限界挑戦は重要であり、逃げてはいけないことである。宇宙の製作者としての神の措定は、限界挑戦を許容するものであってこそ意味があり、それの回避に口実を与えるものであってはならない。スミスは自然哲学と宗教との調和・一致を固く信じた人物であるが、彼のこの信念が、無神論論駁の議論においては性急な判断となって露呈しているように思われる。

（2）原子の運動

　スミスは、原子の運動を原理とするエピクロスの自然哲学に数々の欠点を見いだし、キケロ『善と悪の究極について』[72]と『運命について』[73]に基づき、次から次へと反対質問を浴びせる。すなわち、あちらこちらに拡散する原子が、宇宙の中にかくも秩序正しく配置されているのはいかにしてか。原子の運動が偶然によるものでしかないなら、原子の偶発的な合成によって規則的な運動と生成が生じるのはいかにしてか。ある場所から

---

71)　A. A. ロング『ヘレニズム哲学―ストア派、エピクロス派、懐疑派―』30-32 を参照。

72)　*De finibus bonorum et malorum*, I.6.

73)　*De fato*, X.

なんらかの刺激によって動かされた物体が、もとの場所に戻り、あるいは少なくとも静止し、永続的に動くことをしないのはいかにしてか。もしエピクロスが「直線的に」(lineis rectis) と主張するように、あらゆる原子は常に何らかの中心に向かって動いているなら、なんであれ生成が起こるのはいかにしてか[74]。スミスは、エピクロスが提示する原子運動における「逸れ」(declinatio) の仮説にも言及する。

> If there be a *motus declinationis* joyn'd with this Motion of Gravity (which was one of *Epicurus* his κυρίαι δόξαι which he borrowed not from *Democritus*) then why should not all tend the same way? and so all those Motions, Generations and Appearances in Nature all vanish, seeing all Variety of Motion would be taken away which way sorever this unhallowed Opinion be stated?
>
> もしこの重さの運動（この教説は、デモクリトスから借りたのではない、エピクロスの『主要教説』の一つです）と結びついた、「逸れの動き」があるといたしますなら、あらゆる原子は同一方向に動いてもいいことになるのではないでしょうか。かくして、自然の中のあらゆる運動、生成、現象は消滅することになります。と申しますのも、たとえこの不敬虔な教説がどのような仕方で述べられるといたしましても、多様な運動はことごとく取り去られることになるからです[75]。

スミスは「逸れの動き」の教説に承服することができない。彼から見て、それは不確かな想定にすぎず、森羅万象を説明するには不十分なのである。むしろその教説によって数々の不条理が生じるのである。以上のこと

---

74) *A Short Discourse of Atheism*, 48-49.

75) *A Short Discourse of Atheism*, 49.

第4章　ジョン・スミスの哲学的霊性　その2　│　287

から彼は、原子の運動に関するエピクロスの教説について少なからぬ知識
をもっていたことが、うかがい知られる。スミスは原子には重さが属する
という考えを知っていた。先駆者のデモクリトスとは反対に、エピクロス
は重さを原子の必然的な属性とみなした[76]。原子の運動が落下であるとい
う考えも、スミスは知っていた。エピクロスは、あらゆる原子の落下速度
が一定であり、しかもその落下は同一方向であると考えた。その場合、い
かにして一つの世界が形成されるのであるかという問題が生じる。という
のも、世界が成立するのは、諸原子が衝突して合成物体を構成することに
よるからである。実は、この問題に対する答えは、エピクロス自身の言葉
としては一言も残っていない。スミスが言及する「逸れの動き」（motus
declinationis）も、ルクレティウスの次の見解に基づくものである。

Illud in his quoque te rebus cognoscere avemus,
corpora cum deorsum rectum per inane feruntur
ponderibus propriis, incerto tempore ferme
incertisque locis spatio depellere paulum,
tantum quod momen mutatum dicere possis.
quod nisi declinare solerent, omnia deorsum
imbris uti guttae caderent per inane profundu
nec foret offensus natus nec plaga creata
principiis; ita nihil umquam natura creasset.
こうしたことにつきあなたに知ってほしいことがある。
つまり粒子（アトム）が空虚をとおってまっすぐにそれ自身の重さの
ため下に向かって進む時、時刻も全く確定せず
場所も確定しないがごくわずか、その進路から、

---

76)　Cf. *Epistula ad Herodotum*, 61. *De rerum natura*, II.225-250.

逸れることである。少なくとも運動の向きがかわったといえるほど
に。

もし逸れないとしたら、すべての粒子（アトム）は下に向かって、
ちょうど雨滴のように、深い空虚を通っておちてゆき、
元素（アトム）の衝突もおこらず、衝撃も生ぜず
こうして自然は何ものをも生み出さなかったであろうに[77]。

不確定の時に不確定の場所で原子に生じるこの逸れという仮説を、スミス
は知っていた。エピクロス自身の言葉としては残っていないにせよ、原子
の運動におけるこの相対的不確定性の概念は、彼自身のものであるとみな
してよいであろう。エピクロスが構想する宇宙の中には、相対的不確定性
の原理が組み込まれている。原子には、統一の方向への動きと、そこから
逸れる予測不可能な動きがある、というのである。原子の逸れという自然
学の概念は、エピクロスの倫理学にとっても重要なものであった。すなわ
ちそれは人間の行為に関連して、「自由意志」（libera voluntas）の説明に
おいて一定の役割を果たしているのである[78]。そもそもエピクロスの原子
論は、衒学的な体系の構築を目指すものではなく、現実の生活の中で恐れ
や苦しみに抑圧されている人びとを解放することを、その射程にいれてい
た。その原子論は、神的原因の恐怖や目的論的説明のまやかしを廃棄し、
人びとの心に平静と慰めを与えるためのものであった。それを考慮するな
らば、この度のスミスの『講話』は、無神論の論駁を主眼としているとは
いえ、原子の逸れの考えと密接な関係がある行為の自由の問題を、考察の
範囲に入れていないということは残念に思われる。

　先に見たように、ルクレティウスは『事物の本性について』の冒頭で、

---

77)　*De rerum natura*, II.216-224. Cf. *De finibus bonorum et malorum*, I.18-20.

78)　*De rerum natura*, II.251-293.　A. A. ロング『ヘレニズム哲学—ストア派、エ
　　ピクロス派、懐疑派—』84-91 を参照。

エピクロスを「宗教の厳しい鎖」から人類を解放した人物であるとして、大きな称賛を浴びせている。ルクレティウスが「宗教」というとき念頭にあるのは、古代ギリシャ・ローマの民間宗教や、神々を人間の運命の冷酷な裁定者とみなす迷信的想念、さらには、怖ろしい自然現象の中に具現するとみなされる神々の怒りへの恐怖である。しかし、エピクロスが問題視したのは、古代の民間宗教だけではない。彼はプラトンやアリストテレスの精緻な神学をも破棄しようとしたのである。この過激な傾向をスミスは敏感に察知した。エピクロス哲学が、迷信から不純物を除去する範囲にとどまるかぎりにおいては、彼は賛同する。事実、彼はエピクロスの原子論に一定の評価を示している。

> We should allow *Epicurus* his Principle and the fundamental absurdity in the frame of Nature.
> 私たちははエピクロスの原理と、自然体系の中にある根本的な不条理を認めるべきです[79]。

スミスも宇宙の中には「根本的な不条理」があることを認識していた。エピクロスの機械論的説明がある程度機能していることも認識していた。しかし、それが目的論的説明を排除することと相まって、有神論の基盤をなし崩しにするに至っては、承服することができない。有神論を堅持するスミスの立場から見ると、それは行き過ぎなのである。

　以上が、エピクロスの主要思想に対するスミスの吟味と批判である。主要思想といっても、取りあげられたのは、充実体と空虚の教説及び原子の運動の教説だけである。エピクロスの神観の問題は、取りあげられていない。スミスは、エピクロス哲学を無神論として批判する議論の中で、その

---

79) *A Short Discourse of Atheism*, 49.

神観にほとんど触れないのは奇妙なことである。あえていえば、先にそれ
を「擬人神観」であると言って済ませたくらいである。なぜであろうか。
先に、怒る神という迷信を批判したことによって、擬人神観の批判も済ま
せたと考えるからであろうか。しかし、擬人神観といっても、エピクロス
の神は怒らない平静な神である。そのような神観を批判しないならば、彼
の無神論を批判したことにはならないであろう。あるいはスミスには同時
代の人たちへの配慮があるのかもしれない。彼にとって過去の迷信者を批
判することは、現代の迷信者を批判することでもあった。それは十分に行
われた。同様に過去の無神論者を批判することは、現代の無神論者を批判
することでもあった。スミスはもうこれ以上聴衆を刺激しないために、自
らを抑制したのかもしれない。いずれにせよ、人間のことを配慮しない神
は、スミスから見て無神に等しいのである。

b. 無神論は似非自然学知であるということ

スミスは、[エピクロス哲学＝無神論]という定見に基づき、エピ
クロスの無神論を「知と無知の境界線内に」(in confinio scientiae et
ignorantiae)潜むものとして位置づける[80]。彼の見るところでは、無神
論という極端な立場に至るエピクロス派の自然哲学は似非自然学知であ
る。真の自然学知は有神論と矛盾しないはずなのである。彼は、人類には
例外なく「生得的な神感覚」(a natural sense of God)が備わっている
と見なす観点から、ストア派の「最初の衝動」(πρώτη ὁρμή)の概念[81]
を借りて、これを「神への衝動」(ὁρμὴ πρὸς τὸν θεόν)と表現する。し
かるにエピクロス派の似非自然学知は、この生得的な衝動を抑圧する危険
を冒しているという批判をスミスは行う。批判の理由は、ルクレティウス

---

80) *A Short Discourse of Atheism*, 49.

81) Cf. Diogenes Laertius, *Vitae philosophorum*, VII. 85-86.

第4章　ジョン・スミスの哲学的霊性　その2　｜　291

が低俗な迷信を払拭しようとしたことは良いとしても、その手段として無神論を用いたということである[82]。

> animi natura videtur
>
> atque animae claranda meis iam versibus esse
>
> et metus ille foras praeceps Acheruntis agendus,
>
> funditus humanam qui vitam turbat ab imo
>
> omnia suffundens mortis nigrore.
>
> 心と魂の本性が
>
> いまや私の詩によって明らかにされるべきであり、そしてアケロンへのかの恐怖が真逆様に追いやられるべきだと思われる。
>
> その恐怖こそは、あらゆるものを死の暗黒で染めあげて[83]。

「アケロン（ハデス［冥府］の河の名）へのかの恐怖」とは下界の神々への恐怖である。ルクレティウスによると、人びとはこれら冷酷な神々の怒りを宥めるために、奇怪な宗教的儀式や礼典を作り上げた。

> Nunc quae causa deum per magnas numina gentis
>
> pervulgarit et ararum compleverit urbis
>
> suscipiendaque curarit sollemnia sacra,
>
> quae nunc in magnis florent sacra rebus locisque,
>
> unde etiam nunc est mortalibus insitus horror,
>
> qui delubra deum nova toto suscitat orbi
>
> terrarum et festis cogit celebrare diebus,
>
> non ita difficilest rationem reddere verbis.

---

82)　*A Short Discourse of Atheism*, 50.

83)　*De rerum natura*, III.35-39.

さてそれでは、大きな民族を通じて、神々の崇拝が

ゆきわたり、都市を祭壇でみたし、盛大に儀式が

とり行われるのは、いかなる原因によるのであろうか、

これらの儀式は今なお、大きな国家、重要な所で盛んであり、

そこからして今なお畏怖が、死すべきものの心にうえこまれ

全世界にわたって、神々に新しい神殿をたてさせ、

祭日をもって、祝わせている。

その説明を言葉でするのはそれほどむつかしくはない[84]。

ルクレティウスはこういったものに辟易とし、迷信から身を守るために無神論の道を選んだ。しかし、その選択の理由は、真の宗教への道を見いだすことができなかったところにある、とスミスは見る[85]。このようにして迷信は似非自然学知に口実を与え、無神論を助長したということが、エピクロス派の自然哲学に対するスミスの批判である。この批判は単に過去の批判にとどまらず、現代の批判でもある。スミスは聴衆に次のように問いかける。

And I wish some of our Opinions in Religion in these days may not have the same evil influences as the notorious Gentile *Superstition* of old had, as well for the begetting this brat of *Atheism*, as I doubt it is too manifest they have for some other.

そして、現代における私たちの宗教上の見解のいくつかが、昔の悪名高い異教の迷信が及ぼしたのと同じ悪影響を及ぼし、この無神論という悪童を生むようなことがないように、私は願います。しかし、それらがある人たちに悪影響を及ぼしていることは、あまりにも明らかで

---

84) *De rerum natura*, V.1161-1168.

85) *A Short Discourse of Atheism*, 51.

はないであろうかと危惧いたします[86]。

「最近における私たちの宗教上の見解のいくつか」とは何であるかということを、スミスは明言しない。しかし彼はここでも迷信が無神論を生むという認識を繰り返している。しかるに現代における迷信者とは、怒る神という想念に基づく贖罪論を強調する、PC の神学に固執する人たちを指すことを、すでにわれわれは確認した。そうすると現代における無神論者とは、そういう粗野な神学に辟易とし反発するあまり、心の中で神を捨てた人たち、あるいは公に宗教を攻撃する人たちを指すということになるであろう。後者の中には、本章の 1. c において言及したリチャード・オヴァートンのような人物も含まれるであろう。

c. 無神論よりは迷信のほうが我慢できるということ

　以上のようにスミスは、エピクロス派の無神論を吟味・批判した上で、プルタルコスから学ぶべき二つの教訓を提示する。一つは以下の通りである。

Thus we should now leave this Argument; only before we pass from it, we shall observe two things which *Plutarch* hath suggested to us. The first whereof is, *That however unlovely a thing superstition be* [87], *yet it is more tolerable then* Atheism: which I shall repeat in his words, Δει μὲν γὰρ ἀμέλει τῆς περὶ θεῶν

---

86)　*A Short Discourse of Atheism*, 51.

87)　H. G. Williams の校訂テクストの読み方を採用する。John Worthington のテクストは、*however* Superstition *be never so unlovely a thing* であり、これでは意味が通じない。

δόξης ὥσπερ ὄψεως λήμην, ἀφαιρεῖν τὴν δεισιδαιμονίαν·
εἰ δὲ τοῦτ᾽ ἀδύνατον, μὴ συνεκκόπτειν μηδὲ τυφλοῦν τὴν
πίστιν, ἣν οἱ πλεῖστοι περὶ θεῶν ἔχουσιν.

そういうわけで私たちはもうこの議論を終えるべきです。ただそれから立ち去る前に、私たちは、プルタルコスが私たちに提案した二つのことを見ておきたいと思います。その一つは、たとえ迷信が愛らしくないものであるとしても、無神論よりは迷信のほうがまだ我慢できるということです。私はそれを彼の言葉で繰り返したいと思います。「たしかに、眼から目やにを拭きとるように、神々への信から迷信を取り除かねばならぬのはいうまでもない。だが、それができないからといって、ほとんどの人びとが神々について持っている信まで、迷信と一緒に切り捨てたり、その道（眼）を塞いだりすべきではない」[88]。

スミスは、あれほど迷信を批判しておきながら、「無神論よりは迷信のほうがまだ我慢できる」という驚くべき発言をする。その真意を示すために彼は、プルタルコスの論文『エピクロスに従っては、快く生きることは不可能であること』から引用を行うが[89]、これはわかりやすい説明になっている。スミスが積極的に迷信を支持しているのではないことは、明らかである。二者択一をよぎなくされた場合には、あえて迷信のほうを選択するということなのである。その理由は、迷信はときに人びとの罪の行為を抑制し、来世の刑罰への恐れは悪行を減らす効果があるのに対して、無神論は人間の魂に内在する神の観念を根こそぎにすることによって、魂に大き

---

88)　*A Short Discourse of Atheism*, 52.

89)　Plutarchus, *Non posse suaviter vivi secundum Epicurum*, 1101C3-6. 翻訳は、『プルタルコス　モラリア 14』（京都大学学術出版会、1997 年）に収録の、戸塚七郎訳『エピクロスに従っては、快く生きることは不可能であること』を使用する。

な害を与えるのであるから、ということである[90]。このようなスミスの見
解は、エピクロス派の側からの批判を免れないであろう。スミスの迷信批
判は不徹底であり、迷信優先論に至っては便宜主義でしかないように見え
る。ただしスミスは迷信を是認しているのではない。それが無神論という
極端に陥ることを戒めているのである。無神論への行き過ぎは後戻りが非
常に難しいが、迷信にとどまっているかぎりは、是正への可能性が開かれ
ていると、スミスは見るのである。

d.　エピクロスの快楽観に対する批判

　スミスがプルタルコスから学ぶもう一つの教訓は、以下のとおりであ
る。

The second is this, *That* Atheism *it self is a most ignoble and
uncomfortable thing*, as *Tully* hath largely discussed it, and
especially Plutarch in the above-named Tractate of his, written
by way of Confutation of *Colotes* the Epicurean, who writ a
Book to prove That a man could not live quietly by following
any other sects of Philosophers besides his owne; as if all true
good were only conversant περὶ γαστέρα καὶ τοὺς ἄλλους
πόρους τῆς σαρκὸς ἅπαντας, *about the belly, and all the
pores and passages of the Body*, and the way to true happiness
was σαρκοποιεῖν τὸν ἄνθρωπον, or else τὴν ψυχὴν ταῖς τοῦ
σώματος ἡδοναῖς κατασυβωτεῖν, as *Plutarch* hath not more
wittily then judiciously replied upon him.

---

90)　*A Short Discourse of Atheism*, 52.

もう一つは以下のとおりです。すなわち無神論はそれ自体、きわめて下劣・不快なものであるということです。それはキケロが広範に論じたところであり、特にプルタルコスが上述の彼の論文の中で論じたことであります。この論文は、エピクロス派のコロテスが、人はエピクロス派以外の哲学者たちの学派に従うことによっては、平静に生きることはできないことを論証するために書いた著作を、論駁するために書かれました。コロテスによると、あたかも、あらゆる真の善きものは、「胃袋と、肉体の通路のすべての周辺に」、すなわち胃袋と、肉体の諸通路について精通することだけであるかのようであります。そして真の幸福への道は、「人間をそっくりそのまま肉体であるとすること」、もしくは「身体の快楽で心を豚のように太らせること」であるかのようであります。そのようにプルタルコスは、軽妙にというより賢明にコロテスに答えました[91]。

スミスがキケロに帰す、「無神論はそれ自体きわめて下劣・不快なものである」という文言の出典は明示されていないが、スミスは『善と悪の究極について』を念頭に置いているものと思われる。すでに確認したように、この論文の中で無神論は広範にわたり批判されている。スミスが引用するプルタルコスの論文は、『エピクロスに従っては、快く生きることは不可能であること』（Ὅτι οὐδὲ ζῆν ἔστιν ἡδέως κατ᾽ Ἐπίκουρον, *Non posse suaviter vivi secundum Epicurum*）である。この論文は、エピクロスの愛弟子コロテスの論文『他の哲学者たちの教説に従っては、生きることは不可能である』（Ὅτι κατὰ τὰ τῶν ἄλλων φιλοσόφων δόγματα οὐδὲ ζῆν ἔστιν）に対する論駁として、書かれたものである。無神論者たちは、プルタルコスがエピクロス派の快楽論を揶揄する箇所

---

91) *A Short Discourse of Atheism*, 52.

第4章　ジョン・スミスの哲学的霊性　その2 | 297

に便乗して、あらゆる真の善きものは「胃袋と、肉体の諸通路について」(about the belly, and all the pores and passages of the body) 精通していることであるかのように考えた、とスミスはいう。プルタルコスの原文は以下のとおりである。

οἴονται δὲ περὶ γαστέρα τἀγαθὸν εἶναι καὶ τοὺς ἄλλους πόρους τῆς σαρκὸς ἅπαντας, δι᾿ ὧν ἡδονὴ καὶ μὴ ἀλγηδὼν ἐπεισέρχεται·

さて、彼らの考えでは、善も、その他、快楽や無苦痛の状態が入り込んでくる肉体の通路のすべても、胃袋の周辺にある[92]。

また彼らによると、真の幸福は「人間をそっくりそのまま肉体であるとすること」[93]か、あるいは「身体の快楽で心を豚のように太らせること」[94]である。スミスは、コロテスに対するこのプルタルコスの論駁は、「軽妙にというより賢明に」なされていると見る。しかし、はたしてそう言えるであろうか。プルタルコスの快楽の理解とその提示の仕方は、エピクロスの快楽論の歪曲であり、揶揄であることは明らかである。スミスは同時代の快楽主義者たちを念頭に置いて、エピクロスの快楽論について語っているということはわかるが、それはエピクロス自身が語った快楽論の理解としては、公平性に欠けているといわなければならない。エピクロスの快楽主義は、肉体の快楽ではなく魂の快楽のことであり、魂の快楽とは心の平静のことなのである。

　ここでエピクロスの快楽論の核心と思われる部分について、おおよその確認をしておきたい。彼が快楽それ自体を善きものであるとみなしたこと

---

92)　*Non posse suaviter vivi secundum Epicurum*, 1087D2-3.

93)　*Non posse suaviter vivi secundum Epicurum*, 1096E2.

94)　*Non posse suaviter vivi secundum Epicurum*, 1096C12-D1.

は、たしかである[95]。プラトンやアリストテレスは、快楽は幸福のための必要条件であると考えたが、エピクロスは、快楽は幸福に生きることの始まりであり、目的であると考えた[96]。ただし、彼の考える快楽は、プルタルコスのいうような身体の快楽に限定されるものではない。そもそもエピクロスの人間観は心身二元論ではなく、身体と心を一つとみる立場である。それゆえ身体・心における苦痛の欠如それ自体が快楽なのである。言いかえると、身体・心が健やかである状態が快楽なのである。原子論的な言い方をすれば、快楽とは身体内部における諸原子の適切な運動と配置に付随する状態である[97]。この快楽は、苦痛が除去されていく過程においてもたらされる「動的な」快楽であるのみならず、それに続く苦痛の完全な欠如、及びその状態を楽しむ「静的」な快楽でもある[98]。エピクロスは、飲酒、美食、性的交渉などが快楽の源であることを否定しない。しかし、こうした行為から生まれる快楽を目的の位置から斥ける。なぜなら、それらは、身体と心の平静で安定した状態を構成するものではないからで

---

95) *Kyriai doxai*, 8.

96) *Epistula ad Menoeceum*, 128-129.

97) *De rerum natura*, II.963-968.

> Praeterea, quoniam dolor est, ubi materiai
> corpora vi quadam per viscera viva per artus
> sollicitata suis trepidant in sedibus intus,
> inque locum quando remigrant, fit blanda voluptas,
> scire licet nullo primordia posse dolore
> temptari nullamque voluptatem capere ex se;
> さらにまた苦痛が生ずるのは、物質の粒子が
> なんらかの力によって、生きた筋肉、手足にわたって
> かきたてられ、自分の座の内部で混乱する時であり、
> その位置にかえる時に快い悦びが生ずるのであるから、
> 元素がどんな苦痛にもあわず、どんな悦びをも
> ひとりでは味わわないことは明らかである。

98) *De rerum natura*, I.37.

ある。快楽の尺度はあくまでも、苦痛からの解放なのである[99]。そして最大の苦痛とは心の動揺である[100]。しかるにモノに対する欲望は限りがなく、心を動揺させる。それゆえエピクロスは質素な生活を擁護する。彼は、「わずかのもので満ち足りる」（τοῖς ὀλίγοις ἀρκώμεθα）こと、「質素で贅沢でない食事に慣れ親しむこと」（τὸ συνεθίζειν οὖν ἐν ταῖς ἁπλαῖς καὶ οὐ πολυτελέσι διαίταις）の中に快楽と不動心を見いだすのである[101]。これがエピクロスのいう「アタラクシア」（ἀταραξία）であり、幸福な生の究極目的なのである[102]。

e. エピクロスの幸福観に対する批判

以上のように、エピクロスの快楽論はその幸福観と密接に結合しているのであるが、スミスは彼の幸福観に対しても次のような批判を行う。

What is all that *Happiness* that ariseth from these bodily pleasures to any one that hath any high or noble sense within him? This gross, muddy, and stupid Opinion is nothing else but a *Dehonestamentum humani generis*, that casts as great a scorn and reproach upon the nature of mankind as may be, and

---

99) *Epistula ad Menoeceum*, 131-132.

100) *Kyriai doxai*, 10; *Epistula ad Menoeceum*, 127-128.

101) *Epistula ad Menoeceum*, 130-131.

102) *Epistula ad Herodotum*, 82. *Epistula ad Pythoclem*, 85, 96. *Epistula ad Menoeceum*, 128. エピクロスの失われた著書『選択と忌避について』（*ΠΕΡΙ ΑΙΡΕΣΕΩΝ ΚΑΙ ΦΥΓΩΝ*）に、「無動揺と無苦痛とが、静的な快楽である。他方、悦びや満悦は、実現態における動的な快楽とみなされる」（ἡ μὲν γὰρ ἀταραξία καὶ «ἡ» ἀπονία καταστηματικαί εἰσιν ἡδοναί· ἡ δὲ χαρὰ καὶ ἡ εὐφροσύνη κατὰ κίνησιν ἐνεργείᾳ βλέπονται.）とある。

sinks it into the deepest Abysse of Baseness.

　これら肉体の快楽から生じるあの幸福は、だれであれ自己の内になんらかの高尚・高貴な感覚をもつ者にとっていったい何でありましょうか。この下品で汚く愚かな見解は、「人類への名誉毀損」に他ならず、人類の本性にどれほど大きな非難・誹謗を投げつけ、それを下劣の深淵に沈めることでしょうか[103]。

　「これら肉体の快楽から生じるあの幸福」という批判は、エピクロス自身の幸福観には当てはまらないことは明らかである。スミスはキケロの『善と悪の究極について』から、「快楽、または苦痛の欠如」(*voluptas, or doloris vacuitas*) という文言を引用する[104]。たしかにそれがエピクロスのいう幸福である。しかし、その快楽は身体のみに限定されるものではなかった。それは、より正確には、一体としての身体・心に関わるものであり、究極においては、不動心・平静と同定されるべきものなのである。それに対してスミスは、快楽を肉体のみに限定して考えるゆえに、それを「この下品で汚く愚かな見解」、あるいは「卑しい生まれの幸福」(a base-born happiness)[105] であるとして批判するのである。先にわれわれは、スミスはエピクロス哲学を無神論であるとして批判するにもかかわらず、エピクロス自身が語った神観にはほとんど触れていないという欠点を指摘した。エピクロスの幸福観についても同じことが言える。スミスはエピクロス哲学の幸福論を厳しく批判するにもかかわらず、エピクロス自身が語った幸福観にはほとんど触れていない。これらの欠点は、スミスの無神論批判が基本的にはプルタルコスの無神論批判に従って行われていることに由来する。彼はプルタルコスの言説にあまりにも依拠しすぎたために、

---

103) *A Short Discourse of Atheism*, 52.

104) *A Short Discourse of Atheism*, 53. *De finibus bonorum et malorum*, II.11.

105) *A Short Discourse of Atheism*, 53.

自分自身でエピクロスの教説を吟味する作業が疎かになったのではないか
と思われる。それがエピクロスの神観、快楽観及び幸福観に関する理解不
足として、露呈したのである。

f.　スミスの神観

スミスは『講話』の最終部分に至り、自分自身が堅持する神観につい
て、次のように述べる。

But a true Belief of a Deity is a sure Support to all serious minds,
which besides the *future hopes* it is pregnant with, entertains
them here with *Tranquility* and inward serenity. What the *Stoick*
said in his cool and mature thoughts, οὐκ ἔστι ζῆν ἐν τῷ κόσμῳ
κενῷ θεῶν καὶ κενῷ προνοίας, *it is not the worth while to live
in a world empty of God and Providence*, is the sense of all those
that know what a Deity means.

しかしながら、神への真の信は、すべての真剣な精神にとりまして
確実な支えであります。それは来世の希望を湛えているだけではな
く、この世において人の精神を無動揺・内なる平静で楽しませてくれ
ます。あのストア派哲学者がその冷静で成熟した思想の中で語った、
「神々が不在であり摂理が不在である世界の中には生きることができ
ない」ということ、すなわち神と摂理が不在である世界の中には生き
る価値がないということ、それが神とは何を意味するかを知っている
すべての人びとのいう意味なのです[106]。

---

106)　*A Short Discourse of Atheism*, 54.

スミスのいう「神への真の信」とは、「神と摂理」への信、すなわち全世界のことを配慮する神への信である。彼が引き合いに出す「あのストア派哲学者」の名前は明示されていないが、おそらくマルクス・アントニヌスのことであり、ギリシャ語の文言は『自省録』からの記憶による引用であろうと思われる[107]。スミスは、「神々」を単数形の「神」に変更している。彼の神観においては神と摂理は不可分離である。神は世界と人間のことを配慮する神なのである。しかるに、エピクロスの神は世界に干渉せず、人間のことも配慮しない神であった。そのような神は、スミスにとっては神の名に値しない。彼がエピクロスの神観を無神論と同定するゆえんである。彼の見るところでは、もし世界の中に神の摂理が不在であるならば、世界は「下品で無目的な運命」(a rude and blind fortune) に翻弄されることになる。人間は、運命に翻弄される「世界のどう猛な情欲・情動」(the savage Lusts and Passions of the world) に虐待されることになる。そのような人生は、最大の不幸である[108]。スミスの無神論批判は運命論批判なのでもある。人類の幸福のためには、「あの精神・知恵……宇宙を隅々まで統治し、その中にいかなる時にでも突発するすべての無秩序を鎮圧する存在」(that Mind and Wisedom ... which governs every part of it, and overrules all those disorders that at any time begin to break forth in it) が、どうしても必要なのである[109]。世界から神と摂理を取り去るなら、それはたちまち「偶然と運、人間たちの気まぐれと情動」(chance and fortune, the humours and passions of men) が支配する所となり、とうてい人類の住むことができない場所となるであろう[110]。以上がスミスの堅持する神観である。

---

107) Marcus Antoninus, *De seipso*, II.8.
108) *A Short Discourse of Atheism*, 54.
109) *A Short Discourse of Atheism*, 54.
110) *A Short Discourse of Atheism*, 54.

スミスの神は世界のことを配慮する神であり、エピクロスの神は世界のことに干渉しない神である。この点において、明らかに両者の見解は異なる。他方、心の平静を求めるという点においては、両者は一致しているのではないかと思われる。エピクロスが心の平静を目指したのと同様に、スミスもそれを目指した。彼のいう「来世への希望」は、エピクロスの言葉では「神の審判の欠如」ということになるであろう。言語表現は異なるが、心の平静を目指すという点においては、両者は一致している。その境地に到達するために、エピクロスは徹底した迷信批判と原子論的説明の道をとった。スミスは穏健な迷信批判と「神と摂理」に基づく神学的説明の道をとった。異なるのは選択した道の違いであり、目的地は同じであった。このような事情をどのように評価すべきであるかということは、道の違いということをどのように理解するかということにかかっている。

6．まとめ

本章の目的は、『無神論に関する短い講話』における、スミスのエピクロス哲学に対する理解と論駁の妥当性を吟味し明らかにすること、そして、そこから立ち現れてくるであろう哲学的霊性の特徴を確認することであった。以上の作業から明らかになったことは、まずスミスのエピクロス哲学の理解についていえば、それが17世紀中頃の時代にしては、エピクロス哲学に関する相当広範な資料に基づいて行われているとはいえるが、その資料の取り扱いには偏向性が目立つということである。彼は、エピクロス派のルクレティウスの見解をしばしば引用するが、それはもっぱらエピクロス哲学を非難するためであり、探せばおそらく見つかるかもしれない共通点・一致点を見出そうとする姿勢はほとんど見られない。他方、スミスは、反エピクロス派のキケロとプルタルコスを頻繁に引用するが、それはもっぱらエピクロス自然哲学を論駁するためであり、彼らが提示する

見解を客観的に吟味する点に関しては、不足感を否めない。なぜそうなるかというと、スミスの考え方の基底に［エピクロス哲学＝無神論］という定見があるからである。さらにいえば［無神論＝悪］・［有神論＝善］という独断があるからである。独断という表現は強すぎるかもしれないが、少なくとも哲学的問答のレベルにおいては、有神論・無神論の正邪の判断は一時保留したうえで、忍耐強く対話を継続すべきなのである。

　しかしスミスの名誉のためにいうなら、彼は自己の宗教理解に閉じこもり、反対意見には耳を貸さない頑迷な守旧派とは異なり、キリスト教に対する脅威とみなされるエピクロス哲学と真摯に向き合った、といわなければならない。この姿勢は大いに評価すべきである。エピクロスの原子論に関してももも、スミスは一定の知識と理解をもっていた。しかし、エピクロスの神観、快楽観及び幸福観に関しては、残念ながら、一次資料への言及も踏み込んだ議論もこの度のスミスには見られない。

　総じて、『無神論に関する短い講話』は、無神論の論駁としては、スミスの議論はあまり有効ではないといわなければならない。しかし、無神論の起源の分析という面に関しては、その議論はかなり的確であるといえる。そもそも『講話』の目的は、過去のものであるエピクロス哲学を論じることを通して、現代の迷信者たちに迷信からの脱出を勧めることにあった。その迷信者とは、PC の神学に呪縛されている同時代の人びとであり、スミスは彼らに正しい脱出の道を示した。無神論の極端に走る道を回避し、「神への真の信」に歩む道を選ぶことを提案したのである。PC の立場に身を置く聴衆は、スミスが語った『講話』から彼の真意をどれほどくみ取ることができたであろうか。

　最期に、スミスの哲学的霊性について一言しておきたい。その哲学的霊性は神知を愛し求める道行きであるが、その道行きの中には自然哲学の知の探求も含まれていてしかるべきである。事実、この『講話』はその方向性を証左している。ただしエピクロス哲学に関していえば、スミスの自然

哲学の探究は不徹底な段階にとどまったといわなければならない。もし長寿が与えられたならば、スミスの旺盛な探究心はいっそう自然哲学に関する理解を深め、さぞかし自然哲学と宗教との関係についても、豊かな見解を実らせることができたであろうと思うと、その早世が惜しまれる。

付論　エピクロスの倫理教説

　「不動心」（ἀταραξία）を基盤とするエピクロスの倫理教説には見るべきものがあるが、残念ながら、スミスはこれにもほとんど触れていない。エピクロスの倫理教説の中には、彼が賛同することができそうなものが少なからずあるように思われる。そこで、蛇足になることを恐れず、エピクロスの「正義」（δικαιοσύνη, justitia）と「友愛」（φίλια, amicitia）に関する教説、及びスミスが共感するのではないかと思われるエピクロスの文言のいくつかを、付論として加えておきたい。

a.　正義

　始めに正義の教説であるが、以下の文言は、エピクロスの正義観を如実に表しているものと思われる。

> Οὐκ ἦν τι καθ᾽ ἑαυτὸ δικαιοσύνη, ἀλλ᾽ ἐν ταῖς μετ᾽ ἀλλήλων συστροφαῖς καθ᾽ ὁπηλίκους δήποτε ἀεὶ τόπους συνθήκη τις ὑπὲρ τοῦ μὴ βλάπτειν ἢ βλάπτεσθαι.
> 正義はそれ自体で存在するものではない。自然の正義は、互いに害したり互いに害されたりしないようにとの、相互利益のための契約である[111]。

この文言に示された正義観は、正義のイデアを説いたプラトンの見解や、アレテーとしてのポリス的正義を説いたアリストテレスの見解とは、かなり異なるものである。たしかにエピクロスの正義は他者の利益への配慮を含んではいるが、この配慮の根底にあるものは自己の利益である。この自己の利益とは自己の快楽であり、身体の健康と不動心である[112]。正義は心の平静をもたらすかぎりにおいて、有益なものであり、それ自体として善きものでない。「正しい人は最高に無動揺であり、不正な人は最大の動揺に満ちている[113]」とは、そういう意味においてである。さらに「不正は、それ自体では悪ではない。むしろそれは、そうした行為を処罰する任にある人びとによって発覚されはしないであろうかという気がかりから生じる恐怖の結果として、悪なのである[114]」という文言さえある。もちろんエピクロスは不正を容認しているわけではない。正義が求められる理由は、それが身体的な処罰を取り除くだけではなく、恐怖という精神的苦悩からの解放をもたらすからであるということが、エピクロスの論点である。真の地獄とは、悪行に対する刑罰をこの世において恐れる生であり、神話に出てくるアケロンなどではない[115]。知者はこのことを認識しているから、正義を行うのである。それゆえ「正義の最大の報酬は、不動心である[116]」ということになる。

---

111) *Kyriai doxai*, 31.

112) *Epistula ad Menoeceum*, 128-132.

113) *Kyriai doxai*, 17: Ὁ δίκαιος ἀταρακτότατος, ὁ δ᾽ ἄδικος πλείστης ταραχῆς γέμων.

114) *Kyriai doxai*, 34: Ἡ ἀδικία οὐ καθ᾽ ἑαυτὴν κακόν, ἀλλ᾽ ἐν τῷ κατὰ τὴν ὑποψίαν φόβῳ, εἰ μὴ λήσει τοὺς ὑπὲρ τῶν τοιούτων ἐφεστηκότας κολαστάς.

115) *De rerum natura*, III.1013-1023.

116) 出隆・岩崎允胤訳『エピクロス―教説と手紙―』（岩波文庫）に収録の、「出所不明の断片（その2）」80。

b.　友愛

　次に友愛の教説であるが、以下の文言は、エピクロスの友愛観を如実に
表しているものと思われる。

Ὁ γενναῖος περὶ σοφίαν καὶ φιλίαν μάλιστα γίγνεται, ὧν
τὸ μέν ἐστι θνητὸν ἀγαθόν, τὸ δὲ ἀθάνατον.

高潔な人は、知恵と友愛とについて最も配慮する。このうち、前者は
可死的善であり、後者は不死の善である[117]。

「隠れて生きよ」（λάθε βιώσας）[118] と説いたとされるエピクロスは、た
しかに政治に関わる生活から身を引いて生きた。しかしそれは人間嫌いの
ためではなかった。彼は公的営みから身を引きつつ、同時にアテナイの園
において、友愛を基盤とする共同生活を営んだ。エピクロスがいう「不死
の善」としての友愛も、正義と同様に自己の利益という原理の上に立って
いる。「友愛はみなそれ自身のゆえに望ましいものである。利益から出発
するものではあるが[119]」とは、そういう意味である。とはいえ、自己の
利益の原理は、友愛における利他性を排除するものではない。

Οὔθ᾽ ὁ τὴν χρείαν ἐπιζητῶν διὰ παντὸς φίλος, οὔθ᾽ ὁ
μηδέποτε συνάπτων· ὁ μὲν γὰρ καπηλεύει τῇ χάριτι

---

117)　*Sententiae Vaticanae*, 78.

118)　Plutarchus, *An recte dictum sit latenter esse vivendum* (*ΕΙ ΚΑΛΩΣ
ΕΙΡΗΤΑΙ ΤΟ ΛΑΘΕ ΒΙΩΣΑΣ*), 1128C2.

119)　*Sententiae Vaticanae*, 23: Πᾶσα φιλία δι᾽ ἑαυτὴν αἱρετή· ἀρχὴν δὲ
εἴληφεν ἀπὸ τῆς ὠφελείας.

τὴν ἀμοιβήν, ὁ δὲ ἀποκόπτει τὴν περὶ τοῦ μέλλοντος
εὐελπιστίαν.

たえず援助を求めている人が友人なのでもなく、決して人間関係をも
とうとしない人が友人なのでもない。なぜなら前者は援助に対し対価
物を売るのであり、後者は未来についてのよい希望を断ち切っている
からである[120]。

　人は他者を助けることを楽しむことができるし、そこから快楽を得ること
もできる。エピクロスが友愛の利益という場合、それは利他的行為から得
られる快楽ではなく、友人同士が提供し合う実際的な援助のことである。
しかし、それを差し置いても友愛が望ましいのは、「利益を受けるよりは、
利益を与える方がより快い[121]」からである。あくまでも価値判断の基準
は快楽なのである。
　苦痛からの解放と不動心を説くエピクロスの主張は、富や地位、体力や
知力を最大の善とみなす価値観に対する批判となる。同時に、それは健全
な人ならだれでも理解することができるものである。エピクロスは「友愛
にせっかちな人も、しりごみする人も、ともに賞むべきではない。むしろ
友愛のために危険をおかしさえすべきである[122]」といい、「われわれが必
要とするのは、友人からの援助そのものではなくて、むしろ、援助につい
ての信なのである[123]」ともいう。このようにエピクロスの友愛観は、彼

---

120) *Sententiae Vaticanae*, 39.

121) H. Usener, ed., *Epicurea*, 544: Ἐπίκουρος τἀγαθὸν ἐν τῷ βαθυτάτῳ
　　　τῆς ἡσυχίας ὥσπερ ἐν ἀκλύστῳ λιμένι καὶ κωφῷ τιθέμενος τοῦ εὖ
　　　πάσχειν τὸ εὖ ποιεῖν οὐ μόνον κάλλιον ἀλλὰ καὶ ἥδιον εἶναί φησι.
　　　χαρᾶς γὰρ οὕτω γόνιμον οὐδὲν ἐστιν ὡς χάρις·

122) *Sententiae Vaticanae*, 28: Οὔτε τοὺς προχείρους εἰς φιλίαν οὔτε τοὺς
　　　ὀκνηροὺς δοκιμαστέον· δεῖ δὲ καὶ παρακινδυνεῦσαι χάριν φιλίας.

123) *Sententiae Vaticanae*, 34: Οὐχ οὕτως χρείαν ἔχομεν τῆς χρείας «τῆς»

の意味における快楽に根ざし、快楽を目指すものであるといえる。以下に
紹介するのは、エピクロスが理想とする人生のあり方であるが、この人生
観は彼の快楽論・友愛論に照らしてこそよく理解できるといえよう。

Οὐκ ἔστιν ἡδέως ζῆν ἄνευ τοῦ φρονίμως καὶ καλῶς καὶ
δικαίως «οὐδὲ φρονίμως καὶ καλῶς καὶ δικαίως» ἄνευ τοῦ
ἡδέως· ὅτῳ δὲ τοῦτο μὴ ὑπάρχει, οὐκ ἔστι τοῦτον ἡδέως
ζῆν.

思慮ぶかく美しく正しく生きることなしには快く生きることもでき
ず、快く生きることなしには「思慮ぶかく美しく正しく生きること
もできない」以上の生き方をもたない人は、快く生きることができな
い[124]。

c. 親しみを覚えるかもしれない文言

以上においてエピクロスの正義と友愛の教説を見たが、これらに加え
て、スミスが共感を覚えるのではないかと思われる、エピクロスの文言の
いくつかを確認しておきたい。

Οὐ νέος μακαριστὸς ἀλλὰ γέρων βεβιωκὼς καλῶς· ὁ γὰρ
νέος ἀκμῇ πολὺς ὑπὸ τῆς τύχης ἑτεροφρονῶν πλάζεται· ὁ δὲ
γέρων καθάπερ ἐν λιμένι τῷ γήρᾳ καθώρμικεν, τὰ πρότερον
δυσελπιστούμενα τῶν ἀγαθῶν ἀσφαλεῖ κατακλείσας χάριτι.

若者がではなくて、美しい生を送ってきた老人こそが、幸福であると
考えるべきである。男盛りの若者は、考えが定まらず、運によって激

παρὰ τῶν φίλων ὡς τῆς πίστεως τῆς περὶ τῆς χρείας.

124) *Kyriai doxai*, 5.

しく弄ばれるが、老人は、かつては期待することすら難しかった善い
ことどもを、損なわれることなく安全に感謝の念によって包み、老齢
をあたかも泊り場として、そこに憩っているからである[125]。

Σαρκὸς φωνὴ τὸ μὴ πεινῆν, τὸ μὴ διψῆν, τὸ μὴ ῥιγοῦν· ταῦτα
γὰρ ἔχων τις καὶ ἐλπίζων ἕξειν κἂν «Διὶ» ὑπὲρ εὐδαιμονίας
μαχέσαιτο.

飢えないこと、渇かないこと、寒くないこと、これが肉体の要求であ
る。これらを所有したいと望んで所有するに至れば、その人は、幸福
にかけては、ゼウスとさえ競いうるであろう[126]。

βρυάζω τῷ κατὰ τὸ σωμάτιον ἡδεῖ, ὕδατι καὶ ἄρτῳ χρώμενος,
καὶ προσπτύω ταῖς ἐκ πολυτελείας ἡδοναῖς οὐ δι' αὐτάς, ἀλλὰ
διὰ τὰ ἐξακολουθοῦντα αὐταῖς δυσχερῆ.

水とパンで暮らしていれば、わたしは身体上の快楽に満ち満ちておら
れる。そしてわたしは、ぜいたくによる快楽を、快楽それ自身のゆえ
にではないが、それに付随していやなことが起こるがゆえに、唾棄す
る[127]。

πέμψον μοι τυροῦ κυθρίδιον, ἵν' ὅταν βούλωμαι πολυτελεύ-
σασθαι δύνωμαι.

チーズを小壺に入れて送ってくれたまえ。したいと思えば豪遊するこ
ともできるから[128]。

---

125) *Sententiae Vaticanae*, 17.

126) *Sententiae Vaticanae*, 33.

127) 『エピクロス―教説と手紙―（岩波文庫）』収録の「手紙からの断片」37。

128) 「手紙からの断片」39。

第4章　ジョン・スミスの哲学的霊性　その2　｜　311

Μηδέν σοι ἐν βίῳ πραχθείη ὃ φόβον παρέξει σοι εἰ γνωσθή-
σεται τῷ πλησίον.

もし隣人に知られたならば、君を怖がらせるでもあるようなことを、
君は、一生にひとつでも、おこなうべきではない[129]。

Οὐ λύει τὴν τῆς ψυχῆς ταραχὴν οὐδὲ τὴν ἀξιόλογον ἀπο-
γεννᾷ χαρὰν οὔτε πλοῦτος ὑπάρχων ὁ μέγιστος οὔθ᾽ ἡ παρὰ
τοῖς πολλοῖς τιμὴ καὶ περίβλεψις οὔτ᾽ ἄλλο τι τῶν παρὰ τὰς
ἀδιορίστους αἰτίας.

最大の富を所有しても、多くの人びとから尊敬と注目を受けても、そ
の他、無際限な多くの原因からどのような結果が生じても、そんなも
のは、心の動揺を解消はしないし、値打ちのある喜びを生み出しもし
ない[130]。

---

129)　*Sententiae Vaticanae*, 70.
130)　*Sententiae Vaticanae*, 81.

第 5 章

ジョン・スミスの哲学的霊性　その 3
──『真の宗教の卓越性・高貴性に関する講話』：
宗教のアレテーの追求──

　本章は、第 4 章に引き続きケンブリッジ・プラトニスト（以下 CP と略す）の宗教哲学者ジョン・スミスを取り上げ、その哲学的霊性の特質を解明することを目的とする。この作業にあたり、その遺稿集であるジョン・ワージントン編『講話選集』（John Worthington, ed., *Select Discourses*, London, 1660）の中に収録されている『真の宗教の卓越性・高貴性』（*The Excellency and Nobleness of True Religion*）に関する講話[1] の吟味を中心として、問題の考察を行うことにしたい。

1. 『真の宗教の卓越性・高貴性に関する講話』

　この『講話』は、『講話選集』に収録された 10 の講話の配列順で見るなら、9 番目に位置する。第 1 番目は、先に本書の第 3 章で取りあげた、

---

1)　以下おいて引用する『真の宗教の卓越性・高貴性』（*The Excellency and Noble-ness of True Religion*）のテクストは、基本的に John Worthington, ed., *Select Discourses* (1660) 375-451 のものを使用する。英語の綴りは現代のものと異なるものが多々あるが、そのまま表記することにする。邦語に翻訳するにあたっては、H. G. Williams, ed., *Select Discourses By John Smith: To Which Is Added A Sermon, Preached At the Author's Funeral* (1859) 385-459 に収録の校訂テクスト、及び C. A. Patrides, ed., *The Cambridge Platonists* (Edward Arnold, 1969) 145-199 に収録の校訂テクストを参照する。以下『講話』と略する。

314

『神知に至るための真の道・方法に関する講話』である。そこでは、神知
への上昇・到達が達成されるのは、アレテー・善性の道・方法によるので
あるということを、スミスは繰り返し強調した。それに呼応して、『真の
宗教の卓越性・高貴性に関する講話』では、宗教及び宗教者のアレテーと
は何かという問題の解明を、スミスは試みる。彼の論点は以下の5つであ
る[2]。

1. 真の宗教の卓越性・高貴性の起源・原型
2. 真の宗教の卓越性・高貴性の本性・真髄
3. 真の宗教の卓越性・高貴性の特性・働き
4. 真の卓越性・高貴性の宗教の前進
5. 真の宗教の卓越性・高貴性の期限・終点

スミスがこれらの問題をどのように解明するかということは、その哲学的
霊性を理解する上で重要である。ワージントン（John Worthington）は、
読者の便宜のために、上記の5つの論点を以下のように序文と11の章に
小区分している。

序文
第1章　宗教の高貴性：その起源・源泉
第2章　宗教の高貴性：その本質
第3章　宗教の高貴性：その諸特性及びその第1の特性・働き
第4章　宗教の高貴性：その第2の特性
第5章　宗教の高貴性：その第3の特性・働き
第6章　宗教の卓越性：その第4の特性・働き

---

2)　*The Excellency and Nobleness of True Religion*, 375, 379.

第7章　宗教の卓越性：その第5の特性・働き

第8章　宗教の卓越性：その第6の特性・働き

第9章　宗教の卓越性：その第7の特性・働き

第10章　宗教の卓越性：その進歩

第11章　宗教の卓越性：その期限・終点

　『講話』の中心部は、宗教の高貴性をその本質の観点から論じる第2章と、宗教の高貴性・卓越性をその諸特性の観点から論じる第3章から第9章までである。

　第2章では、宗教の高貴性の本質について、三つの命題が提示され、論じられる[3]。

①善き人、すなわち（真の）宗教によって始動される人は、この世とそれに属するすべての楽しみ・卓越を超越して生きる。

②善き人、すなわち（真の）宗教によって始動される人は、自分自身の理性との交わりの中で生きる。

③善き人、すなわち真の宗教によって感化される人は、自分自身を超出し、神性との親密な交わりへ上げられる。

　第3章から第9章にかけては、宗教の高貴性・卓越性の諸特性・働きについて、七つの命題が提示され、論じられる[4]。

①真の宗教は、善き人の魂を気宇広大にする（第3章）。

②真の宗教は、善き人が理性によって我意を抑制することを可能にする（第4章）。

---

3)　*The Excellency and Nobleness of True Religion*, 385-392.

4)　*The Excellency and Nobleness of True Religion*, 392-439.

③真の宗教は、善き人が至高の存在である神の栄光のために生き、神に似る者となることを可能にする（第5章）。

④真の宗教は、善き人の魂に真の平静と言葉に尽くせぬ喜びをもたらす（第6章）。

⑤真の宗教は、善き人の魂が聖なる大胆さをもって神に近づき、謙遜をもって神との親密な交わりをもつことを可能にする（第7章）。

⑥真の宗教は、善き人の魂を地上のものから神のものへ、感覚界から叡智界へ携え上げる（第8章）。

⑦真の宗教は、善き人の魂が神の摂理と神の意思に心から従うことを可能にする（第9章）。

以下において、これらの命題を吟味しつつ、宗教のアレテーに関するスミスの見解を考察していきたい。その結果として、スミスの哲学的霊性の特質のいくばくかを明らかにすることができれば幸いである。

2.　講話のためのテクスト

『講話』の扉部分に、題目と論述順序が示され、続いて以下のように講話のためのテクストが示されている。

To the Saints that are in the earth, and to the excellent, in whom is all my delight. *Psalm* 16.3

地にある聖徒たちに、すなわち私のすべての喜びである卓越した者たちに[5]。『詩編』16編3節

---

5)　スミスは欽定訳を使用している。

εὐγένεια δὲ, ἡ τῆς εἰκόνος τήρησις, καὶ ἡ πρὸς τὸ ἀρχέτυπον ἐξομοίωσις, ἣν ἐργάζεται λόγος καὶ ἀρετὴ, καὶ καθαρὸς πόθος.　Greg. Nazianzenus in *Orat*.8.6

高貴性とは、似姿の保持と原型に似ることである。それを実現するものは、ロゴスとアレテー、及び浄い情念である。　ナジアンゾスのグレゴリオス『演説』8.6[6]

Εὐγένειαν δὲ λέγω, οὐχ ἣν οἱ πολλοὶ νομίζουσιν· ἄπαγε. ... ἀλλ᾽ ἣν εὐσέβεια χαρακτηρίζει καὶ τρόπος, καὶ ἡ πρὸς τὸ πρῶτον ἀγαθὸν ἄνοδος, ὅθεν γεγόναμεν.　Greg. Nazianzenus in *Orat*. 25.3.

私がいう高貴性とは、多くの者たちが考えているようなものではない。……そうではなく、それは敬神と品性が形成するものであり、そこから私たちが生成したところの究極の善への上昇である。　ナジアンゾスのグレゴリオス『演説』25.3[7]

Nescit Religio nostra persona accipere, nec conditiones homi-

---

6)　スミスは *Orat*. 11 としているが、H. G. Williams 版に従い *Orat*. 8.6 と訂正する。

7)　スミスは *Orat*. 23 としているが、H. G. Williams 版に従い *Orat*. 25.2 と訂正する。なおスミスの引用は中途部分を省略している。全文は以下のとおりであるが、下線部は省略部分である。

Εὐγένειαν δὲ λέγω, οὐχ ἣν οἱ πολλοὶ νομίζουσιν· ἄπαγε! Οὐ πρὸς ἡμῶν οὕτω θαυμάζειν, οὐδὲ φιλόσοφον, τὴν ἐκ μύθων καὶ τάφων ἐρχομένην καὶ πάλαι σεσηπυίας ὀφρύος· οὐδὲ τὴν ἐξ αἱμάτων καὶ γραμμάτων προσγινομένην, ἣν νύκτες χαρίζονται, καὶ βασιλέων ἴσως οὐδὲ εὐγενῶν χεῖρες, προστασσόντων, ὥσπερ ἄλλο τι, τὴν εὐγένειαν· ἀλλ᾽ ἣν εὐσέβεια χαρακτηρίζει καὶ τρόπος, καὶ ἡ πρὸς τὸ πρῶτον ἀγαθὸν ἄνοδος, ὅθεν γεγόναμεν.

num, sed animos, inspicit singulorum; Servum et Nobilem de moribus pronunciat. Sola apud Deum Libertas est non servire peccatis: Summa apud Deum est Nobilitas clarum esse virtutibus. Paulini Epist. *ad Celantiam* (vid. Hieronym. *Opera*).

宗教は、私たちのうわべの顔や、人間の業績を受け入れることはできない。そうではなく、宗教は各自の魂を吟味する。奴隷にも高貴な者にも死について宣告する。神のもとにある自由だけが、罪に隷属しないことができる。神のもとにある至高の高貴性は、もろもろのアレテーで輝いていることができるのである。　パウリヌス『ケランティアへの手紙』[8]

　聖書からは『詩編』の文言が、古典文献からはナジアンゾスのグレゴリオスの文言が二つと「ヒエロニムス」（正しくはパウリヌス）の文言が引用されている。このような聖書とキリスト教古典の並記は、スミスを含むCPに共通した特徴であることはすでに見たとおりである[9]。『詩編』16編3節は、宗教のアレテーを探求することを目的とするこの『講話』にふさわしいテクストである。ここでは「聖徒たち」は「卓越した人たち」と言い換えられている。「卓越した人たち」とは、アレテーを所有する人物を示唆する。ここに、キリスト者の本質をギリシャ的アレテーの観点から究めようとするスミスの基本姿勢が表れている。

　ナジアンゾスのグレゴリオス『演説』8.6も、『講話』に適合するテクストである。ここではアレテーの別名としての「高貴性」は、宗教の高貴性を示唆するのであるが、それは「似姿の保持と原型に似ること」、すな

---

8)　スミスはヒエロニムスの手紙としているが、文体から見て著者はヒエロニムスではない。むしろ、ノラのパウリヌス（Paulinus of Nora, 354頃-431）が著者ではないかと考えられている。Cf. H. G. Williams, ed., *Select Discourses*, 383.

9)　G. R. Cragg, ed., *The Cambridge Platonists*, 91 n.1.

わち人間の神化であると同定されている。その神化を実現するのものは、「ロゴスとアレテー、及び浄い情念」である。『演説』25.3 も、『講話』によく適合するテクストである。ここでも宗教の卓越性・高貴性を示唆する「高貴性」が言及されており、『演説』8.6 における「ロゴスとアレテー、及び浄い情念」と「原型に似ること」に対して、それぞれに呼応する「敬神と品性」と「究極の善」が言及される。そこに、宗教の高貴性の本質をギリシャ教父の哲学の観点から究めようとするスミスの姿勢が見てとれる。

　スミスがヒエロニムスに帰す、パウリヌス『ケランティアへの手紙』も、『講話』によく適合している。ここでは宗教の役割が、「宗教は各自の魂を吟味する」と語られている。宗教の高貴性は、「神のもとにある自由」、「神のもとにある最高の高貴性」及び「もろもろのアレテー」として同定されている。ここでも、宗教の本質をギリシャ的アレテーの観点から究めようとする、スミスの姿勢が表れている。以上が、『講話』の扉に提示されたテクストから感じ取ることができる印象である。

3.　『講話』の序文

　さて『講話』の序文に進むと、改めて以下の聖書テクストが冠せられている。

> The Way of life is above to the wise, that he may depart from hell beneath.
> いのちの道は知者にとって上にある。それは下の地獄から離れるためである。『箴言』15 章 24 節

　当時のピューリタン説教者は説教を始めるにあたり、まず最初に聖書テ

クストを提示した上で、そこから導き出されるいくつかの所見を述べると
いう形式をとったが[10]、スミスもそれに倣い、次のように聖書テクストの
釈義から始める。

In this whole *Book of the Proverbs* we find *Solomon*, one of the
Eldest Sons of Wisdom, alwaies standing up and calling her
blessed: his Heart was both enlarged and fill'd with the pure
influences of her beams, and therefore was perpetually adoring
that Sun which gave him light. *Wisdom is justified of all her
Children*; though the brats of darkness and children of folly see
no beauty nor comeliness in her, that they should desire her,
as they said of Christ, *Esay* 53. Τίς σύνεσις γένοιτο τοῖς μὴ
ἐπαπτομένοις; That Mind which is not touch'd with an inward
sense of Divine Wisdom, cannot estimate the true Worth of it.

この『箴言の書』全体におきまして、私たちが見いだしますところで
は、ソロモン、すなわち知恵の長子たちの一人は、常に立ち上がって
彼女を至福者と呼んでおります。彼の心は彼女から発する陽光の純粋
な影響により拡大され、その影響に満たされています。それゆえ彼
は、自分に光を与えてくれるかの太陽を絶え間なく称えていたので
す。「知恵はそのすべての子どもたちによって正しいとされる」ので
す。とはいえ、暗闇の悪童たち・愚劣の子どもたちは、彼女の中に
美も魅力もまったく見いださず、彼女を思いこがれることがありませ
ん。それは『イザヤ書』53章においてキリストについて語られたと
おりです。「じかに触れていない者たちにいかなる理解がありえよう
か」であります。神の知恵を感じる内なる感覚をもっていないあの精

---

10)　Cf. George Yule, *Puritans in Politics*, 75-76.

第5章　ジョン・スミスの哲学的霊性　その3　｜　321

　　神は、知恵の真価を評価することができないのです[11]。

スミスはまず聖書テクストの中の、「知者」(the wise) という言葉に着目する。彼は伝統に従って『箴言』の著者「ソロモン」に言及するが、重要なことは、ソロモンは「知恵の長子たちの一人」であるということであり、その心が知恵に最大の価値を見いだし、知恵の影響を受け、それに満たされているということである。つまり宗教のアレテーと知恵を愛し求める哲学者であるということである。「自分に光を与えてくれるかの太陽を絶え間なく称えていた」その心は、プラトン『国家』における、太陽に喩えられる善のイデアを観照する哲人統治者の魂[12]を彷彿とさせる。このソロモンが象徴するいわば哲人宗教者の生の正しさは、『ルカ福音書』の「知恵はそのすべての子どもたちによって正しいとされる」という、キリストの言葉によっても支持される[13]。ここでは「知恵」はキリストを指すが、キリストが「知恵」として同定されていることは、スミスにとって重要なことである。かつて知恵は、それを敬愛するキリストの弟子たちから歓迎された。同様に、現代においても知恵が、キリストの弟子でいようとする人たちから歓迎されることを、スミスは願うのである。「知恵」を「神知」と置き換えてもさしつかえないであろう。スミスは序文の最初の段階で、聴衆に神知を愛し求める道にいざなうのである。神知の探求を拒絶するようなことは、決してあってはならないのである。その点を強調するために、彼は『イザヤ書』53章に言及する。そこでは苦難の僕なるキリストが人びとから拒絶されることが予示されているが[14]、その拒絶はとりもなおさず知恵に対する拒絶なのである。さらにスミスは、プロティ

---

11)　*The Excellency and Nobleness of True Religion*, 377.

12)　Plato, *Respublica*, 506B-509B.

13)　『ルカ福音書』7章35節。

14)　『イザヤ書』53章2節。

ノス『エンネアデス』の収録論文『永遠と時間について』から、「触れていない者たちにいかなる理解がありえようか[15]」という文言を引用し、それを「神の知恵を感じる内なる感覚をもっていないあの精神は、知恵の真価を評価することができない」と敷衍する。なおプロティノスの「じかに触れていない者たち」という文言についていえば、「じかに触れる」（ἐπαπτέσθαι）という語は、他の場合には、「一者との精神的接触（合一の体験）」の意味でも時折、用いられている[16]。神知は教理や教義の知識を蓄積することではなく、知性の感覚によって神を知るという一種の感覚体験なのである。

　すでに明らかなように、スミスの聖書釈義の方法は、教条主義や直解主義によるそれとは一線を画している。いうならば、哲学の立場から聖書を読み解き、聖書の言葉を哲学の言葉に変換した上で、ひるがえって聖書の立場から改めてそれを味わい直す、ということがスミスの方法である。それをもう少し見ておきたい[17]。彼は音楽の表象を用いて、ソロモンを「知恵の楽器」（Sapientiae Organum）と表現する[18]。聖書の著者は、「知恵自身が調律し、それに基づいて彼女の神的な楽曲を演奏させた楽器」（an Instrument which Wisdom herself had tuned to play her divine Lessons upon）なのである。それゆえソロモンが語る言葉は、『コヘレトの言葉』にあるように דִּבְרֵי־חֵפֶץ（喜びの言葉）[19]、すなわち「どこでも神の甘美さとそれに伴う力と美に満ちている」（every where full of Divine sweetness matched with strength and beauty）言葉なのである。それをギリシャ哲学の用語に置き換えるならば、πολὺν νοῦν ἔχοντες

---

15)　Plotinus, *Enneades*, III.7.7.

16)　*Enneades*, VI.9.4.27.『プロティノス全集　第 2 巻』（中央公論社、1987 年）391 註 5 参照。

17)　*The Excellency and Nobleness of True Religion*, 378.

18)　*The Excellency and Nobleness of True Religion*, 378.

19)　『コヘレトの言葉』12 章 10 節。

ἔνδον（内に大いなる知性をもつ）言葉ということになる。出典は示されていないが、「内に」（ἔνδον）という語は、プロティノスが好んで用いる言葉である[20]。ひるがえって、それを『箴言』の言葉でいえば、「銀の絵画の中の金のりんごのごとし」（like apples of gold in pictures of Silver）ということになる[21]。さらにそれをパウロの言葉でいえば、「神秘の中で知恵を語ること」（to utter Wisdom in a Mystery）となる[22]。スミスの見るところでは、聖書の言葉は日常の表現で語られているとしても、一種の謎のような仕方で神的真理を内包しているのである。いわば比喩あるいは象徴として、真理を指さしているのである。このような手法は、古代の哲学者たちの著作の中に見いだされるが、そもそも聖書の中でもしばしば用いられている、とスミスはいう。したがって、冒頭に掲げた聖書テクスト『箴言』15章24節を前にして、真理を開示するか隠蔽するかは、その言葉を聴く人たちの姿勢にかかっている、とスミスは訴える[23]。

　スミスは、この手法は肉体の制約の中にある私たちの理解力に適応させたものであると理解し、アウグスティヌスとアレオパゴスのディオニュシオスを引き合いに出す。アウグスティヌスによると、私たちが隠喩や寓喩を好む理由は、それらが私たちの理性と親密な関係にある私たちの感覚と釣り合っているからである[24]。カバラ主義者の格言によると、*Lumen Supernum nunquam descendit sine indumento*（天の光は覆いなしには決して下ってこない）のである。アレオパゴスのディオニュシオスによると、*Impossibile est nobis aliter lucere radium Divinum, nisi*

---

20)　Cf. *Enneades*, I.1.10, I.4.8, I.6.3, I.6.5, I.6.8, etc.

21)　『箴言』25章11節。

22)　『コリントの信徒への手紙 一』2章7節。

23)　*The Excellency and Nobleness of True Religion*, 378.

24)　Augustinus, *Epistulae*, 55.21.

varietate sacrorum velaminum circumvelatum（私たちにとって神的光が輝くことは、さまざまな聖なる覆いで包まれることなしには不可能である）。スミスは説明のためにギリシャ語本文を付記している。すなわち、οὐδὲ δυνατὸν ἑτέρως ἡμῖν ἐπιλάμψαι τὴν θεαρχικὴν ἀκτῖνα, μὴ τῇ ποικιλίᾳ τῶν ἱερῶν παραπετασμάτων ἀναγωγικῶς πελικεκαλυμμένη（私たちにとって神に属する光が輝くことは、さまざまな聖なる覆いで<u>類比的に</u>包まれることなしには不可能である）[25]。下線を付したが、「類比的に」（ἀναγωγικῶς）[26] という語は、スミスにとって重要である。以上において見たように、哲学の観点と宗教の観点との間の往復を繰り返しながら、徐々に真理への階段を上昇していくことが、スミスの聖書釈義の方法なのであり、「類比的に」ということはそういう意味なのである。以上の議論に基づき、スミスは序文を以下のように締めくくる[27]。

> Thus much by way of Preface or Introduction to these words, being one of *Solomon*'s excellent *Proverbs*, viz. *The way of life is above to the wise.* Without any mincing or mangling of the Words, or running out into any Critical curiosities about them, I shall from these Words take occasion to set forth *The Nobleness and Generous Spirit of True Religion*, which I suppose to be meant here by [*The way of life.*]

これらの言葉への序言または序文は、これくらいにしておきたいと思います。それらは、ソロモンの卓越した『箴言』の一つ、すなわち

---

25)　Pseudo-Dionysius, *De coelesti hierarchia*, 8.1.

26)　Cf. G. W. H. Lampe, *A Patristic Greek Lexicon* (Oxford University Press, 1961) 100: "analogically."

27)　*The Excellency and Nobleness of True Religion*, 379.

第5章　ジョン・スミスの哲学的霊性　その3 ｜ 325

「いのちの道は知者にとって上にある」ということです。私は、これらの言葉を決して細分化して、台無しにするようなことはいたさず、あるいは、それらに関するいかなる批判的な好奇心に陥るようなことはいたさず、これらの言葉から機会を得て、「真の宗教の高貴性・寛大な精神」を解明いたしたいと思います。けだしそれが、ここでいう「いのちの道」の意味であると思うからです[28]。

スミスは、聖書テクストの中の「いのちの道」という語から「真の宗教の高貴性と寛大な精神」という意味を導き出す。さらに לְמַעְלָה（上に）という語から、「神的・天的なもの、高貴で卓越したもの」(*that which is divine and heavenly, high and exellent*) という意味を引き出す。彼は、新約聖書における τῆς ἄνω κλήσεως（上への召し）[29] や τὰ ἄνω φρονεῖτε（上にあるものを思慮しなさい）[30] における ἄνω（上に）という語からも、同じ意味を導き出す。ここでスミスは、再びアウグスティヌスを引き合いに出し、アウグスティヌスも τὰ ἄνω, superna（上にあるもの）という語を宗教のことがらという意味に理解し、quod merito excellentiae longe superant res rerrenas（というのは、それらはその卓越性のゆえに地上のことがらにはるかに優っている）と述べた、という[31]。『講話』の目的は、宗教の外面をあれこれあげつらうことではなく、「真の宗教の卓越した高貴な精神」(*the Exellent and Noble Spirit of true Religion*) を解明することなのである。聖書テクストにおける「上へ」という語が、以上のような意味をもつとするなら、それと反対の מַטָּה שְׁאוֹל（下の地獄）、すなわち「一番下の地獄」(*the lowermost Hell*) という語は、「あの反宗教の低

---

28)　*The Excellency and Nobleness of True Religion*, 379.

29)　『フィリピの信徒への手紙』3章14節。

30)　『コロサイの信徒への手紙』3章2節。

31)　Augustinus, *Epistulae*, 244, etc.

級で下劣な精神」（that *low and base-born spirit of Irreligion*）を意味する、ということになる[32]。

　スミスは、聖書テクストを第一とするといいながらも、実際には、プラトンやプロティノスを聖書と同列に置いているように見えるかもしれない。しかし、それはおざなりな混合・混同ではない。彼にとって聖書を第一とするということは、硬直した直解主義に固執せず、聖書が豊かに湛える精神性の泉を探り当て、その水を汲んで飲むということなのである。そのような営みにおいて、プラトンやプロティノス及びその他の哲学者は、スミスにとって信頼できる協働者なのである。聖書が善きものであることを踏まえながらも、聖書の外にも善きものがあることを謙虚に認め、両者間の相互交流を通じて真理への階段を上っていくということ、これがスミスの基本姿勢であることが『講話』の序文から確認できる。

4.　宗教の高貴性の本質

　スミスは『講話』の第2章において、宗教の高貴性の本質について三つの命題を提示する。

①善き人、すなわち（真の）宗教によって始動される人は、この世とそれに属するすべての楽しみ・卓越を超越して生きる。

②善き人、すなわち（真の）宗教によって始動される人は、自分自身の理性との交わりの中で生きる。

③善き人、すなわち真の宗教によって活気を与えられる人は、自分自身を超出しており、神性との親密な交わりへ上げられる。

---

32)　*The Excellency and Nobleness of True Religion*, 379.

これらを順次吟味していくことにしたい。

a.　この世を超出する生

第一の命題は上記のとおりであるが、改めて原文を確認しておきたい。

A Good man, that is actuated by Religion, lives above the World and all Mundane delights and excellencies.
善き人、すなわち宗教（の高貴性）によって始動される人は、この世とそれに属するすべての楽しみ・卓越を超出して生きます[33]。

「善き人」という名辞に着目したい。スミスは宗教の高貴性の本質について語るにあたり、それを抽象的概念や教理・教義で言い換えることをしない。ましてや、宗教の体制や豪華な建物に還元するようなことはしない。宗教の高貴性といっても、それは人間を抜きにしてはなりたたない。高貴な人間がいなければ、宗教の高貴性はなりたたないのである。その場合、宗教の高貴性を保有する人間を本質論の観点からどのように表現すればよいのであろうか。「キリスト者」という名称は不十分である。なぜならキリスト者といっても、高貴な者もいれば低次な者もいるからである。スミスにとってキリスト者という呼称は、本質でも解答でもない。彼が問うているのはその呼称の中身なのである。どのようなキリスト者であるのかということが、問題なのである。そこで彼が選んだのは、「善き人」という名辞である。この選択は、『神知に至るための真の道・方法に関する講話』の内容と呼応している。そこでは、人間の魂が神知を目指す道行きにおいて、魂の内なるアレテー・善性の成長が必要不可欠であることが、繰り返

---

33)　*The Excellency and Nobleness of True Religion*, 385.

し強調された。アレテーと善性が並記されるのは、善性があらゆるアレテーを包括し統合する概念として考えられているからである。その考え方の基底には、プラトンの「善のイデア」やプロティノスの「一者」の思想がある。スミスのいう「善き人」とは、基本的には善のイデアを分有することを目指して生きる哲学者のことである。そしてこの意味における善き人は、「宗教（の高貴性）によって始動される人」なのである。この表現は、アリストテレスのいう始動因（ὅθεν ἡ ἀρχὴ τῆς κινήσεως, causa movens）を想起させる[34]。「善き人」はいわば質料因であり。その人は宗教の高貴性という始動因の働きかけによって、「善き人になる」歩みを始めることを可能とされる。善き人は、善き心で最高善である宗教の高貴性を愛し始め、漸進的に善を分有し続け、究極の善へ前進していく。最高善なる神はいわば目的因であり、善き人はそれに向かって上昇していくことにより、やがて完全な善に似た者となり、自分自身の形相をもつことになる。「善き人、すなわち宗教（の高貴性）によって始動される人」という文言の意味を敷衍するなら、以上のようになるのではないかと思われる。

　したがって、「善き人」という名辞は、改めてプラトンやプロティノスのいう愛智者としての哲学者を想起させずにはいられない。彼らは、真理探究の道を前進する人たちを「善き人たち」（οἱ ἀγαθοί）と呼んでいる[35]。善き人とは知者のことであり、序文で言及された、「ソロモン」に倣い究極の知恵を愛し求める魂のことなのである。スミスはそのような人の魂について次のように述べる。

　　The Soul is a more vigorous and puissant thing, when it is once

---

34)　Aristoteles, *Metaphysica*, 983a.

35)　Plato, *Apologia*, 41D; *Phaedo*, 81C; *Laches*, 194D. Plotinus, *Enneades*, III.1.10.

restored to the possession of its own Being, then to be bounded within the narrow Sphere of Mortality, or to be streightened within the narrow prison of Sensual and Corporeal delights; but it will break forth with the greatest vehemency, and ascend upwards towards Immortality: and when it converses more intimately with Religion, it can scarce look back upon its own converses (though in a lawful way) with Earthly things, without a being touch'd with an *holy Shamefac'dness* & a *modest Blushing*; and, as *Porphyry* speaks of *Plotinus*, ἐῴκει μὲν αἰσχυνομένῳ ὅτι ἐν σώματι εἴη, it seems to be shamed that it should be in the Body.

魂は（本来）もっと生気・活気のあるものですが、いったん自分自身の存在の所有へと戻されることになりますと、その時、可死性の狭い領域内に束縛され、感覚的・肉体的快楽の狭い牢獄の中に拘束されます。しかし、魂はあらんかぎりの激しさをもって破れ出て、不死に向かって上に昇ることでしょう。それが宗教（の高貴性）ともっと親密な交わりをもつとき、（たとえ法にかなった仕方であったとしても）それ自身が地上のことがらともった交わりを、聖なる羞恥と謙虚な赤面の情を覚えることなしには、ほとんど振り返ることはできません。ポルフィリオスが、プロティノスについて「彼は肉体の中にあることを恥じている者に似ている」と述べるように、魂は肉体の中にあらねばならないことを恥じているように思われます[36]。

スミスは、善き人の魂のあるべき姿勢を、肉体の牢獄を打ち破り、不死の世界に上昇する不断の道行きであると見る。その道行を可能にする動力

---

36) *The Excellency and Nobleness of True Religion*, 385-386.

が、「宗教（の高貴性）ともっと親密な交わりをもつ」ことなのである。魂はその故郷である天にもっぱら思いをはせるべきであり、肉体の束縛の中で地上のことがらに没入することは、恥ずべきことである。スミスは、肉体の中にあることを恥じた哲学者として、ポルフィリオスが伝えるプロティノスを挙げ、「肉体の中にあることを恥じている者に似ている」[37] という。彼は、地上のことがらを超越し、天界に思いをはせて生きた愛智者の典型であるという意味において、善き人なのである。

　宗教の高貴性に触れた魂が、肉体を超出し、究極の始原へといやましに上昇するという考え方の基底に、プラトン哲学があることについては先に触れたとおりである。プラトンは『パイドロス』において、魂の本来のすがたを語るにあたり、魂の似すがたを、翼を持った一組の馬と、その手綱をとる翼を持った駁者とが一体になってはたらく力にたとえている[38]。『国家』IV 巻及び IX 巻で紹介される、魂の「三部分説」との対応関係でいえば、駁者は「理知的部分」に、善い馬は「気概の部分」に、悪い馬は「欲望的部分」に相当する。翼のそろった完全な魂は、天空高くかけ上がり、宇宙をくまなくめぐり歩くが、翼を失うときに、下落し、死すべき肉体をつかまえて、その固体に住み着く。それがスミスのいう、「自分自身の存在の所有へと戻される」ということであろう。地上の生涯において愛智者の生を貫徹した魂は、感覚界から叡知界に超出し、真実在の観照にあずかることができる。他方、上の世界を切望しつつも、愛智者の生を全うできなかった魂は、「力およばず、天の表面の下側から出られないないままいっしょにめぐり運ばれ、互いに他の前に出ようともがきながら、踏み合い、つき合いする」[39]。このとき多くの魂が翼を損失し、地上に落ちる。

---

37)　Porphyrius, *Vita Plotini*, 1.1.1.

38)　*Phaedrus*, 246A-249D.

39)　*Phaedrus*, 248A-B. 日本語訳は『プラトン全集 5』（岩波書店、1974 年）収録の藤沢令夫訳『パイドロス』を使用。

第5章　ジョン・スミスの哲学的霊性　その3　　331

スミスは悪しき人の魂について以下のように述べる。

> Whereas on the contrary the Souls of wicked men, ὑποβρύχιαι συμπεριφέρονται, as *Plato* somehwhere speaks, being moistned with the Exudations of their Sensual parts become heavy and sink down into Earthly things, and couch as near as may be to the Centre. Wicked men bury their Souls in their Bodies: all their projects and designs are bounded within the compass of this Earth which they tread upon.
>
> これに対して、悪しき人たちの魂は、プラトンがある箇所で述べておりますように、「天の表面の下側から出られないないままいっしょにめぐり運ばれ」、感覚的部分の浸出により湿らされ、重くなり、地上のものの中に下落し、天球の中心近くに沈みます。悪しき人たちはその魂をその肉体の内に埋めるのです。

「悪しき人たちはその魂をその肉体の内に埋める」ことについて、スミスはさらに説明を続ける。

> It was the Opinion of the *Academicks* that the Souls of wicked men after their death could not of a long season depart from the Graves and Sepulchers where their Mates were buried; but there wandred up and down in a desolate manner, as not being able to leave those Bodies which they were so much wedded to in this life.
>
> アカデメイア派の見解では、悪しき人たちの魂は死後も長いあいだ、彼らの連れ合い（肉体）が埋葬されている墓碑や墳墓から離別できず、落ちぶれた様でその場所のあたりを上へ下へとさまよう。という

のも、この世の生においてあまりにも強く結合していた肉体から離別できないからである、ということでした[40]。

「アカデメイア派の見解」としてスミスが言及する内容は、プラトン『パイドン』の中で、ソクラテスがケベスに語る箇所に基づいている[41]。逐字的ではなく自由な引用であるが、この箇所の直後に、上述した「善き人たちの魂」への言及がある。善き人とは、宗教の高貴性によってアレテー・善性の生に駆り立てられる人であるなら、反対に、悪しき人とは、宗教の低次性によってアレテー・善性に反する生に駆り立てられる人ということになる。この善き人と悪しき人の対比は、それを聞く聴衆に、自らの宗教の水準・段階について吟味を促すものであったであろうと思われる。

　以上のように、宗教の高貴性の本質を論じるにあたり、スミスはこれまでのところ、もっぱら哲学の言語を使用している。すなわち天への道行きは、アリストテレスの四原因説が示すように、善き人の魂が宗教の高貴性という動力によって作動され、プラトンが示すように、この世とそれにまつわるものを次々と超越していく生である。それは愛智者としての哲学者の生であり、その典型がプロティノスである。スミスは宗教の高貴性をそのように理解したのである。この世の超出を目指すスミスの立場は、当時、イングランドを席巻していた、ピューリタニズムと経験論哲学という二大思潮の対極に位置する。ピューリタニズムと経験論哲学とは対立関係にあるように見えるが、一つの共通点をもつ。それはこの世への関心と実践の強調という点である。ピューリタン・カルビニズムは（以下PCと略す）、神権政治の社会体制を熱心に追い求め、経験論哲学者のホッブスは、宗教の上に立つ絶対的統治者としての国家を追求した。両者とは対照的に、スミスが追求し推奨したものは、この世の超出と神の観照であった。

---

40)　*The Excellency and Nobleness of True Religion*, 386-387.

41)　*Phaedo*, 81CD.

b. 自己の理性との交わり

第二の命題は以下のとおりである

A Good man, one that is actuated by Religion, lives in converse with his own Reason; he lives at the height of his own Being.

善き人、すなわち宗教（の高貴性）によって始動される人は、自分自身の理性との交わりの中で生きます。彼は自分自身の存在の頂点において生きます[42]。

善き人に帰せられる自分自身の理性との "converse" という語は、親しい交わりという意味であると思われるが、その中心に対話・談話という概念があるのではないかと思われる。もしそうであるなら、ソクラテスが生涯を通して貫いた、一問一答による哲学的対話を想像することが可能かもしれない。ただしここでは、善き人の対話相手は、他のだれかではなく「自分自身の理性」である。そして「自分自身の理性との交わりの中で生きる」ということは、「自分自身の存在の頂点において生きる」ということである、とスミスはいう。この文言について彼は次のように説明をする。

This a great Philosopher makes the Property of a Good man, μόνος ὁ τὴν ἀρετὴν ἔχων ἑαυτῷ συγγίνεσθαι δύναται, καὶ στέργειν ἑαυτόν: He knows how to converse with himself, and truly to love and value himself: he measures not himself, like the Epicure, by his inferior and Earthly part, but by an Immortal

---

42) *The Excellency and Nobleness of True Religion*, 387.

Essence and that of him which is from above; and so does ἐπί τε τὴν ἐν ἑαυτῷ ἀρχὴν ἀναβεβηκέναι, climbe up to the height of that Immortal principle which is within him.

このことを、ある偉大な哲学者は善き人の特質であるとしています。すなわち「アレテーをもつ人だけが自分自身と交わり、自分自身を親の愛で愛することができる」ということです。彼は、いかにして自分自身と交わり、真に自分自身を愛し貴ぶべきかということを知っています。彼は、かの快楽主義者のように、自分のより劣った地上的部分によってではなく、不死なる本質・上に属する人の本質によって、自分自身を評価します。それゆえ「自分自身の中の始原へ昇りつめること」を遂行し、自分の内にある不死なる原理の頂点に上っていくのです[43]。

スミスのいう「ある偉大な哲学者」とはプラトンを指すが、ギリシャ語の文言はプラトンからの直接の引用ではなく、プロクロス『プラトンのティマイオス注解』からの簡略化された引用である。プロクロスの当該箇所は、以下の『ティマイオス』の文言に関する注解である。

δι' ἀρετὴν δὲ αὐτὸν αὑτῷ δυνάμενον συγγίγνεσθαι καὶ οὐδενὸς ἑτέρου προσδεόμενον, γνώριμον δὲ καὶ φίλον ἱκανῶς αὐτὸν αὑτῳ.

（宇宙は）そのアレテーのゆえに、自分が自分自身と交わることができ、他になにものをも必要とせず、自分が自分自身に対して十分に知己であり、友人であることができたのです[44]。

---

43) *The Excellency and Nobleness of True Religion*, 387.

44) *Timaeus*, 34B6-8.

プロクロスはこれを以下のように注解している。

μόνος γὰρ καὶ ἐπὶ τῶν μερικῶν ζῴων ὁ τὴν ἀρετὴν ἔχων ἑαυτῷ συγγίνεσθαι δύναται καὶ στέργειν ἑαυτόν, ὁ δὲ κακὸς πᾶς ὁρῶν εἰς τὸ ἐν ἑαυτῷ αἶσχος ἀνίλλεται μὲν πρὸς ἑαυτὸν καὶ τὴν ἑαυτοῦ συνουσίαν, ἐπτόηται δὲ πρὸς τὰ ἐκτὸς καὶ διώκει τὰς πρὸς ἄλλους ὁμιλίας, εἰς ἑαυτὸν ὁρᾶν οὐ δυνάμενος, ὁ δὲ σπουδαῖος ὁρῶν ἑαυτὸν καλὸν χαίρει καὶ εὐφραίνεται καὶ τίκτων ἐν ἑαυτῷ νοήματα καλὰ τὴν ἑαυτοῦ συνουσίαν ἀσπάζεται· κατὰ φύσιν γὰρ οἰκειούμεθα μὲν πρὸς τὸ καλόν, ἀποδιδράσκομεν δὲ τὸ αἰσχρόν.

なぜなら部分的な諸動物を前にしても、アレテーをもつ人だけが自分自身と交わり、自分自身を愛することができる。しかし、悪しき人はみな自分自身の内なる醜さを見入り、一方では自分自身へ、すなわち自分自身との交わりへ後ずさりし、他方では外側の諸事物におののいて、他の人たちとの数多の交わりを追い求める。自分自身を見入ることができないからである。しかし、卓越した人は自分自身が美しいのを見て、喜び楽しみ、自分自身の中に美しい諸思惟を生んで、自分自身との交わりを歓迎する。なぜなら、我々は本性に従って、一方では美へ睦んでいき、他方では醜へ後ずさりしていくからである[45]。

プラトンはアレテーをもつ宇宙を「幸福な神」(εὐδαίμονα θεὸν) とも呼ぶが、プロクロスはこれを「アレテーをもつ人」に適用している。彼は、このような人だけがもつことができる「自分自身と交わること」について、親しい対話・談話を含意する συγγίνεσθαι という語を使用し、そ

---

45) Proclus, *In Platonis Timaeum commentaria*, 2.110.17-25.

れを親子の愛を含意する στέργειν という語によって敷衍している。他
方、「悪しき人」が陥る「自分自身との交わり」、あるいは「他の人たちと
の数々の交わり」については、それぞれ性交を含意する συνουσίαν 及
び ὁμιλίας という語を使用している。善き人と悪しき人の両者について、
各自の交わる相手である「自分自身」という語は両義的に使用されている
が、善き人の場合は、それは魂の内なる理性的部分を意味し、悪しき人の
場合は、欲望的部分を意味しているものと思われる。

　スミスはプロクロスの解釈に基き、善き人がもつ自分自身との交わり
を、「真に自分自身を愛し貴ぶこと」として説明している。自分の魂の内
なる理性を心から敬愛すること、それが善き人の特質なのである。他方、
プロクロスの「悪しき人」を、スミスは「かの快楽主義者」になぞらえ、
そのような人は、自分の魂における「より劣った地上的部分」によって自
分自身を評価する、という。エピクロス主義者に関するこのような理解
は、俗説に沿うものであり、正しいとはいえない。エピクロスは、彼独自
の意味における快楽は重視したが、放縦には反対し、質素な生活を貫いた
人物である[46]。おそらくスミスの念頭にあるのは、エピクロスその人のこ
とではなく、同時代の快楽主義的宗教者たちのことであろうと思われる。
善き人は「不死なる本質・上に属する人の本質によって自分自身を評価す
る」ゆえに、「自分自身の中の始原へ昇りつめること」を遂行する。すな
わち「自分の内にある不死なる原理の高みに上っていく」のである。この
ギリシャ語の文言は、プロティノス『エンネアデス』の収録論文『善なる
もの一なるもの』における、次の箇所からの引用である。

　　ἐπί τε τὴν ἐν ἑαυτῷ ἀρχὴν ἀναβεβηκέναι καὶ ἓν ἐκ πολλῶν
　　γενέσθαι ἀρχῆς καὶ ἑνὸς θεατὴν ἐσόμενον. Νοῦν τοίνυν χρὴ

---

46)　Cf. A. A. ロング『ヘレニズム哲学―ストア派、エピクロス派、懐疑派―』92-
　　104.

γενόμενον καὶ τὴν ψυχὴν τὴν αὑτοῦ νῷ πιστεύσαντα καὶ ὑφιδρύσαντα, ἵν᾽ ἃ ὁρᾷ ἐκεῖνος ἐγρηγορυῖα δέχοιτο, τούτῳ θεᾶσθαι τὸ ἕν.

そして自分自身のうちにある始原にまで昇りつめて、多から一となるようにしなければならない。人はそれによってやがて始原の一者を観るであろう。すなわち知性になりきって、自己の魂をこれにまかせて、その下に置き、知性の見るところのものを正覚の魂が受け入れるようになし、一者をこの知性によって観るようにしなければならない[47]。

プロティノスのいう「始原」とは「一者」のことであるが、スミスはこれを「自分自身の中の始原」、すなわち「自分の内にある不死なる原理」に適用する。これらの文言によって彼が意味するのは、理性あるいは知性のことであるが、それらはほとんど「一者」と同定されているように見える。思い切った理解の仕方であるが、スミスはそれほどまで魂の内なる理性を、神との類似性・親近性をもつ崇高なものであると見なしたのである。さらに彼はプロティノスに加えて、次のようにストア派にも言及する。

The *Stoicks* thought no man a fit Auditor of their *Ethicks*, till he were dispossess'd of that Opinion, That Man was nothing but συμπλοκὴ ψυχῆς καὶ σώματος, as professing to teach men how to live only κατὰ λόγον, as they speak.

ストア派の人たちは、人間は「魂と肉体の縒り合わせ」にすぎないというあの見解を捨て去るまでは、いかなる人をも倫理の適正な監査役

---

47) *Enneades*, VI.9.3.20-25.

として認めませんでした。いかにしてただ「ロゴスに従って」生きるべきかを、人びとに教えることを公言する役割である以上は、というわけです[48]。

「倫理の適正な監査役」という表現は、第一義的には、過去におけるストア派のそれに言及するものであるが、同時に、現代における宗教の指導者に自己の適格性を問いかけるものでもあろう。「ロゴスに従って」という文言の出典は示されていないが、ディオゲネス・ラエルティオス『哲学者列伝』において、同様の見解が伝えられている。たとえば、エピクロス派の快楽説に対する反論として、次のようなストア派の見解が紹介されている。

τὸ κατὰ λόγον ζῆν ὀρθῶς γίνεσθαι «τού»τοις κατὰ φύσιν.
理性に従って生きることが、自然に従って生きる者たちにとって正しいこととなる[49]。

「ロゴスに従って」生きるという点では、スミスはストア派に賛成する。ただし、ストア派のすべての教説に賛成するわけではない。その神観に対しては、あまりにも厳格すぎる部分があるとして、その欠陥を指摘する。厳格で怒りやすい神という神観は、スミスがどうしても受け入れることのできないものであった。そのような神観は、『迷信に関する短い講話』及び『無神論に関する短い講話』において、繰り返し批判された。彼の見るところでは、宗教の高貴性によって始動される善き人は、ストア派の教説を最善の意味において最善の仕方で生きることができるのである。いかに「自分自身を畏敬すべきか」(*to reverence himself*) という点におい

---

48)　*The Excellency and Nobleness of True Religion*, 387.

49)　Diogenes Laertius, *De vita et moribus philosophorum*, 7.86.

て、善き人はいかなるストア派学徒よりもよく知っている、とスミスは見る[50]。彼はストア派の次に、「かの哲学者が実によく表現しているように」(the Philosopher doth well express it) として、次の文言を引用する。

ὅση δύναμις, φεύγειν ἀπὸ τοῦ σώματος βούλεται, καὶ τῶν σωματικῶν παθῶν, καὶ εἰς ἑαυτὸν συννεύειν·
（その人は）力の限り、肉体から、すなわち肉体的諸情念から逃れ、自分自身へと収束することを願う[51]。

この文言は、シンプリキオス『エピクテトスの『提要』に関する注解』の序文からの引用であり、エピクテトスの言葉はどのような人たちに向けて語られているかということが論じられる文脈の中に位置する。したがって「かの哲学者」とは、エピクテトスを指すのであるが、原文は以下のとおりである（下線部は筆者）。

Τοῦτο δὲ πρῶτον, ὅπερ εἶπον, διαρθρωτέον, πρὸς τὸν ὁποῖον ἄνθρωπον οὗτοι πεποίηνται οἱ λόγοι, καὶ πρὸς ποίας ἀνθρωπίνης ζωῆς ἀρετὴν ἀνάγουσι τὸν πειθόμενον. Οὔτε οὖν πρὸς τὸν καθαρτικῶς δυνηθέντα ζῆν· ἐκεῖνος γὰρ, ὅση δύναμις, φεύγειν ἀπὸ τοῦ σώματος βούλεται καὶ τῶν σωματικῶν παθῶν, καὶ εἰς ἑαυτὸν συννεύειν· οὔτε ἔτι μᾶλλον πρὸς τὸν θεωρητικόν· ἐκεῖνος γὰρ καὶ τὴν ἑαυτοῦ λογικὴν ζωὴν ὑπερτρέχων, ὅλος εἶναι βούλεται τῶν κρειττόνων.
しかし最初に、先ほど言ったように、これらの言葉がどのような人に

---

50) *The Excellency and Nobleness of True Religion*, 387.

51) *The Excellency and Nobleness of True Religion*, 387.

向けて語られており、また説得される人を、どのような人生に属する
アレテーへ上昇させるのかということを分類しなければならない。さ
て、それらは浄化されつつ生きることができる人に向けては語られて
いない。というのも、その人は力の限り、肉体と肉体的諸情念から逃
れ、自分自身へと収束することを願うからである。またそれらはむし
ろ観想的な人に向けられているのでもない。というのも、その人は自
分自身の理論的生をも足早に飛び越え、自分の全体がよりすぐれたも
のどもに属することを願うからである[52]。

これを見ると、スミスがいう善き人の基底に、「浄化されつつ生きること
ができる人」という観念のあることがわかる。善き人の魂は「自分自身へ
と収束する」につれて、自分自身であるところの理性への聖なる愛にかき
立てられ、いやましに εἰς τὴν φυλακὴν τοῦ οἰκείου ἀξιώματος（自
分固有の価値の保全へ）突き進む[53]。このギリシャ語の文言も、シンプリ
キオスからの引用であり、原文は次のとおりである。

καὶ πάντες οἱ λόγοι πρὸς ἕνα τείνουσι σκοπὸν, τὴν
λογικὴν ψυχὴν διεγεῖραι πρός τε τὴν φυλακὴν του οἰκείου
ἀξιώματος, καὶ πρὸς τὴν κατὰ φύσιν χρῆσιν τῶν οἰκείων
ἐνεργειῶν.

またこれらの言葉はことごとく一つの目的に向けられている。すなわ
ち理論的な魂を自分固有の価値の保全へ、そして自分固有の諸活力を
自然に従って用いることへ目覚めさせる、ということです[54]。

---

52) Simplicius, *Commentarius in Enchiridion Epicteti*, 2.30-39.

53) *The Excellency and Nobleness of True Religion*, 388.

54) Simplicius, *Commentarius in Enchiridion Epicteti*, 2.21-24.

第5章　ジョン・スミスの哲学的霊性　その3　　341

ここでは「自分固有の価値」及び「自分固有の諸活力」という表現によっ
て、人間の魂に固有の理性あるいは知性の重要性が強調されているが、そ
の強調はスミスに引き継がれている。彼はこれまで述べたことを次のよう
にまとめる。

> To conclude this Particular, A Good man endeavours to walk by
> Eternal and Unchangeable Rules of Reason; *Reason* in a Good
> man sits in the Throne, & governs all the Powers of his Soul in a
> sweet harmony and agreement with it self.
> 以上の項目の結論を申し上げますと、善き人は理性の永遠不変の諸法
> 則に従って歩むように努めます。善き人の中にある理性は王座に着座
> し、その魂のすべての力を自分自身との甘美な調和・一致の中で統治
> します[55]。

上に紹介したシンプリキオスからの引用の中に、魂が「自分固有の諸活力
を自然に従って用いること」という文言があるが、スミスはこれを「善き
人は……その魂のすべての活力を、自分自身との甘美な調和・一致の中で
統治します」という意味に解釈している。「理性は王座に着座し、その魂
のすべての力を、自分自身との甘美な調和・一致の中で統治します」とい
う文言は、プラトンが『国家』おいて述べる「魂の三部分説」を示唆す
る。そこでは、魂における理知的部分がいわば王として、気概の部分の協
力により欲望的部分を統治している状態が、魂の調和であり正義であると
いう言説が語られている[56]。宗教の高貴性によって始動される善き人の魂
において、理性が哲人王として統治するあり方、それがスミスのいう「自
分自身の理性との交わりの中で」生きるということであり、「自分自身の

---

55)　*The Excellency and Nobleness of True Religion*, 388.

56)　*Respublica*, 434C-445D.

存在の頂点において」生きるということなのである[57]。しかしながら、いうまでもなく理性による魂の統治及び理性に従う生は、容易なことではない。それを完全に実行しているなどと宣言することは、自分自身を少しでも知っている人ならば、とうていなしえないことである。善き人になることを目指す人であっても、自分の魂の中になにがしかの悪をもっているのである。この内なる悪の浄化をなおざりにして善き人になりすますことは、当の本人にとっても国家社会にとっても非常に危険なことである。プラトンも『国家』において、哲人統治者候補が、哲人統治者のあるべき姿に形づくられていく未だ途上の段階で、堕落することの危険性を強く警告している[58]。スミスが善き人と対比して悪しき人について論じるのは、自分を棚に上げた高圧的な批判としてではなく、自分を含め、善き人になることを願うすべての人に対する、自己吟味への呼びかけとしてなのである。彼は悪しき人の魂の状態について次のように述べる。

Whereas Wicked men live only ζωὴν δοξαστικὴν, being led up and down by the foolish fires of their own Sensual apprehensions. In wicked men there is a *Democracy* of wild *Lusts* and *Passions*, which violently hurry the Soul up and down with restless motions. All Sin and Wickedness is στάσις καὶ ὕβρις τῆς ψυχῆς, a Sediton stirred up in the Soul by the Sensitive Powers against Reason.

他方、悪しき人たちは、もっぱら「思いなしの生」を生き、彼ら自身の感覚的理解という無知蒙昧な火によって上へ下へと翻弄される。悪しき人たちの内には野蛮な情欲・情念どもの民主制があり、それらは休みなき働きかけによって魂を上へ下へと乱暴に駆り立てる。すべて

---

57)   *The Excellency and Nobleness of True Religion*, 388.

58)   *Respublica*, VIII-IX, X.

第5章　ジョン・スミスの哲学的霊性　その3　｜　343

の罪と悪は、「魂の内乱であり暴動」である。すなわち感覚的な諸力によって魂の中にかき立てられる、理性に対する反乱なのである[59]。

スミスは、悪しき人の生の特質は「思いなしの生」であると見る。このギリシャ語の文言の出典は示されていないが、シンプリキオスの『アリストテレス　霊魂論注解』の中に、「私たちの内にある思いなしの生」（ἡ δοξαστικὴ ἐν ἡμῖν ζωή）という、同様の文言が認められる。原文は以下のとおりである（下線は筆者）。

τοῦτον μὲν γὰρ ὡς μὴ διορίζοντα τὴν ἀεὶ ἀληθῆ γνωστικὴν δύναμιν, ἣν νοῦν φαμεν, ἀπὸ τῆς ψευδομένης ποτέ, ὁποία ἥ τε αἰσθητικὴ καὶ ἡ φανταστικὴ καὶ ἡ δοξαστικὴ ἐν ἡμῖν ζωή, διὰ τὸ πᾶν τὸ φαινόμενον ἀληθὲς τίθεσθαι, εἰς ταὐτόν φησιν ἄγειν νοῦν τε καὶ ψυχήν, τὴν ὅση δηλαδὴ γνωστική·
なぜならこの人（デモクリトス）は、私たちがヌースと主張するところの常に真を知る能力を、私たちの内にある感覚の・影像の・思いなしの生がどのようなものであるかということについて、欺かれる能力からついぞ区別していない。あらゆる見かけのものを真なるものと見なすからである。それゆえ彼は、ヌース・魂、すなわちあらん限り明確に知る能力を、欺かれる能力と同じものに帰すべきことを主張するのである[60]。

ここでデモクリトスの言説が、「私たちの内にある感覚の・影像の・思いなしの生」を容認し、「あらゆる影像を真実のものと見なす」ものとして、批判されているのであるが、原子論自然哲学に対する同様の批判を、スミ

---

59)　*The Excellency and Nobleness of True Religion*, 388.
60)　*In libros Aristotelis de Anima commentaria*, 11.27.1.

スはすでに『無神論に関する短い講話』において行っている。スミスは
すぐ先においてもシンプリキオスから引用したが、ここでも彼に依拠し
ている可能性があると思われる。スミスは「悪しき人たちの内には野蛮な
情欲・情念どもの民主制がある」という。ポリス及び個人の魂における民
主制状態に対する批判は、プラトンの『国家』において明示されている
が[61]、その批判がスミスの念頭にあるものと思われる。パトリデスは、ル
ネサンス期においては一般に民主制を拒絶する傾向があったが、スミスの
見解はそれと軌を一にしていることを指摘する[62]。考慮すべき指摘ではあ
るが、やはりスミスの考えを下支えしているものは、プラトンの言説であ
ると思われる。以上においてプラトンやシンプリキオスに基づき、悪しき
人の特徴をなす、魂における理性に対する反乱について述べた上で、スミ
スはそれに照らして『コヘレトの言葉』から、「奴隷たちが馬にまたがり、
王子が奴隷のように地上を歩いていく」(Servants on horseback, and
Prince going as Servant upon the ground) という文言を引用する[63]。
スミスの見るところでは、悪しき人たちの魂は、「野蛮な情欲・情念ども」
に隷属する奴隷なのである。彼は、「彼ら自身の感覚的理解という無知蒙
昧な火」と述べ、「感覚的理解」を批判するが、それは感覚的知覚しか認
めない経験論哲学に対する批判であると見ることができる。感覚的・自然
的経験だけに偏らない、経験の全体を包含するところの経験を考えるべき
なのである。自然的経験の次元だけではなく、知性による感覚という経験
の次元もある、ということがスミスの主張なのである。

　彼にとって、宗教の高貴性によって始動される人としての善き人の魂に
おいて、理性がしめるべき王座は決定的に重要である。宗教は理性を消
滅させるという批判は、一般受けするかもしれないが、善き人の宗教に

---

61)　*Respublica*, 555B-562A.

62)　C. A. Patrides, ed., *The Cambridge Platonists*, 154 n.40.

63)　『コヘレトの言葉』10 章 7 節。

関するかぎり、それは虚妄である。むしろそれは、理性をいっそう活力あるものとする。善き人の宗教を実行する人たちにおいては、理性はいやましに大きくなっていくのである[64]。スミスはこの論点を補強するために、プルタルコスの言説を紹介する[65]。すなわち、魂の内なる理性は、人間が神と交わることを可能とするものであり、これが他の動物とくらべて、人間が決定的に異なる点である。他の動物は神の知識と感覚をもたない。οἷς οὐκ ἐγγίνεται Θεοῦ νόησις（それらには神を思惟することが起こらない）のである[66]。このギリシャ語の文言は、プルタルコス『ロゴスをもたぬものどもがロゴスを用いることについて』（Περὶ τοῦ τὰ ἄλογα λόγῳ χρῆσθαι）からの引用である。さらにスミスは、キケロの言説を紹介する。すなわち、宗教の有能性とは合理性に他ならず。それゆえ理性は Vinculum Dei et Hominis（神と人間との絆）である。この言説の出典は明示されていないが、このラテン語の句は、西洋思想においてはよく知られているものである[67]。スミスは、このようにプルタルコスとキケロの言説を紹介した上で、彼ら及び彼らに連なる人たちにとっては、animal Rationale & animal capax Religionis（理性的動物と宗教を受容できる動物）とは同義であるとして、次のようにいう。

> *Reason*, as enabling and fitting Man *to converse with God* by *knowing* him *loving* him, being a character most unquestionably differencing *Man* from *Brute* creatures.
>
> 理性は、人間が神を知り神を愛するという仕方で、神と交わりをもつことを可能にし、そうすることにふさわしくするものとして、人間を

---

64) *The Excellency and Nobleness of True Religion*, 388.

65) *The Excellency and Nobleness of True Religion*, 388-389.

66) Plutarchus, *Bruta animalia ratione uti*, 992D5.

67) Cf. C. A. Patrides, ed., *The Cambridge Platonists*, 155 n.44.

野獣たちからまったく疑問の余地ないほど区別する特徴です[68]。

スミスにとって理性は、神との交わりのために必要不可欠なものである。その理性とは、理論的な理性というよりはむしろ、現実に生きて働く実践的な理性である。このように理性と信仰の不可分離を唱えるスミスの主張は、当時のイングランド社会を席巻していた経験論哲学とPC宗教運動の二大潮流に対する挑戦である。実験を重視する経験論哲学と信仰を強調するPCは、内容上は大きく異なるが、理性と信仰を分離するという点では一致している。経験論は、宗教への尊敬という口実のもとに、信仰の世界を聖域として分離し、理性の世界から遠ざけた。PCは、理性は信仰を妨害するとして、信仰の領域から理性を排除した。これら両者とは異なり、スミスは信仰と理性とのあいだに境界線をもうけない。彼においては信仰は理性であり、理性は信仰なのである。信仰と理性は不一不二であるという信念、これがスミスの哲学的霊性の特質である[69]。それゆえ彼の見地からは、PCは反理性的なものであるかぎりにおいて、反宗教的なものであり、経験論哲学も反宗教的なものであるかぎりにおいて、反理性的なものである、ということになる。

　以上において見たように、自己の理性との交わりを論じた『講話』のこの部分において、聖書からの引用は一回だけである。あとはもっぱらプラトンやプロティノスを始めとする古代の哲学者たちからの引用である。宗教の高貴性によって始動される善き人の特質を、本質論の観点から究明しなければならない位相においては、哲学の言語を使用することが適切であると見なすスミスの見識を、ここに見て取ることができる。

---

68)　*The Excellency and Nobleness of True Religion*, 389.
69)　エルンスト・カッシーラー『英国のプラトン・ルネサンス』60-67 を参照。

c. 自己否定及び神を喜ぶこと

第三の命題は以下のとおりである。

A Good man, one that is informed by True Religion, lies above himself, and is raised to an intimate Converse with the Divinity. He moves in a larger Sphere then his own Being, and cannot be content to enjoy himself, except he may enjoy God too, and himself in God.

善き人、すなわち真の宗教によって感化される人は、自分自身を超出し、神性との親密な交わりへ上げられます。彼は自分自身の存在よりも大きな領域の中で動き、神をも喜び、神において自分自身を喜ぶことなしには、自分自身を喜ぶことに満足することはできません[70]。

これまでのところスミスは、善き人を「宗教（の高貴性）によって始動される人」と同定していたが、ここでは「真の宗教によって感化される人」と同定する。宗教の高貴性は、善き人の特質としてのこの世を超出する生、及び自己の理性との交わりに存することを明らかにした今、スミスはそれを「真の宗教」と呼ぶのである。真の宗教とは宗教のアレテーということであり、自己を絶対化するための標語ではない。それは石化した教理・教条のようなものではなく、生命力そのものであり、善き人を神知への道行きに向けて始動するとともに、その後も感化し続けるものなのである。スミスは、「自分自身を超出し、神性との親密な交わりへ上げられる」ことの意味を、「善き人たちの自己否定」(the *Self-denial* of Good men)

---

70) *The Excellency and Nobleness of True Religion*, 389.

という観点から考察し、「神をも喜び、神において自分自身を喜ぶことなしには、自分自身を喜ぶことに満足することはできない」ということの意味を、「神を喜ぶこと」(*the Enjoyment of God*) という観点から考察するのである。

(1) 善き人たちの自己否定

スミスのいう善き人たちの自己否定は、神のための自己否定であり、理性の否定ということではない。そこがPCと違う点である。理性の否定は、神的光源から発する光線の否定であり、ひいては神の否定となる。この点は哲学用語でよりよく説明できるとして、スミスはアレクサンドリアのヒエロクレス[71]の当時よく知られていた文言を混ぜて、次のように述べる。

> ἕπεσθαι λόγῳ *to follow reason* is ἕπεσθαι Θεῷ; and again, Λόγῳ δὲ ὀρθῷ πείθεσθαι καὶ Θεῷ, ταυτόν ἐστι.
>
> 「ロゴスに付き従うこと」、すなわち理性に付き従うことは「神に付き従うこと」である。また「正しいロゴスに聴き従うことと、神に聴き従うことは同じである」[72]。

スミスは理性への聴従・神への聴従という観点から、自己否定ということを理解するのである。それは次のとおりである。

---

71)　アレクサンドリアのヒエロクレスは、紀元430年頃に活動したギリシャ人新プラトン主義者である。ピュタゴラスに帰せられる『黄金詩』(*Chrysa Epe, Aurea Carmina*) の注解書の著者として知られる。『黄金詩』は中世及びルネサンス期のヨーロッパで絶大な人気を博した。

72)　Hierocles, *Carmina Aurea*, 14.

第5章　ジョン・スミスの哲学的霊性　その3　│　349

But by *Self-denial* I mean, the Soul's quitting all its own interest in it self, and an entire Resignation of it self to him as to all points of service and duty: and thus the soul loves it self in God, and lives in the possession not so much of its own Being as of the Divinity; desiring only to be great in God, to glory in his Light, and spread it self in his Fulness; to be fill'd alwaies by him, and to empty it self again into him; to receive all from him, and to expend all for him; and so to live not as his own, but as God's.

しかし私の意味する自己否定とは、魂が自分自身に対するあらゆる己の関心を断念するということであり、奉仕と義務のすべての点に関する、神への自分自身の完全な放棄ということです。かくして魂は神において自分自身を愛し、己の存在よりもむしろ神性を所有して生きるのです。魂の願うところはただ、神において大きくあることであり、神の光を誇りとし、神の充満の中で自分自身を拡大することです。常に神によって満たされ、そして再び自分自身を神に明け渡すことです。すべてを神から受け、すべてを神のために使うことです。かくして己の生としてではなく、神の生として生きることです[73]。

「魂が自分自身に対するあらゆる己の関心を断念すること」、「奉仕と義務のすべての点に関する神への自分自身の完全な放棄」、「常に神によって満たされ、そして再び自分自身を神に明け渡すこと」、これが理性への聴従・神への聴従としての自己否定なのである。スミスにとって自己否定とは、神の意思に心から進んで仕えることであり、そこに強制はない。自己

---

73)　*The Excellency and Nobleness of True Religion*, 389.

否定は、善き人がいだく高尚な大志である。善き人は自己が無であり、神性がすべてであることを誇りとする。自己が無であることは、自己がすべてのものであるということであり、すべてのものを所有することへの確実な道なのである[74]。

　他方、悪しき人、すなわち真の宗教を知らない人は、自己の存在という牢獄に監禁されているので、寒さのために「冷たい自己愛」（a cold *Self-love*）の固まりに凍結している。真の宗教の統治下にある魂は、使徒パウロがいうように、「私は生きている。しかし私ではなくキリストが私の内に生きている」（I live; and yet not I, but Christ liveth in me）[75] というあり方をもつのに対して、悪しき人は自己に執着し、「自己充足」（a *Self-sufficiency*）の妄想に浸り、悦に入っている。自己充足は自己否定の真逆であり、理性・神への不従順である。自己充足を批判するときスミスの念頭にあるのは、ストア派のアウタルケイア（αὐτάρκεια）の教説であると思われる。すなわち、人間が幸福に達するためにはアレテーだけで充分であり、金銭や名誉や快楽は必要ではないということが、その教説であるが、スミスは自己充足を悪い意味に理解している。そのような理解は必ずしも正しいとはいえないが、スミスの『講話』は聴衆に向かって語られており、彼は同時代の「ストア派の人たち」を意識していることを勘考しなければならないであろう。彼らを意識しながら、スミスは以下の批判を行う。

The *Stoicks*, seeing they could not raise themselves up to God, endeavour to bring God down to their own Model, imagining the Deity to be nothing else but some greater kind of *Animal*, and a Wise man to be almost one of his Peers. And this is more or less

---

74)　*The Excellency and Nobleness of True Religion*, 390.

75)　『ガラテヤの信徒への手紙』2 章 20 節。

第5章　ジョン・スミスの哲学的霊性　その3　｜　351

the Genius of Wicked men, they will be something in themselves, they wrap up themselves in their own Being, move up and down in a Sphere of *Self-love*, live a professed Independency upon God, and maintain a *Meum et Tuum* betweeen God and themselves.

ストア派の人たちは、自分自身を神へと引き上げることができなかったので、神を自前の模型へと引き下げようと努めます。そして神を何らかの偉大な種類の動物、及びほとんど神の仲間の一人である賢者にすぎないと妄想するのです。そしてこれが多かれ少なかれ悪しき人たちの才能なのです。彼らは自分自体でひとかどのものであることでしょう。彼らは自己の存在の中に自分自身を包み、自己愛の領域を上下に動き、公然たる神への不依存を生き、神と彼ら自身とのあいだで「私のものとあなたのもの」を主張するのです[76]。

スミスは「ストア派の人たち」というだけで出典を示していないが、自己充足を説くセネカ『倫理書簡集』がスミスの念頭にあると思われる。そこでは、「知者は自己充足している」（Se contentus est sapiens）、「知者が自己充足なのは、幸福に生きるためであり、単に生きるためではない」（se contentus est sapiens ad beate vivendum, non ad vivendum）、「しかし幸福に生きるために知者に必要なのは、健全で正しい魂、運命を軽蔑する魂のみである」（ad illud tantum animo sano et erecto et despiciente fortunam）[77]、ということが語られている。ここでもアレテーとしての自己充足が語られているのであるが、スミスは自己充足をそのような意味には理解しない。彼のいう真の宗教を排除して、自己満足の領域に安住するあり方、それが自己充足ということなのである。それは自

---

76)　*The Excellency and Nobleness of True Religion*, 390.

77)　Seneca, *Ad Lucilium, epistulae morales*, 9.13.

己愛への耽溺にほかならない。ここに、宗教のアレテーに反するあり方をしている同時代の人たちに対するスミスの警告がある。

(2) 神を喜ぶこと

スミスのいう善き人たちの自己否定は、神を喜ぶことと不可分離である[78]。彼は神を喜ぶことについて次にように述べる。

As a Good man lives *above himself* in a way of *Self-denial*, so he lives also above himself as he lives in *the Enjoyment of God*: and this is the very Soul and Essence of True Religion, to unite the Soul in the nearest intimacy and conjunction with God, who is πηγὴ ζωῆς, πηγὴ νοῦ, ῥίζα ψυχῆς, as Plotinus speaks.

善き人は、自己否定という仕方で自己を超出して生きますが、同様に、神を喜ぶことの中に生きるという仕方でも自己を超出して生きます。そして真の宗教のまさに精髄・本質とは、魂をできるかぎり近い親密さ・結びつきにおいて「命の源泉、知性の源泉、魂の根源」である神と一つにすることにあります。そのようにプロティノスは述べています[79]。

The Enjoyment of God という句を「神を喜ぶこと」と訳すのでは、やや心もとない気がするかもしれない。「真の宗教のまさに精髄・本質とは、魂をできるかぎり近い親密さ・結びつきにおいて「「命の源泉、知性の源泉、魂の根源」である神と一つにすることにある」という文言に照らして考えるなら、それは魂の内なる知性が神と出会い、神との親密な交わり

---

78)　*The Excellency and Nobleness of True Religion*, 390.

79)　*The Excellency and Nobleness of True Religion*, 390-391.

第5章　ジョン・スミスの哲学的霊性　その3 | 353

を心ゆくまで喜び楽しむ至上の体験である。スミスが知性にも感覚を認めることは、すでに見たとおりである。知性は神を喜ぶことができるのである。なぜなら神は「命の源泉、知性の源泉、魂の根源」であるからである。このギリシャ語の文言は、スミスが度々依拠するプロティノス『エンネアデス』の収録論文『善なるもの一なるもの』からの引用である。原文は以下のとおりである。

　　Ἐν δὲ ταύτῃ τῇ χορείᾳ καθορᾷ πηγὴν μὲν ζωῆς, πηγὴν δὲ νοῦ, ἀρχὴν ὄντος, ἀγαθοῦ αἰτίαν, ῥίζαν ψυχῆς·
　　そしてこの合唱舞踊（コレイア）のうちに魂は、生命の源であり、知性の源であるもの、存在の始めをなし、善きことの因をなし、魂の根となるものを直視するのである[80]。

ここで魂が直視する対象は「一者」であり、それは「生命の源であり、知性の源であるもの、存在の始めをなし、善きことの因をなし、魂の根となるもの」と同定されている。一者なしには、魂には生命も知性も存在も善きことも、ひいてはそれ自身もありえないのである。この魂と一者との根源的関係は、「この合唱舞踊（コレイア）のうちに」という表現によって、コロスと指揮者の関係にたとえられている。演劇においてコロスがその中心にいる指揮者を見ながら歌い踊るように、魂はその中心にいる一者を直視しながら歌い踊るのである[81]。このコレイアのたとえは、一者を直視することの喜びを遺憾なく言い表している。この喜びのモティーフを湛えたプロティノスの文言を、スミスは、魂が神と合一するときにもつ体験に適用するのである。さらに彼はこれを『使徒言行録』の言葉に適用する。すなわち魂が神の中に生き、動き、存在をもつことを感じるとき、魂

---

80)　Plotinus, *Enneades*, VI.9.9.1-2.
81)　*Enneades*, VI.9.8.38-45.

は最も高貴に生きているのである[82]。善き人の魂の内なる知性にこの喜ばしい感覚を与えることができるのは、真の宗教のみである。スミスはここで再びプロティノスを引用する。すなわち、悪しき人たちはこの感覚をもつことができないのに対して、善き人は、プロティノスが ἀλλ᾽ ἔστι τῷ δυναμένῳ θίγειν παρόν（しかし触れることができる人のためには現に存在する）、すなわち「しかし神に触れることができる者には神が現に存在する」というように、心の内奥で神を親密に感じ、知ることができるのである。ギリシャ語の文言はやはり『善なるもの一なるもの』からの引用である。原文は次のとおりである。

> Οὐ γὰρ κεῖταί που ἐρημῶσαν αὐτοῦ τὰ ἄλλα, ἀλλ᾽ ἔστι τῷ δυναμένῳ θίγειν ἐκεῖ παρόν, τῷ δ᾽ ἀδυνατοῦντι οὐ πάρεστιν.
>
> （観られなければならない当のものは）自分以外のいっさいのものから自分自身を引き払って、どこかほかのところに存在するというのではないからである。むしろこれに触れることができる者のためには、それは現にそこにあるという形で存在しているのであるが、しかしそのような接触の能力をもたない者に対しては現在しないのである[83]。

ここでは神を観る体験が、「触れること」という感覚として語られているが、スミスにとってそれは、魂の内なる知性が神を知る体験を表すためにこの上なく適切な語なのである。彼のいう真の宗教とは、神を知ることであり、神を親密に感じ、神を喜ぶことなのである。そしてそれは新約聖書とプロティノスが、ひいてはプラトンが、声をそろえて証言していることなのである。以上の話に基づいてスミスは、善き人を神知への道行きに始

---

82)　『使徒言行録』7章28節。

83)　*Enneades*, VI.9.7.3-5.

動し、感化し続ける真の宗教について、次のようにまとめの言葉を述べる。

> Religion is Life and Spirit, which flowing out from God who is the Αὐτοζωὴ that hath life in himself, returns to him again as into its own Original, carrying the Souls of Good men up with it. The Spirit of Religion is alwaies ascending upwards, and spreading it self through the whole Essence of the Soul, loosens it from a Self-confinement and narrowness, and so renders it more capacious of Divine Enjoyment.
>
> 宗教はいのちであり霊です。それは自分自身の中にいのちをもつ「独立自存のいのち」である神から流出し、自分自身と共に善き人たちの魂を携えながら、再び神へ、すなわち自分自身の始原の中へ戻ってきます。宗教の霊は常に上方に昇っていき、魂の本質全体にわたり自分自身を拡大していきます。魂を自己拘束と狭隘から解放し、神を喜ぶことをもっと受容できるようにします[84]。

これが真の宗教の本質に関するスミスの見解である。「宗教はいのちであり霊である」というが、宗教は人間がすることであるから、スミスが宗教について語ることは真の宗教によって始動され、感化され続ける善き人の魂のあり方なのである。「いのちと霊」は、『ヨハネ福音書』において重要な役割をもつ概念である。「独立自存のいのち」（Αὐτοζωὴ）という用語は、プロティノスが『自然、観照、一者について』の中で使用する形容詞形 αὐτοζῶν（独立自存に生きている）の変形ではないかと思われる。原文は以下のとおりである（下線は筆者）。

---

84) *The Excellency and Nobleness of True Religion*, 391.

Δεῖ οὖν τοῦτο εἶναι ἓν ὄντως ἄμφω· τοῦτο δέ ἐστι θεωρία ζῶσα, οὐ θεώρημα, οἷον τὸ ἐν ἄλλῳ. Τὸ γὰρ ἐν ἄλλῳ ζῶν δι᾽ ἐκεῖνο, οὐκ αὐτοζῶν.

それゆえこれ（知性の段階にあるものは）は、両者（認識の主体と客体）が完全に一体をなしているものでなければならないのであるが、これ（主体と客体が一体をなしているもの）は、生きている観照なのであって、（このばあいには主客が一体となって観るものを構成しているから）他のもののなかにある観るものとは趣を異にしているのである。なぜなら、他のもののなかにある観るものは他のものゆえに生きているのであって、独立自存で生きているのではないからである[85]。

ここでプロティノスは、観照の最上位の段階、すなわち知性の段階について論じている。知性の段階にあるものは、認識の主体と客体が「完全に一体をなしている」。この一体をなしているものは、「生きている観照」なのである。そして「生きている」ということは、「それ自身で生きている」（αὐτοζῶν）という意味なのである。このような理解が、スミスのいう「独立自存のいのち」としての神の概念の基底にあるように思われる。ここで彼が述べる神からの流出と神への帰還という考え方は、プロティノス哲学の特質をなす、一者・善・神から順次、知性、魂、神々、人間への流出という、翻って人間から神に向かっての上昇・帰還という思想に基づくものであろう。この上昇・帰還を善き人に得させることが、真の宗教の機能であるとスミスは見る。この見方は、プラトンが『パイドロス』においてミュートスで語るところの、愛智者に備わり、愛智者を叡知界に飛翔さ

---

85)　*Enneades*, III.8.8.10-12.

せる翼を想起させる。

スミスにとって、神の甘美を心の中で感じることは、いつか天国でのことではなく、今ここでもつことができる体験である。それは、聖書の言語でいう「神と共に歩むこと」（To walk with God）であり、善き人のまぎれもない特徴なのである。

The Spirit of a Good man (as it is well express'd by the Philosopher) ἀκινέτως ἐνίδρυται ἐν τῇ οὐσίᾳ τῆς θείας ἀγατότητος, & is alwaies drinking in Fountain-Goodness, and fills it self more and more, till it be filled with the fulness of God.

善き人の霊は（かの哲学者によっていみじくも語られているように）、「神の善性の実体の中にゆるぎなく固定されており」、常に善性の泉から水を飲みつづけ、自分自身をいやましに満たし、ついには神の充満にまで満たされるのです[86]。

「かの哲学者」とはシンプリキオスを指す。スミスは宗教の高貴性の本質に関する考察を結ぶにあたり、『エピクテトス要録』から「神の善性の実体の中にゆるぎなく固定されている」という文言を引用する。原文は以下のとおりである（下線は筆者）。

Τὰ μὲν οὖν πρῶτα τῶν ὑπὸ τοῦ πρώτου Ἀγαθοῦ παραγομένων, διὰ τὸ πρὸς αὐτὸ ὁμοφυὲς, οὐκ ἐξέστη τοῦ εἶναι ἀγαθά· ἀκίνητα ὄντα, καὶ ἀμετάβλητα, καὶ ἐν τῇ αὐτῇ ἀεὶ μακαριότητι ἱδρυμένα, οὐκ ἐνδεῆ τοῦ ἀγαθοῦ, ὅτι αὐτοαγαθότητές εἰσι. Τὰ δὲ ἄλλα πάντα, ὑπὸ τοῦ

---

86)　*The Excellency and Nobleness of True Religion*, 392.

ἀγαθοῦ τοῦ ἑνὸς καὶ τῶν πολλῶν ἀγαθοτήτων παραχθέντα,
ἀποστάντα τοῦ εἶναι αὐτοαγαθὰ καὶ <u>ἀκινήτως ἐνιδρῦσθαι
ἐν τῇ ὑπάρξει τῆς θείας ἀγαθότητος</u>, κατὰ μέθεξιν ἔχει τὸ
ἀγαθόν.

したがって第一の善によって造られた第一のものどもは、本性上、第
一の善に似ているがゆえに、善きものであることから逸脱しなかっ
た。それらは不動であり不変であり、同一恒常の至福の水を飲みつづ
け、善に不足することはない。なぜならそれらは独立自存の善性だか
らである。しかし他のすべてのものども、すなわち一者なる善、及び
多くの善性によって造られたものどもは、独立自存の善であることと
<u>神の善性の実体の中にゆるぎなく固定されている</u>ことから離別してい
るがゆえに、分有によって善をもつのである[87]。

スミスはこの箇所を熟読したものと思われる。善き人たちは、「第一の善
によって造られた第一のものども」とは異なり、「一者なる善、及び多く
の善性によって造られたものども」である。それゆえ「独立自存の善であ
ることと神の善性の実体の中にゆるぎなく固定されていることから離別し
ている」。しかしながら彼らには、彼らと「一者なる善」との近似性・類
似性のゆえに、「分有によって善をもつ」可能性が開かれているのである。
このことは、神知を目指してアレテーの道を歩む善き人びとにとって、大
きな喜びであり励ましである。スミスが強調した、神を喜ぶことという観
念は、PC に欠けていたものである。同時代の多くの人たちは、教条主義、
予定説、禁欲主義、厳しい正義の神という観念のもとに抑圧され、苦しめ
られていた。そこには喜びはなかった。スミスは彼らのために、強制では
なく自由の、義務ではなく神を喜ぶこととしての宗教を新たに提示したの

---

87)　Simplicius, *Commentarius in Enchiridion Epicteti*, 6.3-7.

である。

5．真の宗教の特性・働き

　本章の1で示したように、スミスは、真の宗教の特性・働きを示すものとして以下の7つの命題を提示した。

①真の宗教は、善き人の魂を気宇広大にする。
②真の宗教は、善き人が理性によって我意を抑制することを可能にする。
③真の宗教は、善き人が至高の存在である神の栄光のために生き、神に似る者となることを可能にする。
④真の宗教は、善き人の魂に真の平静と言葉に尽くせぬ喜びをもたらす。
⑤真の宗教は、善き人の魂が聖なる大胆さをもって神に近づき、謙遜をもって神との親密な交わりをもつことを可能にする。
⑥真の宗教は、善き人の魂を地上のものから神のものへ、感覚界から叡智界へ携え上げる。
⑦真の宗教は、善き人の魂が神の摂理と神の意思に心から従うことを可能にする。

①〜⑦は『講話』の第3章〜第9章に対応する。宗教の高貴性の本質を論ずる第2章では、三つの命題の主語は「善き人」であった。宗教のアレテーの本質を問うことは、宗教に関わる人のアレテーを問うことなのだからである。スミスは善き人のアレテーを明らかにした今、善き人を善き人たらしめる宗教の特性・働きに関する考察に向かう。それゆえ第3章以降では、主語が「真の宗教」に転じるのである。上記の7つの命題の中で、

③「真の宗教は、善き人が至高の存在である神の栄光のために生き、神に似た者となることを可能にする」が、スミスのいう真の宗教の特性・働きを最もよく言い表している。したがって本節では、この命題を中心にスミスの考察を吟味することにしたい。

第三の命題の原文は以下のとおりである。

> The Third *Property* or *Effect* whereby *Religion* discovers its own Excellency, is this, *That it directs and enables a man to propound to himself the Best End and Scope of life, viz. The Glory of God the Highest Being, and his own assimilation or becoming like unto God.*
>
> （真の）宗教がそれによって自己の卓越性を開示する第三の特質・働きは、以下のことです。すなわち宗教は、人が生の最善の目的・標的を、すなわち至高の存在である神の栄光と、彼自身が神に同化することあるいは神に似る者となることを、自分自身に提示するように指導し、かつまたそれを可能にするということです。

これまでスミスは宗教の「高貴性」（Nobleness）という語を用いてきたが、ここからは宗教の「卓越性」（Excellency）という語を用いる。前者が宗教の本質を表すのに適格な語であるならば、後者はアレテー・善性を示唆するものとして、宗教の特質・働きを表すのに適格な語である。この命題において、「人生の最善の目的・標的」、「至高の存在である神の栄光」及び「彼自身が神に同化することあるいは神に似る者となること」が、宗教のアレテーが人に及ぼす感化・教化の働きを示す鍵語である。これまで言及されてきた「善き人」は、ここでは単に「人」と言われている。「善き」あるいは「悪しき」という形容詞が付けられるのは、後付けの話であり、ここではスミスは、それ以前のただの人という段階において人を考え

ている。人はだれでも最初はただの人である。善き人になるか悪しき人に
なるかということは、宗教の卓越性を受け入れるか否かにかかっている。
それは、宗教のアレテー・善性によって神知に至る道を歩むか否かにか
かっている。その次元においては、富・地位・美貌といった外面的なもの
は意味をなさない。重要なことは、アレテーをもつことなのである。

a. 神への同化・神に似る者となること

スミスはこの命題を提示した後、次のように述べる。

That Christian in whom Religion rules powerfully, is not so low
in his ambitions as to pursue any of the things of this world as
his Ultimate End: his Soul is too big for earthly designes and
interests; but understanding himself to come from God, he is
continually returning to him again.

その内において宗教が力強く統治するあのキリスト者にあっては、な
んであれこの世のものどもを彼の究極目標として追求するほど、彼の
諸大志は低劣ではありません。彼の魂は、地上的な諸計画や諸関心に
はあまりにも釣り合いません。彼は自分自身が神から由来しているこ
とを理解していますので、絶えず再び神のもとへ帰ろうとしていま
す[88]。

ここでスミスは満を持して「キリスト者」を登場させる。これまではもっ
ぱら「善き人」が主役であった。宗教に与する人のあり方を本質論として
考察してきたからであり、そこではキリスト者という名称を安易に使う

---

88) *The Excellency and Nobleness of True Religion*, 404.

ことを控えたのである。もしスミスが、『講話』の始めからこの名称を使用したならば、これを聞いた聴衆は、自分の先入見に従って各自の意味でそれを理解したであろう。しかし先入見による理解でわかったとされては困るのである。その程度の理解はいまだドクサの段階にあり、エピステーメーからほど遠いだけではなく、真の理解の妨げとなる。スミスはもちろんキリスト者とは何かという問題に大きな関心を抱いていたが、その関心の対象は既成概念としてのキリスト者ではなく、キリスト者をして真にキリスト者たらしめるものは何かという、アレテー論であった。それゆえスミスはいったんキリスト者という語に付着した手垢を拭き取り、まっさらなところから出発したのである。そこで彼が選択したのが、プラトンやプロティノスの哲学に基づく「善き人」という語であった。それに関する考察がある程度落ち着いた今、スミスは改めて「あのキリスト者」に言及するのである。それは「その内において宗教が力強く統治する」状態にある人を指す。その人の魂の内なる知性が、宗教のアレテーによって日々養われ育まれ、成長し続けている人のことである。「彼の究極目標」は神である。すなわち彼の知性が神を感覚的に知るに至ることである。「絶えず再び神のもとへ帰ろうとしています」とは、そういうことである。したがって、「なんであれこの世のものどもを彼の究極目標として追求するほど、彼の諸大志は低劣ではない」のである。「彼の魂は、地上的な諸計画や諸関心にはあまりにも釣り合わない」のである。もしその魂が地上のものに従属するなら、シンプリキオス『エピクテトス要録』に述べられているように、τότε μάλιστα τὸ αὐτεξούσιον ἀμφισβητήσιμον ἔχει（そのとき実に自由意志は係争状態にある）とスミスはいう。原文は以下のとおりである（下線は筆者）。

Καὶ ὅταν μὲν τοῖς σώμασιν ἑαυτὴν ἐνδῷ, καὶ ταῖς ἀλό-
γοις τοῦ σώματος ζωαῖς, τότε τὴν ἔνδειαν ἐκείνων οἰκείαν

ἡγουμένῃ, συνορέγεται ἐκείνων ἠναγκασμένως. Καὶ αὕτη ἐστὶν ἡ ὄρεξις αὐτῆς, ἡ τὸ αὐτεξούσιον ἀμφισβητήσιμον ἔχουσα. Ὅταν δὲ τὴν ἑαυτῆς ζωὴν ζῇ, ἢ τὴν κρείττονα, τότε καὶ ὄρεξιν ἐκείναις οἰκείαν προβάλλεται, τοῦ ἐκείνων ἀγαθοῦ ἐφιεμένη.

そしていつでも（理性的魂が）自分自身をもろもろの肉体と肉体の非理性的なもろもろの生に引き渡す時には、それらの欠乏が自分固有のものであると信じて、強制されるかのようにそれらをともに欲求する。これがそのような魂の欲求であり、そこでは自由意志は係争状態にある。しかしいつでも（理性的魂が）自分自身の生を、つまりより善き生を生きる時には、まさにその時、またかのもろもろの欲求に対してそれらの生に固有な欲求を提示する。それらに属する善きものを追い求めるからである[89]。

ここでは肉体的なものに従属する魂の内においては、「自由意志は係争状態にある」ということと、これに対して「自分自身の生を、つまりより善き生を生きる」理性的魂は、「善きもの」を揺るぐことなく一筋に追い求めるということが対比されている。このようなシンプリキオスの見方に基づき、スミスは、「地上的な諸計画や諸関心」に執着することの危険性を警告し、善きものを「究極目標」として追求すべきことを勧めるのである。彼はキケロの言葉を引用して次のように述べる。

Everything is so much the more Noble, *quò longiores habet fines,* as was well observ'd by *Tully.*
あらゆるものはさらにもっと高貴になっていきます。「それよりさら

---

89) Simplicius, *Commentarius in Enchiridion Epicteti*, 10.13-19.

にかなたの諸目標をもてばもつほど」です。いみじくもキケロが認め
たとおりです[90]。

キケロの出典は明示されていないが、スミスの見るところでは、高貴性の
山頂を目指す登山は途中で止まることを知らない。ある程度の高さに到達
したとしても、決してそれで満足せず、さらなる高みへと上昇しづける不
断の道行きなのである。そしてそれは魂が自ら上る道行きであるととも
に、宗教の高貴性が魂を引き上げる働きでもある。

So the *Highest* and *Last End* raises and *ennobles* it, and *enlarges*
it into a more Universal and comprehensive Capacity of enjoying
that one Unbounded Goodness which is God himself.
かくして至高・究極の目標は、魂を引き上げ高貴なものとなし、それ
をさらに普遍的で包括的な容量へと拡大し、神自身であるところの、
かの一にして無限の善性を喜ぶことができるようにするのです[91]。

ここでは善性は、究極の相において語られている。究極の目標によってい
やましに高貴なものに変えられていく魂が、ついに到達するのは、「神自
身であるところの、かの一にして無限の善性」である。アレテー・善性の
道行きの中で、人が徐々に分有し続ける善性は、究極のところ神自身なの
である。ここでも「喜ぶこと」が言及されているが、善性を喜ぶことは神
を喜ぶことなのである。スミスは、目標というものがいかに重要であるか
ということについて、次のように述べる。

Every thing is most properly such as the *End* is which is aim'd

---

90)　*The Excellency and Nobleness of True Religion*, 405.

91)　*The Excellency and Nobleness of True Religion*, 405.

第5章　ジョン・スミスの哲学的霊性　その3　｜　365

at: the Mind of man is alwaies shaping itself into a conformity as much as may be to that which is his *End*; and the nearer it draws to it in the achievement thereof, the greater likeness it bears to it. There is a Plastick Virture, a Secret Energy issuing forth from that which the Mind propounds to itself as its *End*, to mold and fashion it according to its own Model. The Soul is alwaies stamp'd with the same Characters that are engraven upon the *End* it aims at; and while it converses with it, and sets it self before it, *it is turned as Wax to the Seal*, to use that phrase in *Job*.

あらゆるものはもっとも本来的に、それが向けられている目標と類似しています。すなわち人間の精神は、その目標であるものとできるかぎり同じ形になるために、常に自分自身を形成しています。これを達成するための営みにおいて、それが目標に近づけば近づくほど、目標とさらに大きな類似性をもつようになります。塑造的アレテーというものがあるのです。それは、精神が自分自身にその目標として提示するかのものから流出してくる神秘的活力です。それは、精神を自己の範型にしたがって型どり形づくります。魂は、それが目指す目標に印されているものと同じ刻印よって常に押印されています。そして魂はその目標と交わり、それの前に自分自身を置くにつれて、ヨブのあの言葉を使えば、「蝋のように印章へと変えられていく」のです[92]。

スミスの思考の基底に、アリストテレスの「終り・目的」（τέλος）の概念があると思われる。アリストテレスにおいて、終りは目的因であり、形相であり、現実態である[93]。テロスは究極の目的である善[94]なる神であ

---

92)　*The Excellency and Nobleness of True Religion*, 405.
93)　目的因としてのテロスについては *Metaphycica*, 994b9, 16 を、形相としてのテ

り、可能態・質料としての魂は、真の宗教によってそれを希求する「塑造的アレテー」を、つまり「神秘的活力」を与えられ、いやましに「自己の範型」に似たものに変えられていき、現実態・形相へと近似していく。スミスはこのような目的理解を、ヘブライ語聖書の中にも見いだすことができる。『ヨブ記』によると、目標と親しく交わる魂は「蝋のように印章へと変えられていく」[95]。『創世記』の中に、ラバンの雌羊たちが水飲み場に来て、枝の前で交尾し、縞やまだらのものを産んだという記述があるが[96]、それは善き人の内なる魂の上昇・変容という霊的真理を象徴している[97]。地上的なものを目標として追求する人は、γεώδης（土に似た）人、すなわち「地上的な」（Earthly）人になっていくが、自分自身を神に向かわせる魂はいやましに θεοειδής（神に似た）人、すなわち「神のような」（God-like）人になっていくのである。Γεώδης という語の出典は明示されていないが、プラトン『パイドン』の中で、物体的なものにとりつかれた魂についてこの語が用いられている。次のとおりである（下線は筆者）。

βαρὺ καὶ <u>γεῶδες</u> καὶ ὁρατόν· ὃ δὴ καὶ ἔχουσα ἡ τοιαύτη ψυχὴ βαρύνεταί τε καὶ ἕλκεται πάλιν εἰς τὸν ὁρατὸν τόπον φόβῳ τοῦ ἀιδοῦς τε καὶ Ἅιδου.

この物体的なものは重たく、<u>土に似たもの</u>で、可視的なものとされなければならない。このような魂は、たしかにこれ（物体的なもの）をもつので、重たくされて、かの見えないもの、ハデスを恐れて、ふたたび可視的なところに引き戻される[98]。

　　ロスについては 1023a34 を、現実態としてのテロスについては 1051a16 を参照。

94)　善としての目的因については *Metaphycica*, 982b10, 983a32 を参照。

95)　『ヨブ記』38 章 14 節。

96)　『創世記』30 章 39 節。

97)　*The Excellency and Nobleness of True Religion*, 405.

Θεοειδής という語は、プロティノス『エンネアデス』の収録論文『美について』の中に用例が見られる。次のとおりである。

Γενέσθω δὴ πρῶτον θεοειδὴς πᾶς καὶ καλὸς πᾶς, εἰ μέλλει θεάσασθαι θεόν τε καὶ καλόν. Ἥξει γὰρ πρῶτον ἀναβαίνων ἐπὶ τὸν νοῦν κἀκεῖ πάντα εἴσεται καλὰ τὰ εἴδη καὶ φήσει τὸ κάλλος τοῦτο εἶναι, τὰς ἰδέας·
だから神や美を観ようとする者は、まず自らがまったく神のような者となり、美しい者となりきらなければならぬ。そのようになれば、彼は（感性界から）上の世界に昇ってきて、まず知性の領域に至るだろう。そしてそこで、どの形も美しいことを知り、美とはこれなのだ、イデアなのだというだろう。というのも、すべてはイデアゆえに美しいからである[99]。

以上の用例から、スミスが『パイドン』と『美について』に基づき、「地上的な人」と「神のような人」について語っていることがわかる。そして彼の見るところでは、魂が「塑造的アレテー」によって漸進的に「神のような人」に変えられていくという洞察は、使徒パウロが共有する洞察でもある。スミスは『コリントの信徒への手紙 二』から以下の文言を引用する。

But we all with open face, beholding as in a glass the glory of the Lord, are changed into the same image, from glory to glory.
しかし私たちはみな、覆いを取られた顔で、鏡の中に映るような主の

---

98) *Phaedo*, 81C.
99) Plotinus, *Enneades*, I.6.9.33-37.

栄光を見ながら、栄光から栄光へと、主と同じ姿に変えられていきます[100]。

　この文言の後に、「まさしく主なる霊から発するものとして（καθάπερ ἀπὸ κυρίου πνεύματος）という語句が続く。善き人の上昇・変容を現実化するのは、聖霊の働きである。この聖霊とは「真の宗教の霊」(the Spirit of true Religion) であり、自分自身を神に向かわせる魂の内なる「真の善性」(the true Goodness) であり、「唯一の究極目標・最高善」(the one Last End and Chief Good) にほかならない[101]。

　スミスは以上に述べた、自分自身ではなく神を究極目標とする生の典型をキリストの生の中に認める。そしてある程度、「だれであれキリストの霊を分有する人」(every one that partakes of the Spirit of Christ) の中にそれを認める。「だれであれ」という形容詞に注目したい。キリストの霊をもつ可能性はすべての人に開かれているのである。宗教の指導者だけが霊をもつというようなことではない。単なる霊ではなく、キリストの霊が重要なのである。善のイデア・神への上昇・到達に関するかぎり、キリストの霊をもつということだけが枢要なのである。このキリストの霊をもつ人たちを、スミスは「キリスト者たち」と呼ぶ[102]。次の言葉は彼のキリスト者観を如実に表している。

It is most God-like and best suits with the Spirit of Religion, for a Christian to live wholly to God, to live the life of God, *having his own life with Christ in God*; and thus in a sober sense he

---

100) 『コリントの信徒への手紙　二』3章18節。*The Excellency and Nobleness of True Religion*, 406.

101) *The Excellency and Nobleness of True Religion*, 406.

102) *The Excellency and Nobleness of True Religion*, 406.

becomes *Deified*. This indeed is such a Θέωσις *Deification* as is not transacted merely upon the Stage of *Fancy* by Arrogance and Presumption, but in the highest Powers of the Soul by a living and quickning Spirit of true Religion there uniting God and the Soul together in *the Unity of Affection, will and End*.

きわめて神のようであり、宗教の霊に似つかわしいこととは、キリスト者が完全に神のために生きることです。神の生を生き、「自己の生をキリストと共に神の中にもつ」ことです。かくして彼（キリスト者）は節度ある意味において、「神化されて」いきます。これこそがまさに「神化」です。すなわち神化は、単に「空想」の段階において、傲慢・高慢によって行われるものではなく、魂の最高の諸力の中で、真の宗教の生きておりそして生かす霊によって行われるものであり、そこではその霊は、神と魂を「愛、意志及び目標の結合」において共に結びつけるのです[103]。

スミスの理解では、「神のよう」であり、「宗教の霊に似つかわしい」魂をもつ人が、「キリスト者」なのである。その人は自分自身のために生きることを放棄し、「完全に神のために生きる」。すなわち「神の生を生きる」のである。スミスはそれを『コロサイの信徒への手紙』の言葉によって、「自己の生をキリストと共に神の中にもつ」と表現する[104]。それは、魂の中でいやましに自己が小さくなり消えていくにつれて、神が大きくなり現れてくることであり、スミスはそれを「神化」と呼ぶ。そこにおいては「空想」・ドクサははるか下方に退き、今や「魂の最高の諸力」が、「真の宗教の生きておりそして生かす霊」によって現実に活動している。その活動の行き着く目標は、「愛、意志及び目標の結合」における神と魂の親密

---

103) *The Excellency and Nobleness of True Religion*, 407.
104) 『コロサイの信徒への手紙』3章3節。

な結合なのである。

b. 「神の栄光」の本義

　真の宗教のアレテーの特質・働きを考察するにあたり、神への同化・神に似る者となることが、スミスにとって重要な問題であることを以上において見たが、彼には神化と並んでゆるがせにできない問題がある。それは「神の栄光」とは何かという問題である。

> Because many are apt to misapprehend the Notion of *God's glory*, and flatter themselves with their pretended and imaginary *aiming at the Glory of God*, I think it may be of good use, a little further and more distinctly to unfold the *Designe* that a Religious mind drives on *in directing it Self and all its actions to God.*
> 多くの人が「神の栄光」の概念を誤解している傾向にあり、「神の栄光を目指していること」を装い、空想しているだけで得意になっておりますので、私といたしましては、宗教心が「自己とそのすべての行動を神に向かわせることにおいて」追求する「意図」を、少しばかりもっとはっきりと明らかにしてみることは、有益ではないかと思う次第です[105]。

スミスが「神の栄光」という時、1640年代に書かれた『ウェストミンスター小教理問答』（*The Westminster Shorter Catechism*）の第一問における、「人の主な目標は神の栄光を讃え、神を永遠に喜ぶことである」（Man's chief end is to glorify God, and to enjoy him forever）という

---

105)　*The Excellency and Nobleness of True Religion*, 407.

文言が、念頭にあったのではないかと思われる。現世において「神の栄光を讃えること」は、PCの標語のようなものであり、人びとの間で喧伝されていた。しかしスミスにとって問題は、神の栄光を讃えることとは何か、そして、そもそも神の栄光とは何かということである。彼の見るところでは、それは各人各様に理解されていた。あるいは正統主義の教理・教義を声高く叫ぶことが、あるいは異端を弾劾することが、あるいは宗教儀式を遵守することが、神の栄光であると理解されていた。しかしスミスはそのような理解を、「「神の栄光を目指していること」を装い、空想している」と批判する。それは「妄想・空想」（*Fancy and Imagination*）にすぎず、真の意味における神の栄光とは似ても似つかない、と見るのである[106]。この批判の基底にあるのは、プラトン哲学の「思いなし」（δόξα, ドクサ）を排除し、ひたすら「真知」（ἐπιστήμη, エピステーメー）を追求する精神である。それでは、スミスにとって神の栄光を讃えるとはどういうことなのだろうか。彼は次のように述べる。

Our Saviour hath best taught what it is to live to God's glory, or to glorifie God, viz. to be fruitful in all holiness, and to live so as that our lives may shine with his grace spreading it self through our whole man.

私たちの救い主は、神の栄光のために生きること、つまり神の栄光を讃えることとは何であるかを、もっともよく教えてくださいました。すなわちそれは、あらゆる聖性において実を結ぶことであり、私たちの生が、私たちの全人を通して広がっていくところの神の恵みで輝くように生きることです[107]。

---

106) *The Excellency and Nobleness of True Religion*, 407.

107) *The Excellency and Nobleness of True Religion*, 408.

「あらゆる聖性において実を結ぶこと」という文言の基底に、『ヨハネ福音書』の「このことにおいて私の父に栄光が帰せられます。すなわちあなたがたが豊かな実を結び、私に学ぶ弟子となることにおいてです」[108] というキリストの言葉があるものと思われる。「豊かな実を結ぶ」とは、スミスの理解では、「神の恵み」によって「あらゆる聖性において実を結ぶこと」である。「聖性」は、善き人を特徴づけるアレテー・善性の重要な局面であった。「神の恵み」も重要な契機である。人が聖性の実を結ぶことができるとするならば、それはひとえに神の恵みのゆえである。それを欠くならば、聖性の実を結ぶことはまったく不可能なのである。同じ福音書の序章に「そしてロゴスは肉体となり、私たちの中に幕屋を張った。そして私たちはロゴスの栄光を見た。それは父のもとから（派遣された）独り息子としての、恵みと真理に満ちた栄光である」[109] という福音書記者の言葉がある。この文言もスミスの念頭にあるものと思われる。キリストが「父のもとから（派遣された）独り息子としての、恵みと真理に満ちた栄光」で輝いていたように、善き人としてのキリスト者は、キリストに似た者に変えられていくにつれて、恵みと真理に満ちたキリストの栄光で輝くようになる。それが「神の栄光のために生きること」なのである。そして神の栄光とは、キリストの恵みと真理に満ちた栄光であり、人間の自己流儀で自分勝手な恵みと真理に満ちた栄光ではない。スミスはこのような栄光理解を『出エジプト記』の中にも見いだす。すなわちモーセが主なる神の命令に従って幕屋をつくったとき、主の栄光が幕屋に満ちた[110]。モーセはシナイ山上で神の命令を受けとり、それに従った。それをプラトンの言語でいえば、「善き人の心と生の枠組みが、山上で（その存在の頂点において）受け取るあのイデア・範型に完全に従っている」（the frame of

---

108）『ヨハネ福音書』15 章 8 節。

109）『ヨハネ福音書』1 章 14 節。

110）『出エジプト記』40 章 34 節。

his Mind and Life is wholy according to that Idea and Pattern which he receives from the Mount）ということである[111]。そうすることによって、善き人は、神の栄光が宿り、満ちる「神の幕屋」(the Divine *Shechinah*) となるのである。「聖性、正義、柔和などの真の霊」(a true Spirit of *Sanctity, Justice, Meekness,* &c) が行動に具現し、こよなく神に似た者になっていくということが、もっともよく神の栄光を讃えるということなのである[112]。

　以上は、神の栄光を讃えるという人間の側に即して見た考察であるが、翻って栄光を受け取る神の側に即して見るならばどうであろうか。スミスは次のように述べる。

When God *seeks his own Glory*, he does not so much endeavour any thing *without himself*. He did not bring this stately fabrick of the Universe into Being, that he might for such a Monument of his mighty Power and Beneficence gain some *Panegyricks* or Applause from a little of that fading breath which he had made.

神が「自己の栄光を求める」という場合、「自分自身の外部に」何かを得ようとあくせくするということではありません。神が宇宙のこの秩序ある構造を存在に至らせたのは、彼の大いなる力と恩恵のそのような記念碑のために、彼が創造した少しばかりのあの消えていく息から、いくばくかの「賛辞」や賞賛を得るためではありませんでした[113]。

スミスの見るところでは、そもそも神が「自己の栄光を求める」などとい

---

111)　*The Excellency and Nobleness of True Religion,* 408.

112)　*The Excellency and Nobleness of True Religion,* 408.

113)　*The Excellency and Nobleness of True Religion,* 408-409.

う表現は、人間並みのものにすぎず、神の本性には似つかわしくない。神は完全に自己充足しているので、栄光であれ何であれ人間から何かを受け取る必要などないのである。「「自分自身の外部に」何かを得ようとあくせくする」ことは、人間のすることではあっても、神のすることではない。そもそも「彼（神）が創造した少しばかりのあの消えていく息から、いくばくかの「賛辞」や賞賛を得る」などということは、神にとっては無に等しいことなのである。あえていえば、神がこよなく愛するものは、「自己の「内部の栄光」」（his own *Internal Glory*）であり、「それを伝達すること」（the Communication thereof）こそが、神の求めることなのである[114]。スミスはこの点を説明するために、次のようにプラトンを引き合いに出す。

As *Plato* sometimes speaks of the Divine love, it arises not out of *Indigency*, as created love does, but out of *Fulness* and Redundancy; it is an overflowing fountain, and that love which descends upon created Being is a free Efflux from the Almighty Source of love: and it is well pleasing to him that those creatures which he hath made should partake of it.

プラトンがときどき神の愛について語っておりますとおり、それが生じるのは、創造された愛のように、貧窮からではなく、充満と余剰からであります。それはあふれ出る泉であります。創造された存在に下るあの愛は、愛の全能なる源泉から発する、惜しみない流出であります。神が創造したあれらの被造物が、神の愛を分有することは、神にとって大きな喜びなのであります[115]。

---

114) *The Excellency and Nobleness of True Religion*, 409.
115) *The Excellency and Nobleness of True Religion*, 409.

ここでスミスの念頭にあるのは、プラトン『饗宴』における、善きもの・美しいものを希求する愛としてのエロースを主題とする、ソクラテスとディオティマの対話箇所であろうと思われる[116]。そこではエロースは、人間と神との中間にある「神霊」（δαίμων, ダイモーン）であり、神々には人間からのものを、人間には神々からのものを伝達する存在である[117]。エロースは必然的に知を愛する者であり、知を愛する者であるがゆえに、必然的に全知者である神と無知なる人間との中間にある者である。それは、善きものを永遠に自分のものにすることを求めている[118]。人間が神に愛される者となり、不死となることができること、それが人間の幸福であり宝物であるが、その宝物を得るための助力者がエロースなのである[119]。もちろん『饗宴』の当該箇所において、キリスト教の意味における「神の愛」は語られていない。「あふれ出る泉」に比せられる神の愛という概念は、プラトンにおいては明示されていない[120]。しかしスミスは、プラトンのエロース論の中から神の愛への示唆をくみ取ることができるのである。プラトンによると、エロースは豊富の神ポロスを父、貧窮の存在ペニアを母とし、両者から生まれた息子である。それゆえ母の性質を受けて、欠乏・無知と同居するものであるが、他面、父の性質を受けて、父同様に善きもの・美しいものを希求し、父のような知者になろうと熱望する[121]。スミスの見るところでは、善き人としてのキリスト者が神を希求してやまないのは、神の性質を受けており、神に愛されているからである。善き人は神の愛によって始動され、神をひたむきに愛することに向かって進み行くのである。

---

116) *Symposium*, 201D-212C.

117) *Symposium*, 202DE.

118) *Symposium*, 206A.

119) *Symposium*, 212AB.

120) C. A. Patrides, ed., *The Cambridge Platonists*, 169 n.88.

121) *Symposium*, 203B-204A.

「愛の全能なる源泉から発する惜しみない流出」というとき、スミスの念頭にあるのはプラトン『ティマイオス』における、宇宙万物の「制作者・構築者」（δημιουργός, デーミウールゴス）なる神のことであろうと思われる[122]。プラトンにおいてはデーミウールゴスの愛が宇宙万物を創造したという考えは認められないが、スミスはデーミウールゴスの中から、惜しみなく流出する愛と、その愛による万物の創造への示唆をくみ取ることができるのである。ここで彼はプラトンの τῷ Θεῷ οὐδεὶς φθόνος（神にはいかなる嫉妬もない）という言葉を引用する。おそらく『ティマイオス』への言及であろうと思われる[123]。そこでは、宇宙万物の構築者としての神について次のように語られている。

> ἀγαθὸς ἦν, ἀγαθῷ δὲ οὐδεὶς περὶ οὐδενὸς οὐδέποτε ἐγγίγ-νεται φθόνος· τούτου δ᾽ ἐκτὸς ὢν πάντα ὅτι μάλιστα ἐβου-λήθη γενέσθαι παραπλήσια ἑαυτῷ.
>
> （構築者）は善き者だった。しかるに、善き者には、いかなることについても、いかなる場合でも、嫉妬は起こらない。すなわちこのような嫉妬とは無縁であるから、すべてのものができるかぎり自分自身に似たものになることを望んだ[124]。

スミスの理解では、神は最高に善き存在であるゆえ、ギリシャ神話に登場する神々のように嫉妬をしたり、物惜しみをしたりすることはない。神の愛は必然的にあふれ流れ、万物を創造するに至ったのである。スミスは、この真理を『ヤコブの手紙』の中にも見いだす。すなわち「神はすべての人に惜しみなく与える。けっしてとがめることはない」（God giveth to

---

122)　*Timaeus*, 29E-31B.

123)　C. A. Patrides, ed., 169 n.89.

124)　*Timaeus*, 29E.

all men liberally, and upbraideth not) のである[125]。かくして神は、善き人の心に、「知恵、正義」といったプラトン的アレテー、及び「忍耐、慈しみ、愛、平安、喜び」といったキリスト教的アレテーを刻印する。人間に神の栄光を伝達し、人間がそれを分有すること、それが神にとって喜びであり栄光なのである[126]。

　したがって、翻って、神の栄光を求めるということを人間に適用するならば、次のようになる。

When conversing with him ἐν ἡσύχῳ ἐπαφῇ, by a secret feeling of the virtue, sweetness and power of his *Goodness*, we endeavour to assimilate our selves to him: Then we may be said to *glorifie* him indeed. God seeks no glory but his own; and we have none of our own to give him. God in all things seeks himself and his own glory, as finding nothing *Better* then himself; and when we love him above all things, and endeavour to be most like him, we *declare plainly* that we count nothing *Better* then He is.

「静かな触れ合いの中で」神と交わり、神の善性の卓越性、甘美、力を密かに感じることによって、私たちが自分自身を神に同化しようと努力する時、まさにその時、私たちは本当に神に栄光を帰しているといえるかもしれません。神は自己の栄光以外のいかなる栄光も求めません。そして私たちは、神に与えるべき私たち自身のいかなる栄光ももっておりません。神はあらゆるものにおいて自分自身と自己の栄光を求めます。自分自身よりも「善き」いかなるものも見いださないからです。そして私たちがあらゆるもの以上に神を愛し、神に最も似た

---

125) 『ヤコブの手紙』1章5節。

126) *The Excellency and Nobleness of True Religion*, 409.

者となるように努力する時、私たちはいかなるものも神より「善き」ものであるということを認めないことを、はっきりと宣言しているのです[127]。

「静かな触れあいの中で」というギリシャ語の引用は、プロティノスからであると思われる。『エンネアデス』の収録論文『善なるもの一なるもの』の中で、プロティノスは知性の本来的な活動について次のように語る（下線は筆者）。

τὸ δὲ ἐκεῖ ζῆν ἐνέργεια μὲν νοῦ· ἐνέργεια δὲ καὶ γεννᾷ θεοὺς ἐν ἡσύχῳ τῇ πρὸς ἐκεῖνο ἐπαφῇ, γεννᾷ δὲ κάλλος, γεννᾷ δικαιοσύνην, ἀρετὴν γεννᾷ.

その中で（＝至高者の中で）生きることは、知性の活動である。その活動は、かのもの（＝至高者）との静かな触れ合いの中で神々を生み、美を生み、正義を生み、アレテーを生む[128]。

スミスにとってこの「知性の活動」とは、神が善き人を自分自身に似たものに変え続け、善き人の中で聖性の実を結び、かくして善き人の中でその栄光を輝かす活動に他ならない。これが「神の栄光」（the Glory of God）ということであり、「私たち自身の救い」（our own Salvation）ということなのである。両者は一つである。私たち自身の救いを求めるということは、神の栄光を求めることに他ならないのである。救いとは、私たちが自分自身の救いを追求し獲得することではなく、神の栄光が私たちの中に宿ることであり、神が賜る神の性質を私たちが分有することである。それがまた「天国」（Heaven）ということである。天国は「私たちの外部の」

---

127) *The Excellency and Nobleness of True Religion*, 410.

128) Plotinus, *Enneades*, VI.9.9.

（without us）何かではない。天国とは、魂が「「静かな触れ合いの中で」神と交わり、神の善性の卓越性、甘美、力を密かに感じること」であり、それによって「私たちが自分自身を神に同化しようと努力する」ように駆り立てられることなのである。スミスは、神知への道行きにおいてプラトン及びプロティノスに連なる者として、次の言葉をもって『講話』を結ぶ。

> We cannot be completely blessed, till the *Idea Boni*, or the *Ipsum Bonum*, which is God, exercise its Soveraignty over all the Faculties of our Souls, rendering them as like to it self as may consist with their proper Capacity.
>
> 私たちが完全に至福になることができますのは、神である「善のイデア」、つまり「善そのもの」が、私たちの魂のすべての機能にその主権を行使し、それらをそれ自身と似たものにするとともに、それがそれらの本来の能力と合致する時であります[129]。

6．まとめ

『講話』の第２章において、スミスが宗教の高貴性というとき、現実に行われている宗教の低俗性に鑑みてのことであるが、彼は必ずしも世間の宗教のあり方を上からの目線で非難しているのではない。彼にとっては他でもなく自分自身、すなわち自己の魂のあり方こそが問題なのである。魂が目指す究極の高嶺であるところの神知、すなわち知性が親しく神を知ることが高貴性であり、高貴な宗教なのである。宗教の高貴性への到達は、すべての人に可能性として開かれているが、何らの努力なしに安易に達成

---

129) *The Excellency and Nobleness of True Religion*, 411.

されるものではない。それは山頂への登攀にも比せられる魂の道行きである。その道行きのためには、山頂の方向にまず自分自身を向け変えることと、それに通じる道に第一歩を踏み出すことが肝心である。その登攀者をスミスは「善き人」と呼ぶのである。彼は「キリスト者」とは容易には呼ばない。それは空虚な名辞であってはならず、豊かな中身を内包すべき実体でなければならないからである。その意味で、神知の至福と並んで、目標として位置づけられるべきものだからである。人は初めからキリスト者なのではなく、キリスト者になる方向に自分を向け変え、キリスト者になる道をどこまでも上り続けなければならない。キリスト者になる道行きと神知への道行きは一つなのである。

　善き人は神知への道行きを始めるにあたり、自分が善き人であるゆえに宗教の高貴性を目指すのであるなどという自負心はもたない。むしろそこに山があるから登らざるをえないというのに似て、善き人はかなたにそびえる高貴性に魅せられて、一も二もなくその歩みを始めるのである。つまり、善き人は宗教の高貴性によって道行きを始動されるのである。自負やてらいや打算はそこにはない。神の恵みによって淡々と歩みを始めるのである。その第一歩は、この世とそれに属するすべての楽しみ・優越からの別離・超越である。そこには名残惜しさはみじんもない。かの叡知界への憧憬と、それの引力がはるかに凌駕するからである。善き人の道行きは一人旅ではない。魂の内なる理性という同伴者がいる。彼は理性と対話し、交わりながら神知への道を上昇していく。その中で彼の魂は浄化されていき、理性はその統治力を支障なく発揮できるようになる。そのような生は、欲望の泥沼の中でもがく低次の生とは対照的な高次の生である。それがスミスのいう、「自分自身の存在の頂点において生きること」なのである。神知の高嶺を目指す魂は、それに対応すべく、理性との交わりにおける自己の存在の高嶺において生きるのである。宗教の高貴性において、いかに理性が重要な位置を占めているかということがわかる。この理性との

交わりを続ける中で、善き人はやがてついに神知の高嶺を極めることができる。つまり理性の影響・感化を受けて、「神性との親密な交わりに上げられる」のである。

この究極の体験において、神性との親密な交わりに与るのは、魂の内なる理性、すなわち知性である。知性は「神を喜び、神において自分自身を喜ぶ」。この体験を抜きにして、魂は「自分自身を喜ぶことに満足することはできない」。ここでスミスが「喜び」(enjoyment) という語を使用していることは、注目に値する。彼のいう神知、すなわち知性が神を知るということは、神を喜ぶことなのである。知性は喜ぶことができる。なぜなら知性は感覚をもつからである。知性は「自分自身の存在よりも大きな領域の中で」、すなわち叡知界の中で、神を見る喜び、神に触れる喜び、神を味わう喜びを満喫することができる。神知の至福に到達する善き人は、無感覚の冷たい知者ではなく、感覚の豊かな温かい知者なのである。それゆえ神と出会い、神と交わる時、この上もない喜びに満たされることができるのである。ところで、なぜスミスは神知の感覚を他でもなく喜びとして言い表すことができたのだろうか。おそらく彼は、神知に上昇していく自分自身の道行きの中で、彼方に待ち受けている神知の喜びをしばしば前もって味わっていたのではないかと思われる。この先触れのゆえに、かの神知の感覚を確かな手応えをもって喜びと表明することができたのではないかと思われる。

宗教の高貴性は宗教の卓越性と不可分である。一方において、宗教の高貴性とは、善き人が神知の高嶺を目指す道行きの全行程であり、とりわけその崇高な高嶺のことである。それをスミスは真の宗教と呼ぶのである。他方において、その高嶺が善き人を惹きつけ引き寄せる引力が、宗教の卓越性である。プラトンやプロティノスの言語でいえば真の宗教のアレテーということになる。つまり真の宗教は善き人に対してどのように働きかけるかということである。『講話』第5章によると、真の宗教は、善き人が

至高の存在である神の栄光のために生き、神に似る者となるように彼を向け変え、なおかつその道行きを主導し目標に到達せしめる、ということがその答えであった。この働きかけが可能となるのは、至高の存在である神と善き人との間に親近性があるからである。至高の存在である神とは最高善のことであり、善き人とは最高善を分有する可能性をもっている人のことである。太陽が自分自身をすべての人に注いでいるように、最高善も自分自身をすべての人に注いでいる。だれでも望むならその人は、最高善から流出してくる注ぎを受け取ることができるのである。それは宗教の教理や教義をもつ人たちの独占物ではない。すべての人は生得的に最高善に与る可能性をもっているのであり、その意味ですべての人は善き人なのである。ただし初めから完全に善き人なのではない。人生のある時点で善き人になる決意を固め、その後、一生をかけて善き人になっていくのである。善き人は、最高善をわずかばかり分有するところから始まり、その後もいや増しに分有を続けていく中で、確実に最高善に同化されていき、ついには最高善と一体になるのである。「神に似る者となる」とはそういうことである。

　ところで最高善をどこに探し求めればよいのかということが問題となるが、スミスは、探し求めるべき在処は善き人の魂の外側ではなく内側であると考える。つまり魂こそは、プラトンやプロティノスのいう「真理の野」（πεδίον ἀληθείας）であり[130]、そこにおいては遙か彼方に神知の高嶺がそびえているのである。魂の内なる知性がそれを仰ぐとき、その美しさに魅了され登攀の道に引き込まれる。そしてひたすら登り続け、ついに神知の喜びに到達する。それが真の宗教のアレテー・善性の特質・働きかけなのである。要するに、初めに最高善があり、それが自己の善性を宗教に注ぎ、かくして宗教は、善き人が善性を分有し続けることを可能にす

---

130)　Plotinus, *Enneades*, I.3.4.11, VI.7.13.34; Plato, *Phaedrus*, 248B6.

る。最高善が自分自身を分け与えるゆえに、魂の内なる知性はそれを分有するのである。もし最高善の自己分与がないならば、知性には分有が不可能となり、善き人が善き人になっていく可能性も消失する。したがってキリスト者という名辞も絵空事になってしまう。

スミスのこのような理解は、「神の栄光」の本義について再考を促さざるをえない。"To glorify God" は、両義に取れる句である。「神の栄光を讃えること」という意味にも「神に栄光を授けること」という意味にもとれる。どちらにせよ、スミスは誤解が蔓延していると見る。たとえ声高く讃美歌を歌おうとも、その他の宗教儀式をつつがなく執り行おうとも、アレテー・善性が伴わなければ、空しい。それは神の栄光を讃えていると虚妄しているだけである。たとえ正統主義神学を固く信奉し、異端に対する攻撃に熱心であろうとも、アレテー・善性が伴わなければ、真に神の栄光を讃えていることにはならない。そもそも人が「善きこと」を行うことによって、神の栄光を讃えることができるという考え自体が、思い上がりであり間違いなのである。神からの善性の注入を抜きにして、人は独力で善きことを行うことはできない。善性は自然本来の既得権ではなく、善き人になる道に踏み出す人に下賜され、その人が受け取るものなのである。したがってもし万一人が何か善きことを行うことによって、神に栄光を授けることができると考えるならば、それは大きな間違いでありヒュブリスである。神は栄光に充満している存在であるから、何かが不足しているかのように人から栄光を寄付される必要はまったくない。善き人の神への同化・神に似る者となることも、善き人が神に頼らず自力で成し遂げることではなく、最高善なる神によってはじめて可能にされることであるから、神に栄光を授けることにはならない。そもそも神の栄光、すなわち神がもつ栄光・神にとっての栄光の本質は、あふれ出すことにある。生物が太陽の光熱のおかげで生命を維持し成長していくように、善き人は神の栄光のおかげで善き人になる生命を与えられ、成長していく。魂の内なる知

性は、自分自身の中に残存する無知の暗闇を払拭され、神知に関する感覚の麻痺が解除され、神知にふさわしい状態に変えられていく。それが神への同化・神に似る者となることなのである。それゆえ善き人は、「自分自身の外部に」（without himself）に神の栄光を得ようとあくせくすべきではない、とスミスはいう。神が「自己の内部の栄光」（his own Internal Glory）をこよなく愛するように、善き人は、魂の内なる知性が神の栄光、すなわち善のイデア・善そのものに与ることをこの上なく喜ぶのである。

　最期に、スミスにおける聖書と古代哲学の併用による論証について一言述べておきたい。それは単なる混合・折衷ではない。むしろ統合というのが正しいであろう。彼にとって聖書は、最高善である神の豊かさを満々と湛える真理の源泉であり、宝庫であった。古代哲学はその源泉を掘り当てるために欠かせない道具であり、宝庫を開く鍵である。スミスの若き魂は、エマニュエル学寮においてプラトン、アリストテレス、プルタルコス、プロティノス、キケロ、シンプリキオスらを熟読し、感銘を受け、それらの精神的豊かさを満喫した。その下準備があったからこそ彼は、硬直した聖書直解主義や無神論的宗教観のいずれにも偏らず、聖書の奥底に湛えられている深い意味をくみ取ることができたのである。ここにスミスにおける哲学的思考の型の特徴と、その実践的発現を見ることができる。

　経験論哲学による新学問の雄叫びがとどろく時代にあって、スミスに見られるような古代哲学を多用する姿勢は、時代錯誤に見えたであろう。しかし、古代哲学をこよなく愛し、熱心に読解したからこそ彼は、当時、見えなくなっていた宗教の深い次元を発見することができたのである。厳しい正義の神、全的堕落、聖書主義、予定説、禁欲主義を主張する PC の見地からすると、スミスの説く善美なる神、善き人としてのキリスト者、聖書の比喩的理解、古代哲学の使用、明るい宗教観は、反キリスト教的に見えたであろう。しかし実はこれらこそは、宗教をして宗教たらしめるアレ

テーなのであるということは、当時の熱狂的宗教者の与り知らぬことであり、正当な評価は後の時代を待たなければならなかった[131]。政治紛争と神学論争が激しく錯綜した時代において、社会の前面から身を遠ざけ、ひたすら学寮での研究と学寮チャペルでの説教・講話に専念したスミスの姿は、同時代の活動家たちの目には現実逃避に見えたであろう。しかし、表面的にはそうであっても、深い次元ではそうではない。スミスの哲学的思索の生は、魂が感覚的世界から離別し、善のイデアである神のもとへ上昇していくにつれて、神に近似していくことにひたすら留意するものとして、真の宗教を生き抜こうとする真摯で積極的な天への道行きであった。これがスミスの哲学的霊性の特質なのである。

---

131) ケンブリッジ・プラトン学派の正当な評価と、特にこの点におけるシャフツベリー（Anthony Ashley Cooper, 3rd Earl of Shaftesbury、1671-1713）の功績については、エルンスト・カッシーラー『英国のプラトン・ルネサンス』152-188 を参照。

結　論

　本書の目的は、ケンブリッジ・プラトニスト（以下 CP と略す）の中に数えられる、ベンジャミン・ウィチカット、レイフ・カドワース、ジョン・スミスの三人の学徒を取りあげ、彼らが学寮チャペルや教会で語った説教・講話を吟味する作業を通して、CP の哲学的霊性の特質を解明することであった。この目的を達成するために、考察は以下の順序で行われた。すなわち、ベンジャミン・ウィチカットの哲学的霊性──キリストの意味の掘下げ（第 1 章）、レイフ・カドワースの哲学的霊性──『庶民院での説教─ 1647 年 3 月 31 日』：同時代人として「キリストのいのち」を生きる（第 2 章）、ジョン・スミスの哲学的霊性　その 1 ──『神知に至るための真の道・方法に関する講話』：宗教とプラトニズムの協働（第 3 章）、ジョン・スミスの哲学的霊性　その 2 ──『無神論に関する短い講話』：エピクロス哲学への取り組み（第 4 章）、ジョン・スミスの哲学的霊性　その 3 ──『真の宗教の卓越性・高貴性に関する講話』：宗教のアレテーの追求（第 5 章）である。以上の考察によって解明された CP の哲学的霊性の特質は、以下の諸点である。

①キリストの意味の哲学的掘下げ

　上記の三者は、ピューリタン・カルヴィニズム（以下 PC と略す）が猛威を振るう 17 世紀前半のイングランド社会の中で、それと真摯に向き合い、彼らが依って立つプラトニズムの精神に基づき、生涯にわたり同時代の人びとに粛々と説教・講話を語り続けた。ウィチカットの説教・講話に

ついては、キリストの意味の掘下げという視点から、その哲学的霊性の特質を考察した。個人生活と社会生活の両面において、キリスト者であるということが、重要な意味をもっていた当時のイングランドにあって、キリスト者をキリスト者たらしめるキリストとは何か、及びキリスト者とは何かという問題は、ウィチカットにとって、どうしても深く考察しなければならないことがらであった。しかるにPCは固定化した教理・教義に基づく既成の答えをもっており、キリストとは何かということもキリスト者とは何かということも、自明の理であった。しかしプラトニズムによって養われたウィチカットの探究心に富む精神は、ありきたりの答えに満足することができなかった。彼の見るところでは、石化した正統主義の固持や外面的な制度・儀式の遵守だけでは、真にキリストを知っていることにはならず、真にキリスト者であるということにもならない。彼にとってキリストとは、PCによって人間の外のはるか彼方に押しやられた疎遠なキリストのことではなく、人間にとって身近な「わたしたちの内なるキリスト」のことなのである。言いかえるなら、すべての人の魂の中に、例外なくキリストの神性が宿っているのである。このキリストの神性に気づき、これに与ることがキリスト者になるということである。キリスト者になるということは、キリスト者になることが始まるということである。キリスト者は、生涯をかけていや増しにキリストの神性に与り続けることによって、漸進的にキリストに似た者になっていく。道半ばにして、もうこれでいい、というようなことはない。ウィチカットはこの絶えざる変容の過程を「神化」と呼ぶ。キリスト者とは、完全にキリストに似た者となることを目指して、神化の道を歩み続ける人のことなのである。

　このようなウィチカットのキリスト理解は、その「和解」における神と人間の協働性を重視する考え方に反映されている。PCは、その予定論に基づき、神と人間の和解は神の専決事項であると決定しており、そこには人間が和解の実現に参与する余地はまったくなかった。これに対してウィ

チカットは、神の恵みによって神に立ち返るという局面においては、人間には神と協働する余地があるということを主張した。その根拠は、すべての人間の内にある「理性」である。これを「わたしたちの内なるキリスト」と呼んでもよいであろう。罪のゆえに理性がどれほど弱められ、風前の灯火のようであるとしても、それは神の賜物である以上、けして消し去られることはない。この意味におけるキリストは、人間を内側から変革し、善き行動に駆り立てずにはおかない。このような和解理解の中にも、内なるキリストによってキリスト者は神化されていくのであるという、ウィチカットの考え方が反映されている。神の怒りと神の予定を強調するPCの教説によって威嚇され、おののいていたイングランドの民衆の前に、ウィチカットは、内なるキリストの福音を提示することにより、だれもが受け取ることのできる普遍的な救済への道を拓いたのである。

②同時代人として善きキリスト者の生を貫くこと

カドワースの『庶民院での説教—1647年3月31日』については、同時代人として「キリストのいのち」を生きることという視点から、その哲学的霊性の特質を考察した。イングランド内戦が激化していく中で、PCはそれを鎮静するどころかむしろ助長する方向に進んでいた。当時、PCが圧倒的な支配権を振るっていた庶民院において、その議員たちを前にして説教をすることは、下手をすると説教者の命取りになりかねない危険を含んでいた。したがって説教辞退者の続出という事態が生じたが、カドワースはあえて説教を引き受けた。しかし国王打倒の血気にはやるPCのキリスト者たちを前にして、彼は何を語るべきであろうか。いまさら神への信仰・忠誠を説くことには意味がない。そもそも彼らは神への信仰・忠誠を自負し、それを大義名分として、互いに戦い殺し合っていたのである。隣人愛や平和構築を説くことも、今や遅きに失しており、一触即発

の現状においてはきれいごとにすぎない。カドワースが語ることを選んだのは、ウィチカットと同様に、キリストの本質に関わることがらであった。すなわちキリストとは何か、キリスト者とは何か、そしてキリスト者はどのように行動すべきかという問題である。彼は、これらの問題を庶民院議員から成る聴衆と共に真剣に考えることを決断したのである。ウィチカットの場合と同様に、カドワースの説教においてもプラトニズムの精神が遺憾なく発揮されている。ウィチカットが「わたしたちの内なるキリスト」、あるいは「理性」と呼んだものを、カドワースは神の「善性」(goodness) と呼んでいる。キリスト者とは、この神の善性に与る人のことなのである。そして「善き」(good) キリスト者というものは、自己の内なる善性に駆動されて、善き行動に押し出されるのである。キリストに関する教理・教条を信奉する人が、ただそれだけでキリスト者であるのではなく、自分自身の魂の中にあるキリストのいのちを現実に生きる人が、真のキリスト者なのである。ややもすると説教が聴衆への迎合か扇動になりかねない状況の中で、プラトニズムはカドワースの生命線であった。それによって彼は自己の良心に従う勇気を与えられ、語るべきことを語ることができたのである。かつて民衆支配制が喧伝されるアテナイにあってソクラテスが、同時代人として自己の哲学への忠誠を貫いたのと同様に、カドワースも、PC の支配が喧伝されるイングランドにあって同時代人として善きキリスト者の生を貫いたのである。

③宗教とプラトニズムの真摯な協働

スミスの『神知に至るための真の道・方法に関する講話』については、宗教とプラトニズムの協働という視点から、その神学的霊性の特質を考察した。この講話全体にわたりソクラテス・プラトンに見られる哲学の精神が脈打っている。スミスは、神を愛し求める人が歩む生の究極目標を、神

知、すなわち神を知ることに設定した。神知は、プラトン『国家』において、哲人統治者候補が愛し求めるべきであるとされる、善のイデアの観照に匹敵するものである。プラトンにおいて善のイデアの観照は、「見る」という語を使わざるをえないほど究極の体験であるのと同様に、スミスにおいても神知は、「見る」、「触れる」、「味わう」という感覚を表す用語を動員しなければならないほど究極の直観である。そしてその直観にはそれと常に不可分離のものとして、愛・喜び・平静といった「情動的次元・共振」が伴っている。この神知を体験する主体は知性であるが、知性によって感覚される神知は、スミスがその人生の旅路において切に恋憧れ続けた究極目標であった。それにしてもいまだ30数歳の人間が、なぜこれほどまでに知性による神の直観を切望するのであろうか。それは彼が哲学・宗教の道に専心する人であったからであるとともに、病弱のゆえに地上での余命が残り少ないことを予知していたからではないかと思われる。スミスにとって死は紛れもない現実であり、哲学・宗教の道は、ソクラテス的意味における「死の練習」なのであった。

　それでは彼は神知に至る道をどこに見いだしたのであろうか。彼は、プラトンが善のイデアへ上昇する道を人間の魂の中に見いだしたの同様に、神知に至る道を人間の魂の中に見いだした。前者において上昇の主体は魂の中の理知的部分であったのと同様に、後者において道行きの主体は魂の中の知性であった。スミスは知性を理性とも呼ぶ。彼にとって両語は相互置換の関係にある。理性に信用を置かない PC に対して、スミスは理性に全幅の信頼を寄せた。彼の見るところでは、理性は、例外なく、すべての人間の魂の中に生まれながらにして存在しており、この理性の存在こそが、神知への道行きを可能にする根拠なのである。もちろんこの道行きは自動的に生じるものではなく、プラトンのいう「魂の向け変え」に相当する理性自身の決断を必要とする。この決断をする人をスミスは、「真の・節度あるキリスト者」(the true and sober Christian) と呼ぶ。キリスト

者であるということは、自明の理でも既得権でもない。それは自己の意志による決断を要することなのである。

　それではキリスト者は神知への道をどのように歩むのであろうか。ここにおいてもスミスのプラトニズムが活発に働く。魂の中の理性は、「おぼろげな思わく」・「諸感覚と同じ思わく」の段階から「より明白で明瞭な思わく」の段階へ、さらにそこから「非嫡出の知」の段階へと上昇を続け、そしてついに究極の「神知」（Divine Knowledge）・神的生へ到達するのである。理性は、漸進的に上昇するにつれて肉体的なものから徐々に浄化されていくとともに、「一人の幼児キリスト」（an Infant Christ）の段階から順調に成長をとげていく。すなわちその理性の感覚は、いやましに鋭敏化され、ついには「見神者」（ἐπόπτης）になることができるのである。

④エピクロス哲学との神学的対峙

　スミスの『無神論に関する短い講話』については、エピクロス哲学との対峙という視点から、その哲学的霊性の特質を探求した。スミスの神知への道は、神の存在と魂の不死という神学的信念を前提としている。もしこの信念が虚妄であるならば、神知への道も必然的に虚妄となる。しかるに有神論と魂不死の信念に対して戦いを挑む無神論的思想が、スミスの時代のイングランドに台頭しつつあった。彼はこれを無視することをせず、これから逃避することもしなかった。ましてやこれに対して乱暴な攻撃を加えるようなこともせず、これと真摯に対峙したのである。彼の議論は、概して独自の神学的枠組の中で行われており、それを脱却しきれていないところもあるが、それにもかかわらず彼の中にあるプラトニズム精神は、反対意見との問答を歓迎する。この点は評価にあたいするものと思われる。

　スミスのいう無神論とはエピクロス哲学における原子論のことである。

彼は、原子論的なものの見方を有神論と魂不死論に対する脅威であると見なし、反エピクロス哲学の立場に身を置くキケロとプルタルコスを主に援用することにより、これの論駁に努める。その論駁は、哲学的論証としては必ずしも有効であるとはいいがたい。というのも、スミスの考え方の根底に、［エピクロス哲学＝無神論］という定見もしくは先入見があるからである。そもそもエピクロスその人に関していえば、彼を無神論者というのは的確ではない。彼は彼なりの神をもっていた人である。さらにスミスには［無神論＝悪］・［有神論＝善］という定見もしくは先入見がある。このような見方は、かつてキリスト教が絶対的かつ普遍的な権威をふるっていた世界においては、通用したかもしれないが、現代のように宗教の多元性を尊重する見方が広がりつつある世界においては、普遍的には通用しないのではないかと思われる。

　しかしスミスの無神論論駁の中で展開される、無神論の起源の分析には見るべきものがある。そもそもこの『講話』の目的は、エピクロス哲学批判を通して、同時代のイングランドにおける迷信者たちに迷信からの脱却を勧めることにあった。その迷信者とは、PC の神学に固執し、それに呪縛されている人びとである。PC の神学に関して特にスミスの念頭にあるのは、キリストの犠牲死による刑罰代受という神学的教説である。彼の見るところでは、そのような教説は、怒ることもあれば宥められることもある恣意的な神という想念を前提としており、そのような神観は、古代世界に流通していた迷信の域をいまだ脱却していないのである。迷信的な宗教観への執着とその押しつけは、かえって知識ある人びとに嫌悪感を起こさせ、反対に彼らを無神論の世界に放逐してしまう危険がある、とスミスは憂慮する。このように彼は迷信を批判する立場をとるが、迷信をとるか無神論をとるかという二者択一を余儀なくされた場合は、無神論よりもまだ迷信のほうが我慢できるという発言を行う。現代の見地からすると、驚くべき発言であるといわなければならない。しかしその場合、スミスのいう

無神論は、プラトンの魂の三部分説でいう、欲望的部分が理性的部分を支配する状態、及びそこから生起する悪しき行いという意味を含んでいることを考慮しなければならない。スミスが主張したいことは、迷信から脱却する道は無神論への道にかぎらないということである。もう一つの道がある。それは「神への真の信」（a true Belief of a Deity）への道である。スミスは、神学的論法の制約の中でとはいえ、エピクロス哲学と真摯に対峙することによって、迷信ともいうべき PC の呪縛の下にある同時代の人たちに、理性に叶った脱却の道を提示したのである。

⑤宗教のアレテーとしての善性の追求

　スミスの『真の宗教の卓越性・高貴性に関する講話』については、宗教のアレテーの追求という視点から、その哲学的霊性の特質を考察した。先に見た『神知に至るための真の道・方法に関する講話』に呼応して、この『講話』は、神知に至る道行きを可能にするものは何かという問題を解明するものである。スミスの見るところでは、その道行きを可能にするものこそが、真の宗教であり、その卓越性・高貴性なのである。これを真の宗教のアレテーと呼ぶことができるであろう。それでは真の宗教のアレテーとは何か。この問いに答えるには、真の宗教がもつ究極の目標は何であるかということと、その目標を目指して進む人はだれかということに留意する必要がある。究極の目標とは、彼方に実在する神であり、その神を直観することである。すなわち善のイデアを観照することである。この目標を目指して進む人とは、善のイデアを分有することを愛し求める人という意味で、善き人のことである。スミスの理解では、この善き人がキリスト者なのである。逆は必ずしも真ではない。もしキリスト者と称する人が善き人ではないならば、その人は真のキリスト者であるとはいえないのである。善き人としてのキリスト者は、神知に至る道を上ることに専心しなけ

ればならないのであるが、その際、とりわけ二つのことに留意しなければ
ならない。すなわち、この世に執着する自分自身からの分離・超出という
ことと、自分自身の理性との交わりの中で生きるということである。ソク
ラテス・プラトン哲学の言葉でいうなら、愛智者としての哲学者の生を営
み、それを貫徹するということである。しかしだれがこの難業を達成する
ことができるであろうか。それは普通の人間にはとうていできないことで
ある。しかし落胆する必要はない。善き人になることを志す人には、真の
宗教とその卓越性・高貴性が備えられているのである。善のイデアとして
の神は、陽光が闇を照らし生物に活力を与えるのと同様に、善き人の魂に
活力を注ぐ。それによって善き人は、理性による欲望の抑制を遂行し、神
に似た者となるという意味において、神の栄光のために生きることができ
るようになる。善き人の魂は、真の平静と言葉に尽くせぬ喜びに与るとと
もに、聖なる大胆さをもって神に近づくことができる。善き人の魂の中の
知性は、地上のものから神のものへ、感覚界から叡智界へ携え上げられ、
ついに神の摂理と神の意思に心から従うに至る。すなわち最高善なる神と
一つになる。これが神を直観することであり、神知である。彼方にそびえ
る神知の高嶺を魂の内なる知性が仰ぐとき、その美しさに魅了され登攀
の道に引き込まれる。そしてひたすら登り続け、ついに神知の喜びに到達
する。スミスはこれを「神性との親密な交わりに上げられる」とも表現す
る。そこには喜びがある。知性が神を知るということは、神を喜ぶことで
ある。知性は喜ぶことができるのである。スミスのいう哲学者は、善のイ
デアの観照をムゥサたちと共に心から喜ぶことができる、温かい心をもつ
ムゥシコスなのである。

　ベンジャミン・ウィチカット、レイフ・カドワース、ジョン・スミス
は、各自の仕方で真の宗教の高嶺を彼方に仰ぎ、それに至る道を邁進し
た。彼らにとって、その究極の高嶺とは善のイデアとしての神であり、そ
の神を直観することが真の宗教の究極目標であった。彼らは、善き人とい

う意味におけるキリスト者として、真の宗教のアレテーとしての善性によって導かれるとともに、いやましに善性に与りながら、最高善への登攀に邁進した。彼らにとって、キリスト者とは善き人のことであるという理解は、極めて重要なことがらであった。善き人とは根本的に善性に与る魂をもつ人のことであり、とりわけ魂の中の理性・知性が善性に与る人のことである。その人の理性は、恒常不変なる善のイデアの観照・不死なる神の直観に至る道行きを邁進する過程の中で、この世とそれに執着する自己から分離・超出し、漸進的に神に似た者に変えられていく。その意味で、善き人の魂の中の知性は、時空を超えた永遠性に連なる。そしてこの善き人としてのキリスト者の道行きは、例外なくすべての人に開かれており、すべての人が突進すべきものなのである。三人の学徒は、その道行きの嚆矢であったといえる。

　彼らはとりわけ魂のあり方に留意した人たちであるが、現実から逃避し象牙の塔にこもる衒学の輩ではなかった。かつてソクラテスが愛智者として社会の現実と真摯に対峙したように、彼らもキリスト者として社会の現実と真摯に対峙した。善き人としてのキリスト者は、善き魂として生きると同時に善き市民としても生きるのである。彼らは、1633 年から 1688 年にかけて近代イングランドのケンブリッジという場に生きた。その時代はイングランド内戦の時期（1642-1665）と重なり、政治と宗教が激しく錯綜する激動の時代であった。抗争と殺戮が激化していく社会の中で、宗教は、特に彼らを取り巻く PC は、平和の構築に貢献するどころか、闘争の激化を促進する様相を呈していた。彼ら三人は、善きものであるべき宗教が悪しきものに堕落している事態を黙認することができなかった。彼らは同時代人として宗教の劣化を阻止し、あるべき真の宗教を構築しようと試みた。その試みを、宗教を既得権とする宗教家としてではなく、宗教を大義名分とする政治家としてでもなく、真理を探究する哲学の徒として遂行した。その遂行の場が、ウィチカットのキングズ学寮であり、カド

ワースのクライスツ学寮であり、スミスのクィーンズ学寮であり、彼らが
関わる学寮チャペルや教会であった。彼らは、プラトンやプロティノスを
こよなく愛する学徒たちと生活を共にする中で、宗教のあるべき姿につい
て構想を練り、それを学寮チャペルや教会における説教・講話として結実
させたのである。

　要するに、他でもなく自分自身が、善き人という意味におけるキリスト
者として、自己の魂ができるかぎり善きものとなるように最大限の配慮を
たゆみなく続けると共に、自分自身が置かれた社会の現実と真摯に向き合
い、自己の持ち場に固く踏みとどまり、同時代人として善く生きることに
専心したということ、これが三人のCPに通底する哲学的霊性の特質であ
るということができよう。

補　遺

　ケンブリッジ大学英文学教授 B. ウィリーは、ケンブリッジ・プラトニスト（以下、CP と略す）におけるキリスト教とギリシャ哲学の関係について、接ぎ木の比喩を用いて次のように評した。すなわち、2 世紀に活躍したアレクサンドリアの教父たちは、キリスト教を既成のギリシャ哲学に接ぎ木しようとしたのと対称的に、ウィチカットに始まる CP は、ギリシャ哲学を既成のキリスト教に接ぎ木しようとした[1]。この評言は、的確であるといえる。CP において、既成のキリスト教であるピューリタン・カルヴィニズム（以下、PC と略す）は台木に相当し、ギリシャ哲学を中軸とするプラトニズムは接ぎ穂に相当する。PC と CP の接ぎ木は、CP の側からいえば、継承と発展という二面性を有している。一方において、CP は PC という台木から養水分を摂取して生まれ育った。PC がなければ、そもそも CP の存在はありえなかった。他方、CP はプラトニズムという接ぎ穂の接ぎ木によってさらに成長を遂げ、哲学的霊性の実を豊かに結ぶことができた。プラトニズムがなければ、この意味における CP は増殖しなかったのである。

　この接ぎ木における発展という局面は重要である。それは PC に対する批判を内包しているからである。批判ということは、PC だけでは十分ではないということを意味する。たとえば聖書という文献はキリスト教の一大契機であるが、PC は聖書を不動の権威として信奉するだけではなく、自らの聖書解釈をも絶対視し異なる解釈を排斥した。CP はこのよう

---

1)　　B. Willey, *The Seventeenth-Century Background,* 172. 本書の第 1 章 3.b. を参照。

な PC のあり方に同調することができなかった。理性による自由な思考と哲学的吟味を旨とする CP は、聖書であれ他のいかなる文献であれ、その権威がいかに自明の理とされていようとも、綿密な吟味を経ることなしには、それを善きものと認定しなかった。

　この CP の哲学的吟味の姿勢は、聖書解釈に対してのみならず聖書そのものに対しても向けられてしかるべきであろう。実際、このことは、聖書の文言をプラトニズム関連文献の文言と同列に置き、聖書の文言ではなくても善いものは善いと謙虚に認める点に部分的に反映されている。しかし聖書そのものに対する吟味としては、いまだ徹底していないように思われる。ただし、CP の名誉のためにいえば、17 世紀中期のイングランドは、そのようなことを許容するような状況にはなかった。ひるがえって、現代の日本は、キリスト教体制の枠にとらわれていないかぎり、聖書そのものに対する吟味を行うことができる状況にある。そこで哲学的吟味の一例として紹介したいと思うのが、以下の小論である。筆者が所属する東洋英和女学院大学の論集に、「研究ノート」として掲載が許されたものである[2]。ただし本書の補遺として掲載するにあたり、手を加えた部分もある。

---

2)　　拙論「ルカの哲学的風味に対する哲学的吟味—使徒言行録 17 章 16 〜 34 節「アテナイのパウロ」の叙述—」『東洋英和女学院大学人文・社会科学論集』第 33 号、2016 年、41-74。

ルカの哲学的風味に対する哲学的吟味
——使徒言行録 17 章 16 ～ 34 節「アテナイのパウロ」の叙述——

キーワード：使徒言行録、アテナイ、パウロ、プラトン、エピクロス

Acts, Athens, Paul, Plato, Epicurus

はじめに

　小論は、使徒言行録 17 章 16 ～ 34 節の「アテナイのパウロ」の叙述をギリシャ語古典テクストとして読み、その中でルカがかもし出している哲学的風味を、特にソクラテス風パウロ像と当て馬的エピクロス派像において際だつそれを、哲学的に吟味する試みである。ギリシャ語古典テクストとして読むということは、あまたあるギリシャ語古典の一つとして読むということである。哲学的に吟味するということは、ルカが哲学的なことがらに言及している以上は、しかもかなりまじめに言及している以上は、それを真摯に受けとめ、哲学的に吟味せざるをえないということである。

　本稿は、以下の二つの論文によって触発された。一つは、D. M. Reis, "The Areopagus as Echo Chamber: Mimesis and Intertextuality in Acts 17"[3] である。Reis は、ルカのテクストはソクラテス的文学の伝統に基づくミメーシスであるという観点から[4]、ルカのパウロ像はソクラ

---

3)　*The Journal of Higher Criticism* 9/2 (Fall, 2002) 259-277.

4)　D. M. Reis, "The Areopagus as Echo Chamber: Mimesis and Intertextuality in Acts 17," 270: "If the literary and structural parallels between Luke's text and the Socratic literary tradition are accepted, then it becomes possible to

テス化されたパウロ像であるとともに、パウロ化されたソクラテス像であることを明らかにした[5]。もう一つの論文は、J. H. Neyrey, "Acts 17, Epicureans and Theodicy: A Study in Stereotypes"[6] である。Neyrey は、現代の学者にはめずらしく、ルカが使徒言行録17章において言及するエピクロス派（新約聖書におけるエピクロス派への唯一の言及）に注目し、特に神慮と弁神論を否定する者たちとして描かれたエピクロス派像が、巷に流布していたステレオタイプな見方であることを明らかにした。

　両者の見解はおおよそ妥当であると思われるが、本稿の関心は、翻って、ルカが叙述するパウロ像とエピクロス派像を、それぞれプラトン哲学とエピクロス哲学に即して吟味するならば、それらはどれくらい妥当性を有するであろうかという問題である[7]。それを解明することが本稿の目的

---

　　　view the former as a work of *mimesis* based upon the latter." 17章のみならず使徒言行録全体にソクラテス的パウロ像が見て取れるという見解については、D. R. MacDonald, "Apocryphal and Canonical Narratives about Paul," in *Paul and the Legacies of Paul*, ed. W. S. Badcock (Dallas: Southern Methodist University Press, 1990) 64 n.39 を参照。MacDonald は以下の対応点を指摘する。①ソクラテス：アポロンの託宣による劇的転換——パウロ：復活したイエスとの出会いによる劇的転換。②ソクラテス：知恵の探求においてだれとでも問答した——パウロ：ユダヤ人を始めギリシャ人にも布教した。③両者ともに社会秩序を脅かす者とみなされ、その一徹さのため苦難を身に受けた。④ソクラテス：死後の運命への楽観主義—パウロ：復活の大胆な布教。

5)　　D. M. Reis, 277.

6)　　D. Balch and W. Meeks, eds., *Greeks, Romans, and Christians. Essays in Honor of Abraham J. Malherbe* (Minneapolis: Fortress, 1990) 118-134. とはいえ、ルカの手元にプラトンやクセノポンのテクストがあったと考える必要はない。Cf. D. M. Reis, 272: "he had simply 'recalled' Socratic vocabulary from antiquity's 'general text'."

7)　　プラトン哲学とエピクロス哲学に即して吟味するということは、プラトンの著作とエピクロスの著作に即してルカのテクストを吟味するということである。プラトンの著作については周知のことであり、説明を省略する。エピクロス（Ἐπίκουρος, 前341〜前271）の著作は300巻に上るが、現存しているものはわず

補遺　ルカの哲学的風味に対する哲学的吟味　｜　403

である。それではテクストの分析作業に入ることにしたい。

<h2 style="text-align:center">お膳立て</h2>

17:15

οἱ δὲ καθιστάνοντες τὸν Παῦλον ἤγαγον ἕως Ἀθηνῶν, καὶ λαβόντες ἐντολὴν πρὸς τὸν Σίλαν καὶ τὸν Τιμόθεον ἵνα ὡς τάχιστα ἔλθωσιν πρὸς αὐτὸν ἐξῄεσαν.

パウロの警護を任された人たちは、彼をアテナイまで導いた。そして、シラスとティモテオスへの「できるだけ早く私のところへ来るように」との指示を受けて、帰途についた[8]。

かである。ディオゲネス・ラエルティオスが『哲学者列伝』（Vitae philosophorum）の第10巻「エピクロス伝」に収載した三つの書簡、『ヘロドトス宛書簡』（Epistula ad Herodotum）、『ピュトクレス宛書簡』（Epistula ad Pythoclem）、『メノイケウス宛書簡』（Epistula ad Menoeceum）。これらの書簡に加えて、ディオゲネスは40の『主要教説』（Kyriai doxai）を伝えている。さらにヴァチカン写本中には、『ヴァチカン箴言集』（Sententiae Vaticanae）が残っている。また、18世紀に行われたヘラクラネウムの発掘によって発見されたパピルスの巻物には、エピクロス『自然について』（De natura）の数巻の断片や、キケロと同時代に活動したエピクロス派の哲学詩人、ガダラのピロデモスの著作の断片も含まれている。

　エピクロスの教説の詳細については、ローマの詩人ルクレティウスの『事物の本性について』（De rerum natura）、キケロの『善と悪の究極について』（De finibus bonorum et malorum）、『神々の本性について』（De natura deorum）、『トゥスクルム荘対談集』（Tusculanae disputationes）、プルタルコスの『迷信について』（De superstitione）、『エピクロスに従っては、快く生きることは不可能であること』（Non posse suaviter vivi secundum Epicurum）、『コロテス論駁』（Adversus Colotem）、セネカの『倫理書簡集I』（Epistulae Morales）などがある。

8)　ギリシャ語テクストは Thesaurus Linguae Graecae (TLG) 収録のものを用いた。邦訳は、基本的に本稿筆者によるものである。

「警護を任された人たち」（οἱ δὲ καθιστάνοντες）：危害を加えようとする者たちからパウロを守るために警護を任された人たちを意味すると思われる[9]。

「アテナイ」（Ἀθηνῶν）：当時、アテナイは往年の栄華こそ失っていたが、タルソス及びアレクサンドリアと並んで世界の三大学問都市の一つであった。これからルカは、このギリシャ文化の象徴である都市を舞台に、使徒パウロを主役とする叙述を展開する。

「（パウロの警護を任された人たちは）帰途についた」（ἐξῄεσαν）：孤高の人としてアテナイに乗り込むパウロを叙述するためのお膳立てが整ったといえよう。

1　演説の伏線（17:16-21）

1.1　再来のソクラテス＝パウロの霊的覚醒（17:16）

17:16

Ἐν δὲ ταῖς Ἀθήναις ἐκδεχομένου αὐτοὺς τοῦ Παύλου, παρωξύνετο τὸ πνεῦμα αὐτοῦ ἐν αὐτῷ θεωροῦντος κατείδωλον οὖσαν τὴν πόλιν.

パウロは、アテナイで彼らを待っているあいだ、このポリスが偶像・彫像だらけであるのを観察するにつれて、彼の内でそのプネウマが覚醒されはじめた。

---

9)　Liddell and Scott, *Greek-English Lexicon*, 9th edn., rev. H. Jones (*LSJ*): "to be set as guard."
　　Cf. Herodotus, *Historiae*, 7.59; Xenophon, *Anabasis*, 4.5.19.

補遺　ルカの哲学的風味に対する哲学的吟味 | 405

「さてパウロは、アテナイで彼らを待っているあいだ」（Ἐν δὲ ταῖς Ἀθήναις ἐκδεχομένου αὐτοὺς τοῦ Παύλου）：パウロは、古都アテナイでシラスとティモテオスが来るのを待つあいだも、気を抜くことはなかった。それゆえ「彼の内で彼のプネウマが覚醒されはじめた」（παρω-ξύνετο τὸ πνεῦμα αὐτοῦ ἐν αὐτῷ）：「覚醒され始めた」（παρωξύ-νετο）の未完了過去は、起動の意味にとるのがよいと思われる。パウロの霊的覚醒は、ソクラテスを連想させる。ソクラテスが哲学的問答の生活に踏み出したきっかけは、アポロンの神託に促されて自他を吟味することの急務に目覚めたことであった[10]。またパウロの霊的覚醒は、広くとらえれば、ソクラテス的な「魂の向け変え」[11]にたとえることができるかもしれない。ただし、παρωξύνετο は、文脈上では否定的感情を意味すると思われる[12]。ムム、グッグ、ムラムラといった怒りの情動か。それにしても屈折した言い方である。なぜルカは直裁にパウロは怒った[13]といわないのであろうか。エピクロスの観点からは、その理由がわかるような気がする。エピクロスの理想は、心が何ものにも動揺しないこと、すなわち「平静心（ἀταράξια）」であった[14]。彼が想念する神は、怒りや感謝の感情

---

10) Plato, *Apologia*, 20E-22A. Cf. J. W. Jipp, "Paul's Areopagus Speech of Acts 17:16-34 as *Both* Critique *and* Propaganda," *Journal of Biblical Literature* 131 no.3 (2012) 570: "Luke characterizes Paul as Socrates redivivus."

11) Plato, *Respublica*, 521C.

12) 使徒言行録15章39節では、この動詞の名詞形は「激しい論争」（παροξυσμός）を意味する。Cf. J. W. Jipp, "Paul's Areopagus Speech," 570.

13) παρωξύνετο は、覚醒、怒り、悲しみまたは布教心を意味しうるが、ここでは怒りであろう。*BAG*, 789. Cf. R. I. Pervo, *Acts: a Commentary* (Minneapolis: Fortress Press, 2009) 426.

14) その根底にあるのは、情念に動じることがない神という観念である。Diogenes Laertius, *Vitae philosophorum*, 10.139.; Cicero, *De natura deorum*, I.85; Lucretius, *De rerum natura*, I.44-49, 2.651; Herman Usener, *Epicurea* (Stuttgart: Teubner, 1966) 242-244. Cf. J. H. Neyrey, "Acts 17, Epicureans and Theodicy," 124 n.22 を参照。

に動ずることのない神であり、同様に人間も怒りの感情に動じないという
ことがエピクロスの理想であった[15]。ルカがここでエピクロスの教説を意
識していたと仮定するなら、怒るパウロ像はエピクロス派に批判の口実を
与えることになりかねない。しかしながらテクスト分析のこの段階でルカ
がエピクロス派を意識していたかどうかを、決定することができない。む
しろ意識していたとすれば、ストア派の「不動心」（$\alpha\pi\acute{\alpha}\theta\epsilon\iota\alpha$）のほうの
可能性が高い。

　「観察するにつれて」（$\theta\epsilon\omega\rho o\hat{\upsilon}\nu\tau o\varsigma$）：哲学的な精緻な観察を示唆する
言葉である。暇にまかせて、ぼんやりながめていたということではない。

　「このポリスが彫像だらけである」（$\kappa\alpha\tau\epsilon\acute{\iota}\delta\omega\lambda o\nu$ o$\hat{\upsilon}\sigma\alpha\nu$ $\tau\grave{\eta}\nu$ $\pi\acute{o}\lambda\iota\nu$）：
「彫像だらけである」（$\kappa\alpha\tau\epsilon\acute{\iota}\delta\omega\lambda o\nu$）は hapax legomenon であり、「崇
拝の対象としての彫像・偶像」に言及する。アテナイ人の観点からは「彫
像」であるが、ルカの観点からは「偶像」ということになるであろう。ル
カの彫像に対する否定的な見方[16] は、偶像礼拝を弾劾したヘブライ預言
者たちの系譜に連なる見方である。エピクロスの見方はどうであったかと
いうと、彼は民衆を惑わすさまざまな迷信は弾劾したが、神々の彫像を排
斥することはなかった。キケロが伝えるところでは、神々は「人間と同じ
姿」をしており、それが「万物の中で最も美しい姿」であるということ
が、エピクロスの神観であった[17]。それはとりもなおさずアテナイ人にも
共通する宗教感覚であったと思われる。どうもルカは、アテナイ人を理解
する感受性をもちあわせていないようである。ポリス全体がギリシャにお
ける父祖伝来の宗教的雰囲気に満ちているということは、悪いことなので
あろうか。少なくとも彫像の美は理解されてしかるべきではないであろう
か。キケロは、エピクロス派に反対しストア派に賛同したが、ローマを

---

15)　*Kyriai doxai*: Diogenes Laertius, 10.1.

16)　Cf. R. I. Pervo, *Acts*, 426 n.18: "riddled with idols."

17)　*De natura deorum*, I.46-49.

補遺　ルカの哲学的風味に対する哲学的吟味 ｜ 407

荘厳な文明の都アテナイの後継者とみなす見識は備えていた[18]。しかしル
カの眼にはそのアテナイは、「偶像が林立する森」(a luxuriant forest of
idols)[19] と映ったのである。さて霊的覚醒の結果、パウロはどのような行
動に出たのであろうか。

1.2　パウロの問答活動（17:17-18）

17:17
διελέγετο μὲν οὖν ἐν τῇ συναγωγῇ τοῖς Ἰουδαίοις καὶ τοῖς
σεβομένοις καὶ ἐν τῇ ἀγορᾷ κατὰ πᾶσαν ἡμέραν πρὸς τοὺς
παρατυγχάνοντας.
その結果、彼は、ユダヤ教会堂ではユダヤ人たちや敬虔な人たち（ユ
ダヤ教改宗者たち）と、アゴラでは毎日通りすがりの人たちに対して
問答を行っていた。

「その結果」(μὲν οὖν) は、霊が覚醒した結果への言及であると解釈す
る。「問答を行っていた」(διελέγετο) という用語は、ソクラテスが行
い続けた哲学的問答を想起させる。問答に関しては、先に 17 章 12 節
でも、パウロはテッサロニカのユダヤ人会堂で「問答を行っていた」
(διελέγετο) とある。新約聖書に διαλέγομαι は 13 回出てくるが、そ
のうち 10 回は使徒言行録である[20]。プラトンの読者であるならば、ソク
ラテスの哲学的問答を想起せざるをえないであろう[21]。問答 (διάλογος,

---

18)　Cicero, *Pro Flacco*, LXII. Cf. J. W. Jipp, "Paul's Areopagus Speech," 570.

19)　Cf. J. W. Jipp, "Paul's Areopagus Speech," 570.

20)　17:2, 17; 18:4, 19; 19:8, 9; 20:7, 9; 24:12, 25. Cf. M. D. Given, "The Un-
known Paul," 348.

21)　Plato, *Apologia*, 19D, 33A; *Respublica*, 454A. Cf. R. I. Pervo, *Acts*, 424 n.
2. Cf. M. D. Given, "The Unknown Paul: Philosophers and Sophists in Acts

dialogue）は、ソクラテスが常日頃「アゴラで」（ἐν τῇ ἀγορα）行って
いた営みである。アテナイ人であろうと在留外国人であろうと、これはと
いう人をつかまえては自他を吟味するために問答を行った[22]。ローマ時代
においては、ストア派は哲学的問答に長けているがエピクロス派は劣って
いた、というステレオタイプな通念が流通していた[23]。ルカはそれに便乗
して、ストア派の観点からパウロをソクラテス的問答に長けた哲学者とし
て描こうとしているように思われる。ルカの意識では、問答を行うパウロ
は再来のソクラテスなのである。ただし、「会堂ではユダヤ人や神を敬う
人々と」という文言を最初におく。ユダヤ人たちに対する自己弁護であろ
う。ちゃんとユダヤ教を優先しているのだということを、ルカは印象づけ
たいのである。「毎日」（κατὰ πᾶσαν ἡμέραν）は、安息日以外の週日
をさすと思われる。ルカのパウロは、安息日には「ラビ」として、週日に
は「哲学者」として語ったというわけである。

　以後、哲学者ソクラテスを連想させるパウロ像が繰り返して現れること
になる。問題は、これをどう理解したらいいのかということである。ルカ
は、ソクラテスを率直に善き人として受容し、その線に沿ってアテナイ人
に布教するつもりなのか。それとも本当はソクラテスを認めるつもりはな
いけれども、それが護教と布教のために有用であるかぎりにおいて、単に
便宜的に利用するつもりなのであろうか。

17:18

τινὲς δὲ καὶ τῶν Ἐπικουρείων καὶ Στοϊκῶν φιλοσόφων

17," *Society of Biblical Literature 1996 Seminar Papers* (Atlanta: Scholars Press, 1996) 348: "For Luke, Paul is the first and foremost Christian dialectician."

22)　Plato, *Apologia*, 21C5.

23)　Diogenes Laertius, 7.47; 10.31; Cicero, *Academica*, 2.97; *De finibus*, 1.6, 22. Cf. M. D. Given, "The Unkown Paul," 349-350.

補遺　ルカの哲学的風味に対する哲学的吟味 | 409

συνέβαλλον αὐτῷ, καί τινες ἔλεγον, Τί ἂν θέλοι ὁ σπερμολόγος οὗτος λέγειν; οἱ δέ, Ξένων δαιμονίων δοκεῖ καταγγελεὺς εἶναι· ὅτι τὸν Ἰησοῦν καὶ τὴν ἀνάστασιν εὐηγγελίζετο.

（しかるに）エピクロス派・ストア派哲学者たちの幾人かも、彼との対話に応じはじめた。そこで一方の人たちは「この知ったかぶりめは何を言いたいのであろうか」と言い、他方の人たちは「この人は外国の神々（ダイモニア）の布告者であるらしい」と言い始めた。彼がイエスとその甦りを福音として布告していたからである。

「エピクロス派・ストア派哲学者の幾人」（τινὲς δὲ καὶ τῶν Ἐπικουρείων καὶ Στοϊκῶν φιλοσόφων）：これらの学派への言及は、新約聖書では hapax legomenon である。単に叙述に彩を添えるためだけの言及なのか。そうでなければ、この言及は文脈上どのような意義をもつのか。そもそもルカはこれらの学派についてどれくらいの知識をもっていたのであろうか。

　エピクロス派への言及に関して言えば、それは時代錯誤でないことは確かである。ディオゲネス・ラエルティオスによると、エピクロス共同体は後2世紀後半から3世紀に入っても存続していた。ディオゲネスは、アテナイにおけるエピクロス学園の学頭の名前を紀元1世紀に至るまで列挙している[24]。ヌメニオスの断片も、少なくともこの時期までアテナイにエピクロスの学園が存続していたことを証左する[25]。ハドリアヌス帝時代（後117-138）の碑文によると、「ディアドキィ」（Diadochi）あるいは「ペレグリヌス」（Perigrinus）として知られる人たちの存在が確認

---

24)　Diogenes Laertius, 10.9-10. Cf. J. Warren, ed., *The Cambridge Companion to Epicureanism* (Cambridge University Press, 2009) 48.

25)　Numenius, *Fragmenta*, 24. Cf. J. Warren, ed., *The Cambridge Companion to Epicureanism*, 48.

される。彼らがエピクロス学園の学頭の後継者かどうかは不明であるが、「エピクロス的」学派に属する人たちであることは確かである。トラヤヌス帝の死後、その寡婦プロティナ（Plotina）はハドリアヌス帝から、エピクロス共同体は自分自身の指導者を選んでよいし、在留外国人を候補者として考慮してもよいという許可を得ている[26]。マルクス・アウレリウス帝（在位：後161-180）は、アテナイにエピクロス哲学の教授職を設けることを定めた[27]。紀元後最初の200年間において、エピクロスの教説が都市のエリートたちを魅了したことは、プルタルコスの著作からも知ることができる[28]。彼は概してエピクロスの教説に反対の立場をとるが、エピクロスの人格とその哲学を区別する見識は備えており、エピクロスその人に対しては少なからぬ敬意を払った[29]。セネカはストア派でありながら、エピクロス哲学に造詣が深く、同意できる点に関しては率直に同意できる姿勢をもちあわせていた。エピクロスからの引用数に関しては、すべての哲学者のなかでルクレティウスに次いで多いことが知られている[30]。エピクロス派は後2世紀においても今なお勢いを保っていた。その事実は、正統派エピクロス主義者オイノアンダのディオゲネス（Diogenes of Oinoanda）が、彼の町オイノアンダの公共広場に建立させたエピクロス碑文によって確認できる[31]。

　使徒言行録のテクストに戻る。エピクロス派とストア派は非常に異な

---

26) *Inscriptiones Graecae*, II.1097. Cf. J. Warren, ed., *The Cambridge Companion to Epicureanism*, 48.

27) Philostratus, *Vitae sophistarum*, 2.2; Lucian, *Eunuchus*, 3; Cf. J. Warren, ed., *The Cambridge Companion to Epicureanism*, 48.

28) Cf. J. Warren, ed., *The Cambridge Companion to Epicureanism*, 48-49.

29) Plutarchus, *De fraterno amore*, 487D. Cf. J. Warren, ed., *The Cambridge Companion to Epicureanism*, 51.

30) Cf. J. Warren, ed., *The Cambridge Companion to Epicureanism*, 49.

31) Cf. J. Warren, ed., *The Cambridge Companion to Epicureanism*, 54-59.

る点が多いのにもかかわらず、ルカは「哲学者の輩」（τῶν ... φιλοσό-φων）と一括りにしている。両者の間には共通点もあると考えて、そう表現したわけではないであろう。両哲学派に対する知識不足であろうか。哲学者に対するステレオタイプな見方を露呈しているのか。そもそも「エピクロス派・ストア派」（τῶν Ἐπικουρείων καὶ Στοϊκῶν）という順序に意味があるのであろうか。歴史上は、エピクロス派よりもストア派のほうが古く、前3世紀初頭ゼノンに始まる。ルカはストア派よりもエピクロス派を買っているのであろうか。それはまずありえない。当時のアテナイではエピクロス派のほうが優勢であった可能性が高いが[32]、それをルカは認識していたということであろうか。それとも叙述の行きがかり上、エピクロス派を最初に置く必要があったのか。

「（彼らは）彼との対話に応じはじめた」（συνέβαλλον αὐτῳ）：単なる会話ではなく、哲学的問答であろう[33]。ソクラテスの問答相手はしばしばソフィストであった。ルカは、パウロとの対話に応じ始めた哲学者たちをソフィストと重ね合わせているのかもしれない。ここで対話相手の反応が是か非の二つに分かれるが、これはルカが好むパターンである[34]。彼が、エピクロス派を無神論者と見なすステレオタイプな見方に従っていると仮定するなら、前者はエピクロス派である。ストア派を宗教性に富む人たちであると見なすステレオタイプな見方に従っていると仮定するなら、

---

32)　Cf. D. L. Balch, "The Areopagus Speech," 74.

33)　Cf. M. D. Given, "The Unknown Paul," 343.

34)　Cf. J. H. Neyrey, "Acts 17, Epicureans and Theodicy: A Study in Stereotypes," 127. ルカ文書を通して、イエス、ペトロ、パウロの聴衆が、聞いたことをめぐって「分かれる」というパターンが繰り返し出てくる。それは使徒言行録17章全体にもあてはまる。テッサロニカでのパウロの演説：成功（17:2-4）―失敗（17:5-8）、ベレアでのパウロの演説：成功（17:10-12）―失敗（17:13-14）。23章6-10節におけるファリサイ派とサドカイ派の対照も参照。Cf. J. H. Neyrey, 128.

後者はストア派ということになるであろう。

「この知ったかぶりめは何を言いたいのであろうか」（Tί ἂν θέλοι ὁ σπερμολόγος οὗτος λέγειν;）：使徒言行録の執筆時点での［ルカ—読者］のレベルで言えば、生かじりの知識をもつ読者ならば、この侮蔑語はエピクロス派哲学者によって語られたと思ったことであろう。この否定的反応を引き起こした理由は、パウロが語った「（イエスの）甦り」（τὴ ν ἀνάστασιν）であると説明されている。エピクロス派の考えによると、死は存在の消滅である[35]。おそらくその程度の知識はもっていたルカにしてみれば、人間の甦りという教説に対してエピクロス派哲学者たちは否定的な反応をしなければならない。「知ったかぶり」（σπερμολόγος）は、アゴラに落ちている種や食べくずをあさる鳥の意味から転じて、浅薄な哲学的知識をひけらかす、哲学専門家でない部外者といった侮蔑を含意するであろう[36]。使徒言行録執筆の当時、キリスト教の布告者は文化人からそのように見られていたと思われるが、そのような見方はルカにとっては心外であったのではないかと思われる。「この（知ったかぶり）め」（οὗτος）も、文脈上侮蔑の意味を含むと思われる。ルカは、ソクラテスも同じような侮蔑にさらされたと言い返したいのかもしれない。アリストパネス『雲』の中で描かれるソクラテス像は、アテナイ人の見るところでは「いろいろわけのわからない、たわごとを語る」（πολλὴν φλυαρίαν φλυαροῦντα）人物である[37]。ルカが描くこの第一グループは、パウロ

---

35) *Epistula ad Herodotum*: Diogenes Laertius, 10.81; *Epistula ad Menoeceum*: Diogenes Laertius, 10.121-127; *Kyriai doxai*: Diogenes Laertius, 10.139; Lucretius, *De rerum natura*, III.830 ff., Cicero, *De finibus*, 2.31.101; Plutarchus, *Non Posse*, 1103D, 1104E; Usener, *Epicurea*, 226-228. Cf. J. H. Neyrey, 125 n.23.

36) Louw & Nida, 27.19: "a pseudo- intellectual who insists on spouting off."; J. W. Jipp, "Paul's Areopagus Speech," 571.

37) Aristophanes, *Nubes*, 19C4.

補遺　ルカの哲学的風味に対する哲学的吟味 | 413

の話に聞く耳をもたない高慢な知識人たちである。この悪玉エピクロス派哲学者たちが、ルカの描きたいエピクロス派像なのかもしれない。もしそうだとするなら、たとえそれがステレオタイプな見方に便乗したものであったとしても、エピクロスの観点に立つならば、無理解とこじつけであるといわなければならない。自己の無知と無理解を棚に上げ、相手を悪玉としてやり込める仕方は、それこそソクラテスが嫌ったことである。実際のところ、エピクロス自身も知識を鼻にかけ相手を見下すような人物ではなかった。

　第二グループは第一グループとは異なり、パウロの話に一応耳を貸す。「この人は外国の神々（ダイモニア）の布告者であるらしい」（Ξένων δαιμονίων δοκεῖ καταγγελεὺς εἶναι）：[ルカ—読者]のレベルでは、生かじりの知識をもつ読者であるならば、これを言ったのはストア派哲学者たちであると思ったことであろう。ルカとしては、エピクロス派哲学者たちよりもストア派哲学者たちのほうが、キリスト教の教説に耳を貸す素地があると言いたいところであろうか。耳を貸すといっても、気軽に受容するわけにはいかない。ストア派哲学者たちは、パウロの話に興味を示したものの、パウロを外国の神々の「布告者」（καταγγελεὺς）[38] として猜疑と警戒心をもって見たのである。ここにもパウロとソクラテスとの重複が見てとれる。プラトンのソクラテスも、「外国の新しい神々」（ἕτερα δὲ δαιμόνια καινά）を勝手に持ち込んだかどで、守旧派の市民たちから告発され処刑された[39]。プラトンの観点からは、ソクラテスに対する非

---

38)　καταγγελεὺς は、アウグストゥスの時代、国家宗教の「布告者」（a herald）、あるいはアレオパゴスの布告者に用いられた。Cf. B. W. Winter, "On Introducing Gods to Athens: an Alternative Reading of Acts 17:18-20," *Tyndale Bulletin* 47.1 (May, 1996) 80.

39)　*Euthyphron*, 1C, 2B; *Apologia*, 23B; Xenophon, *Memorabilia*,1.1.1; Xenophon, *Apologia Socratis*, 10-11; Justinus Martyr, *Apologia Prima*, 5.4; *Apologia Seconda*, 10.5.

難・告発は不当であったのと同様に、ルカの観点からは、パウロに対する猜疑と警戒は不当であるということであろうか。哲学者たちが「外国の神々（ダイモニア）」（Ξένων δαιμονίων）というとき、「イエスと甦り」（τὸν Ἰησοῦν καὶ τὴν ἀνάστασιν）を指すと思われる。パウロはイエスとその甦りの教説を伝えたつもりなのに、ストア派哲学者たちはそれを「男神イェースース（男性名詞）とその伴侶の女神アナスタシス（女性名詞）」と誤解した[40]と、ルカは言いたいのかもしれない。

　「福音として告知していた」（εὐηγγελίζετο）という言い方の背後に、せっかくよい話をしてあげているのにという自負と、それにもかかわらず相手は理解しないという無知に対するいらだちが潜んでいるように思われる。

　以上において［第一グループ＝エピクロス派哲学者たち、第二グループ＝ストア派哲学者たち］という仮定の下に話を進めてきたが、この仮定は正しいのであろうか。むしろ「エピクロス派・ストア派哲学者の輩」（καὶ τῶν Ἐπικουρείων καὶ Στοϊκῶν φιλοσόφων）という一括りに意図があると仮定するならば、ルカの焦点はグループの区分にはなく、哲学者たちのステレオタイプ化にあると考えることもできる。その場合、ルカは、ギリシャ文化を担うアテナイの代表者という役柄で哲学者たちを登場させ、洗練されたキリスト教の代表者パウロと対話させることによって、キリスト教の卓越性を際立たせようとしているということになる。ルカの関心は、エピクロス哲学にもストア哲学にもない。キリスト教の擁護が彼の目的である。その目的を達成するために、格好の引き立て役として哲学者の輩を選んだのであろう。パウロをソクラテスと重ね合わせることも同様の手法かと思われる。ルカはソクラテス哲学に関心はないけれども、パウロを引き立てるにあたりソクラテスが有用なので、ソクラテス的

---

40)　Iohannes Chrysostomus, *In Acta apostolorum*, 38.1.

補遺　ルカの哲学的風味に対する哲学的吟味　｜　415

パウロ像を捻出しているのではないであろうか。もしこの解釈が正しいと仮定するならば、この節（17:18）でエピクロス派とストア派に言及しておきながら、さらにはパウロをソクラテスと二重写しにしていながら、『使徒言行録』においてはこの箇所においても他の箇所においても、いっさい哲学の学説への言及がないという事実の説明がつく。ルカは、本当は哲学には関心がないのである。

1.3　パウロの「身柄確保」とアレオパゴスへの「連行」(17:19-21)

17:19

ἐπιλαβόμενοί τε αὐτοῦ ἐπὶ τὸν Ἄρειον Πάγον ἤγαγον, λέγοντες, Δυνάμεθα γνῶναι τίς ἡ καινὴ αὕτη ἡ ὑπὸ σοῦ λαλουμένη διδαχή;

そこで彼らは彼の身柄を確保した後、アレオパゴスに連行していった。言うことには、「あなたが説いているこの新しい教えが、いったい何であるかを、私たちには判定する権限があります」。

先に述べた哲学者たちのグループ分けに従うなら、「そこで彼らは彼の身柄を確保した後」（ἐπιλαβόμενοί τε αὐτοῦ）[41]の主語は、第二グループのストア派哲学者たちということになるであろう。とはいえエピクロス派哲学者たちは、この時点で退場したと考える必要はない。彼らにはまだ演じる役割が残っている。ともあれパウロが説くキリスト教の使信を嘲笑するエピクロス派哲学者たちとは対照的に、ストア派哲学者たちはパウロの話にまじめな関心を示す。その関心は新来の宗教に対する警戒となって現れる。この点でもパウロは、ポリスに有害な神々を導入したという嫌疑を

---

41)　使徒言行録の他の箇所では、ἐπιλαμβάνω は正式の逮捕を意味する。Cf. 16:19; 17:6; 18:17; 21:30, 33. Cf. 9:27; ルカ 23:26.

かけられたソクラテスと重なる。ストア派哲学者たちが、「私たちには権限がある」（Δυνάμεθα）というとき、それは法的権限を意味し[42]、「判定する」（γνῶναι）も法廷的意味合いをもつ[43]と思われる。ところで、このγνῶναι に始まり、文脈上「知る」（γνω-）語幹の用語が続く（vv. 19, 20, 23 (bis), 30）。知ることの強調は、プラトンの観点からは、「知」を愛し求めたソクラテスの生涯を連想させるが[44]、愛智としての哲学はおそらくルカの関心事ではないであろう。

　「アレオパゴス」（τὸν Ἄρειον Πάγον）の本来の意味は、「アレス神の丘」である。アテナイにおいて貴族制が実権を握っていた時代、アレオパゴス議会は貴族勢力の牙城であった。しかしソクラテス裁判が行われたのは民主制の時代に入ってからであり、裁判の場所はアレオパゴスではなくアゴラの南西端にあったヘリアイアの法廷であった。ローマ時代のアテナイでは、アレオパゴスは法廷を開催する場所であり、宗教を始めとして文化や政治に関わる事柄を扱った可能性がある[45]。ルカは、裁判のモティーフにおいてパウロをソクラテスと重ね合わせている。そこには叙述の中で進行中の出来事を、「キリスト教とヘレニズム哲学の間の模擬裁判」（a mock trial between Christianity and Hellenistic philosophy）[46]として描きたい意図が見え隠れしている。しかしそれを察知するかどうかは、パウロの聴衆なりルカの読者に委ねられている。

---

42)　*Oxyrhynchus Papyri*, 899.*l*. 31, *l*. 9. Cf. B. W. Winter, "On Introducing Gods to Athens: An Alternative Reading of Acts17:18-20," *Tyndale Bulletin* 47.1 (May, 1996) 81.

43)　Cf. B. W. Winter, "On Introducing Gods to Athens," 82.

44)　Cf. R. I. Pervo, *Acts*, 425.

45)　Cicero, *De natura deorum*, II.74. Cf. J. W. Jipp, "Paul's Areopagus Speech," 573-574.

46)　Cf. J. W. Jipp, "Paul's Areopagus Speech," 571 は、今回の出来事を "a kind of mock trial between early Christianity and the epicenter of pagan philosophy and culture" として描くことが、ルカの意図であると考える。

補遺　ルカの哲学的風味に対する哲学的吟味 ｜ 417

　アレオパゴスへの連行の理由は、「あなたが説いているこの新しい教えが何であるかを、私たちは判定する権限があります」（Δυνάμεθα γνῶναι τίς ἡ καινὴ αὕτη ἡ ὑπὸ σοῦ λαλουμένη διδαχη）である。ギリシャ語テクストの疑問符は不要である。聴衆の側の好奇心を示すととる解釈もあるが[47]、むしろ先述したように、新しい宗教に対する警戒を示すと解釈するのがよいと思われる。アテナイ人は外国の神々の受容に賛成することもあったが、反対することもしばしばあった[48]。「権限がある」（δυνάμεθα）も、法的権限への言及であると仮定するならば、つじつまが合う[49]。叙述のレベルでは、アレオパゴス議会はパウロが説く新来の宗教について法的な判断を下す権限をもっているとされているのである。

　「この新しい教え」（ἡ καινὴ αὕτη διδαχή）：ルカは、キリスト教対ヘレニズム哲学という構図に基づき、聴衆の口からこの警戒とも侮蔑とも好奇心ともとれる言葉を語らせる。それによって、哲学者たちは知恵の探求者を標榜していながら、その実、すぐれた知恵であるキリスト教には無知であるのだと暗に批判しているように思われる。プラトンとエピクロスの観点からすると、キリスト教の優位性の臭いが鼻につくであろう。

17:20

ξενίζοντα γάρ τινα εἰσφέρεις εἰς τὰς ἀκοὰς ἡμῶν· βουλό-μεθα οὖν γνῶναι τίνα θέλει ταῦτα εἶναι.

なぜなら、あなたは私たちの聴聞に何か外国風なものどもを持ち込んでいるからです。だから私たちは、それらが何であると布告したいの

---

47)　Cf. P. Gray, "Implied Audiences in the Areopagus Narrative," *Tyndale Bulletin* 55.2 (2004) 210-211.

48)　Josephus, *Contra Apionem*, 2.262, 265, 266-268; Euripides, *Bacchae*, 256-259. Cf. J. W. Jipp, "Paul's Areopagus Speech," 572-573.

49)　Cf. B. W. Winter, "On Introducing Gods to Athens," 81.

かを判定したいのです。

パウロを尋問する理由が、改めて言及される。「あなたは何か外国風なものどもを……持ち込んでいる」（ξενίζοντα τινα … εἰσφέρεις）。ソクラテスに対する訴状を想起させる文言であり、ルカはそれを意図しているものと思われる。「外国風なものども」（ξενίζοντα τινα）は、文脈上イエスと甦りを指す。ルカはこの表現によっても、キリスト教の真価に対して無知なヘレニズム哲学者を批判的に描こうとしている。パウロは新奇な神々を「持ち込んでいる」（εἰσφέρεις）という嫌疑をかけられているが、ソクラテスもポリスが認めない「外国の新しい神々」（ἕτερα δὲ δαιμόνια καινά）を導入したかどで告発された[50]。ソクラテス的伝承においても、同じ動詞がソクラテス告発の理由を示すのに使われている[51]。「私たちは、それらが何であると布告したいのかを判定したいのです」（βουλόμεθα οὖν γνῶναι τίνα θέλει ταῦτα εἶναι）の中の「布告したい」（θέλει）は、「意図する」・「意味する」ではなく「主張する」「布告する」と解釈するのがよいと思われる[52]。他方、プラトンの観点からは、この文言を「私たちはそれらが何であるかを知りたいのです」と理解することが許されるならば、愛智者としての哲学者の姿勢を示すととれなくもない。しかしそれはルカの意味ではないであろう。ルカの焦点は、哲学談義ではなくキリスト教の布告に当てられている。

---

50) *Apologia*, 21C1, 26B5.

51) Xenophon, *Apologia Socratis*, 10-11; Justinus Martyr, *Apologia Prima*, 5.4; *Apologia Seconda*, 10.5.

52) Pausanias, *Periegata*, 1.4.6; 4.33.1. Cf. B. W. Winter, "On Introducing Gods to Athens," 82.

補遺　ルカの哲学的風味に対する哲学的吟味　│　419

17:21

Ἀθηναῖοι δὲ πάντες καὶ οἱ ἐπιδημοῦντες ξένοι εἰς οὐδὲν
ἕτερον ηὐκαίρουν ἢ λέγειν τι ἢ ἀκούειν τι καινότερον.

アテナイ人のだれもが、またそこに住む外国人も、他でもなく何か
もっと新しいことを話したり聞いたりすることに閑暇をささげていた
のである。

「アテナイ人のだれもが」(Ἀθηναῖοι δὲ πάντες)：ルカは、哲学者
たちをアテナイ人全体と混合するだけではなく在留外国人までをも混合
し、その混然とした全体をパウロの聴衆として造り上げる。「だれもが」
(πάντες) は誇張であろう。ここにもルカのステレオタイプ的傾向が露
呈している。もしこのようなやり方がルカの常套手段であるならば、品性
が疑われる。そのように聴衆を一般化するのは乱暴ではないであろうか。
もっと個々人の違いに尊敬を払うべきであるとまではいわないにしても、
各グループの特徴に注意を払うべきではないであろうか。もっともルカと
しては、新奇な神々を導入しようとしているという嫌疑をかけられたパウ
ロを擁護する必要があるのであろう。そこで、パウロに投げかけられた否
定的な言葉をそのまま対話相手に投げ返すのである。ルカにしてみれば、
新奇な宗教にうつつをぬかしているのは、野蛮であるとの風評を受けてい
るキリスト者たちではなく、洗練された文化の継承者として誉れの高いア
テナイ人のほうなのである。

「閑暇をささげていた」(ηὐκαίρουν)：εὐκαιρέω の語義は「閑暇をさ
さげる」[53]、「好ましい時、閑暇、機会をもつ」という意味であるが[54]、こ
こでは批判と侮蔑が含意されていると思われる。ルカは哲学者たちの日々
の営みをそのように見たのである。役に立たないたわごとにうつつをぬか

---

53)　*LSJ*, 717.

54)　*BAG*, 321.

している者たち、というステレオタイプな見方である。哲学者への理解と尊敬が足らないと言ったところで、ルカには負け犬の遠吠えにしか聞こえないのかもしれない。

「何かもっと新しいこと」（τι καινότερον）も、使徒言行録執筆時の［ルカ─読者］のレベルでは、新しもの好きという揶揄を含意しているものと思われる。アテナイ人の新しもの好きは、名高い伝説であった[55]。キケロやプルタルコスは、過度の好奇心を不道徳として戒めた[56]。アプレイウスやプルタルコスは、好奇心はともすれば迷信に結びつくと指摘している[57]。これらはストア派の見方であるが、さまざまな迷信的習慣に対してはエピクロスも断固反対する姿勢をとった[58]。ルカとしてはストア派に便乗したつもりであろうが、それとは知らずにエピクロス派にも便乗して、アテナイ人の新しもの好きを揶揄しているわけである。他方、叙述における［パウロ─聴衆］のレベルでは、哲学者たちの旺盛な探究心への言及ととれないこともないが、その場合はパウロの本心ではなく社交辞令にすぎないであろう。さらにルカが構想する模擬裁判の文脈から考えると、迷信・邪教への言及ともとれる。アテナイ人たちが外来の宗教に警戒心をもっていたことを考えると、その可能性も否定できない。ルカとしては、パウロが布告する宗教を新奇のものであると批判するアテナイの文化人たちに対して、その批判は新しい宗教好きで迷信家の彼らにこそあてはまると言いたいのかもしれない[59]。

---

55) Thucydides, *Historiae*, 3.38.5. Cf. J. W. Jipp, "Paul's Areopagus Speech," 575.

56) Cicero, *De officiis*, 1.19; Plutarchus, *De curiositate*, 513D-518B. Cf. J. W. Jipp, "Paul's Areopagus Speech," 575.

57) Apuleius, *Metamorphoses*, 11; Plutarchus, *De Superstione* は、全体にわたりこの点を指摘している。Cf. J. W. Jipp, "Paul's Areopagus Speech," 575.

58) Lucretius, *De rerum natura*, I.55-56.

59) Cf. D. L. Balch, "The Areopagus Speech," 74.

補遺　ルカの哲学的風味に対する哲学的吟味 ｜ 421

2　演説 （17:22-31）

2.1　序論 （17:22-23）

17:22

Σταθεὶς δὲ [ὁ] Παῦλος ἐν μέσῳ τοῦ Ἀρείου Πάγου ἔφη, Ἄνδρες Ἀθηναῖοι, κατὰ πάντα ὡς δεισιδαιμονεστέρους ὑμᾶς θεωρῶ·

そこでパウロはアレオパゴスの真ん中に立って、言った。アテナイ人の皆さま、あなたがたはあらゆる点で非常に信心深い人たちであると、私は観察しております。

ここからパウロの演説が開始する。「アレオパゴスの真ん中に立って」（Σταθεὶς δὲ [ὁ] Παῦλος ἐν μέσῳ τοῦ Ἀρείου Πάγου）は、単に場所的にアレオパゴスの丘の上に立ったということではなく、アレオパゴス議会のメンバーたちの真ん中に立ったということであろう。33 節の「かくして、パウロは彼らの中から出て行った」もこの解釈と呼応する。パウロの演説は、「アテナイ人の皆さん」（Ἄνδρες Ἀθηναῖοι）という呼びかけで始まる。プラトン『ソクラテスの弁明』も、ソクラテスによる陪審員たちへの同じ呼びかけで始まる[60]。パウロとソクラテスの重ね合わせは、依然として継続している。今からパウロはソクラテスさながら、ポリス宗教に癒着するアテナイ人に向かって、彼が固守する正しい宗教について演説を行うのである。以下に続くキリスト教を布告する演説は、教養あるアテナイ人、特に第一グループのエピクロス派哲学者たちにとっては、

---

60)　Plato, *Apologia*, 17A.

あまり意味をなさないであろうことが予期できる。しかしパウロはおかまいなしに、キリスト教はギリシャ文化にひけをとらないという気負いに基づいて、演説を進める[61]。

　その演説は、総じてストア派の立場に便乗する仕方で語られる[62]。「あなたがたはあらゆる点で非常に信心深い人たちである」（κατὰ πάντα ὡς δεισιδαιμονεστέρους ὑμᾶς）は、批判のトゲを隠した社交辞令であり、ソクラテスのエイロネイア（εἰρωνεία）を想起させる。「ルカのエイロネイアの描写」（a description of Luke's irony）[63] とも言える。「非常に信心深い人たち」（δεισιδαιμονεστέρους）は、より詳しく訳すと「非常に神々（ダイモニア）を畏敬している人々」となるであろう[64]。先にパウロは、ストア派哲学者たちから「外国の神々（ダイモニア）の布教者」という嫌疑をかけられた。そこで言及された「神々（ダイモニア）」（δαιμονίων）を逆手にとって、パウロは彼らに「あなたがたは……非常に神々（ダイモニア）を畏敬している人々です」と言ったわけである。表面上は「非常に宗教熱心な人たち」「非常に敬虔な人たち」を意味する賛辞であるが[65]、先に彫像だらけのポリスに対してパウロが否定的な気持ち

---

61)　Cf. R. I. Pervo, *Acts*, 430: "A Cultured Greek would dismiss these brief words as stylistically inadequate and muddled collection of clichés with an unexpected and improbable confusion, but it has power and vigor that would have eluded such critics, and, as an experiment in missionary theology, it continues to challenge Christian thinkers."

62)　Cf. R. I. Pervo, *Acts*, 430.

63)　M. D. Given, "The Unknown Paul," 350.

64)　Cf. Plato, *Apologia*, 31D, 40A. ソクラテスに生じた「ダイモニア」（δαιμονία）の体験が、彼の外なる「ダイモーン神」（ὁ δαίμων）からの合図なのか、それとも彼の内なる良心の声なのかについては、議論の分かれるところである。ソクラテスに反対する者たちは、ソクラテスは新しいダイモーン神のたぐいを祭っていると中傷した。*Apologia*, 24C, 26B.

65)　肯定的な意味については、Xenophon, *Cyropaedia*, 3.3.58; Aristotle, *Politica*, 1315A; Aeliannus, *Varia Historia*, 5.17; Pausanius, 24.3. Cf. R. I. Prevo,

補遺　ルカの哲学的風味に対する哲学的吟味　｜　423

を抱いたことを考えると、本心は賛成でも容認でもなく非難と拒絶であろう。δεισιδαίμων という形容詞には、「迷信にとらわれている」という否定的な意味も確認されている。実際、紀元 1 世紀末にはこの意味のほうが優勢であった[66]。この箇所も、［パウロ―対話相手］のレベルと［ルカ―読者］のレベルの両面から理解する必要がある。ルカは叙述においてパウロにお世辞を言わせているが、本当はそう思っておらず、アテナイ人の宗教に侮蔑の感情を抱いていたのである。哲学者たちに関していえば、当時のストア派には彫像や神殿を容認する傾向があったことが確認されている[67]。言葉の面では彫像や神殿に反対していながら、行動の面ではそれらを甘く見逃していたストア派哲学者たちは、ルカには歯がゆく思われたことであろう。ましてやそれらを歓迎するようにルカには見えたエピクロス派哲学者たちは、論外であったことであろう。しかしながらエピクロス派の名誉のためにいうと、実はエピクロスほど彫像や神殿にまつわる迷信的習慣を非難した人物はいないのである。この事実をどれくらいルカは認識していたであろうか。ルカがアテナイ人の宗教を批判したとき、実はその点では同志であるエピクロスに便乗してその批判をしたことになる。エピクロス派は、自然の事物の研究は神々が世界を威圧するという迷信とそれに由来する恐怖を緩和し、「平静心」（ἀταραξία）をもたらすと教え[68]、この教説は人口に膾炙していた。しかしルカの関心はおそらくエピクロス派の教説にではなく、彼らのなまぬるい生活態度にあったものと思われる。いかなる学派に身を置こうとも、彫像だらけのポリスの中でそれを無批判に受容する人たちは、ルカにしてみれば言行不一致の批判を免れない

　　Acts, 433; J. W. Jipp, "Paul's Areopagus Speech," 576; *Louw & Nida*, 53.3 を参照。

66)　　Diodorus Siculus, *Bibliotheca Historica*, 32.12.

67)　　Cf. D. L. Balch, "The Areopagus Speech," 74.

68)　　Lucretius, *De rerum natura*, V.1194-1203.

のである[69]。ところで「あらゆる点で」（κατὰ πάντα）とは、具体的に何を指すのであろうか。

17:23

διερχόμενος γὰρ καὶ ἀναθεωρῶν τὰ σεβάσματα ὑμῶν εὗρον καὶ βωμὸν ἐν ᾧ ἐπεγέγραπτο, Ἀγνώστῳ θεῷ. ὃ οὖν ἀγνοοῦντες εὐσεβεῖτε, τοῦτο ἐγὼ καταγγέλλω ὑμῖν.

なぜなら、私が（ポリスを）歩き回りながら皆さまの神聖な事物の数々を吟味していますと、「未知の神に」という碑文が書かれてある一つの祭壇も発見したからです。ですからこの私が今、皆さまが知らずに崇拝しているもの、それを布告いたしましょう。

パウロが「あらゆる点で」と指摘した内容がここで示される。まず「（私が）吟味していますと」（ἀναθεωρῶν）という分詞であるが、この動詞の「一つ一つ観察する」、「繰り返して観察する」、「注意深く観察する」、「深く吟味する」[70] という意味あいを考えると、ここでもルカはパウロをソクラテスばりの吟味を行う哲学者として描いているように思われる。「皆さまの神聖な事物の数々」（τὰ σεβάσματα ὑμῶν）、これが先ず第一にパウロが吟味したものである。σέβασμα は、本来「宗教活動に関連するもの」「敬虔な事物」という意味である[71]。聖所にかぎらず、聖所の内外にある神々の彫像、祭壇、その他宗教に関連するすべてのものを含みうると考えられる[72]。ルカは本心では「偶像」と言いたいところであろう

---

69) Cf. J. W. Jipp, "Paul's Areopagus Speech," 577. エピクロス派の国家宗教への妥協的姿勢に対する批判については、Diogenes Laertius, 10.120; Cicero, *De natura deorum*, I.85 を参照。

70) *BAG*, 54; *Louw & Nida*, 24.47: "for as I walked around and saw your objects of worship and thought about them."

71) *LSJ*, 1587.

が、そこはぐっとこらえ、「神聖な事物」という洗練された用語を選ぶ。場所柄を考えパウロを下手に出させているわけだが、ストア派のエピクテトスやクレアンテスが神殿、祭壇、彫像を無意味であるとして批判したように[73]、それらを批判したいのが本音であろう。

　次に、というより特にパウロが吟味の対象としたものは、「未知の神に」という碑文が書かれてある一つの祭壇（βωμὸν ἐν ᾧ ἐπεγέγραπτο, Ἀγνώστῳ θεῷ）である。「未知の神に」（Ἀγνώστῳ θεῷ）という単数形はルカによる変更の可能性もある。文献上の証拠は複数形のみである[74]。祈りの際、呼びかけからもれるかもしれない神への恐れから、「未知の神々に」という祭壇は築かれたようである。多くの神々を信奉するアテナイ人の神観が背後にある。叙述における［パウロ─対話相手］のレベルでは、多神崇拝への批判は明言されておらず、いちおう紳士的対話の姿勢が維持されているが、使徒言行録における［ルカ─読者］のレベルでは、多神崇拝とそれにまつわる迷信的行為に対する批判が含意されていると思われる。ルカは多神崇拝のあり方に対して同調も理解も示さず、自分が固守する一神教の方向に話をもっていく[75]。「未知の」（Ἀγνώστῳ）は、単なるアテナイ人たちの知識不足を示唆するのか。それとも彼らの恥ずべき無知を告発しているのか[76]。［パウロ─対話相手］のレベルでは前者であり、［ルカ─読者］のレベルでは後者であろうと思われる。このよ

---

72) *BAG*, 753; *Louw & Nida*, 53.54, 55.

73) Cleanthes, *Hymnus in Iovem* (*Stoicorum Veretum Fragmenta*, 1.537); Epictetus, *Diatribes*, 2.8.

74) Hieronymus, *Commentarius in Titum*, 1:12: 'to the gods of Asia, Europe, and Africa, to the unkonwn and foreign gods'; Pausanius, *Periegeta*, 1.1.4, 5.14.8; Diogenes Laertius, 1.110. Cf. J. W. Jipp, "Paul's Areopagus Speech," 578.

75) Cf. Justinus Martyr, *Apologia Seconda*, 10.4-6.

76) Dio Chrysostomus, *Orationes*, 12.29, 36-37 は、間違った神崇拝は不道徳につながると語り、特にエピクロス派に見られる女神崇拝を弾劾する。

うな二重の意味を示唆する用法は、17 章を通じて繰り返し現れる[77]。この用語に続いて、パウロは「あなたたちが知らずに」（ἀγνοοῦντες）という、無知を示唆する用語を投げかける。さらに 30 節でも、「無知の時代」（τοὺς χρόνους τῆς ἀγνοίας）という語句によって、無知を指摘する。このような無知の強調は、無知が迷信を生むと考えたプルタルコスやキケロの見解に連なる見方であると言えよう[78]。［パウロ―対話相手］のレベルでは、これら一連の語句が含む辛辣さに対話相手が気づいたかどうかは曖昧にされているが、［ルカ―読者］のレベルでは、感受性が鋭い読者ならばルカの意図を察知したであろう。

　ところで無知は、ソクラテスの哲学人生におけるキーワードである。「吟味のない生は生きるに値しない」という考えに基づき[79]、ソクラテスの哲学は無知の自覚に始まり、無知の自覚に終わったと言えよう。ただし他者を無知呼ばわりしたり、他者の無知を暴露することは、ソクラテスの本意ではなかった。ソクラテスの意図は、自分も対話相手も共に無知を自覚し、その上で共に知恵を愛し求め続けることであった。他方、ルカが描くソクラテス的パウロもしくはパウロ的ソクラテスはといえば、他者の無知を暴露し、容赦なき攻撃を加える弁論家であるかのように見える。その関心は、哲学的対話ではなくもっぱら教条のプロパガンダである[80]。これがルカの描写であるとするならば、かなり粗雑なソクラテス像であると言わざるをえない。同様な特徴が、「この私があなたがたに布告しましょう」（ἐγὼ καταγγέλλω ὑμῖν）という尊大な表現にも表れている。「布告する」（καταγγέλλω）は 18 節の「布告者」（καταγγελεὺς）に呼応して

---

77)　　Cf. M. D. Given, "The Unknown Paul," 343-344.

78)　　Plutarchus, *De Superstione*, 164EF; Cicero, *De natura deorum*, I.117; Diogenes Laertius, 2.91-92. Cf. J. W. Jipp, "Paul's Areopagus Speech," 578.

79)　　Plato, *Apologia*, 38A.

80)　　Cf. J. W. Jipp, "Paul's Areopagus Speech," 578.

補遺　ルカの哲学的風味に対する哲学的吟味 | 427

おり、30節の「(神は) 命じている」（παραγγέλλει）、「回心するように」
（μετανοεῖν）という上から目線の言葉にも連結する。哲学者の装いをし
たパウロの背後に、プロパガンダ布告者の実像が透けて見える。

2.2　本論（17:24-29）
2.2.1　造物主としての神（17:24-25）

17:24

ὁ θεὸς ὁ ποιήσας τὸν κόσμον καὶ πάντα τὰ ἐν αὐτῷ, οὗτος
οὐρανοῦ καὶ γῆς ὑπάρχων κύριος οὐκ ἐν χειροποιήτοις
ναοῖς κατοικεῖ.

(すなわち) 世界とその中にある万物を造った神、この者は天と地の
主人ですから、人造の神殿に住まうことをしません。

「世界とその中にある万物を造った神」（ὁ θεὸς ὁ ποιήσας τὸν κόσμον
καὶ πάντα τὰ ἐν αὐτῷ）：ルカはパウロの対話相手を多神崇拝者に仕
立てた上で、「神」（ὁ θεὸς）は単一神であることを強調する。しかしル
カは、プラトンによるとソクラテスは哲学的に重要な事柄を語る局面で
は、しばしば単数形の神を使用したことを[81]知らなかったのであろうか。
もし知らなかったとしたら、ルカは自分の味方をそれとは知らずに攻撃
したことになる。もし知っていたとしたら、彼が提示する多神崇拝者とし
てのアテナイ人像は故意的に一般化したものであるということになるで
あろう。しかしこの箇所だけからでは、ルカがどれくらいプラトンの神観
を知っていたかは判断できない。なお造物主としての神という概念は、エ

---

81) Plato, *Apologia*, 22A, 28E, 30A, 33C. Cf. *Leges*, X903B-905E; *Timaeus*,
34A-B, 55D, 68E, 92C. ただし『法律』と『ティマイオス』では、話者はソク
ラテスではなく、それぞれアテナイからの客人とティマイオスである。

ピクロス派にはそぐわない。エピクロスによると、神々は万有（宇宙）を創造する欲求・能力をもたないし、ましてや万有は神の統治のもとにはない。エピクロスがそのように考える根拠は、万有には不完全性があるという現実である[82]。

ルカは「天と地」というヘブライ的用語ではなく、「宇宙」（τὸν κόσμον）というギリシャ的用語を使用する。叙述における聴衆や使徒言行録の読者のヘレニズム的世界観を意識してのことかもしれない。「この者は天と地の主人です」（οὗτος οὐρανοῦ καὶ γῆς ὑπάρχων κύριος）は、ヘブライズムにかぎらずストア主義にもみられる考えである[83]。神は世界統治者であり、人間を含む万物のために配慮を行っていると言いたいのであろう。この文言は、ストア派哲学者たちにとっては耳障りがよかったであろうが、エピクロス派哲学者たちにとってはそうでなかったはずである。むしろ演説を聞く気がそがれる思いをしたであろう。エピクロスの神は、世界のことにも人間のことにも関与しない神であり、だれにも何にも煩わされることなく至福の場所で至福の生を楽しんでいる、完全に自足した神である[84]。人間のために「世界」（τὸν κόσμον）を造り、その世話をするというような面倒なことを神はしない[85]。神慮の否定が、エピクロス派の基本的立場であった。

「（神は）人造の神殿に住まうことをしません」（οὐκ ἐν χειροποιήτοις ναοῖς κατοικεῖ）：この神観はヘブライズムのものであるのみならず[86]、ギリシャにおいても古来、クセノパネス、ヘラクレイトス、ソクラテス、プラトン、アリストテレスによって表明されてきたものであり、特

---

82) Lucretius, *De rerum natura*, V.156-194.

83) Dio Chrysostomus, *Orationes*, 12.27, 33, 34.

84) *Epistula ad Herodotum*: Diogenes Larertius, 10.76; *Epistula ad Pythoclem*: Diogenes Lartius, 10.97; Cicero, *De natura deorum*, I.45, 51-56.

85) Aetius, 1.7.7=H. Usener, *Epicurea*, 361.

86) LXX: Is 42:5; 2 Macc 7:22-23.

に新しい教説ではない。ストア派の創始者ゼノンも、彫像や神殿に反対したと伝えられる[87]。神殿に住まう神という考え方は擬人神観と結びついているが、［ルカ―読者］のレベルでは、生かじりの知識をもつ読者なら、エピクロスに帰せられる擬人的神観[88]に対する批判を想起したかもしれない。後代のストア派の中には彫像を擁護する立場も見られるが[89]、正統的ストア派の立場は彫像や神殿の拒否であると一般に考えられていた[90]。ルカはこの一般的な理解に便乗して、暗にエピクロス派を批判しているつもりなのかもしれない。しかしながらエピクロス派も、神々は神殿に住まわないという考え方を熟知していた。実際、彼らは、彫像や神殿の崇拝は神々を矮小化する迷信的行為であるとして非難した。もっとも、ルカにとって問題なのは哲学の教説ではなく、文化人の自己矛盾ということであろう。彼らはギリシャ文化の継承者であることを標榜していながら、野蛮な偶像崇拝を容認していた。そこがルカの批判点なのである。

17:25

οὐδὲ ὑπὸ χειρῶν ἀνθρωπίνων θεραπεύεται προσδεόμενός τινος, αὐτὸς διδοὺς πᾶσι ζωὴν καὶ πνοὴν καὶ τὰ πάντα·

また何かを必要とする者として、人手による世話を受けることはありません。彼こそすべての人々に命と息と万物を与え続けている者なの

---

87) Plutarchus, *De Stoicorum repugnantiis*, 1034B. Cf. D. L. Balch, "The Areopagus Speech An Appeal to the Stoic Historian Posidonius agaist Later Stoics and the Epicurieans," in D. L. Balch, Everett Ferguson, Wayne A. Meeks, eds., *Greeks, Romans, And Christians Essays in Honor of Abraham J. Malherbe* (Minneapolis: Fortress Press, 1990) 67-68.

88) Cicero, *De natura deorum*, I.18.46-49; I.15.71; I.27.75-77. Cf. D. L. Balch, 68.

89) Cf. Dio Chrysostomus, *Orationes*, 12.

90) Cf. D. L. Balch, 71. Cf. J. M. Rist, *Epicurus An Introduction* (Cambridge University Press, 1972) 156-157.

ですから。

「また人手による世話を受けることはありません」（οὐδὲ ὑπὸ χειρῶν ἀνθρωπίνων θεραπεύεται προσδεόμενός τινος）は、神々への供犠の習慣に対する非難であろう。エピクロスもその弟子も、国家宗教の供犠や祭事に参加したということでしばしば批判されてきた[91]。もっともルカがそれを意識してこの文言を語っているかどうかは疑わしい。前節に引き続き、ルカはストア派に便乗してパウロにこの発言をさせていると思われる[92]。ただし、神は「何かを必要とする者」（προσδεόμενός τινος）ではないという考え（神の自足性）は、ストア派だけではなくエピクロス派の教説でもある。キュニコス派にも同様の考えが見られる。実際のところ、神の自足性という観念は、ソクラテス以前の哲学者たちの時代から新プラトン主義者の時代にまで及ぶ普遍的なものである[93]。「彼こそがすべての人間に命と息と万物を与え続けている者なのです」（αὐτὸς διδοὺς πᾶσι ζωὴν καὶ πνοὴν καὶ τὰ πάντα）も、ストア派に見られる考えである[94]。「命」（ζωὴν）という用語には、ストア的ニュアンスが込められているかもしれない。オルペウス教のゼウス賛歌では、ゼウス（Ζεύς）は「あらゆる被造物の息」と表現されている。ルカとしては、ゼウスではなくパウロの神こそが「生ける者」（ζῶν）であり、あらゆる人間の「息」（πνοὴν）であると言いたいのかもしれない。もしそうであるなら、ルカはストア派のまわしで相撲をとっていることになる。

---

91) Philodemus, *De pietate*, 2, col.

92) Seneca, *Ad Lucilium, epistulae morales,* 95.47-50; 41.1. Cf. J. W. Jipp, "Paul's Areopagus Speech," 580.

93) ストア・キュニコス派の Heraclitus, *Epistulae*, 4. Cf. R. I. Pervo, *Acts*, 434 n. 93; Cf. J. W. Jipp, "Paul's Areopagus Speech," 580.

94) Cf. Marcus Aurelius, *Meditations*, 4.23: ἐκ σου πάντα, ἐν σοι πάντα, εἰς σὲ πάντα. Cf. R. I. Pervo, *Acts*, 435 n.98.

2.2.2 神慮 (17:26-27)

さらに神慮のモティーフが続く。

17:26
ἐποίησέν τε ἐξ ἑνὸς πᾶν ἔθνος ἀνθρώπων κατοικεῖν ἐπὶ
παντὸς προσώπου τῆς γῆς, ὁρίσας προστεταγμένους καιροὺς
καὶ τὰς ὁροθεσίας τῆς κατοικίας αὐτῶν,
また神は一人から人間たちの種族全体を作り出し、全地上に住むよう
にさせました。まず秩序ある時と彼らの居住地の境界を区分したうえ
でです。

「また神は一人から人間たちの種族全体を作り出した」(ἐποίησέν τε ἐξ
ἑνὸς πᾶν ἔθνος ἀνθρώπων) は、ヘブライズムの伝統にもヘレニズム
の伝統[95]にも見られる考え方である。この考え方はストア派にも見られ
る[96]。ἑνὸς を「一人」(男性名詞) ではなく「一」(中性名詞) と読むこ
とも可能である。その場合、世界は一つであり統一した全体であるとい
う、正統的ストア派の教説を反映しているという解釈も成り立つ[97]。その
場合、あらゆる民族の平等を示す見方であるととれないこともないが、ル
カの意図は、全人類を彼が想念するキリスト教の神の統括の下に置くこと

---

95) Cf. Homerus, *Ilias*, 1.544: "father of gods and mortals"; Dio Chrysostomus, *Orationes*, 12.29: "a progenitive or ancestral god (προπάτωρ θεός)," 12.43, 36.56. Cf. R. I. Pervo, *Acts*, 436 n.105.

96) Dio Chrysostomus, *Orationes*, 12.30, 42.

97) Diogenes Laertius, 7.140, 143, 151: Sextus Empiricus, 9.60, 75, 78-80, 111, 120, 132; Cicero, *De legibus*, 22-39; *De officiis*, 3.28. Cf. D. L. Balch, "The Areopagus Speech," 57, 77; J. W. Jipp, "Paul's Areopagus Speech," 582.

にあるものと思われる。ルカは神の配慮を強調したいのであろうが、エ
ピクロスの観点からは異論がある。神慮の観念はどこまで一貫性を維持で
きるであろうかということである。神慮をあまり強調しすぎると、運命論
と区別がつかなくなるであろう。しかるに運命論こそはエピクロスが拒否
した考え方である[98]。その拒否の背後には、神々は人間の世界に関与しな
いという神観があるとともに、人間の自由意志を保全しなければならない
という意図がある。エピクロスは、神慮の強調は決定論・運命論につなが
り、その結果、人間の自由意志が疎外されることを危惧した。キケロによ
ると、エピクロスは「原子の逸れ」によって運命の必然を避けることがで
きると考え、運命論を価値なきものとして斥けた[99]。賢者は運命に屈従す
ることなく、むしろ「運命には敢然と立ち向かう」[100]。神慮は強調されす
ぎると運命論に変容し、世界の現実や人間の自由意志と齟齬をきたすこと
になる。

　「秩序ある時と彼らの居住地の境界を区分しました」（ὁρίσας
προστεταγμένους καιροὺς καὶ τὰς ὁροθεσίας τῆς κατοικίας
αὐτῶν）は、解釈の難しい一文である。「秩序ある時（複数）」（προσ-
τεταγμένους καιροὺς）は、ヘレニズム哲学の観点から神慮が司る四
季への言及ともとれるし、ヘブライズムの観点から歴史上の諸時代への
言及ともとれる。「彼らの居住地の境界（複数）」（τὰς ὁροθεσίας τῆς
κατοικίας αὐτῶν）も、ヘレニズム哲学の観点から神慮が司る気候上の
地帯区分への言及ともとれるし、ヘブライズムの観点から政治的国境への
言及ともとれる[101]。もし神慮が司る自然現象への言及であると仮定する

---

98) Lucretius, *De rerum natura*, II.251-293; Dio Chrysostomus, *Orationes*, 12.
37.

99) Cicero, *De fato*, XXII; *De natura deorum*, I.55.

100) *Epistula as Pythoclem*: Diogenes Laertius, 10.120a.

101) Cf. R. I. Pervo, *Acts*, 436 n.107.

補遺　ルカの哲学的風味に対する哲学的吟味 ｜ 433

ならば、神慮を否定するエピクロス派への批判となり、エピクロス派哲学者たちとしては受け入れがたいものとなる[102]。しかしどちらの意味であるかは判然としない。むしろルカは、ここでも意図的に二重の意味の手法を用いている可能性がある。ヘレニズム哲学の神慮の教説もヘブライ人宗教の神慮の教説も両者共に、キリスト教の優秀性を弁証するものであると言いたいかのように思われる[103]。

17:27

ζητεῖν τὸν θεὸν εἰ ἄρα γε ψηλαφήσειαν αὐτὸν καὶ εὕροιεν, καί γε οὐ μακρὰν ἀπὸ ἑνὸς ἑκάστου ἡμῶν ὑπάρχοντα.

それは彼らが神を求めるためです。もしかして彼らが神に触るならば、神を発見することもできるでしょう。実際、神は私たち一人一人から遠く離れてはいません。

「彼らが神を求めるために」（ζητεῖν τὸν θεὸν）：宗教多元論の観点からは、アテナイ人は彼ら自身の神々を信奉しているが、そうする権利があり、他者が干渉すべき問題ではない。だがルカは干渉する。この文言を語るパウロは、キリスト教の絶対性・排他性の臭いを漂わせている。このパウロ像は、独断を嫌ったソクラテスには似つかわしくない。ソクラテス的パウロ像はどこに去ってしまったのか。

　「もしかして彼らが神に触れるならば、神を発見することもできるでしょう」（εἰ ἄρα γε ψηλαφήσειαν αὐτὸν καὶ εὕροιεν）：「もしかして」（ἄρα）は、ある程度の不確かさを意味するものと思われる[104]。「触る」（ψηλαφήσειαν）は「手探りする」[105]とも「触る」[106]とも解釈す

---

102)　*Epistula ad Herodotum*: Diogenes Lartius, 10.76-77.

103)　Cf. J. W. Jipp, "Paul's Areopagus Speech," 582.

104)　*Louw & Nida*, 71.19.

ることができる。前者は LXX の見方を、後者はストア派の見方を反映する[107]。ここでもルカは二重の意味を意図している可能性がある。不確かさを臭わせる ἄρα とともに、二つの希求法（ψηλαφήσειαν, εὕροιεν）が気になる。ニュアンスとしては、可能性はあるが蓋然性は高くないというようなもったいぶった感じがする。アテナイ人をパウロの神に到達していないと決めつけ[108]、彼らにその神を求めることを勧めていながらも、神に至る道は必ずしもやさしくないとでもいうかのような口ぶりである。

「実際、神は私たち一人一人から遠く離れてはいません」（καί γε οὐ μακρὰν ἀπὸ ἑνὸς ἑκάστου ἡμῶν ὑπάρχοντα）：LXX[109] にもストア派[110] にも見られる教説であるが、ルカは相変わらずストア派の神観に便乗している感じがする。「私たち一人一人」（ἑνὸς ἑκάστου ἡμῶν）も、人間に対する個人的で親密な神慮を示唆するかのような表現である。うまい話ではあるが、エピクロス派の観点からは、現実はそうなっているのかという疑問が呈されるであろう。そうなっていないから人々は悩み苦しむのである。「私たち」（ἡμῶν）と、一緒くたにされては困る者もいるのである。エピクロスは、神々は人間界から遠く離れたところに住み、人間には関与せず恩恵も施さないと考えた[111]。そう考えたほうがいたずらに悩

---

105) LXX ではこの意味が多い。創世記 27 章 21-22 節、申命記 28 章 29 節、士師記 16 章 20 節、ヨブ記 5 章 14 節、イザヤ書 59 章 10 節。Cf. J. W. Jipp, "Paul's Areopagus Speech," 582.

106) Cf. Luke 24:39; Dio Chrysostomus, *Orationes*, 12.50: "people have a longing to touch (ἁπτομένους) them (gods)." Cf. R. I. Pervo, *Acts*, 436 n.115.

107) Dio Chrysostomus, *Orationes*, 12.60-61:「すべての人間は……確信をもって神に近づき、触れ（ἁπτομένους）」Cf. D. L. Balch, "The Areopagus Speech," 77.

108) Cf. J. W. Jipp, "Paul's Areopagus Speech," 582.

109) イザヤ書 55 章 6 節。

110) Cf. Seneca, *Ad Lucilium, epistulae morales,* 41.1-2; Dio Chrysostomus, *Orationes*, 12.27-30. Cf. J. W. Jipp, "Paul's Areopagus Speech," 583.

補遺　ルカの哲学的風味に対する哲学的吟味 | 435

まずに済むという見方にも、一理があると言えるかもしれない。

2.2.3　神と人類の同族性（17:28-29）

17:28

Ἐν αὐτῷ γὰρ ζῶμεν καὶ κινούμεθα καὶ ἐσμέν, ὡς καί τινες
τῶν καθ᾽ ὑμᾶς ποιητῶν εἰρήκασιν,

　Τοῦ γὰρ καὶ γένος ἐσμέν.

なぜなら私たちは神の中に生き、動き、存在しています。それは皆さ
まのところの詩人たちの中のある人たちも語っているとおりです。

　なぜなら私たちは神の一族でもあるからです。

ギリシャ詩人からの引用であると思われる。それによってルカは、キリス
ト教徒はギリシャ人から蔑まれる「異国人」（バルバロイ）などではなく、
ギリシャ人に劣らぬ文明人であることを示したいのだと思われる。

　「私たちは神の中に生き、動き、存在しています」（Ἐν αὐτῷ γὰρ
ζῶμεν καὶ κινούμεθα καὶ ἐσμέν）にぴったり合致するギリシャ語の
テクストはないが、そのような考え方は、ストア派もしくはプラトンの宇
宙論と適合すると言える[112]。この文言は、前6世紀の宗教家エピメニデ
ス（Epimenides）の『クレティカ』（Cretica）というゼウス賛歌の一節
に似ている。エピメニデスは、いわゆる七賢人の一人で、アテナイの町に
ペストが流行したとき、アレオパゴスに黒い羊と白い羊を連れて行き、町

---

111)　Seneca, *De beneficiis*, 4.4.1; H. Usener, *Epicurea* (Kessinger Legacy Reprint,
　　　 1887) 364.

112)　Cf. Epictetus, *Enchiridion*, 1.14.6. Plato, *Timaeus*, 37C6-7. Dio Chrysosto-
　　　 mus, *Orationes*, 12.43:「（ゼウス）……命と存在の起源（αἴτιον ζωῆς καὶ
　　　 τοῦ εἶναι）」Cf. J. W. Jipp, "Paul's Areopagus Speech," 583.

を浄めたと言い伝えられる。エピメニデスからの引用かどうかは措くとしても、ストア派になじむ文言ではある。かくしてルカのストア派への偏向は、詩の引用からも確認できる。ちなみに ζῶμεν「私たちは生きています」は、Ζεύς との掛け言葉の可能性がある。とはいえルカの独創ではなく、そういう趣旨の文献からの間接的引用であろうと思われる[113]。

「皆さまのところの詩人たちの中のある人たち」（τινες τῶν καθ᾽ ὑμᾶς ποιητῶν）は、アテナイの詩人たちを指す。「なぜなら私たちは神の一族でもあるからです」（Τοῦ γὰρ καὶ γένος ἐσμέν）は、前3世紀のストア派哲学者クレアンテス（Cleanthes）の『ゼウス賛歌』、または前4世紀初期のストア派詩人アラトゥス（Aratus、パウロと同じくキリキア出身）の詩からの引用の可能性も考えられる。二人とも、ストア派の創始者ゼノンから教えを受けた人物である。特に、アラトゥスの『パイノメナ』（Phaenomena）という詩は、古代ギリシャ・ローマ世界で長い間流行したことが知られており、「私たちもまた神の一族だからです」という言葉も、その詩の一節と符合する[114]。ただしルカが直接にアラトゥスから引用したかどうかは、疑わしい[115]。ギリシャ詩人の引用は、共感のゆえというよりむしろ方便のためであろう。ルカは、神慮の普遍性を主張するために、ストア派詩人の言葉が役に立つと考え、それを利用したのである[116]。叙述のこの段階においても、17章18節でパウロの対話相手として登場した哲学者たち（τινὲς δὲ καὶ τῶν Ἐπικουρείων καὶ Στοϊκῶν φιλοσόφων）が、依然としてパウロの視界に入っていると思われるが[117]、確認できるのはストア派哲学者だけのように思われる。エ

---

113) Cf. R. I. Pervo, *Acts*, 438; *The Letter of Aristeas*, 16.

114) Aratus, *Phaenomena*, v.5 apud Eusebius, *Praeparatio Evangelica*, 13.12. Cf. R. I. Pervo, *Acts*, 439.

115) アレクサンドリアのユダヤ人哲学者 Aristobulus of Paneas からの間接的引用の可能性がある。Cf. J. W. Jipp, "Paul's Areopagus Speech," 584 n.66.

116) Dio Chrysostomus, *Orationes*, 30.26.

ピクロス派哲学者はどこにいるのであろうか。

17:29

γένος οὖν ὑπάρχοντες τοῦ θεοῦ οὐκ ὀφείλομεν νομίζειν χρυσῷ ἢ ἀργύρῳ ἢ λίθῳ, χαράγματι τέχνης καὶ ἐνθυμήσεως ἀνθρώπου, τὸ θεῖον εἶναι ὅμοιον.

したがって私たちは神の一族なのですから、金や銀や石（のようなもの）に、すなわち人間の技術と思案による彫像に、神性が類似しているなどとみなす義務はありません。

「神の一族」（γένος ... τοῦ θεοῦ）という文言は、人間は神の似姿に作られたという、古代イスラエル宗教にもプラトン『ティマイオス』にも見られる考え方を表す。ルカはこの考え方に基づき、アテナイ人の偶像崇拝を非難するわけであるが、エピクロス派もルカと同様の神観をもつことは既に述べたとおりであり、その非難はエピクロス派には当てはまらない。もっとも、ルカの非難が向けられる対象は、エピクロス派の教説ではなく、アテナイ人の偶像崇拝の行為であろう。

　「神性」（τὸ θεῖον）は、「（多神教を背景にもつ）神」（the Divinity）を意味するギリシャ的な表現であり、神聖さに重点が置かれた用語である[118]。ストア派の神観になじむ用法である[119]。先述の「世界」（ὁ κόσμος）と同様に、この用語の選択にヘレニズムとの接点を求めるルカの姿勢が感じられるが、彼には迎合するつもりはないであろう。ルカがあえて ὁ θεός といわないのは、それをキリスト教の神に取っておきたい

---

117) Cf. J. W. Jipp, "Paul's Areopagus Speech," 584.
118) *LSJ*, 788. Cf. Plato, *Phaedrus*, 242C; Herodotus, 1.32, 3.108; Thucidides, 5.70.
119) Epictetus, *The Golden Sayings of Epictetus*, 2, 20, 22.

めであろう。あるいは迷信くさい「神々」（δαιμόνια）と対比・区別す
るために、τὸ θεῖον を選んだのかもしれない。いずれにせよ、迷信に関
しては、エピクロス派もストア派も言葉ではこれを厳しく批判したが、行
動においては依然として神殿や神像を含む国家宗教に従事し、これと決別
しなかった[120]。そこがルカのパウロが非難するところなのである。他方、
ストア派哲学者やエピクロス派哲学者たちにしてみれば、また誤解を恐れ
ずにあえていうなら、ソクラテスやプラトンにしてみても[121]、なぜポリ
ス宗教の神々が断罪されなければならないのか、理解に苦しむのではない
であろうか。

2.3　回心への勧め（17:30-31）

17:30

τοὺς μὲν οὖν χρόνους τῆς ἀγνοίας ὑπεριδὼν ὁ θεὸς τὰ νῦν
παραγγέλλει τοῖς ἀνθρώποις πάντας πανταχοῦ μετανοεῖν,
たしかに神は無知の諸時代を見過ごしてきましたが、今や人間たち
に、すべての場所のすべての人々が回心するよう命じています。

「無知の諸時代」（χρόνους τῆς ἀγνοίας）も尊大な物言いに思われる。

---

120)　Cf. Plutarchus, *De Stoicorum repugnantiis*, 1034B; Dio Chrysostomus, *Orationes*, 12.80-83.

121)　プラトン『法律』において、プラトン自身の代弁者と思われる「アテナイからの
客人」は、ギリシャの伝統的神々を全面的に受け入れたとは言いがたいが、それ
らを全面的に捨て去ったとも言えない。彼は、伝統的な神々の中にも、彼が論証
によって到達した理論的な神々の性格を反映している諸面を読み取ることができ
た。したがって、彼は、伝統的な神々の性格を尊敬と崇拝に値するレベルにまで
高めたと見るのが、妥当な解釈であると思われる。*Leges*, 803E, 803D; 715E-
716A. Cf. G. R. Morrow, *Plato's Cretan City A Historical Interpretation of
the Laws* (Princeton University Press, 1960) 400-401, 470.

補遺　ルカの哲学的風味に対する哲学的吟味　｜　439

もっとも「無知」（τῆς ἀγνοίας）は「誤解」も意味しうる。例によって
二重の意味の用法であろう。叙述のなかの［パウロ─対話相手］として
は、単に「誤解」という柔らかな意味であるかもしれないが、使徒言行録
執筆時点での［ルカ─読者］としては「無知」という厳しい意味であろ
う[122]。またしてもルカは、アテナイ人の無知を恥ずべきものとして非難
しているのである。輝かしいギリシャ文明の歴史を「無知の諸時代」と一
括りにするあたりも、ルカの見方はステレオタイプであるだけではなく、
高飛車である。パウロが説く宗教の導入によって、ようやく無知迷妄の世
界に啓蒙の光が差し込んできたのであると言わんばかりである。アテナイ
人からすると、ヘレニズム文化の価値を理解しないパウロこそ無知に見え
るのではないであろうか。ソクラテスは無知と闘った哲学者であるが、ル
カが描くソクラテス的パウロは、はからずも無知に屈した。いや、屈した
というよりも、ソクラテスのメッキがはげたというほうが正しいかもしれ
ない。パウロの本性はヘレニズムの哲学者ではなく、キリスト教の布告者
である。そのパウロをソクラテス化しようとするところに、そもそも無理
があったのである。

　「神は…見逃してきました」（ὑπεριδὼν ὁ θεὸς）：「見逃してきた」
（ὑπεριδὼν）は、「蔑視してきた」も意味しうる。これもルカの二重の
意味の用法であろう。［パウロ─聴衆］のレベルでは「見逃してきた」の
意味かもしれないが、［ルカ─読者］のレベルでは「蔑視してきた」の
意味であろう[123]。これまでルカのパウロはソクラテス的問答者の仮面
をかぶっていたが、今やその仮面を脱ぎ始め、宗教布教者の素顔を現
した。それは、「神は今や人間たちに命じています」（ὁ θεὸς τὰ νῦν
παραγγέλλει τοῖς ἀνθρώποις）という高踏的な言い方にも、「すべて
の場所のすべての人が回心するよう」（πάντας πανταχοῦ μετανοεῖν）

---

122)　Cf. M. D. Given, "The Unknown Paul," 344.

123)　Cf. M. D. Given, "The Unknown Paul," 344.

という強制的な言い方にも現れている。先にパウロは、どんな人でも神を
求めさえすれば、無条件で神に至ることができるかもしれないという寛容
にも聞こえる言い方をしていたが、それは本心でなかった。やはり外せな
い条件があった。すなわち「回心する」（μετανοεῖν）ことである。ソク
ラテスに引きつけて表現するならば、「無知の自覚」[124] ということになる
であろうが、ルカの意味する回心の概念においては、ソクラテス的無知の
自覚が占める場所はないと思われる。ともあれ人は回心しないかぎり、神
に至ることはできない。これがルカの立場である。それにしてもなぜルカ
は回心にこだわるのか。

17:31

καθότι ἔστησεν ἡμέραν ἐν ᾗ μέλλει κρίνειν τὴν οἰκουμένην
ἐν δικαιοσύνῃ ἐν ἀνδρὶ ᾧ ὥρισεν, πίστιν παρασχὼν πᾶσιν
ἀναστήσας αὐτὸν ἐκ νεκρῶν.

なぜなら神は、任命したある男性によって、正義をもって全世界をま
さに裁こうとするある日を設定してあるからです。そのことの保証
を、彼を死者たちのなかから甦らせたことによって、すべての人々に
提示しています。

ルカが回心にこだわる理由は、神による審判という観念（弁神論）で
ある。パウロは、「（神は）……正義をもって全世界をまさに裁こうと
する日を設定してある」（ἔστησεν ἡμέραν ἐν ᾗ μέλλει κρίνειν τὴν
οἰκουμένην ἐν δικαιοσύνῃ）という表現によって、神による世界審判
という観念をアテナイ人の心に打ち込もうとする。その観念は、少なくと
もストア派哲学者たちにとっては、内容の違いは置くとして、聞き慣れた

---

124) Plato, *Apologia*, 21CD, 22B-E, 23B-D, 29AB.

補遺　ルカの哲学的風味に対する哲学的吟味 | 441

考えであり[125]、それなりの重みがあったのではないかと思われる。これでルカは、パウロの形勢を逆転させたつもりなのかもしれない。パウロは、新奇な神々であるイェースースとアナスタシスを導入したかどで、アテナイ人たちから裁判にかけられた。しかし今や、パウロは、エリンニュスの女神たち（復讐の女神たち）が君臨する裁判の場所アレオパゴスで、イェースースこそが全世界の裁判者だと布告し、逆襲するのである。このパウロの姿は、『弁明』において裁かれるソクラテスが裁く者に逆転した姿と二重写しであると言えなくもないが、すでにルカのソクラテス的粉飾は崩壊している。

　パウロもストア派も神による世界審判という考えを共有するが、パウロがストア派と違う点がある。それは「（神が）任命したある男性によって」（ἐν ἀνδρὶ ᾧ ὥρισεν）という点である。その男性とは「イェースース」（ὁ Ἰησοῦς）を指す。神はイエスにおいて世界審判を行うという教説は、キリスト教徒にとってはなじみのものである。しかしストア派哲学者にとってはなじみがなく、唐突なものに思われたはずである。パウロはおかまいなしに「（神は）彼を死者たちのなかから甦らせた」（ἀναστήσας αὐτὸν ἐκ νεκρῶν）と話を続け、甦りの教説を繰り出す。イェースースの甦りなどと言われて、だれがパウロの話についていくことができたであろうか。ストア派には霊魂の不死の教説があるにはあるが[126]、死者の復活となると別の次元の話になるであろう。プラトンの観点からは、イエスにおける世界審判の教説はあまりにも独断的であり、イエスの甦りの教説もあまりにも突飛であろう。エピクロスの観点からは、どちらの教説とと

---

125) Cf. D. L. Balch, "The Areopagus Speech," 79. ストア派における世界審判は、「万物の大燃焼」（ἐκπύρωσις, confragratio）に関連して理解される。Cf. H. V. Arnold, *Roman Stoicism History of the Stoic Philosophy and its Development within the Roman Empire* (Humanities Press, 1911) 263.

126) Cicero, *Tusculanae Disputationes*, I.11-12, 31-32.

うてい受け入れがたいものであろう。エピクロスの神は人間の世界に関与しない神である。死はすべての終わりである[127]というのが、エピクロスの基本的な死生観である。したがって神の審判も死者の復活も意味をなさない。

こうなるとパウロの演説に対する反応は、あまりはかばかしいものではないであろうことが予想されるが、実際のところ、アレオパゴスの聴衆はどのように反応したのであろうか。

3 演説への反応 (17:32-34)

17:32

Ἀκούσαντες δὲ ἀνάστασιν νεκρῶν οἱ μὲν ἐχλεύαζον, οἱ δὲ εἶπαν, Ἀκουσόμεθά σου περὶ τούτου καὶ πάλιν.

死者たちの甦りと聞いたとき、ある人たちは嘲笑し始めた。しかし他の人たちは言った。「そのことについてまた改めて私たちはあなたから聞くことにしたい。」

「しかし死者たちの甦りと聞いたとき」(Ἀκούσαντες δὲ ἀνάστασιν νεκρῶν):パウロはイエスの甦りには言及したが、「死者たちの甦り」(ἀνάστασιν νεκρῶν)には言及していない。それにもかかわらず死者たちの甦りに言及するのは論理の飛躍であると思われるが、ルカとしては

---

127) *Epistula ad Herodotum*: Diogenes Laertius, 10.81; *Epistula ad Menoeceum*: Diogenes Laertius, 10.121-127; *Kyriai doxai*: Diogenes Laertius, 10.139; Lucretius, *De rerum natura*, III.830 ff., Cicero, *De finibus*, 2.31.101; Plutarchus, *Non Posse*, 1103D, 1104E; Usener, *Epicurea*, 226-228. Cf. J. H. Neyrey, 125 n.23.

補遺　ルカの哲学的風味に対する哲学的吟味 | 443

そうまでしても死者たちの甦りの教説に話をもっていきたいのである。神による世界審判を布告した以上、後付けながら死者たちの甦りの教説を持ち出す必要があったわけである。

　18節で見た、対話相手を是か非かの二つに分けるモティーフが、ここでも繰り返される。μὲν - δὲ の対比に注目したい。「ある人たちは嘲笑し始めた」（οἱ μὲν ἐχλεύαζον）：［パウロ─対話相手］のレベルでは、エピクロス派哲学者たちの態度であろう。ルカの叙述ではエピクロス派は悪玉でありストア派は善玉である。したがって「他の人たち」（οἱ δε）はストア派哲学者たちということになるであろう。それにしても叙述の舞台からすっかり退散してしまったように見えたエピクロス派哲学者たちは、いつ戻ってきたのであろうか。このあたりは叙述の構成の手際が悪いだけではなく、こういうやり方でエピクロス派哲学者たちを利用するのは、適切ではないようにも思われる。［ルカ─読者］のレベルにおいても、生かじりの知識をもった読者たちなら、この否定的な応答をしたのはエピクロス派哲学者たちであると考えるであろう。それにしても悪玉エピクロス派像を描き、それを嘲笑しているように思われるルカの姿勢は、エピクロスの観点からすると、あまり気分がいいものではないであろう。

　「他の人たちは言った。「そのことについてまた改めて私たちはあなたから聞くことにしたい」」（οἱ δὲ εἶπαν, Ἀκουσόμεθά σου περὶ τούτου καὶ πάλιν）は、柔らかな拒絶にとれないこともない。しかし、ストア派哲学者たちはエピクロス派哲学者たちとは異なり、聞く耳をもっていたと解釈するほうが、ルカの叙述の構成に合致するように思われる。ストア派哲学者たちは条件付きで霊魂の不死は認めていたものの[128]、死者た

---

128) 魂の無限の存続や不死を想定したストア派はだれもいない。ストア派の正統的　見解は、限られた期間の魂の存続である。A. A. ロング『ヘレニズム哲学─ストア派、エピクロス派、懐疑派─』394 註6 を参照。さらに言えば、魂の実体は不滅であるが、個人の魂は「万物の大燃焼」（ἐκπύρωσις, confragratio）を生

ちの甦りとなるとにわかに受け入れがたい。そこで、「また改めて」（καὶ
πάλιν）さらに詳しく聞きたい要望を示した、という方向にルカは話を
もっていったのであると思われる。この要望がすぐに叶えられたかどうか
は明示されていないが、そのようになった可能性は行間に含意されている
ように思われる。

17:33
οὕτως ὁ Παῦλος ἐξῆλθεν ἐκ μέσου αὐτῶν.
かくしてパウロは彼らの中から出て行った。

「かくして」（οὕτως）の中に、死者たちの甦りに関して行われた可能
性がある「補講」が含まれているように思われる。『弁明』におけるソク
ラテスは、死刑判決を下された後、ソクラテスを支持する友人たちに向
かって、死後の生について彼の楽観的見解をねんごろに語った[129]。同様
にパウロは、聞く耳のある何人かに死者たちの甦りについてねんごろに
語った後、裁判者たちの中から出て行った。こういった含みが、この短い
文言から読み取ることができるかもしれない。ストア派風ソクラテスに扮
装したパウロは無知な人たちからは嘲笑されたが、真に知恵を愛する人た
ちからは支持を得た。そうルカは言いたいのかもしれないが、彼が描くソ
クラテス劇がにわか作りであることはすでに露呈している。

17:34
τινὲς δὲ ἄνδρες κολληθέντες αὐτῷ ἐπίστευσαν, ἐν οἷς καὶ
Διονύσιος ὁ Ἀρεοπαγίτης καὶ γυνὴ ὀνόματι Δάμαρις καὶ

き延びることができず、最終的には神的存在の中に吸収される、と考えられた。
Cf. H. V. Arnold, *Roman Stoicism*, 263.

129) Plato, *Apologia*, 39E-41C.

補遺　ルカの哲学的風味に対する哲学的吟味　｜　445

ἕτεροι σὺν αὐτοῖς.

　しかしある人たちは彼に帰依しその信者となった。その中には、アレ
　オパゴス議員のディオニュシオス、ダマリスという名前の女性、及び
　彼らの仲間である他の人たちがいた。

「ある人たちは彼に帰依しその信者となった」（τινὲς δὲ ἄνδρες κολλη-
θέντες αὐτῷ ἐπίστευσαν）は、とってつけたような話のように思わ
れるが、二分法的叙述構成にこだわるルカにとっては不可欠な部分であ
ろう。パウロに同調した人たちとは、哲学者たちの区分でいえば、スト
ア派哲学者たちということになるであろう。しかもその中のごく少数と
いうことになる。特別ゲスト登場というところであろうか。エピクロス
派哲学者たちは、またもやすぐに退場させられている。「彼に帰依した」
（κολληθέντες αὐτω）の、直訳は「彼にくっつけられた」である。パ
ウロの教説と人物に強く引きつけられた、傾倒したということであろう。
『弁明』の読者ならば、ソクラテスに熱く傾倒したクリトンやプラトンを
連想するかもしれない。「その信者となった」（ἐπίστευσαν）とは、パウ
ロ派の信奉者になったということであろう。ところで、その人たちはパウ
ロのりっぱな演説に同調することができたからには、りっぱな人たちでな
ければならないであろう[130]。ディオニュシオスは、当時のアテナイにお
ける男性の名前としては最も一般的なものであり、演劇祭である市のディ
オニュシア祭を連想させる格調の高さを含意する用語でもある。ルカは、
その読者に由緒あるギリシャ文化を意識させるために、この用語を選ん
だのではないかと思われる[131]。ルカはディオニュシオスを「アレオパゴ
ス議員」（Ἀρεοπαγίτης）と同定する。新約聖書では hapax legomenon

---

130)　Cf. R. I. Pervo, *Acts*, 442; D. Gill, "Dinonysios and Damaris: A Note on Acts
　　　17:34," *Catholic Biblical Quarterly* 61 (1999) 486.

131)　Cf. D. Gill, "Dinonysios and Damaris," 490.

である。「アレオパゴス議会あるいは法廷のメンバー」という意味であろう。エウセビオスの伝承によると、ディオニュシオスはパウロによってアテナイの司教に任命されたという情報を、コリントスのディオニュシオスが伝えたことになっている[132]。紀元5世紀の新プラトン主義的神秘主義文書が、彼の名に帰せられたことは周知のことである。

　「ダマリスという名前の女性」（γυνὴ ὀνόματι Δάμαρις）:「ダマリス」（Δάμαρις）も、古風で詩的な δαμαρ「配偶者（女性）」プラス -ις という女性名を現す接尾辞という語の形成から見て、ギリシャ文化の伝統をただよわせる用語であり[133]、アレオパゴスに似つかわしい。おそらくルカはそれを意図しているものと思われる。「女性」（γυνή）は「妻」をも意味しうる用語である。そういうこともあってか、ダマリスはディオニュシオスの妻であったという伝承もある[134]。アレオパゴス議会・法廷は、通常アテナイの女性がいる場所ではなかった。彼女は、在留外国人で教養あるホステス（ἑταίραι）の一人であった可能性もあり、ルカはそれを含意しているのかもしれない[135]。「彼らの仲間である他の人たち」（ἕτεροι σὺν αὐτοῖς）は、前二者と親密な関係にあった教養ある人たちということになるであろう。彼らはともにパウロの「補講」を傾聴し、納得ずくめで信者になったというところであろうか。演説のこのような結末は史実性なしとはいえないが、とってつけたような話の感は免れない[136]。いずれ

---

132) Eusebius, *Historia Ecclesiastica*, 3.4.10, 4.23.

133) Cf. D. Gill, "Dinonysios and Damaris," 487 n.9.

134) Dio Chrysostomus, *De sacerdotio*, 4.7; Cf. J. W. Childers, "A Reluctant Bride: Finding a Life for Damaris of Athens," *Renewing Tradition: Studies in Texts and Contexts*, ed. Mark W. Hamilton, Thomas H. Olbricht, and Jeffrey Peterson (Princeton Theological Monograph Series; Eugene, OR: Pickwick, 2006) 238.

135) Cf. R. I. Pervo, *Acts*, 442 n.161.

136) Cf. R. I. Pervo, *Acts*, 442; D. Gill, "Dinonysios and Damaris," 484.

補遺　ルカの哲学的風味に対する哲学的吟味　│　447

にせよ、偉そうな人たちを引き合いに出すルカの手法は[137]、俗物根性の現れにも見える。少なくともプラトンとエピクロスの観点からは、そう見えるであろう。

結　論

　「アテナイのパウロ」の叙述における［パウロ─対話相手］のレベルでは、ストア派的ソクラテス風パウロの独壇場である。彼は、知者とされる「エピクロス派・ストア派哲学者の幾人」（τινὲς δὲ καὶ τῶν Ἐπικουρείων καὶ Στοϊκῶν φιλοσόφων）を筆頭とするアテナイ人たちとの対話において、より正確には彼らへの演説において、彼らの無知を暴露し、キリスト教のありがたい教えを垂れる。その結果はというと、演説の聴衆のほとんどは「無知の自覚」・回心に至らなかったが、聞く耳のある少数は回心に至った、という自画自賛の構成になっている。それでは使徒言行録執筆時における［ルカ─読者］のレベルではどうであろうか。生かじりの知識をもち、ルカのいうことをすべて正しいとみなす先入観をもつ読者であるならば、ルカが好む色に塗り立てられたパウロ像なり、「エピクロス派・ストア派哲学者の輩」像なりを、疑うことなく丸呑みにするであろう。

　他方、プラトンとエピクロスに関するいくばくかの知識をもつ読者であるならば、ルカの叙述に対して異なる読み方をするかもしれない。まずルカが描くソクラテス的パウロ像についてであるが、プラトンのソクラテス像とは「似て非なり」である。表面をソクラテス風に粉飾したにすぎず、内実はキリスト教布告者そのものである。そのために叙述の中でしばしばメッキがはげ落ち、本性が現れる。そういう意味では、叙述の中のパウロ

---

137)　Cf. R. I. Pervo, *Acts*, 442; D. Gill, "Dinonysios and Damaris," 486.

は、ソクラテス化されたパウロから次第にパウロ化されたソクラテスに変容していったわけである。ルカが用いたソクラテスのイメージは、もっぱらキリスト教布告のための方便であり、プラトン哲学そのものへの関心を反映するものではないように思われる。

　次にルカが描くエピクロス派哲学者像についてであるが、歴史の現実に存在したエピクロス派は明示的に反映されていない。というよりも反映する意図が、ルカにはないといったほうがよいかもしれない。ルカのエピクロス派理解は、いや理解というよりイメージは、というほうが適切かもしれないが、巷に流布していた［エピクロス派＝無神論者・快楽主義者］というステレオタイプな見方の域を出ていない。「エピクロス派・ストア派哲学者の輩」という一括りの表現に、それが露呈している。エピクロス派哲学者たちは、叙述において、よく言えば引き立て役、実際は悪玉の役割しか与えられていない。彼らに対する理解や同情はみじんも感じられない。ルカは、キリスト教布告のためにソクラテスのイメージを方便として便宜的に利用したのと同様に、エピクロス派哲学者たちをも方便として用いたのである。エピクロス哲学そのものを理解しようという姿勢は見当たらない。自説の正当化のためなら、自分が知ってもおらず知りたいとも思わない人物たちを、不確かなステレオタイプな知識に従って利用することをも辞さないルカの手法は、厳密な学問的観点からはあまり感心できるものではない。しかし、それがともすれば宗教というものの頼りがちな常套手段なのかもしれない。

主要文献リスト

【テクストと翻訳】

Cragg, G. R., ed. 1968. *The Cambridge Platonists*. New York: Oxford University Press.

Cudworth, Ralph. 'A Sermon Preached before the House of Commons. March 31st, 1647,' in C. A. Patrides, ed. 1969. *The Cambridge Platonists*. London: Edward Arnold.

———. 'Preface' to 'A Sermon Preached before the Honourable The House of Commons, On March 31st, 1647,' in Charles Taliferro and Alison J. Teply., eds. 2004. *Cambridge Platonists Spirituality*. Mahwah NJ: Paulist Press.

Jeffs, Robin. 1970. *The English Revolution I Fast Sermons to Parliaments Volume I Nov 1640-Nov 1641*. London: Cornmarket Press.

———. 1678. *The True intellectual System of the Universe*. London. Facsimile reprint.

Patrides, C. A, ed. 1969. *The Cambridge Platonists*. London: Arnold.

Smith, John. 1660. *Select Discourses*, ed. J. Worthington. London. Facsimile reprint, New York and London: Garland, 1978.

Taliaferro, Charles, and Alison Teply, eds. 2004. *Cambridge Platonist Spirituality*. New York, Mahwah, NJ: Paulist Press.

Whichcote, Benjamin. 1751. *The Works of the Learned Benjamin Whichcote*, 4 vols. Aberdeen, Facsimile reprint New York, 1977.

———. 1698. *Select Sermons*, with a Preface by Anthony Ashley Cooper, Third Earl of Shaftesbury. London.

———. 1753. *Moral and Religious Aphorisms*. London: J. Payne.

Arnstrong, A. H, translator. 2000~2003. Plotinus. *Ennead* I-VI, Loeb Classical Library: Harvard University Press.

Hadot, Ilsetraut. 1996. S*implicius Commentaire sur le Manuel d'Epictète. introduction & édition critique du texte grec par*: E. J. Brill.

矢内光一訳・注. 1988.「ジョン・スミス「神に関する知識に至るための真の方法」」『横浜国立大学人文紀要. 第1類, 哲学・社会科学』34, 171-186.

【参考文献】

Arnim, H. von. ed. 1964. *Stoicorum Veterum Fragmenta*, vol. 3. Stuttgart: B. G. Teubner.

Arnold, Vernon. 1911. *Roman Stoicism*. London: Routledge & Kegan Paul Ltd.

Beiser, F. C. 1996. *The Sovereingty of Reason The Defense of Rationality in the Early English Enlightenment*. Princeton University Library.

Bendall, Sarah and Brooke, Christopher and Collison, Patrick, eds. 1999. *A History of Emmanuel College*. The Boydell Press.

Birch, Thomas. 1820. "An Account of the Life and Writings of Ralph Cudworth," in *The True intellectual System of the Universe*, vol. 1. London: J. F. Dove.

Brittain, Charles and Brennan Tad, trans. 2002. *Simplicius On Epictetus' Handbook*, 1-26. Cornell University Press.

Brennan Tad and Brittain, Charles, trans. 2002. *Simplicius On Epictetus' Handbook*, 27-53. Cornell University Press.

Brown, John. 2001. *Puritan Preaching in England A Study of Past and Present*. Wipf and Stock Publishers.

Brunton, D and Pennington, D. H. 1954. *Members of the Long Parliament*. George Allen & Unwin Ltd.

Burnett, Gilbert. 1833. *History of His Own Time*, edited by Dean Swift *et al.*, 2nd ed. Oxford.

Cassirer, Ernst. 1970. *The Platonic Renaissance in England*, translated by J. P. Pettegrove. New York: Gordian Press.

Campagnac, E. T. 1901. *The Cambridge Platonists*. Oxford at the Clarendon Press.

Cattoi, Thomas & McDaniel, June, eds. 2011. *Perceiving the Divine through the Human Body: Mystical Sensuality*. Palgrave Macmillan.

Charleton, Walter. 1657. *The Immortality of the Human Soul, Demonstrated by the Light of Nature in Two Dialogues. (1657)*. Reproduction of the original in the Yale University Library.

Cohn, Norman. 1970. *The Pursuit of the Millennium*. New York: Oxford University Press.

Colie, Rosalie L. 1957. *Light and Enlightenment: A Study of the Cambridge Platonists and the Dutch Arminians*. Cambridge University Press.

Coolman, B. T. 2004. *Knowing God by Experience*. The Catholic University of

America Press.

Cragg, G. R. 1950. *From Puritanism to the Age of Reason*. Cambridge University Press.

———. 1957. *Puritanism in the Period of the Great Persecution* 1660-1688. New York: Russell & Russell.

Crocker, Robert. 2003. *Henry More, 1614-1687 A Biography of the Cambridge Platonist*. Kluwer Academic Publishers.

Crossley, James, ed. 1847. *The Diary and Correpondence. Dr. John Worthington*, vol. 1. printed for Chetham Society.

Davenport, P. M. 1972. *Moral Divinity with a Tincture of Christ? An interpretation of the Theology of Benjamin Whichcote, Founder of Cambridge Platonism* (Doctoral Dissertation). Nijmegen.

De Pauley, W. C. 1937. *The Candle of the Lord*. New York: Books For Libraries Press.

Dow, F. D. 1985. *Radicalism in the English Revolution 1640-1660*. Oxford: Basil Blackwell Ltd.

Edward, Earl of Clarendon. 1888. *The History of the Rebellion*, 6vols. ed. W. D. Macray. Oxford: The Clarendon Press.

Gardiner, S. R. 1987. *Civil War*. 4vols. London: Phoenix Press.

Gavrilyuk, P. L. and Coakley Sarah, ed. 2012. *The Spiritual Senses Perceiving God in Western Christianity*. Cambridge University Press.

George, E. A. 1908. *Seventeenth Century Men of Latitude - Forerunner of the New Theology*. New York: Charles Scribner's Sons.

Gillespie, S. and Hardie, P, eds. 2007. *The Cambridge Companion To Lucretius*. Cambridge University Press.

Gysi, Lydia.1962. *Platonism and Carthesianism in the Philosophy of Rarph Cudworth*. Herbert Land Bern.

Hutton, S. 2008. "Platonism, Stoicism, Skepticism, and Classical Imitation," in Hattaway, M. ed. *A Companion to English Renaissance Literature and Culture*. Blackwell Publishing, 44-57.

Inge, W. R. 1926. *Platonic Tradition in English Religious Thought*. Longmans, Green & Co.

Johnson, J. W. 1967. *The Formation of English Neo-classical Thought*. Greenwood Press, Publishers.

Jones, C. P. 1971. *Plutarch and Rome*. Oxford University Press.

Jones, Howard. 1989. *The Epicurean Tradition*. Routledge.

Jones, R. M. 1914. *Spiritual Reformers in the 16th & 17th Centuries*. London: Macmillan and Co., Limited.

Jordan, W. K. 1936. *The Development of Religious Toleration in England* (1603-1640). London: George Allen & Unwin Ltd.

———. 1938. *The Development of Religious Toleration in England* (1640-1660). London: George Allen & Unwin Ltd.

Hough, W. E. 1927. "The Religious Philosophy of John Smith," *The Baptist Quarterly* 3.8.

Keeble, N. H. 1982. *Richard Baxter Puritan Man of Letters*. Oxford: Clarendon Press.

Kraye, Jill, ed. 1996. *The Cambridge Companion to Renaissance Humanism*. Cambridge University Press.

Lamont, William and Oldfield, Sybil, eds. 1975. *Politics, Religion and Literature in the Seventeenth Century*. London: J. M. Dent & Sons Ltd.

Leibniz, "Consideration sur les Principes de Vie et sur les Natures Plastiques," *Philosophische Schriften*, ed. Gerhardt, vol. 4.

Locke, John. 1989. *Some thoughts concerning Education*, ed. John and Jean Yolton. Oxford: Oxford University Press.

Long, A. A. & Sedley, D. N, trans. 1987. *The Hellenistic Philosophers*, vol. 1. Cambridge University Press.

Long, A. A. & Sedley, D. N, ed. 1987. *The Hellenistic Philosophers*, vol. 2. Cambridge University Press.

Long, D. S. 2005. *John Wesley's Moral Theology The Quest for God and Goodness*. Kingswood Books.

Louth, Andrew. 2007. *The Origins of the Christian Mystical Tradition*. Oxford University Press.

Lowley, C. E. 1884. *The Philosophy for Ralph Cudworth a Study of the True intellectual System of the Universe*. New York: Phillips & Hunt.

McAdoo, H. R. 1965. *The Spirit of Anglicanism*. New York: Charles Scribner's Sons.

McClymond, M. J. 1977. "Spiritual Sensation in Jonathan Edwards," *The Journal of Religion*, 77. no. 2: 195-216.

Michaud, Derek. 2008. *The Patristic Roots of John Smith's "True Way or Method of Attaining to Divine Knowledge*," 15-19, AAR Mysticism & Greek Orthodox Studies Groups, November 3, 2008. Boston University.

Moorman, J. R. H. 1980. *A History of the Church in England*. Morehouse Publishing.

Muirhead, J. H. 1931. *The Platonic Tradition in Anglo-Saxon Philosophy*. London: George Allen & Unwin.

Mullinger, J. B. 1911. *The University of Cambridge*, vol. III. Cambridge University Press.

Newsome, David. 1972. *Two Classes of Men. Platonism & English Romantic Thought*. London: John Murray Publishers Ltd.

Nicholson, Marjorie. 1929. "Christ's College and the Latitude-Men," *Modern Philology*, August. 41.

Oldfather, W. A, trans.1925. *Epictetus Discourses Books* 1-2. Harvard University Press.

Oldfather, W. A, trans.1928. *Epictetus Discourses Books* 3-4. Harvard University Press.

Overton, Richard. 1968. *Mans Mortalitie*, ed. Harold Fisch. Liverpool University Press.

Passmore, John.1951. *Ralph Cudworth: An interpretation*. Cambridge: Cambridge University Press.

Pawson, G. P. H. 1930. *The Cambridge Platonists and Their Place in Religious Thought*. London: Society for Promoting Christian Knowledge.

Popkin, R. H. 1992. *The Third Force in Seventeenth-Century Thought*. E. J. Brill.

Powicke, F. J. 1926. *The Cambridge Platonists*. London & Toronto: J. M. Dent and Sons, Ltd.

Pullan, Leighton. 1924. *Religion Since the Reformation*. Oxford University Press.

Roberts, J. D. 1968. *From Puritanism to Platonism*. Martinus Nijhoff.

Rogers, G.A.J., J.-M. Vienne, Y.-C. Zarka, eds. 1997. *The Cambridge Platonists in Philosophical Context. Politics, Metaphysics and Religion*. Dordrecht: Kluwer Academic Publishers.

Russell, Conrad. 1971. *The Crisis of Parliaments English History* 1509-1660. Oxford University Press.

Russell, D. A. 2001. *Plutarch*. Bristol Classical Press.

Russell, Norman. 2004. *The Doctrine of Deification in the Greek Patristic Tradition*. Oxford University Press.

Seaver, Paul. 1970. *The Puritan Lectureships the Politics of Religious Dissent,*

1560-1662. Stanford University Press.

Seel, G. E. 1999. *The English Wars and Republic 1637-1660*. London and New York: Routledge.

Smith, David. L. 1999. *The Stuart Parliaments 1603-1689*. Arnold.

Sorley, W. R. 1937. *A History of English Philosophy*. Cambridge Universtiy Press.

Spalding, James C. 1967. "Sermons Before Parliament (1640-1649) As a Public Puritan Diary," *Church History*, Vol. XXXVI. 24-35.

Spurr, John. 1998. *English Puritanism 1603-1689*: Macmillan Press Ltd,.

Stewart, H. L. 1951. "Ralph Cudworth, The "Latitude Man"," *The Personalist* 32. 163-171.

Taliaferro, Charles. 2005. *Evidence and Faith: Philosophy and Religion since the Seventeenth-Century*. Cambridge: Cambridge University Press.

Thomlinson, Howard and Gregg, David. 1989. *Politics, Religion and Society in Revolutionary England, 1940-60*. Macmillan Press Ltd,.

Trevor-Roper, H. R. 1964. "The Fast Sermons of the Long Parliament," in *Essays in British History*, ed. by H. R. Trevor-Roper. London.

Tulloch, John. 2005. *Rational Theology and Christian Philosophy in England in the Seventeenth Century*, vol.II. Elibron Classics.

Usener, Hermannus, ed.1897. *Epicurea* (1887). Kessinger Legathy Reprints.

von Balthasar, H. U, ed. 1956. *Origen Spirit and Fire*, translated by Daly, R. J. The Catholic University of America Press.

Walton, Brad. 2002. *Jonathan Edwards, Religious Affections and the Puritan Analysis of True Piety, Spiritual Sensation and Heart Religion*. The Edwin Mellen Press.

Willey, Basil. 1964. *The English Moralists*. New York: W. W. Norton & Company, inc.

———. 1934. *The Seventeenth-Century Background*. Penguin Books.

Wilson, J. F. 1969. *Pulpit in Parliament Puritanism during the English Civil Wars 1640-1648*. Princeton University Press.

Yule, George. 1981. *Puritans in Politics The Religious Legislation of the Long Parliament 1640-1647*. Thesutton Courstenay Press.

新井明・鎌井敏和共編. 1988.『信仰と理性　ケンブリッジ・プラトニスト研究序説』御茶ノ水書房.

今井宏. 1979.『クロムウェル　ピューリタン革命の英雄』清水書院.

今関恒夫．1989．『ピューリタニズムと近代市民社会　リチャード・バクスター研究』
　　　みすず書房．

―――．2006．『バクスターとピューリタニズム　17世紀イングランドの社会と思想』
　　　ミネルヴァ書房．

岩井敦．1995．『千年王国を夢みた革命　17世紀英米のピューリタン』講談社．

乳原孝．1998．『エリザベス朝時代の犯罪者たち』嵯峨野書院．

―――．2002．『「怠惰」に対する闘い』嵯峨野書院．

大西晴樹．2000．『イギリス革命のセクト運動　増補改訂版』御茶の水書房．

岡道男・片山英男・久保正彰・中務哲郎編．1999~2002．『キケロー選集』全16巻．
　　　岩波書店．

エルンスト・カッシーラー著　花田圭介監修・三井礼子訳．1933．『英国のプラトン・
　　　ルネサンス　ケンブリッジ学派の思想潮流』工作舎．

鎌井敏和・泉谷周三郎・寺中平治編著．1997．『イギリス思想の流れ』北樹出版．

P. シェルドレイク著　木寺廉太訳『キリスト教霊性の歴史』教文館．

田村秀夫編著．1990．『イギリス革命と千年王国』同文舘．

常行敏夫．1990．『市民革命前夜のイギリス社会―ピューリタニズムの社会経済史―』
　　　岩波書店．

浜林正夫．1981．『増補版　イギリス市民革命史』未來社．

原田健二朗．2014．『ケンブリッジ・プラトン主義　神学と政治の関連』創文社．

クリストファー・ヒル著　小野功生訳．1991．『十七世紀イギリスの宗教と政治』クリ
　　　ストファー・ヒル評論集II．法政大学出版局．

プルタルコス著　戸塚七郎・松本仁助ほか訳．1997-．『モラリア』全14巻（西洋古典
　　　叢書）京都大学学術出版会．

A. E. マクグラス著　稲垣久和・岩田三枝子・豊川慎訳．2006．『キリスト教の霊性』
　　　教文館．

ピーコ・デッラ・ミランドラ『人間の尊厳についての演説』．佐藤三夫訳編．1984．『ル
　　　ネサンスの人間論―原典翻訳集―』有信堂高文社．

森修二．1978．『イギリス革命史研究―経済と社会―』御茶の水書房．

八代崇．1993．『イングランド宗教改革史研究』聖公会出版．

ルクレティウス　岩田義一・藤沢令夫訳．1965．「事物の本性について――万有論」『（世
　　　界古典文学全集21）ウェルギリウス／ルクレティウス』筑摩書房．

A. A. ロング著　金山弥平訳．2003．『ヘレニズム哲学―ストア派，エピクロス派，懐
　　　疑派―』京都大学学術出版会．

若原英明．1988．『イギリス革命史研究』未來社．

索　　引

（人名索引／事項索引／出典索引）

1）見出し項目（親項目）は、五十音順に配列した。ただし、複合項目（子項目）は、
五十音順にこだわらずに、適宜、配列した。

人　名　索　引

本文中のみ。ウィチカット、カドワース、スミスを除く。

〔ア　行〕

アイリアノス Aelianus, C.　　166,
174, 195, 196

アウグスティヌス Augustinus　　323,
325

アガメムノン Agamemnon　　272

アタナシウス Athanasius　　55, 132,
133

アッリアノス Lucius Flavius Arrianus
214, 227

アブラハム Abraham　　66

アプレイウス Apuleius　　420

新井 明　　27

アラトゥス Aratus　　436

アリストテレス Aristoteles　　13, 46,
51, 107, 109, 110, 132, 165,
205, 225, 227, 262, 265, 281,
284, 289, 298, 306, 328, 332,
343, 365, 384, 428

アリストパネス Aristophanes　　201,
412

アルテミス Artemis　　272

アレオパゴスのディオニュシオス

Pseudo-Dionysius Areopagita
323

アレクサンドリアのクレメンス
Clemens Alexandrinus　　159,
160

イアンブリコス Iamblichus　　14,
165

イピゲネイア Iphigenia　　272

インゲ Inge, W. R.　　164

ウィドリントン Widdrington, R.
128

ウィリー Willey, B.　　45, 52, 399

ウェスリー Wesley, J.　　161

ウォード Ward, N.　　115

エイレナイオス Irenaeus　　54

エウセビオス Eusebius　　446

エピクテトス Epictetus　　139, 214,
226, 227, 229, 247, 339, 357,
362, 425

エピクロス Epicurus　　172-174, 213,
236, 237, 256-259, 262-268,
273, 274, 276, 277, 281-290,
294, 296-309, 336, 393, 405,
406, 410, 413, 417, 423, 428-

434, 441, 433, 447

エピメニデス Epimenides　435, 436

エンペドクレス Empedocles　272

オイノアンダのディオゲネス
　　Diogenes of Oenoanda　410

オヴァートン Overton, R.　257-259, 293

オデュッセウス Odysseus　98

オリゲネス Origenes　13, 15, 165, 166, 185, 187, 188,-190, 211

〔カ　行〕

カッシーラー Cassirer, E.　15, 26, 41, 71, 80, 88, 106

カペル卿 Capel, A.　105

鎌井 敏和　27

ガリレオ Galileo Galilei　107

カルヴァウェル Calverwell, N.　12, 27, 34, 158

カルヴァン Calvin　56,

キケロ Cicero　38, 51, 166, 172, 173, 193, 197, 249, 256, 266, 267, 273, 275, 284, 285, 296, 300, 303, 345, 363, 364, 384, 393, 406, 420, 426, 432

偽プルタルコス Pseudo-Plutarchus　101

クセノパネス Xenophanes　131, 428

グッドウィン Goodwin Th.　113, 114

クラッグ Cragg, G. R.　13, 15-17, 164

クラレンドン伯 Edward Hyde, First Earl of Clarendon　111, 112

クリトン Clito　445

クレアンテス Cleanthes　425, 436

クロムウェル Cromwell, O.　34, 35, 84, 95, 96, 97, 210

ケベス Cebes　98, 332

コケイン Cokayne, G.　115

コスロエス Cosroes　237

コールリッジ Coleridge, S. T.　161

コロテス Colotes　296, 297

〔サ　行〕

サーロー Thurloe, J.　84

ステリー Sterry, P.　13, 27

ジョーンズ Jones, R. M.　167

ジョンソン Johnson, R.　90, 116

シンプリキオス Simplicius　166, 226,235, 238-240, 247, 249, 272, 339, 341, 343, 344, 357, 362, 363, 384

スカーギル Scargill, D.　85

ゼウス Zeus　200, 310, 430,

セネカ Seneca　50, 166, 236, 237, 256, 351, 410

ゼノン Zeno　411, 429, 436

ソクラテス Socrates　98, 99, 101, 102, 121-123, 144, 146, 154, 201, 204, 206, 230, 235, 246, 332, 333, 375, 390, 391, 396, 404, 405, 407, 408, 411-416, 418, 421, 422, 424, 426-428, 430, 433, 438-441, 444, 445, 448

ゾロアスター Zoroastres　186, 187

ソロモン Solomon　92, 320, 321, 322, 324, 328

人名索引 459

〔タ 行〕

大プリニウス Gaius Plinius Secundus
    166
ダヴェンポート Davenport, P. M. 40
タックニー Tuckney, A. 34, 35,
    37, 38, 40, 45-46, 57, 58, 60,
    63, 69, 70, 72, 73
ダマリス Damaris 86
ターリアフェローとテプリー
    Taliaferro, C. & Teply, A. J.
    14
タロック Tulloch, J. 164, 165
チャールズ1世 Charles I 11, 84
チャールズ2世 Charles II 87
ディアゴラス Diagoras Melius 213
ディオゲネス・ラエルティオス
    Diogenes Laertius 172, 211,
    256, 274, 338, 409
ディオティマ Diotima 235, 375
ディオドロス Diodorus Siculus 213
ディオニュシオス Dionysius
    Areopagita 323, 445, 446
ティモテオス Timotheus 403, 405
ティロットソン Tillotson, J. 35
デカルト Descartes 13, 107
デモクリトス Democritus
    258, 259, 279, 286, 287, 343
デル Dell, W. 127
トマス・アクィナス Thomas Aquinas
    15
トラヤヌス Marcus Ulpius Traianus
    410
トルクァトゥス Lucius Manlius
    Torquatus 275, 276

トレボーロパー Trevor-Roper, H. R.
    95, 113

〔ナ 行〕

ナジアンゾスのグレゴリオス
    Gregorius Nazianzenus 167
ニコルソン Nicholson, M 128
ニュートン Newton, J. 88, 107,
    108
ヌメニオス Numenius 409
ネイリー Neyrey, J. H. 402

〔ハ 行〕

パウサニアス Pausanias 166
パウリヌス Paulinus 318, 319
バークリー Berkeley, G. 88
パスモア Passmore, J. A. 40
バチラー Bachiler, J. 259
ハドリアヌス Publius Aelius
    Hadrianus 409, 410
パトリック Patrick, S. 156, 159,
    160, 167
バーネット Burnet, G. 38
原田 健二朗 27
ヒエロクレス Hierocles 348
ヒエロニムス Hieronymus 318, 319
ピーコ・デッラ・ミランドラ
    Pico della Mirandra 14, 82
ピュタゴラス Pythagoras 205, 206
ピロデモス Philodemus 256
フィチーノ Ficino, M. 14, 15
フィロン Philo 211
プライス Price, R. 88

プライド Pride, T. 97, 114

ブラウン Brown, J. 40

プラトン Plato 12-15, 18-22, 38, 49, 51, 55, 92, 97, 101, 102, 107-110, 122, 125, 127,132, 134, 136, 151, 159, 165, 170, 181, 191, 192, 198, 204-207, 221-223, 227, 229, 230, 234, 235, 239, 242, 244, 246, 265, 281, 283, 289, 298, 306, 326, 328, 330, 331, 332, 334, 335, 341, 342, 344, 346, 354, 356, 362, 366, 372-377, 379, 381, 383, 384, 390-391, 394, 397, 407, 413, 416-418, 421, 427, 428, 435, 437, 438, 441, 445, 447, 448

ブリッジ Bridge, W. 114

プリニウス Gaius Plinius Secundus 166, 195

プルタルコス Plutarchus 93, 101, 152, 166, 224, 229, 249, 256, 261, 262, 269-272, 293-298, 300, 303, 345, 384, 393, 410, 420, 426

プロクロス Proclus 165, 219, 220, 281, 334, 335, 336

プロタゴラス Protagoras 213, 273

プロティナ Plotina 410

プロティノス Plotinus 13-15, 38, 46, 49, 52, 53, 106, 107, 129, 136, 165, 166, 177, 179-184, 195, 196, 201, 202, 204-207, 217-224, 227, 229, 235, 238-242, 244, 246, 249, 322, 323,

326, 328-330, 332, 336, 337, 346, 352-356, 362, 367-379, 381, 382, 384, 397

ベーコン Bacon, F. 106, 166, 171, 210, 280, 281

ペニア Penia 375

ヘラクレイトス Heraclitus 428

ヘルメス Hermes 224, 225

ポーヴィック Powicke, F. J. 12, 13, 164, 166

ポーソン Pawson, G. P. H. 166

ホッブス Hobbes, Th. 13, 14, 83, 85, 87, 107, 108, 332

ホメロス Homerus 98, 142, 147

ポルピュリオス Porphyrius 14, 136

ポロス Phorus 375

ホワイトロック Whitelock, B. 84

〔マ 行〕

マシャム卿夫人 Lady Masham 86

マルクス・アウレリウス Marcus Aurelius Antoninus 410

ミショー Derek Michaud, D. 187, 189, 190

ミルトン Milton, J. 84

モア Henry More 12, 26-28, 81, 84

〔ヤ 行〕

ユピテル Jupiter 236, 237

ユール Yule, G. 118

〔ラ　行〕

ラバン　Lavan　366
リドリー　Ridley, N.　19, 23
リルバーン　Lilburne, J.　96, 258
ルクレティウス　Lucretius　256, 267,
　　272, 275-278, 287-292, 303,
　　410
レウキッポス　Leucippus　258, 259
ロジャース　Rogers, G. A. J.　106

ロック　Locke, J.　86, 88, 107, 108,
　　174, 225, 226, 247
ロード　Laud, W.　96

〔ワ行〕

ワージントン　Worthington, J.　155,
　　156, 160,-162, 165, 249, 313,
　　314

事　項　索　引

本文中のみ。著書名は除く。

〔ア　行〕

愛　智　者　246, 328, 330, 332, 356,
　　395, 396, 418
アイテール　267
愛の律法　150
アウタルケイア　350
赤ちゃん人形の神　132
アカデメイア派　331, 332
明るいキリスト像　72, 77
アケロン　291, 306
アゴラ　407, 408, 412, 416
悪しき人　213, 214, 221, 331, 332,
　　335, 336, 342-344, 350, 351,
　　354, 361
アタラクシア　299
アテナイ　242, 274, 390, 403-405,
　　407, 409,-411, 414, 416, 420,

　　436, 445, 446
──市民　121, 123, 144, 146, 154
──人　101, 406, 408, 412, 417,
　　419, 420, 421, 423, 425, 427,
　　433-435, 437, 439, 440, 441,
　　447
──の園　307
──のパウロ　401, 447
アトム　287, 288
アナスタシス　414, 441
アリストテレス学派　281
アルミニウス主義　45, 88, 127
アルミニウス派　97, 210
アレオパゴス　415, 416, 421, 435,
　　441, 442, 446
──議員　445
──議会　416, 417, 421, 446
アレクサンドリア　404

——の教父　399

怒り　405, 406

イギリス経験論哲学　246, 247

イギリス理神論　180

生ける図書館　159, 195

一者　53, 136, 179, 217, 224, 240-
242, 322, 328, 337, 353, 355,
356, 358

一体　67, 191, 240, 241, 300, 330,
356, 382

五つの霊的感覚　189, 190

偽りの熱心　148

イデア　53, 92, 101, 102, 108, 109,
125, 218, 367

——界　100, 125

ウェストミンスター　79, 89, 112

——・アビー　95

——神の霊　44, 45

——信仰告白　57, 121

——神学者会議　90, 95, 116,
121, 209

——小教理問答　370

——大教理問答　121

内なる

——悪　149, 342

——温かさ　186

——アレテー　215, 216, 327

——いのち　14, 43, 44

——エロス　221, 235

——神のいのち　93

——神の霊　136

——改革　13

——感覚　320, 322

——キリスト　42, 43, 44, 72,
74, 76, 77, 127, 150, 388, 389,

390

——原理　44

——理　234

——真の善性　368

——真理　143

——地獄　149

——十字架のキリスト　71, 72,
77, 124

——聖性　186, 190

——先取観念　172

——善性　153, 216, 390

——善性と神知　200

——魂　141, 180, 182, 190, 192,
194, 198, 223, 230, 231, 236,
239, 240, 245, 366

——知性　182, 184, 185, 193,
216, 218, 223, 225, 352, 354,
362, 382-384, 395

——知性的感覚　195

——天国　143, 149

——光　13, 93, 105, 109

——恵みの原理　73

——理性　221, 247, 248, 335,
337, 345, 380, 381

——理性的部分　336

——平静　301

——醜さ　335

——良心の声　422

——欲望　149

宇宙論　265, 435

美しきポリス　109

生まれたばかりの乳児キリスト　247

運命論　86, 302, 432

叡知界　206, 330, 356, 380, 381

永遠のいのち　258

永遠の光　179

栄化　67, 77

栄光　125, 132, 141, 243, 252, 316,
　　　359, 360, 368, 370-374, 377,
　　　378, 382, 383, 384, 395

英国国教会　23

エイロネイア　422

似非自然学知　290, 292

エピクロス

　　──共同体　409, 410

　　──哲学　30, 31, 249, 256, 257,
　　　262, 277, 281, 282, 285, 289,
　　　290, 300, 303, 304, 387, 393,
　　　394, 402, 410, 414, 448

　　──主義者　173, 336, 410

　　──の教説　256-258, 282, 287,
　　　301, 406, 410

　　──派　172, 173, 256, 259, 272-
　　　279, 281, 290-296, 303, 338,
　　　401, 402, 406, 408-415, 421-
　　　425, 428-430, 433, 434, 437,
　　　438, 443, 445, 447, 448

エピステーメー　362, 371

エマニュエル学寮　12, 13, 34, 35,
　　　58, 80, 83, 105, 115, 157, 384

選び　124, 125, 131

エレウシス秘儀　198

エロース　375

　　──論　375

演劇　353

　　──祭　445

王政復古　35, 85, 111, 128

思いなし　99, 221, 222, 342, 343,
　　　371

思わく　229, 231, 235, 247, 248,

392

恩寵　119, 127, 131, 138, 141,
　　　153, 178, 247

〔カ　行〕

回心　67, 77, 99, 427, 438, 440,
　　　447

快楽

　　──主義　257, 297

　　──者　297, 334, 336, 448

覚醒　404-407

隠れて生きよ　307

下降　220

可死性　207, 329

合唱舞踊　353

合体　219, 241

神

　　──と共に歩む　357

　　──に与る　50, 53

　　──に同化する　360, 377, 379

　　──に倣う　50, 161

　　──のいのち　14, 16, 91, 93,
　　　121, 136

　　──の甘美　322, 357

　　──の観照　332

　　──の学としての神学　175

　　──の自足性　430

　　──の審判　303, 442

　　──の性質　50, 54, 55, 91, 104,
　　　130, 134, 140, 375, 378

　　──の摂理　265, 302, 316, 359

　　──の善性　135, 153, 161, 185,
　　　191, 193, 251, 357, 358, 377,
　　　379, 390

——の超越と内在　14

——の超越性　182

——の直視　180, 182

——の内在性　182

——の似姿　124, 125, 129, 131, 140, 437

——の配慮　274, 276, 432

——への同化　361, 370, 383, 384

——を喜ぶ　347, 352, 354, 364, 381, 395

カバラ　82

——主義者　323

カルヴィニスト　13, 126, 127

カルヴィニズム　80, 88, 116, 119, 123-125, 127, 137, 152, 178

感覚

——界　75, 316, 330, 359, 395

——器官　266

——性　173, 226

——的生　206

——的理解　342, 344

観想　93, 106, 125, 206, 207

——的生活　106

——的な人　238-240, 340

甘美　199, 203, 215, 217, 224, 225, 322, 341, 357, 377, 379

寛容　13, 14, 85, 106, 151, 440

機械仕掛けの神　285

気概の部分　109, 330, 341

機械論　87, 257, 289

擬人神観　276, 290, 429

貴族院　95, 112

義認　56, 57, 67, 69, 72, 73, 77

救済　53, 56-60, 68, 69, 76, 77, 247, 389

——者　53, 61, 63, 68, 72

——論　56, 76

急進派　117, 148, 150

キュニコス派　99, 430

教条主義　57, 64, 119, 123, 153, 322, 358

共通

——観念　195, 218, 231

——原理　174, 219, 231

協働　15, 18, 24, 30, 31, 56, 65, 69, 76, 98, 123, 155, 175, 211, 212, 262, 326, 387-390

教派主義　153, 210

共和政　84, 85

浄さ　179

ギリシャ

——古典　99, 102, 252

——語欽定講座担当教授　128

——語原典　98

——詩人　435, 436

——神話　137, 147, 148, 376

——哲学　18-20, 50, 52, 100, 131, 134, 152, 205, 332, 399

——哲学者　166, 200, 201

——文化　404, 414, 422, 429, 445, 446

——文明　439

キリスト

——者　12, 15, 16, 19, 23, 51, 60, 66, 68, 69, 75, 90, 91, 94, 104, 111, 120, 121, 123, 126, 127, 129, 136, 153, 154, 160, 163, 165, 175, 190, 191, 243, 244, 246, 247, 248, 251, 260, 318, 327, 361, 362, 368, 369,

372, 375, 380, 383, 384, 388-397

――教正統派　　253, 254, 257, 259, 272

――教学　　21-23

――が形成される　　68-70

――の犠牲死　　393

――に似た本性　　199

――の意志　　124

――のいのち　　14, 29, 30, 79, 90, 100, 104, 123, 127, 129, 136, 150, 154, 387, 389, 390

――の意味　　29, 30, 33, 387, 388

――の再臨　　101, 113, 114

――の神性　　76, 388

――を知る　　68, 69, 120-124, 126, 138

――の命令　　120, 129, 138, 140, 151

――の霊　　16, 42, 91, 105, 368

キリスト教　　399, 400, 412-419, 421, 422, 431, 433, 435, 437

キングズ学寮長　　34

欽定訳聖書　　84

禁欲主義　　358, 384

悔い改め　　56, 61, 73, 76

空虚　　282, 283, 284, 287-289

偶然　　285, 302

偶像破壊　　109

偶像礼拝　　91, 114, 406

グノーシス

――主義　　99

――派　　200, 201

クライスツ学寮　　12, 36, 84, 86, 106, 107, 128, 397

クレティカ　　436

経験主義　　210, 285

経験論哲学　　15, 88, 171, 225, 246, 247, 332, 344, 346, 384

形而上学　　38, 206, 285

敬神　　153, 154, 317, 319

形成的自然　　87

形相　　328, 365, 366

刑罰代受　　135, 271, 393

決定論　　14, 57, 76, 432

ケルビム　　120

謙虚／謙遜　　6, 102, 119, 125, 199, 207, 237, 316, 359

現実態　　365, 366

原子の逸れ　　288, 432

原子論　　257, 288, 289, 304, 343, 392

見神者　　198, 247, 392

ケンブリッジ大学　　34, 36, 80, 105, 128, 157, 399

ケンブリッジ・プラトニスト（CP）　　11, 12, 22, 24, 25, 33, 79, 155, 249, 313, 387, 399

原理主義　　18, 19

――者　　128

合一　　49, 82, 220, 238, 240, 242, 322, 353

高貴性　　30, 163, 313, 314-333, 338, 341, 344, 346, 347, 357, 360, 364, 379-395

高次の知識　　245

構築者（デーミウールゴス）　　376

幸福観　　267, 299, 300, 301, 304

心

――の内なる悪　　149

——の内なる神のいのち　93

——の浄さ　179

——の浄化　121

——の内面の変革　105

——の中に形成されるキリスト　121

——の平静　206, 236, 276, 297, 298, 303, 306

——の動揺　299, 311

古典期アテナイ　22

コーバーク・バプテスト教会　24

コーパス・クリスティ学寮　85

コレイア　353

コロス　353

ゴンヴィル アンド キーズ学寮　127

〔サ　行〕

最高善　136, 190, 328, 368, 382-384, 395, 396

サタン　163

残滓議会　115

三神論　87

死

——の瞑想　206

——の練習　206, 391

慈愛　161, 209, 212

視覚　183-185, 189, 193, 224, 241

始原　101, 330, 334, 336, 337, 355

自己

——愛　350, 351

——吟味　99, 117, 146, 342

——充足　87, 350, 351, 374

——の栄光　373, 377

——否定　125, 347, 348-350, 352

——の生　369

——満足　351

思考の型　88, 384

地獄　57, 127, 135, 137, 142, 149, 306, 319, 325

死後の生　444

死者たちの甦り　442-444

静かな触れ合い　377-379

自然

——科学　86, 171

——学　88, 101, 288

——学知　264 , 290

——現象　264, 278, 281, 283, 289, 432

——神学　45, 281

——の光　13, 171

——の人　203

実体（ウーシア）　91, 192, 266, 284, 357, 358, 380

質料　93, 101, 102, 152, 196, 220, 284, 366

——因　328

始動

——因　328

——される人　315, 326-328, 333, 344, 347

市のディオニュシア祭　445

自発性　64-66

至福　92, 99, 142, 179, 180, 190, 191, 198, 223-226, 237, 263, 266, 267, 358, 379, 380, 381, 428

——者　320

——の水　358

事項索引 | 467

自分自身
　——との交わり　335, 336
　——と交わる　324, 325
　——の形相　328
　——の節度ある理性　226
　——の存在の所有　329, 330
　——の存在の頂点　333, 380
　——の中の始原　334-337, 355
　——の理性との交わり　315, 341, 395
　——の理論的生　239, 340
　——へと収束する　340
　——を神に明け渡す　349
　——を神に同化する　379
　——を観照する　241
　——を吟味する　180
　——を自分自身から取り戻す　238, 239
　——を超出する　315, 326, 347
　——を見る　241
　——を向け変える　380
　——を喜ぶこと　347, 348, 381
社会的責任　14
主
　——の栄光　372
　——の神殿　59
　——の灯火　13, 44, 59, 61, 75, 174
　——の晩餐　81
　——の命令　168, 170
自由　151, 211, 288, 318, 319
　——意志　13, 28, 88, 288, 362, 363, 432
　——裁量　57, 58
　——な思考　400

宗教
　——改革者　116, 133
　——儀式　371, 383
　——性　18, 411
　——多元論　433
　——的寛容　14
　——的恐怖　278
　——のアレテー　30, 31, 163, 313, 316, 318, 321, 347, 352, 359-362, 370, 381, 382, 394, 396
　——の形骸化　１３０
　——の指導者　338, 368
　——の特性・働き　359, 360
十字架
　——のキリスト　71, 72, 77
　——の贖罪　140
充実体　282-284, 289
守旧派　304, 413
受肉　54, 132, 133, 136
主の晩餐　81, 82
浄化　29, 99, 121, 150, 181, 185, 198, 204, 206, 207, 216, 220, 231, 235, 247, 248, 342
正覚の魂　337
上昇　40, 74, 93. 100, 180, 207, 220, 226, 227, 229, 234, 237-239, 242, 246-248, 314, 317, 324, 328-330, 340, 356, 364, 366, 368, 380, 381, 385, 391, 392
情動　205, 209, 263, 302, 405
　——的次元・共振　248, 391
照明　223, 224
贖罪　20, 57, 77, 140, 252

——論　19, 20, 47, 135, 251, 252, 255, 271, 293

触覚　183-185, 189

庶民院議員　79, 89, 90, 95, 97, 106, 109, 146, 154, 390

神化　47, 51, 53-56, 76, 131-133, 319, 369, 370, 388, 389

神学
　——者　24, 51, 80, 95, 123, 127, 160, 197
　——の質料　93, 101, 102, 152

神権政治　332

信仰
　——箇条　202, 209
　——告白　57, 120, 121, 209, 254
　——の広さ　15, 41

真実在　193, 204, 207, 229, 230, 234, 242, 330

神性　48, 76, 88, 176, 204, 315, 326, 347, 349, 350, 381, 388, 395, 437

人性　47, 48, 76

心像（エンノイア）　172

神知　30, 155, 162, 164, 169, 170, 172, 175, 178, 180, 184, 190, 195, 198, 202, 203, 205, 207, 208, 212, 216, 223, 226, 236, 242, 244, 247, 248, 262, 304, 314, 321, 327, 347, 354, 358, 379, 380, 381, 384, 390, 391, 392, 394, 395
　——の高嶺　380-382, 395
　——への上昇　226, 314

神的
　——形姿　133

——光源　348

——生　248, 392

真の
　——・節度あるキリスト者　243, 244, 246, 247, 391
　——教養　99, 100
　——キリスト教　15, 128, 147, 153
　——キリスト者　16, 90, 104, 121, 129, 153, 165, 244, 390, 394
　——宗教　30, 163, 292, 313-316, 325, 326, 347, 350,-352, 354-356, 359, 360, 366, 368-370, 381, 382, 385
　——善性　187, 190, 191, 193, 197, 212, 213, 368
　——道・方法　30, 155, 162, 164, 170, 205, 208, 212, 216, 250, 254, 314, 327, 387, 390, 394

神秘
　——主義　17, 26, 446
　——的活力　365, 366
　——的キリストたち　136

新プラトン主義　14, 15, 49, 159, 220, 227, 348, 430, 446

人文主義　26

新約聖書　102, 108, 168, 181, 204, 325, 354, 402, 407, 409, 445

真理の野　181, 382

神慮　402, 428, 431-434, 436

水平派（レヴェラーズ）　96, 97, 257, 258

枢要四徳　187

救い　99, 125, 135, 140, 378

――主　　202, 255, 371

スコットランド　　106

　　――軍　　95

　　――国民　　138

スコラ哲学　　51

ステレオタイプ　　402, 411, 414,
　　420, 448

ステンドグラス　　91, 105, 109

ストア

　　――主義　　159, 428

　　――哲学　　414

　　――派　　441, 443

　　――派哲学者　　227, 232, 236,
　　301, 302, 409, 413-416, 422,
　　436, 440, 443, 445, 448

　　――派風ソクラテス　　444

聖アンズ教会　　35

聖化　　67, 69, 72, 73, 77, 93, 105,
　　131, 211

正義　　39, 44, 50, 54, 58, 66, 91,
　　92, 102, 104, 108, 109, 119,
　　123, 124, 129, 131, 135, 136,
　　149, 151, 153, 154, 187, 207,
　　255, 305, 306, 307, 309, 341,
　　373, 377, 378, 440

　　――の神　　358, 384

性急な判断　　75, 246, 285

製作者　　283-285

聖書

　　――解釈　　55, 71, 137, 399, 400

　　――講解　　35-37, 40, 42, 47, 50-
　　53, 61, 67, 71, 76,

　　――釈義　　322, 324

　　――テクスト　　112, 118, 168,
　　261, 319, 321, 323, 325, 326

――直解主義　　384

　　――理解　　51

聖職者　　254

聖性　　72, 94, 129-13, 134-136,
　　140-143, 147, 149-151, 153,
　　161, 186, 190, 191, 203, 207,
　　209, 212, 371-373, 378

生成　　213, 219, 220, 228, 271,
　　285, 286

　　――消滅　　101

生得観念　　220, 232

生得的な神感覚　　290

　　――衝動　　290

聖なる

　　――愛　　340

　　――愛情　　238, 239

　　――覆い　　324

　　――生　　203

　　――大胆さ　　316, 359, 395

　　――山　　92, 117

聖マーガレット・チャペル　　79, 89,
　　96, 112, 113

西洋古典　　25, 27, 28, 29

　　――文献　　29, 30, 159

　　――学　　21

聖霊　　23, 50, 54, 203, 368

聖ローレンス・ジューリー教会　　35

世界間空間　　267

世界審判　　440, 441, 443

説教　　11, 19, 21, 23, 25, 27, 29,
　　35, 46, 58, 79, 89, 111-116,
　　120, 128, 138, 149, 152, 156,
　　159, 162, 167, 179, 244, 262,
　　319, 387, 390, 397

　　――者　　23, 37, 95, 112, 113,

115, 116, 118, 119, 123, 146, 150, 178, 319, 389
——集　29, 33
——壇　111-113, 116
節制　16, 123, 153, 154, 187, 207, 244
善悪の知識の木　119
先取観念　170-174, 177, 190, 195, 197, 218, 246
先取的認識　263
善性　40, 64, 134, 141, 153, 185, 191, 201, 212, 215, 225, 244, 253, 327, 357, 361, 364, 382, 390, 396
前千年王国論　113, 114
千年王国論　28, 111, 113, 117, 119, 120, 150, 178
善のイデア　125, 136, 234, 321, 328, 368, 379, 384, 385, 391, 394-396
象牙の塔　40, 106, 396
相互性　60, 64, 76
ソキヌス主義　45, 87
ソクラテス
——化　439, 448
——劇　444
——的パウロ　426, 433, 439, 447
——的無知　440
塑造的アレテー　365-367
外なるキリスト　140
その運動のソクラテス　33
ソフィスト　123, 201, 411
逸れ　286, 288, 432
存在の頂点　333, 342, 372, 380

〔タ　行〕

第一の不動の起動者　265
ダイモニア　409, 413, 414, 422
ダイモーン　375
太陽　92, 125, 179, 201, 265, 321, 382, 383
——光　178, 179
——の比喩　125, 234
卓越性　30, 123, 151, 313, 315, 325, 361, 379, 381, 384, 414
正しい
——思いなし（オルテー・ドクサ）172
——観想　206, 207
——理　221
——信　203
——神観　268
——ロゴス　348
多なる人　228, 229
魂
——不死論　393
——の汚れ　191-193, 195, 197, 198, 201, 207, 218, 220
——の三部分説　151, 341, 394
——の浄化　29, 198, 235
——の善性　212
——の内乱　343
——の不死　163, 174, 213, 392, 441, 443
——の本性　240, 291
——の向け変え　391, 405
——の理知的部分　109
タルソス　404
タルムード　159, 204

断食日　94-96
　——説教　95, 112, 115
知恵
　——の楽器　322
　——の真価　321, 322
　——の探求者　417
　——の始め　168, 176
知識
　——の木　119, 186
　——の根本原理　174
　——の探求　119
　——の本質　126
知者　93, 98, 236, 247, 306, 319,
　　321, 325, 328, 351, 375, 381,
　　447
知性
　——的接触　182, 183
　——的部分　207
　——的魂　225
　——の活動　243, 378
　——の感覚　182, 184, 189-191,
　　204, 207, 215, 217, 218, 223,
　　226, 248, 322
　——の味覚　224
　——の源泉　352, 353
　——界　75
チャプレン　22, 80
中期ストア派　179
中心を中心に合わせる　238, 242
聴覚　189
長期議会　94, 112-114
聴衆　26, 28, 100, 112, 140, 148,
　　154, 159, 164, 208, 222, 253,
　　292, 332, 390, 416, 419, 428,
　　442, 447

超出　24, 315, 326, 330, 332, 347,
　　352, 395, 396
長老派　95-97, 114, 119, 138, 178,
　　210,
直解主義　113, 114, 128, 322, 326,
　　384
直覚像（カタレープシス）　162
接ぎ木　52, 399
償い　61, 64, 70, 74, 255
罪　40, 47, 56, 61, 62, 70, 73, 77,
　　114, 131, 135, 142, 195, 247,
　　255, 294, 318, 343, 389
ディアドキィ　409
ディヴィニティー　171, 176
低教会　19, 23, 24, 97, 127, 210
哲学者
　——の生　332, 395
哲学的
　——対話　333, 426
　——直観　248
　——掘下げ　387
　——霊性　11, 22, 29, 30, 31, 33,
　　46, 88, 90, 94, 97, 118, 152,
　　154, 155, 167, 175, 248-250,
　　260, 313, 316, 346, 385, 387,
　　392, 394, 397, 399
哲人
　——王　341
　——王統治論　110
　——統治者　321, 342, 391
デーミウールゴス　376
テューター　34, 81, 157-159
天国　44, 70, 74, 125, 128, 141,
　　143, 150, 246, 357, 378, 379
天体　265

洞窟の比喩　125, 192, 234
同時代人　29, 103, 154, 387, 389, 390, 396, 397
登攀　380, 382, 395, 396
ドクサ　172, 362, 369, 371
ドグマ　18, 21, 123, 128, 152, 260
独立自存のいのち　355-358
独立派　95-97, 111-115, 119, 138, 178, 210
トリニティー学寮チャペル（トリニティー教会）　35, 36

〔ナ　行〕

内戦　11, 14, 27, 36, 89, 95, 107, 111, 114, 149, 153, 389, 396
内的原理　91, 105
肉体
　——からの分離　206, 207, 258
　——的諸情念　330, 340
　——の快楽　169, 170, 297, 300
　——の感覚　225
　——の牢獄　222, 329
偽教養　93, 98-100
ニューカスル一団　257
ニュー・モデル軍　95, 96, 113, 114, 138, 150, 210
人間の自由　14
　——意志　432
人間の霊　44, 75
ヌース　101, 225, 243, 343
熱狂　24, 36, 71
　——主義　107

〔ハ　行〕

パイデイア　24
パイノメナ　436
パウロ的ソクラテス　426
ハデス　291, 366
パトニー軍会議　96
パリサイ派的正しさ　163
バルバロイ　435
反エピクロス哲学　277, 293
反キリスト　113, 114, 384
万人の同意　263
反律法主義者　127, 131, 150
非嫡出の知　235, 248, 392
一人の幼児キリスト　243, 244, 247, 392
美のイデア　180, 198, 223
ピュタゴラス　205, 206, 348
　——派　280
ヒュブリス　383
ピューリタニズム　15, 157, 332
ピューリタン・カルヴィニズム（PC）　18, 23, 24, 34, 45, 56, 175, 178, 251, 387, 399
広すぎる輩　127
フィレンツェ・アカデミア　15
福音派　18, 20, 23
不死
　——なる神の直観　396
　——なる原理　336, 337
　——なる実在　207
　——本質　334, 336
　——の善　307
不正　64, 93, 100, 110, 114, 131, 145, 283, 306

物質主義　26, 85
　——哲学　107
物理的合成体　266
不動心（アタラクシア）　299, 300,
　　305, 306, 308, 406
プライドのパージ　97, 114
プラトニスト・キリスト者　110
プラトニズム　15, 24, 35, 38, 45,
　　51, 58, 71, 75, 77, 87, 137,
　　148, 155, 159, 170, 244, 246,
　　387, 390, 399, 400
プラトン哲学　14, 19, 23, 51, 102,
　　180, 330, 395, 402, 448
触れ合い　377-379
プロテスタント正統主義　46
プロネーシス　183
プロパガンダ　95, 112, 113, 115,
　　426
プロレープシス　172, 173, 176
平安な住居　263, 267
ヘーゲモニコン　194
ヘブライ語欽定講座　83, 89
ヘブライ人宗教　433
ヘブライズム　428, 431
ヘリアイアの法廷　416
ペリパトス学派　81, 99
ペレグリヌゥス　409
ヘレニズム
　——哲学　416, 417, 431-433
　——哲学者　418
　——文化　439
弁論家　99, 426
ホッブス　13, 14, 83, 87, 107, 108,
　　332
　——主義者　85

ポリス宗教　421, 438

〔マ　行〕

道行き　122, 175, 190, 203, 225,
　　235, 245, 262, 304, 327, 347,
　　364, 379, 380, 385, 391, 396
ミュートス　356
民間宗教　21, 254, 265, 279, 289
ムゥサ　395
ムゥシケー　22, 23
ムゥシコス　395
向け変え　380, 382, 391, 405
無限の善性　364
無神論　30, 85, 163, 173, 249, 256,
　　261, 268, 269, 271, 273, 279,
　　285, 288, 290, 295, 300, 303,
　　338, 384, 392, 394, 411, 448
　——者　173, 213, 259, 261, 269-
　　271, 273, 274, 290, 293, 296,
　　393, 411, 448
無知　40, 48, 51, 120, 146, 290,
　　342, 375, 384, 413, 417, 425,
　　426, 438, 444, 447
　——の自覚　426, 440, 447
迷信　91, 114, 163, 250, 253-262,
　　264, 268-272, 276-280, 289-
　　295, 303, 338, 393, 406, 420,
　　426, 438,
　——者　269, 270, 293, 304, 393
名誉革命　83
メルボルン　19, 23
目的因　328, 365
目的論的説明　288, 289

〔ヤ　行〕

友愛　305-309

勇気　123, 143, 153, 187, 207, 390

有神論　173, 249, 289, 304, 392,
　　393

ユダヤ教　82, 83, 204, 407, 408

ユダヤ人　60, 84, 100, 113, 407,
　　408

幼児キリスト　243, 244, 247, 392

善き

　——行い　13, 14, 120

　——心　46, 328

　——市民　396

　——魂　396

　——人　17, 83, 161, 190, 191,
　　199, 200, 221, 245, 315, 316,
　　326-330, 332-334, 336, 338-
　　348, 350, 352, 354-362, 366,
　　368, 372, 373, 375-378, 380-
　　384, 394-397

　——もの　29, 153, 173, 296,
　　297, 306, 326, 358, 363, 375,
　　396, 397, 400

預言　163, 188

　——者　92, 109, 110, 189, 406

予定説　13, 51, 358, 384

ヨハネ福音書研究　19

甦り　409, 414, 441, 444

〔ラ　行〕

来世への希望　303

理神論　60, 87, 180

理性

　——的動物　345

　——的魂　229-231, 363

　——の感覚　247, 392

　——の種子　246

　——の光　74, 75, 214

　——への聖なる愛　340

　——への尊敬　75

　——への聴従　348, 349

律法　44, 116, 150

リドリー・コレッジ　19, 23

流出　52, 53, 179, 233, 263, 266,
　　355, 356, 365, 374, 376, 382

良心　14, 129, 145, 273, 390

理論的生　238, 239, 340

倫理学　14, 288

ルネサンス　159, 344

霊

　——の解釈者　167

霊的

　——生命　168, 186

　——覚醒　404, 405, 407

　——感覚　176, 177, 179, 185,
　　189, 190, 226

レヴェラーズ　257, 258

レーテーの湖　192

ロゴス　43, 48, 133, 188, 225, 317,
　　319, 338, 345, 348, 372,

ロード派　113, 114

論証的理性　225

〔ワ　行〕

和解　54, 56, 57, 60-65, 67, 74-77,
　　97, 388, 389

　——者　61, 64

——論　47, 56, 61

出　典　索　引

〔ア　行〕

アイスキュロス　Aeschylus

『アガメムノン』　Agamemnon

198-248　272

アイリアノス　Aelianus, C.

『動物特性論』　De natura animalium

I.3.6　195

I.37　197

『雑録』　Varia Historia

5.17　422

9.183　195

アウグスティヌス　Augustinus

『書簡集』　Epistulae

55.21　323

244　325

アタナシウス　Athanasius

『受肉論』　De Incarnatione

LIV　133

『ニカイア公会議の決議に関する手紙』

(Epistla De Decretis Nicaeae Synodi)

XIV　55

アプレイウス　Apuleius

『変容「黄金のロバ」』

Metamorphoses

11　420

アラトゥス　Aratus

『パイノメナ』　Phaenomena

v.5　436

アリストテレス　Aristoteles

『ニコマコス倫理学』

Ethica Nicomachea

1095a2ff.　206

『形而上学』　Metaphysica

983a　328

1072b13-14　265

『大道徳論』　Magna moralia

1213a　132

『命題論』　De Interpretatione

17a8　225

『哲学について』　De philosophia

III　265

アリストパネス　Aristophanes

『雲』　Nubes

19C4　412

アレクサンドリアのクレメンス

Clemens Alexandrinus

『教育者』　Paedagogus

3.1　55

『ストローマタ』　Stromata

III.5.42, 43, 45　169

イアンブリコス　Iamblichus

『ピュタゴラス的生き方』

De vita pythagorica

71-72　206

『エジプト人の密議について』

De mysteriis

12　206

エイレナイオス　Irenaeus

『異端駁論』　Adversus Haereses

5, praef.　54

エウセビオス　Eusebius

『教会史』　Historia Ecclesiastica

　3.4.10　446

　4.23　446

エウリピデス　Euripides

『タウリケのイピゲネイア』

　Iphigenia Aurlidensis

　1100 ff.　272

『バッコスの信女』　Bacchae

　256-259　417

エピクテトス　Epictetus

『提要』　Enchiridion

　1.14.6　435

　46　139

『人性談義』　Diatribes

　2.8　425

エピクロス　Epicurus

『主要教説』　Kyriai doxai

　1　263, 406

　5　309

　8　298

　10　299

　17　306

　31　306

　34　306

　139　412, 442

『メノイケウス宛の手紙』

　Epistula ad Menoeceum

　121-127　412, 442

　123-124　363

　127-128　299

　128-129　298

　128-132　306

　130-131　299

131-132　299

『ヘロドトス宛の手紙』

　Epistula ad Herodotum

　61　287

　76-77　264, 428, 433

　81　412, 442

　82　299

『ピュトクレス宛の手紙』

　Epistula ad Pythoclem

　85　299

　96　299

　97　428

『ヴァティカン写本教説』

　Sententiae Vaticanae

　17　310

　23　307

　28　308

　33　310

　34　308

　39　308

　70　311

　78　307

　81　311

『自然について』　De natura

　I　284

『エピクレア』

　H. Usener, ed., Epicurea

　226-228　412

　355　266

　361　428

　364　264

　544　308

エンペドクレス　Empedocles

『断片』　Fragmenta

　137 (DK)　272

『オクシュリンコス・パピリ』
Oxyrhynchus Papyri
899.*l*.31, *l*.9　　416
オリゲネス　Origenes
『ケルソス駁論』　Contra Celsum
I.2　　189
I.48　　189
『ヨハネによる福音注解』
Commentarii in Iohannem
X.25　　188

〔カ　行〕

キケロ　Cicero
『神々の本性について』
De natura deorum
I.2　　174
I.15.71　　429
I.16, 17　　172
I.18　　267
I.18.46-49　　429
I.20　　276
I.27.75-77　　429
I.29　　174
I.30　　237
I.33　　265
1.42　　251
I.43　　263
I.45　　428
I.45-46　　263
I.46-49　　266, 406
I.49　　266, 267
I.51-56　　428
I.55　　432
I.63　　174

I.85　　405, 424
I.117　　174, 426
II.11　　194
II.42-44　　265
II.74　　416
『トゥスクルム荘対談集』
Tusculanae disputationes
I.11-12　　441
I.31-32　　441
II.4.11　　197
『善と悪の究極について』
De finibus bonorum et malorum
I.6　　285
I.6.18　　284
I.18-20　　288
I.18.60　　276
II.11　　300
II.75　　267
『運命について』　De fato
X　　285
XXII　　432
『ウァレリウス・フラックス弁護』
Pro Flacco
LXII　　407
『アカデミカ』　Academica
II.97　　408
『義務について』　De officiis
1.19　　420
III.28　　431
『法律について』　De legibus
XXII-XXXIX　　431
偽ディオニュシオス　Pseudo-Dionysius
『天上位階論』　De coelesti hierarchia
8.1　　324
偽プルタルコス　Pseudo-Plutarchus

『哲学者たちが好む自然学の教説につい
　て』ΠΕΡΙ ΤΩΝ ΑΡΕΣΚΟΝΤΩΝ
　ΦΙΛΟΣΟΦΟΙΣ ΦΥΣΙΚΩΝ
　ΔΟΓΜΑΤΩΝ
　878.1　　101
『ギリシャ碑文集』
　Inscriptiones Graecae
　II.1097　　410
クセノポン　Xenophon
『アナバシス』　Anabasis
　4.5.19　　404
『ソクラテスの思い出』　Memorabilia
　1.1.1　　413
『ソクラテスの弁明』
　Apologia Socratis
　10-11　　413, 418
『キュロスの教育』　Cyropaedia
　3.3.58　　422
クリュソストモス　Dio Chrysostomus
『使徒言行録註解』
　Commentarius in Acta Apostolorum
　38.1　　414
『祈り』　Orationes
　12　　429
　12.27　　428
　12.27-30　　434
　12.29　　425, 431
　12.30　　431
　12.33　　428
　12.34　　428
　12.37　　432
　12.36-37　　425
　12.42　　431
　12.43　　435
　12.50　　434

　12.60-61　　434
　12. 80-83　　438
　30.26　　436
『司祭職について』　De sacerdotio
　4.7　　446
クレアンテス　Cleanthes
『ゼウス讃歌』　Ὕμνος εἰς Δία
　1.537　　425
ケベス　Cebes
『テバイのケベスの書板』（Κέβητος
　Θηβαίου πίναξ）
　1.11.1-1.13.1　　99

（サ　行）

殉教者ユスティヌス　Justinus Martyr
『第一弁明』　Apologia Prima
　5.4　　413, 418
『第二弁明』　Apologia Seconda
　10.4-6　　425
　10.5　　413, 418
シンプリキオス　Simplicius
『エピクテトス「教則」注解』
　Commentarius in Enchiridion
　Epicteti
　1.1　　229
　2.21-24　　340
　2.30-39　　340
　2.30-32　　227
　2.30-39　　340
　2.36-37　　239
　2.44-47　　228
　2.48　　230
　3.1-2　　233
　3.3-6　　230

出典索引 | 479

6.3-7　　358
10.13-19　　363
106.1　　272
133.12-17　　234
133.18-24　　234
『アリストテレス 霊魂論注解』
In libros Aristotelis de Anima
　commentaria
11.27.1　　343
聖書
『創世記』
2:9　　186
2:9, 17　　120
2:10-14　　187
3:6, 24　　120
27:21-22 (LXX)　　434
30:39　　366
41:2-4　　91, 109
41:3-4, 19-21, 27　　197
『出エジプト記』
7:10　　150
16:14-35　　212
40:34　　372
『申命記』
28:29 (LXX)　　434
『士師記』
16:20 (LXX)　　434
『ヨブ記』
5:14 (LXX)　　434
21:14, 15　　260
32:8　　122
38:14　　366
『詩編』
16:3　　316, 318
19:11　　224

34:9　　185
92:7　　193
111:10　　165, 168, 177
『箴言』
5:15　　212
9:1　　176, 177
15:24　　319
20:8　　92, 109
20:27　　13, 75
25:11　　323
『コヘレトの言葉』
10:7　　344
12:10　　322
『イザヤ書』
11:6-9　　92, 117
42:5 (LXX)　　428
44:15-17　　131
53　　320, 321
53:2　　321
55:6 (LXX)　　434
59:10　　434
『アモス書』
5:24　　92, 109
『マカバイ記 二』
7:22-23 (LXX)　　428
『マタイ福音書』
5: 8　　179
7:8　　211
『ルカ福音書』
7:35　　321
23:26　　415
24:39　　434
『ヨハネ福音書』
1:1, 4　　43
1:5　　193

1:14　　372

6:31-33, 49-51, 58　　212

7:17　　165, 168, 203

7:38　　211

7:38-39　　43

14:7, 9　　69

14:20　　69

15:8　　372

15:26　　43

16:7　　43

17:3　　69

17:21　　69

『使徒言行録』

7:28　　354

15:39　　405

17:16-34　　401

18:4　　407

『ローマの信徒への手紙』

1:18　　93, 100

6:11　　69

8:1　　69

8:10-11　　43

9:1　　69

『コリントの信徒への手紙 一』

2:7　　323

2:14　　203

8:1　　181

13:12　　245

『コリントの信徒への手紙 二』

2:14　　69

3:14　　69

3:18　　368

5:17　　69

『ガラテヤの信徒への手紙』

2:4　　69

2:20　　43

3:14, 26, 28　　69

4:19　　69

『エフェソの信徒への手紙』

4:24　　54

5:9　　50

6:13-17　　149

『フィリピの信徒への手紙』

3:10　　69

3:14　　325

4:8　　94

『コロサイの信徒への手紙』

3:2　　325

3:3　　369

3:3　　369

『テモテへの手紙 一』

6:20　　99

『テモテへの手紙 二』

3:7　　197

『ヘブライ人への手紙』

1:3　　243

『ペトロの手紙 二』

1:4　　54, 133, 235

1:8　　203

1:9　　193

2:4　　50

2:20　　235

『ヤコブの手紙』

1:5　　377

『ヨハネの手紙 一』

1:1　　184

2:3, 4　　118

2:5, 6　　69

3:20　　243

4:10　　135

出典索引 | 481

セクストゥス・エンペイリコス
Sextus Empiricus
『ピュロン主義哲学の概要』
Pyrrhoniae Hypotyposes
9.60, 75, 78-80, 111, 120, 132
431
セネカ Seneca
『ルキリウスへの手紙』
Ad Lucilium, Epistulae Morales
9.13　　351
25.4　　236
41.1　　430
411-2　　434
95.47-50　　430
『自然研究』　*Quaestiones Naturales*
2.31.1　　149
『恩恵について』　*De beneficiis*
4.4.1　　435

〔タ　行〕

ディオゲネス・ラエルティオス
Diogenes Laertius
『哲学者列伝』　*Vitae Philosophorum*
I.110　　425
II.91-92　　426
VII.47　　408
VII.85-86　　290
VII.86　　338
VII.140　　431
VII.143　　431
VII.151　　431
IX.8.51　274
X.1　　406
X.9-10　　409

X.31　　408
X.81　　412, 442
X.89　　267
X.120　　424
X.120a　　432
X.121-127　　412, 442
X.139　　405, 412, 442
ディオドロス・シクルス
Diodorus Siculus
『歴史叢書』　*Bibliotheca Historica*
32:12　　423
トゥキディデス　Thucydides
『戦史』　*Historiae*
3.38.5　　420
5.70　　437

〔ナ　行〕

ナジアンゾスのグレゴリオス
Gregorius Nazianzenus
『演説』　*Orationes*
8.6　　317, 318, 319
25.3　　319

ヌメニオス　Numenius
『断片』　*Fragmenta*
24　　409

〔ハ　行〕

パウサニアス　Pausanias
『ギリシャ案内記』　*Periegata*
1.1.4　　425
1.4.6　　418
4.33.1　　418

5.14.8   425

24.3   422

ヒエロクレス Hierocles

『黄金歌集』 *Carmina Aurea*

14   348

ヒエロニュムス Hieronymus

『テトスへの手紙註解』

Commentarius in Titum

1:12   425

ピロストラトス Philostratus

『ソフィスト列伝』*Vitae sophistarum*

2.2   410

ピロデモス Philodemus

『敬虔について』 *De pietate*

2, col.   430

プラトン Plato

『ソクラテスの弁明』 *Apologia*

17A   421

19D   407

20E-22A   405

21C1   418

21C5   408

21CD   440

22A   427

23B   413

22B-E   440

23B-D   440

24C   422

26B   422

26B5   418

28E   427

29AB   440

30A   427

31D   422

33A   407

33C   427

38A   426

39E-41C   444

40A   422

41D   328

『饗宴』 *Symposium*

180E   239

201D-212C   375

202DE   375

203B-204A   375

203CD   221, 235

206A   375

210A1   198, 231

211C   100

212AB   375

『国家』 *Respublica*

434C-441C   246

434C-445D   246, 341

454A   407

508B3   180

509A1   180

506B-509B   136, 321

514A1 ff.   192, 207

514A-518B   234

515E-516A   223

516AB   125

521C   100, 405

521C-531C   242

527C   109

555B-562A   344

592B   109

613A   49

621C1-2   192

VIII-IX, X   342

『パイドロス』 *Phaedrus*

242C 437
246A 100
246CE 100
246A-249D 330
247A6-7 181
248AB 330
248B6 181, 382
248B-D 100
249A-D 100
249C 100
250C4 198, 231
251B-D 100
252B 100
255D 100
256B 100
256D-E 100
249C 100

『パイドン』 *Phaedo*
64A 49
64A4-B9 206
65E-67D 204
67C3 204206
67C6-7 206
67E4-5 206
67D4-5 206
67D9-10 206
81A1-2 206
81A ff. 222
81C 328, 367
81CD 332

『クレイトポン』 *Clitopho*
408B 123

『エウテュデモス』 *Euthydemus*
274E 123

『エウテュプロン』 *Euthypro*

1C 413
2B 413
10A 135
10DE 135

『ソピステス』 *Sophisita*
253E5-6 206

『テアイテトス』 *Theaetetus*
176B 49

『パルメニデス』 *Parmenides*
142A 218

『プロタゴラス』 *Protagoras*
319A-320B 123

『法律』 *Leges*
715E-716A 438
791A2-3 225
803D 438
803E 438
899B 265
902BC 265
903B-905E 427

『ティマイオス』 *Timaeus*
29E 376
29E-31B 376
34AB 427
34B6-8 334
37C6-7 435
55D 427
68E 427
92C 427

『書簡集』 *Epistulae*
H 218

（大）プリニウス
Gaius Plinius Secundus

『博物誌』 *Varia Historia*
9.183 195

プルタルコス　Plutarchus
『倫理論集』(*Moralia*)
『イシスとオシリスについて』
De Iside et Osiride
378B　224
『デルフォイのエイについて』
De E Apud Delphos
392A11　229
『迷信について』　*De Superstitione*
164EF　426
170F4-5　270
171A1-4　271
171B8-C1　272
171C　272
171F3-5　261
171F11-13　270, 272
『エピクロスに従っては, 快く生きる
ことは不可能であること』 *Non
posse suaviter vivi secundum
Epicurum*
1087D2-3　297
1096C12-D1　297
1096E2　297
1101C3-6　294
1103D　412, 442
1104E　442
『人に知られず生きよと説くのは正
しいか』 *An recte dictum sit
latenter esse vivendum*
1128C2　307
『物の言えない動物が理性を用いるこ
とについて』 *Bruta animalia
ratione uti*
992D5　345
『兄弟愛について』*De fraterno amore*

487D　410
『余計な世話焼きについて』
De curiositate
513D-518B　420
『ストア派の矛盾について』
De Stoicorum repugnantiis
1034B　429, 438
プロクロス　Proclus
『神学原理』　*Institutio Theologica*
209.1　220
『ティマイオス註解』
In Platonis Timaeum commentaria
2.110.17-25　335
プロティノス　Plotinus
『エンネアデス』　*Enneades*
I.1.10　323
I.1.6.10-15　185
I.2.6.13　183
I.3.4.11　181, 382
I.4.8　323
I.4.14.2-3　206
I.6.3　323
I.6.5　323
I.6.5.41-43　196
I.6.8　323
I.6.8.4　181
I.6.8.26-27　223
I.6.9.31　180
I.6.9.32-33　180
I.6.9.33-37　367
I.8.1　176, 177
I.8.14.4　224
II.9.6.8-9　207
II.9.6.40-41　206
II.9.15　130

出典索引 | 485

II.9.15.33, 39-40　　202
III.1.10　　328
III.5.7.22　　236
III.5.7.39　　221
III.6.4.21　　229
III.7.7　　322
III.8.8.10-12　　356
IV.8.1, 8.3　　222
V.3.12.40-44　　179
V.3.12.40-47　　53
VI.7.13.34　　181, 382
VI.7.26.22　　218
VI.9.3.20-25　　337
VI.9.4.11-12　　217
VI. 9.4.22　　230
VI.9.4.27　　322
VI.9.7.3-5　　354
VI.9.7.16　　224
VI.9.8.38-45　　353
VI.9.9　　378
VI.9.9.1-2　　353
VI.9.9.10.9-10　　241
VI.9.9.17　　243
VI.9.9.28-29　　239
VI.9.10.1-11　　240
VI.9.10.15-17　　241
VI.9.33-34　　240
ベーコン Bacon, F.
　『学問の進歩』The Advancement of
　　Learning
　　XXV.3　　172
　『ノヴム・オルガヌム』
　　Novum Organum
　　I.42, 53-59　　210
　　I.89　　280

I.96　　281
ヘラクリトス Heraclitus
　『書簡集』 Epistulae
　　4　　430
ヘロドトス Herodotus
　『歴史』 Historiae
　　1.32　　437
　　3.108　　437
　　7.5　　404
　　7.59　　404
ボエティウス Boetius
　『哲学の慰め』Consolatio philosophia
　　III.12.47-48　　150
ホメロス Homerus
　『イリアス』 Ilias
　　I.544　　431
　『オデュッセイア』 Odyssea
　　II.89 ff.　　147
　　XI.593-600　　147
　　X.495　　98
　　XVII.218　　142
　　XIX.137 ff.　　147
ホラティウス Hortius
　『カルミナ』 Carmina
　　III.11.30 ff.　　147
ポルピュリオス Porphyrius
　『プロティノスの生涯』 Vita Plotini
　　1.1.1　　330

〔マ 行〕

マルクス・アウレリウス
　　Marcus Aurelius Antoninus
　『自省録』 De seipso
　　II.8　　302

〔ヤ　行〕

ヨセフス　Josephus
『アピオン駁論』　*Contra Apionem*
　2.262　417
　2.265　417
　2.266-268　417

〔ラ　行〕

ルキアノス　Lucianus
『宦官』　*Eunuchus*
　3　410
ルクレティウス　Lucretius
『事物の本性について』
　De rerum natura
　I.37　298
　I.44-49　405
　I.55-56　420
　I.62-69　277
　I.78-79　278
　I.102　272
　I.151-154　279
　I.931-932　279
　II.216-224　288
　II.225-250　287
　II.251-293　288, 432
　II.651　405
　II.963-968　298
　II.1090-1104　264
　III.830 ff.　412, 442
　III.18-24　264, 268
　III.35-39　291
　III.1013-1023　306

　V.154　266
　V.156-194　264, 428
　V.1161-1168　292
　V.1175-1182　263
　V.1194-1203　423
　VI.71-78　268
ロック　Locke, J.
『教育論』*Some thoughts concerning
　　Education*
　248　88

あとがき

　本書は、筆者がこれまで行ってきたケンブリッジ・プラトニストに関するささやかな研究を、哲学的霊性という観点からまとめたものである。各章の土台となったのは以下の既出論文であるが、いずれも加筆修正を行っている。

第1章　「ケンブリッジ・プラトン学派の祖ベンジャミン・ウィッチコット
　　　　―そのプラトニズムとキリスト教理解―」『東洋英和女学院大学
　　　　人文・社会科学論集』第 28 号、2011 年。
第2章　「ラルフ・カドワースの『庶民院での説教― 1647 年 3 月 31 日』
　　　　―ラルフ・カドワースの説教とケンブリッジ・プラトン学派の精
　　　　神―」『北星学園大学文学部北星論集』第 45 巻第 1 号、2007 年。
第3章　「ジョン・スミスとプラトニズム―「神知に至るための真の道・
　　　　方法に関する講話」―」『東洋英和女学院大学大学院大学院紀要』
　　　　第 9 号、2013 年。
第4章　「ケンブリッジ・プラトニストのエピクロス哲学論駁―ジョン・ス
　　　　ミス『無神論に関する短い『講話』』『東洋英和女学院大学人文・
　　　　社会科学論集』第 32 号、2015 年。
第5章　「ジョン・スミスの哲学的思考の型について―「真の宗教の卓越
　　　　性・高貴性」についての講話―」『東洋英和女学院大学人文・社
　　　　会科学論集』第 31 号、2014 年。
補　遺　「ルカの哲学的風味に対する哲学的吟味―使徒言行録 17 章 16 ～
　　　　34 節「アテナイのパウロ」の叙述―」『東洋英和女学院大学人

文・社会科学論集』第 33 号、2016 年。

　筆者は、キリスト教精神に立脚する二つの大学に奉職してきた。初めは、北星学園大学のチャプレン（2003 年 4 月〜 2008 年 3 月）として、その後は、東洋英和女学院大学のキリスト教学担当教員・宗教主任（2008 年 4 月〜）として、大学チャペルでの講話とキリスト教学関係科目の講義に携わってきた。この教育活動の中で生まれたのが、上記の論文である。ケンブリッジ・プラトニストの研究は、筆者の教育活動のあり方にも少なからぬ影響を及ぼしたように思われる。大学チャペルでの講話についていえば、その影響は、宗教的臆見に安住せず明証性を追求する、字面に拘泥せず普遍妥当性を探究する、宗教観の対話を歓迎する姿勢として反映された。大学のキリスト教関連科目の講義についていえば、独立独歩の精神で古典の一つとして聖書を読む（講義「キリスト教概論」）、ヒンドゥー教徒であるガンディーの哲学的精神を謙虚に学ぶ（講義「キリスト教と現代（平和）」）、フォイエルバッハ、マルクス、ニーチェ、ラッセルが投げかけたキリスト教批判に真摯に対峙する（講義「キリスト教思想史」）、キリスト教、仏教、イスラーム、及び神道を本質論の位相で考察する（講義「宗教哲学」）という形で、ケンブリッジ・プラトニストの精神が反映された。

　本書で取りあげた三人の学徒にとって、宗教は、既得権でもなく利得獲得の手段でもなく、神知に至る道であり、その道の究極点であった。彼らは学寮の学徒たち及び巷の学徒たちと共に、愛智の道を邁進した。おこがましい言い方になるが、筆者も彼らの精神に連なることを願う一人として、大学キャンパスにおいて、ヘブライ語聖書、ギリシャ語聖書、ラテン語聖書、プラトンのギリシャ語原典、アンセルムスのラテン語原典、般若心経のサンスクリット語原典、田川 建三 訳注『新約聖書 訳と註』といった文献の講読会を主宰してきた。参加者は、大学在学生、卒業生、オー

あとがき 489

プンユニバーシティー受講者（北星学園大学）、生涯学習センター受講者
（東洋英和女学院大学）と多様であるが、愛智の精神においては一致して
いる。利得を抜きにして、共に学習することができたことは、筆者にとっ
て至福の体験であった。

　最後に、本書のもととなるケンブリッジ・プラトニスト研究と論文執筆
の機会を提供してくださった、北星学園大学と東洋英和女学院大学に、及
び本書の序の言葉を賜った野町啓先生に心から感謝を捧げたい。筆者は若
き日に先生から、キリスト教とギリシャ哲学の相互影響に関する研究の手
ほどきを受けたが、本書の出版は、先生の勧めと励ましに負うところが大
きく、感謝の念にたえない。

著者紹介

三上　章（みかみ　あきら）

1949 年　北海道生まれ
1982 年　オーストラリア神学学位授与機構（ACT）
　　　　　神学修士研究コース修了
1997 年　東京大学大学院人文科学研究科博士課程
　　　　　(西洋古典学専攻) 単位取得退学
2016 年　筑波大学博士（文学）
現　在　東洋英和女学院大学教授

著　書
『死生学年報　2008』(共著，リトン，2009)
『広がり続ける英語の世界』(共著，アルク，2015)
『プラトン『国家』におけるムゥシケー』(リトン，2016)

主な論文
『プラトンとアリストテレスの神観』(弘前大学，1997)
『プラトンとディテュランボス』(麗澤大学，1998)
『ジョン・スミスとプラトニズム』(東洋英和女学院大学，
　　　　2013)
『ケンブリッジ・プラトニストのエピクロス哲学論駁』(東洋
　　　　英和女学院大学，2015)

ケンブリッジ・プラトニストの哲学的霊性
スミス、ウィチカット、カドワースの
説教・講話に通底する特質

発行日　2017 年 3 月 17 日

著　者　三上　　　章
発行者　大石　昌孝
発行所　有限会社リトン

　　　　101-0061　東京都千代田区三崎町 2 -9-5-402
　　　　　　　　　FAX 03-3238-7638

印刷所　互恵印刷株式会社

ISBN978-4-86376-055-4　　©Akira Mikami　　<Printed in Japan>